国家出版基金项目
NATIONAL PUBLICATION FOUNDATION

《皇朝藩部要略》研究

吕文利　著

黑龙江教育出版社

序　言

　　边疆既是一个地域概念，也是一个政治概念。就地域层面而言，是指国家毗连边界线、与内地（内陆、内海）相对而言的区域。一般而言，历史上中国的边疆是在秦统一中原、其重心部分形成之后确立的，有着两千多年的历史沿革。相应地，中国的边疆研究也有着悠久的历史和优良的传统，并与国家和边疆的安危息息相关。

　　从近代到新中国成立，中国边疆研究曾出现过两次研究高潮，第一次研究高潮是19世纪中叶至19世纪末，西北史地学的兴起，国家边界沿革的考订、边疆民族发展的著述等，是这一时期中国边疆研究高潮的标志。在边疆研究的热潮中，一些朝廷的有识之士开始学习近代国际法的领土主权原则，与蚕食我国领土的列强势力相对抗。黄遵宪、曾纪泽等都曾以"万国公法"为武器，在处置国家边界事务中与英、俄列强执理交涉。在边疆研究领域，学者们开始将政治学、法学等与传统的史学、地理学等相互结合，开创了现代意义上的边疆学研究。

　　第二次研究高潮是20世纪20年代至40年代，是在国家与民族危机激发下出现的又一次中国边疆研究高潮。国际法与政治学方法也被广泛地运用到中国边疆史地的研究之中，边政学的创立与研究、以现代学术新视角和新方法对中国边疆进行的全方位研究，是这次高潮的突出成就；研究内容也从边疆领土主权、历史地理扩展到民族、语言、移民、中外交通等领域。与此同时，边疆考察作为中国边疆史地研究的内容与方法，也愈益受到重视。

两次研究高潮的实践与成果，实现了中国边疆研究从传统中国史学研究向现代多学科综合研究的转变，为中国边疆研究学科领域的进一步拓展与深化奠定了基础。新中国建立后，中国边疆史地研究方兴未艾。继而在改革开放大潮的推动下，带来边疆学研究的三度兴起。此次研究高潮酝酿于20世纪80年代初，兴盛于90年代，至今热度不减。

1983年，中国社会科学院中国边疆史地研究中心（以下简称"边疆中心"）成立，这既是我国边疆史地研究第三度热潮的产物，也进而成为国家边疆研究的前沿引领者。

近30年来，边疆中心在边疆研究领域已取得了丰硕的学术成果，很多研究成果不仅填补了新中国成立以来各自领域的学术研究空白，而且以综合性、系统性、科学性的特点，成为目前国内同类研究中的优秀作品，对学科建设和发展、对推动全国边疆史地研究，均起到了举足轻重的作用。在研究内容方面，已形成了从最初以中国近现代边界研究为主，发展到以古代中国疆域史、中国近代边界沿革史和中国边疆研究史三大系列为重点的研究格局。近年，坚持基础研究与应用研究并重，在继承和弘扬中国边疆史地研究遗产的基础上，已逐步形成了历史研究与现状研究、基础研究与应用研究融而为一的中国边疆学研究模式。

边疆中心所实施的应用研究，是以当代我国边疆的稳定和发展现状为切入点，直面当代中国边疆面临的紧要问题和热点问题，进行跨学科的综合性研究。中国边疆研究不但要追寻边疆历史发展的规律和轨迹，还应探求边疆发展的现实和未来。当代我国边疆现状研究首先是当代中国社会发展的现实需要，也是中国边疆学学科发展的需要。我国边疆区域的发展现实，促使中国边疆现状研究的内涵和外延要有新的学科定位：即将中国边疆作为统一多民族国家的有机组成部分，作为一个完整的研究客体；现状与历史不可分，现状的历史实际上也是历史的现状，所以要进一步加强历史的和现状的综合性一体研究。通过对学科布局的适时调整，中国的边疆研究不断取得学科突破和新的学科增长点，进而尽快实现以基础研究为主的中国边疆史地研究向基础研究与应用研究并重的中国边疆研究的过渡。

短期内，我国在中国边疆疆域理论研究方面必须明确主旨，并应该有大的突破。在深化实证研究的同时，应进一步加大理论研究投入的力度，不断探索中国边疆历史与现状发展的规律。在实证研究的基础上，努力为历史上多元一体的中华民族边疆地区的政治、经济、人文发展和变迁构筑理论体系，是中国边疆史地学研究的根本目标。近30年来，大量高水平的研究成果相继面世，为中国边疆疆域理论体系的构建与未来中国边疆学学科体系的构建奠定了坚实的基础。

一方面，边疆实证研究的不断深化，需要理论层面的支撑。在中国古代历史疆域理论、历代边疆治理理论，古代统一多民族国家边疆地区的发展规律、古代边疆民族在多元一体中华民族中的发展规律等方面，以及在近现代陆疆、海疆与边界的理论问题等方面，通过大量的实证研究探索其中的规律，进一步构建我国边疆历史发展与统一多民族国家发展的理论体系。

另一方面，边疆研究学科的发展需要尽快完成中国边疆学学科的构建，包括边疆学学科的概念、界定与范畴，学科性质和功能，学科体系构建等一系列理论问题，建立以马列主义为指导的、有中国特色的中国边疆学理论体系。近年来，国内数所大学以开设边疆学博士点为契机，也在加紧边疆史地学科的构建；一些高校和地方科研院所，先后以"中国边疆学"或"中国边疆史地学"的学科定位建立了相关的学科专业；围绕边疆研究先后出现的相关学科命名有边疆政治学（边政学）、边疆史地学（边史学）、边防学、边疆安全学（边安学）等。但从学科层面看，在学术界尚未形成统一的认识，缺乏基本学科框架的规范系统论证。在诸如边疆学的内涵与外延及整体构建等方面还需要做更多深入研究；在疆域理论研究方面则需要投入更多的力量，尽快拿出较为成熟的成果。同时，应注重学科理论建设与方法论的进一步开拓，在原有的历史学、民族学、历史地理学等为主的基础上，扩展引入政治学、社会学、法学、国际关系学、地缘政治学等理论与方法，进一步突出边疆研究作为跨学科、边缘学科和新兴学科的特点与优势，不断加快学科建设步伐。

学术研究与研究成果的出版是并行的。20 世纪 80 年代末，当组建不久的边疆中心在成果出版方面寻找出路的时候，黑龙江教育出版社以高度的社会责任心与敏锐的学术眼光，伸出了合作之手。一晃至今，双方精诚合作了 20 多年。先是以《边疆史地丛书》的形式，自 1991 年 3 月开始出版，截至 2011 年，先后有 70 余种边疆研究著（译）作面世。已出版的学术著作得到了学术界和读者的广泛关注，取得了良好的社会效益，持续有力地推动着中国边疆研究学科的不断发展。如果说边疆中心在边疆研究方面成为了学术前沿的引领者，那么黑龙江教育出版社则以边疆研究成果的出版而成为国内外知名的品牌出版社。

在当前我国边疆研究氛围持续高涨的形势下，经边疆中心与黑龙江教育出版社共同努力，将以更为严格的科学态度、更为严谨的学风文风，共同出版水平更高的边疆研究著作。双方遂决定以《中国边疆研究文库》的形式，由边疆中心组稿审定，黑龙江教育出版社编辑出版。

《中国边疆研究文库》由《中国边疆研究文库初编——近代稀见边疆名著点校及解题》与《中国边疆研究文库二编——当代学人边疆研究名著》两部分组成。前者共选出近 50 种近代以来面世的我国边疆研究学术著述，在实施点校的基础上，作出导读性与研究性的解题，予以重新出版；后者选择近50种新中国成立60多年来我国（包括台湾、香港、澳门）边疆研究的老一代知名学者、中年有为学者、年轻后起学者的著述，汇集出版。可以说，这些著作基本代表了目前我国边疆学研究的水平。

同时，对1949年后有较大影响的边疆研究著述又进行了修订出版，特别是将新近的研究成果充实其中，使这些有影响的研究成果内容更加翔实、完整，更具学术价值。

今天，中国边疆研究已是一门具有广阔发展空间的显学，呈现在读者面前的《中国边疆研究文库》尚属开创之举，一定有诸多不尽如人意之处，衷心希望得到广大读者的支持帮助、批评指正。同时，我们也有信心，在目前《中国边疆研究文库》初编、二编近100部著作的基础上，继往开来，努力开拓进取，组织更多边疆研究的优秀成果，继续出版三编、四编……为我国边疆研究的持续兴盛，为繁荣边疆的历史文化，为今天我国边疆的社会稳定和经济发展，作出应有的贡献。

需要说明的是，本《文库》系国家出版基金特别资助项目，如果没有国家出版基金办大手笔支持我国的出版事业，本《文库》是无法面世的。在此，请允许我们表示诚挚的感谢。

主编谨识

目　录

绪　　论

一、选题意义

1. 理论意义

如果我们在白纸上用黑笔画一个圆，使这个圆之所以成为圆的，不是它的中心，恰恰是它黑色的边缘。这是王明柯先生在阐释华夏"族群边缘"的时候所作的绝妙比喻①，用这个比喻来突出边疆研究的重要性也并无不当，因为边疆不仅规定了中国的范围，更确定了其内涵，离开边疆，中国便不成其为中国。布罗代尔亦曾指出，如果不谈中国国内的未开化民族和国外的藩属，中国是不可理解的。② 因此，不仅不能把边疆与内地二元化地对立起来，而且不能只重一头，尤其重内地轻边疆的研究取向更不可取。

中国边疆史地学承中国传统舆地学的余绪，从清末开始，一直薪火相传，未曾中断，其重要性不言而喻。然则新中国成立后国内史学界似乎大都把注意力放到了以"五朵金花"为代表的意

---

① 王明柯：《华夏边缘——历史记忆与族群认同》，3 页，北京，社会科学文献出版社，2006。
② 布罗代尔：《15 至 18 世纪的物质文明、经济和资本主义》（第 1 卷），117 页，北京，生活·读书·新知，三联书店，1992。

识形态史学上去,边疆史地学因为其敏感性所受到的关注不多,并产生了很多以论代史的现象。改革开放后,特别是 1979 年至 1984 年有关中国历史疆域的学术讨论使边疆史地学逐步复兴。随着西方各种学科理论方法的引进,中国的史学界又出现了百家争鸣的局面。这其中,有一种声音值得重视,就是如何把史学理论和朴学遗风结合起来。把史学理论与现代考据学方法结合起来进行研究,的确是治中国边疆史的重要路径,笔者在本书中,作了一些有益的尝试。

边疆史地学因为其地位的特殊性,很容易与政治联系起来,如果把政治属性撇开,边疆也就不成其为边疆了,研究更无从谈起。但是,边疆又不完全是政治的附属体,还有经济、文化、社会等方方面面的内容,改革开放后有很多学者用国外的人类学、民族学、宗教学等理论和方法研究边疆的相关问题,无论是否适用,都想拿来试试,这是人们急切地想突破旧有史学框架的反弹现象,这"不过只是为了夸张地表明区别于以往政治解释的独特姿态,而远非真正具备超越旧有框架的能力"①。其结果,是一次又一次地为西方理论的普适性做了漂亮的注脚。边疆史地研究,还是要立足于本土,透过边疆来认识中国的特性。中国和中国的边疆从长时段来看,尤其是在前近代,有自己的一套不同于西方的自足系统,这一系统甚至辐射到东亚,是具有保护功能的一个单独运转的防护网,西方要想交流,必先"进入"这一系统,意即先纳入到这一体系中来才能交流,是故清末西方列强试图以鸦片作为介质"进入"中国,但遭到了中国人以焚烧鸦片为主要手段的抗拒,于是他们恼羞成怒,动用武力,其最终目的是为打破这个防护网,真正地进入并控制中国。因此,研究前近代的边疆问题,还是要从中国的内部理出问题的脉络,寻找理论灵感。

---

① 杨念群:《"道统"的坍塌》,载《读书》,2008(11)。

与上述两个方法论相关的，就是中国的边疆史地学需要有一个回归原典的问题。疆域理论如果没有文献的支持，只会流于空泛，与现代考据学方法结合起来进行研究更是空谈。中国的舆地学源远流长，这其中，产生了很多优秀的著作。我们有必要对这些经典著作进行细致的梳理和研究，从中找出历史的刻痕以及思想发展的轨迹。

本书选择《皇朝藩部要略》进行历史文献学的研究，主要原因是：

（1）《皇朝藩部要略》具有重要的内容

《皇朝藩部要略》是清代的第一部系统论述边疆史地的著作，共十八卷，其中《内蒙古要略》两卷，《外蒙古喀尔喀部要略》六卷，《厄鲁特要略》六卷，《回部要略》两卷，《西藏要略》两卷。

《皇朝藩部要略》主要叙述的内容是清朝征服与统一内蒙古49旗、外蒙古喀尔喀部、厄鲁特、回部、西藏等边疆地区，以及将这些边疆地区纳入到清朝版图、对这些地区实施有效主权管辖的历史进程。该书把清朝的所有"藩部"地区都囊括了，叙述的主线是由内蒙古而外蒙古，由外蒙古而新疆，由新疆而西藏，逻辑清晰，空间的层次感非常强烈。该书记载了清朝中央政府把各"藩部"地区纳入到政治共同体的实践过程，是关于清朝"藩部体系"思想的重要体现，是清中央政府与"藩部"关系的"历史书写"，所展示的是16世纪到18世纪间西、北中国的战争与和平、分裂与统一的五彩斑斓的历史画卷。

（2）《皇朝藩部要略》具有不可替代的学术价值

此书是研究清代边疆史地者的必读书目之一，在清代边疆史地著作中，占有很重要的地位，历来受到了诸多学者的高度评价。清代边疆史地学者李兆洛盛赞此书曰：

"先生（指祁韵士——笔者注）此书，于皇朝数百年以来，所以绥养藩服者，无不综具。其缘起悉载，著列圣恩德之所由隆，明威之所以畏。恍然造化之亭毒，皇极之相协，如读邃皇之书，睹鸿蒙开辟之规模焉。"①

梁启超在其《中国近三百年学术史》中写道：

"中国学者对于蒙古情事为最系统的研究，自此始也。"②

日本著名汉学大师内藤湖南在研究噶尔丹时说：

"记述噶尔旦事迹的书，我见到的有魏源的《圣武记》、赵翼的《皇朝武功纪盛》、祁韵士的《皇朝藩部要略》等，《康熙实录》虽未得见，唯据《东华录》得知其中之梗概。然能综其始终而又最为翔实者，当数《平定朔漠方略》，而《藩部要略》的诚实、精确，实是愈于其他诸书。"③

白寿彝总主编的《中国通史·清时期》（上）这样评价该书：

---

① 祁韵士撰，张穆改定：《皇朝藩部要略》序，国家图书馆藏稿本。另参见包文汉整理《清朝藩部要略稿本》，3 页，哈尔滨，黑龙江教育出版社，1997。包文汉先生此段中句读为"先生此书，于皇朝数百年以来，所以绥养藩服者，无不综具其缘起，悉载著列圣恩德之所由，隆明威之所以畏。恍然造化之亭毒，皇极之相协，如读邃皇之书，睹鸿开辟之规模焉"，并落下一个"蒙"字。

② 梁启超著，朱维铮校注：《梁启超论清学史二种》，464 页，上海，复旦大学出版社，1985。原文为："鹤皋于乾隆季年在史馆创撰《蒙古王公表》，凡阅八年，成书百二十卷；中国学者对于蒙古情事为系统的研究，自此始也。嘉庆十年，鹤皋以公罪戍伊犁，则于其间成《西陲总统事略》十二卷、《西域释地》二卷，归后又成《藩部要略》十六卷。"笔者按：《蒙古王公表》全称应为《钦定外藩蒙古回部王公表传》，简称《蒙古王公表传》。而祁韵士所撰之《皇朝藩部要略》为《蒙古王公表传》之底册，从这个角度说，则对于蒙古情事系统的研究，应始于《皇朝藩部要略》。只不过《皇朝藩部要略》于道光二十六年才刊刻，为外人所知的时间比《蒙古王公表传》晚而已。又，《皇朝藩部要略》为《蒙古王公表传》的底册，成书应比《蒙古王公表传》早，即不晚于乾隆五十四年，未有史料表明祁韵士生前对此底册作过整理，他去世后，由张穆改订《皇朝藩部要略》后，于道光二十六年才刊刻。因此梁启超说祁韵士戍归后成《皇朝藩部要略》十六卷为误。

③ 内藤湖南著，吴永明译：《〈秦边纪略〉的噶尔旦传》，见国家清史编纂委员会、中国社会科学院原民族研究所、《准噶尔史略》编写组合编《卫拉特蒙古历史译文汇集》（第四册），350 页。

"这些书（指清人边疆史地著述）①中，以《皇朝藩部要略》等书影响更大。"②

历来治明清蒙古史者都要把《蒙古回部王公表传》《皇朝藩部要略》以及《蒙古游牧记》等书作为必要参考书目。从学术史的角度上来说，《皇朝藩部要略》正是《蒙古回部王公表传》和《蒙古游牧记》的中间桥梁，它是《蒙古回部王公表传》的底册，同时又诱发了张穆写作《蒙古游牧记》。此书是第一次把蒙古、新疆、西藏等边疆地区纳入到"国史"书写的史书，其影响甚为深远。

虽然最近几年有的学者批评《皇朝藩部要略》等书有很多错误，篡改历史云云，但"篡改历史"本身也是历史真相的一部分，我们在考证此书有史实错误的同时，再追问它为什么要"篡改历史"，怎样篡改的历史，或许更有意义。历史上任何一个统治者都要按照统治的需要，建构话语霸权，任何不利于己的"史实"都要篡改甚至消灭。《皇朝藩部要略》作为以"皇朝"为史观的一部文献，概莫能外。但我们要注意到，此书与《清太祖实录》《清太宗实录》以及《皇朝开国方略》等官书正是在不断篡改史实的过程中，逐步确立了"藩部"思想的历史书写范式，并建构了"藩部"话语体系。而我们若是注意到"皇朝藩部要略"这个名称，是处于鸦片战争后，即 1845—1846 年间，张穆和祁寯藻所改的时候，即可知"藩部"概念是其在当时语境下的疆域体认，是一种政治性的民族认同话语，从而为清朝多民族国家的统

---

① 这些著作有：刘统勋等撰《西域图志》；祁韵士撰《皇朝藩部要略》《西陲要略》《万里行程记》《西域行程记》等；张穆《蒙古游牧记》；松筠《西陲总统事略》；七十一《西域闻见录》；王文锦《西域南八城纪要》；关凤楼《新疆大记》；盛绳祖《卫藏图志》；佚名《卫藏通志》；黄沛翘《西藏通考》；佚名《西藏考》；王我师《藏炉述异记》《藏炉总记》；何秋涛《朔方备乘》；图理琛《异域记》，等等。

② 白寿彝总主编：《中国通史·清时期》（上），23 页，上海，上海人民出版社，1996。

合建立一个坚实的理论基础。可以说，此书顺应了当时的历史潮流，是清朝"国家建设"的一部分，是清朝对自己疆域有限性的具体认知。而这一思想体系也为后人所继承，至《嘉庆会典》《光绪会典》时正式以法律形式规定"藩部"包括蒙古、新疆、西藏等地区。而此后对边疆地区设"行省"之议也都是在"藩部"基础上提出的疆域建构。

从这个意义上说，《皇朝藩部要略》中"藩部"体系的思想是非常重要的。这也体现在其对"藩部"思想的表达上，可以说，《皇朝藩部要略》是一部书写清前期对蒙古、新疆、西藏等地区统一、施政过程以及建构藩部体系的史书。这种总结性和建构性的叙述是其他史书所没有的。

2. 现实意义

（1）此书还无系统的研究

迄今为止，《皇朝藩部要略》作为一部边疆史地研究中如此重要的史书，除包文汉先生进行过系统整理外，还没有一部专门研究此书的著作出现。因此肤浅末学如我者，想在前人研究的基础上，表达一些我对此著作以及此著作背后的大历史的一点看法，以求教于方家。

（2）清代"藩部"及"藩部体系"概念的提出，有助于现在边疆史地研究的发展

本书并非严格意义上的历史文献学研究，笔者除了在版本、内容等问题上对《皇朝藩部要略》进行研究以外，还试图从一个更高的角度，在理论层面上有所突破。即通过深入剖析"藩部"等相关概念以及此概念确立的过程，试图建立与外国学者称之为具有国际关系性质的"朝贡制度"有别的藩部体系，并探讨其内涵。

近代进入民族国家后，很多西方学者都用西方的概念来研究我国的边疆关系，然而，用西方的概念来研究东方的现象容易造成误读。此点也有很多学者指出了，如"美国加州大学戴维斯校

区的韩格理教授发现，历来关于中国古代国家的论说，从启蒙时代的思想家，到当代治历史、政治学与社会学的学者，无不是以得之于西方国家结构的概念，如科层制、世袭科层制、专制政体、独裁政体以及活动于其中的各种角色的概念，来描述中国的国家属性。这种做法，在他看来，常导致无法确认且误导的结果……韩氏认为，中国人的权力观乃是建立在为达成秩序而在和谐中运作的角色以及由礼所界定的角色关系上面"①。我想，这段话也有助于我们理解清代的藩部体系。在古代中国的世界观中，"天下"是以中原为中心的，其周围都是"夷""狄""蛮""番"，中国皇帝以其文化和地理上的优越感对边疆民族进行统治的时候，放在他们心中首位的不是诸如"边疆""领土""资源""民族"等等一些实质事物，而是边疆民族以及藩属国对其臣服的虚无缥缈的"礼"，以满足"天朝上国"的虚荣心理，而至于边界等局部细节都可模糊，当然这是指清代以前的情况。虽然现在理解起来有些困难，但正是这种文化维系了清代以前的宗藩体系以及朝贡体系，换句话说，不但维系了中央—地方关系，而且维系了东亚的国际秩序。到了清代，随着各藩部的陆续归附，清廷对边疆的控制力大大增强了，在逐步地摸索中，清朝诞生了一种管理藩部的系统，即主权关系下的藩部体系。这一体系是清朝长期对边疆治理的产物，是当时所有"藩部"与清政府对抗、交流过程中双方最满意的统治方式，是最为自然合理的结果。这一体系不同于现在当作"国际关系"言说的朝贡体系，也不同于中原的行省体系，与清以前的宗藩体系也有区别，总之，这是清代独有的一套体系。这一体系为中华人民共和国建立后的民族区域自治制度提供了实践经验和理论灵感。

综上，"藩部"与"藩部体系"等概念的提出将对中国疆域理论从另外一种视角思考提供一条有益的路径。

---

① 梁治平：《习惯法、社会和国家》，载《读书》，1996（9）。

总之，研究《皇朝藩部要略》无论就其学术意义还是现实意义，都是非常重大的。

二、学术回顾

如上所述，祁韵士所撰《皇朝藩部要略》，在清代边疆史地著作中，占有很重要的地位。现就该书的作者祁韵士、审定者张穆等人以及《皇朝藩部要略》的研究状况，作一综述，而关于本书中考证部分的综述，因为比较分散，所以放在各考证之作之首，特此说明。

1. 关于《皇朝藩部要略》作者群的研究综述

（1）关于祁韵士的研究

关于祁韵士的研究，主要是围绕他在西北边疆史地学中的地位问题来进行讨论的。徐松巍、田志勇认为：祁韵士之所以被称为19世纪西北边疆史地学研究第一人，这主要是由于：

第一，祁韵士不仅开创了19世纪西北边疆史地学研究的风气之先，而且以丰硕的研究成果奠定了19世纪西北边疆史地学研究的基础。

他们认为：长期以来，人们一直认为徐松是19世纪西北边疆史地学研究的开创者，但是同祁韵士相比则有待商榷。祁韵士自18世纪80年代就开始了西北边疆史地学研究，到90年代其研究西北边疆史地学的开山之作《蒙古王公表传》告成。进入19世纪以后，则是祁韵士研究西北边疆史地硕果累累的黄金季节。而徐松真正从事西北边疆史地研究，则是自嘉庆十六年（1811年）开始起步，这已比祁韵士晚了24年。其研究西北边疆史地的处女作《伊犁总统事略》（后御赐《新疆识略》）则成于道光元年（1821年），这也较祁韵士的《蒙古王公表传》晚了整整30年，通过上面的简单比较，两人孰先孰后不言自明。然而重要的是，祁韵士奠定了整个19世纪西北边疆学研究的基础。早在祁韵士任国史纂修官时，就曾奉旨主撰了《蒙古王公表传》，是有清一代对西北边疆史地进行系统研究的发轫。从这个意义上讲，《蒙古王公表传》又可谓 19 世纪西北边疆史地学研究的奠基之作。

第二，祁韵士在研究西北边疆史地过程中，所执着追求的鲜明自觉的经世致用的治学旨趣，与认真谨严、实事求是的学风，非但是当世楷模，同时也对其后研究西北边疆史地的学者产生了重大而深远的影响。

作者详细论述了这两点原因，而认为祁韵士实为 19 世纪西北边疆史地学研究的第一人。①

持有相同观点的还有牛海桢，他从对《蒙古回部王公表传》《皇朝藩部要略》《西陲要略》《万里行程记》等祁韵士著作的研究中，论述了祁韵士对西北边疆史地学研究所作的开创性贡献，最后得出结论：“祁韵士的西北边疆史地研究，在清代诸学者中起步最早。也最早提出了‘信今而证古’的研究原则，这种求真求实又追求经世致用的学风，直接影响到清中叶后西北边疆史地的研究。在这方面，祁韵士可以说具有草创之功。他的研究成果对于我们今天进行西部大开发仍然具有突出的借鉴意义。”②

郭丽萍的《祁韵士与嘉道西北史地研究》③ 一文，系统研究了祁韵士学术发展的动态过程，并积极探讨了祁韵士的西北史地研究与前人后世的关联。

马汝珩、张世明④认为：嘉道咸时期形成了一个边疆史地学

---

① 徐松巍、田志勇：《祁韵士：19 世纪西北边疆史地学第一人》，载《北方工业大学学报》，1998，10（4）。
② 牛海桢：《清代西北边疆史地学的开创者祁韵士》，载《伊犁师范学院学报》，2001（3）。
③ 郭丽萍：《祁韵士与嘉道西北史地研究》，载《北京理工大学学报》（社会科学版），2004（6）。
④ 马汝珩、张世明：《嘉道咸时期边疆史地学的繁荣与经世致用思潮的复兴》，载《中国边疆史地研究》，1992（1）。

研究者的趣缘集合体，成员包括祁韵士、何秋涛、俞正燮等人。正是这些人的整体效应，才产生了嘉、道、咸时期边疆史地学繁荣昌盛的局面。

周丕显①也论述了清代西北舆地学兴起的原因，他认为：由于政府的支持和提倡，再加上乾嘉朴学考据之风大盛，造就了一批从事西北舆地学研究的人才，如祁韵士、张穆等。

其他著作还有丁永青的《嘉道之际山西史地学者的历史地位》②以及多种博士论文及博士后出站报告，都或多或少涉及了祁韵士、张穆以及鸦片战争前后边疆史地学兴起的背景，这将在后文有所讨论。

（2）张穆的研究概况

张穆是《皇朝藩部要略》的最后审定者，为此书的刊刻做出了巨大贡献。研究张穆的文章很多，如郭丽萍的《"学精"与"学新"之间：张穆的学术思想》③一文，探讨了张穆学术思想中的种种特点，认为这反映出了清代学术由乾嘉时代的"精"向晚清的"新"过渡。

齐荣晋的《张穆的学术准备及思想走向——兼论清朝西北舆地学》④一文，亦从张穆的思想入手探讨清代西北舆地学的兴起。

周清澍的《张穆、李文田手迹考释》⑤一文，介绍了张穆的一副对联书法，并对他的学术成就有所评论。

魏泉的《"顾祠修禊"与"道咸以降之学新"——十九世纪

① 周丕显：《清代西北舆地学》，载《社科纵横》，1994（2）。
② 丁永青：《嘉道之际山西史地学者的历史地位》，载《晋阳学刊》，2003（4）。
③ 郭丽萍：《"学精"与"学新"之间：张穆的学术思想》，载《福建论坛》（人文社会科学版），2002（4）。
④ 齐荣晋：《张穆的学术准备及思想走向——兼论清朝西北舆地学》，载《晋阳学刊》，2003（3）。
⑤ 周清澍：《张穆、李文田手迹考释》，载《内蒙古大学学报》（人文社会科学版），1997（2）。

宣南士风与经世致用学风的兴起》① 一文，从张穆积极参与顾炎武祠修褉的角度探讨了张穆的为人及为学。

其他的论著多是从祁韵士、徐松、张穆、何秋涛、魏源、龚自珍等人的学术成就综合来看边疆史地兴起的，但从张穆的身世及其思想流变再探讨其背后大历史的研究成果尚未出现。

（3）李兆洛、毛岳生、宋景昌等人的研究情况

祁韵士之子祁寯藻在道光十七年（1837年）任江苏学政时，结识了江南地理名家李兆洛，并让李兆洛整理《皇朝藩部要略》的底册。李兆洛即委托门下弟子毛岳生、宋景昌对这一书稿进行"编次"和"校写"，李兆洛虽然没有参加此书的校刊，但他应从总体上把握了此书的内容和体例，尤其是其《皇朝藩部要略》序文高度提炼了《皇朝藩部要略》的观点，其中所引《礼记》中的"修其教不易其俗，齐其政不易其宜"一句为后世治史者频繁引用，成为清代治理边疆民族的政策标语。目前此三人的研究情况很薄弱，研究李兆洛的文章多是从其文学、散文的角度研究，从一个地理学家的角度阐述的不多。现在见到的论文有宝日吉根的《〈藩部要略〉张穆改定稿本李序评析——〈藩部要略〉研究之二》② 一文，详细论述了祁韵士之子祁寯藻把《皇朝藩部要略》交于李兆洛，以及李兆洛如何让毛岳生编次、宋景昌校写的过程；并用很大篇幅叙述了李兆洛的生平，把李兆洛的一生分为三个时期来详细论述；在文中最后部分则讨论了李兆洛《皇朝藩部要略》序文的主要内容和学术价值。认为"李兆洛是《皇朝藩部要略》完稿后第一个向读者正式介绍和评价该书的学者，序文中概括清朝对蒙古诸部落的政策和措施，对研究清朝民族政策和民

① 魏泉：《"顾祠修褉"与"道咸以降之学新"——十九世纪宣南士风与经世致用学风的兴起》，载《清史研究》，2003（1）。
② 宝日吉根（为包文汉先生的蒙古语笔名，即为蒙古黄金家族姓氏之孛儿只斤——笔者注）：《〈藩部要略〉张穆改定稿本李序评析——〈藩部要略〉研究之二》，载《内蒙古大学学报》（社会科学版），1995（3）。

族关系有重要参考价值"①。这是一篇对本书大有裨益的文章，因有包文汉先生的详细介绍，且笔者又无新资料，故本书关于李兆洛等人概不赘述。

2.《皇朝藩部要略》的版本

《皇朝藩部要略》版本的研究，现已取得阶段性成果。主要的研究者是内蒙古大学的包文汉先生。包文汉先生在 20 世纪 80 年代初，就选择了《皇朝藩部要略》这部书作为原教育部古籍整理项目。② 因此，包文汉先生对《皇朝藩部要略》的版本，颇有心得，并取得了一定的成果。下面把包文汉先生的研究成果稍作整理，概括如下：

《皇朝藩部要略》是一部有关清朝外藩诸部，主要是蒙古部落的编年史著作。有两种刻本流行于世，一是道光丙午筠渌山房刻本，二是光绪间浙江书局重印本。20 世纪 80 年代初期，包文汉先生在北京图书馆发现一部张穆亲笔改定的《皇朝藩部要略》稿本。在整理这部稿本时，参照民国间商务印书馆印刷出版的万有文库本《清朝通典》（原书名《皇朝通典》）《清朝文献通考》（原书名《皇朝文献通考》）等书改名的惯例，又因张穆改定的《皇朝藩部要略》稿本与刻本有所不同，于是将张穆改定的《皇朝藩部要略》稿本，改称《清朝藩部要略稿本》。

张穆改定时使用的稿本是清代抄本或誊清本。经过张穆改定，题名为《皇朝藩部要略》。经包文汉先生考证，《皇朝藩部要略》的书名乃张穆最后定名。③ 而正式刊行的筠渌山房本正是照

---

① 宝日吉根：《〈藩部要略〉张穆改定稿本李序评析——〈藩部要略〉研究之二》，载《内蒙古大学学报》（社会科学版），1995（3）。
② 宝日吉根：《清朝〈藩部要略〉稿本探究》，载《中国边疆史地研究》，1996（2）；或参见包文汉：《清朝藩部要略稿本探究——代前言》，见《清朝藩部要略稿本》，1 页。
③ 原名作《外藩蒙古要略》《各藩提要》《外藩提要》等。见宝日吉根《〈藩部要略〉张穆改定稿本李序评析——〈藩部要略〉研究之二》，载《内蒙古大学学报（哲学社会科学版）》，1995（3）。

此本刊印的。此本所改定的书名、著者以及所改定的文字均与通行的刻本基本相同。可以断定，此本就是道光二十六年（1846年）付刊的《皇朝藩部要略》的定稿本。

包文汉先生经过考证，认为《皇朝藩部要略》有七个版本，分别以甲、乙、丙、丁、戊、己、庚本名之，并以表的形式归纳出来，使人一目了然。图表如下：

原始档案（内阁大库、理藩院所藏）

|

甲本（底册、手稿、资料长编等）—《王公表传》（四库本）

|

乙本（毛编、宋校本）宋《表》（ 宋氏增辑《藩部表》、徐松重订《藩部表》）

|

丙本（原本：改定稿本眉批"仍照原本"）

|

丁本（张穆改定稿本）

|

戊本（精抄本）

|

己本（道光丙午筹渌山房本）

|

庚本（光绪浙江书局本）

这是大体的顺承版本。但包文汉先生也说明，丁本有的内容而戊本没有，尚需今后深入探讨。

这是包文汉先生关于《皇朝藩部要略》版本的研究成果。其他相关论文还有：宝日吉根、宝音图《〈皇朝藩部要略〉张穆改定稿本评价》① 等。

3.《皇朝藩部要略》的整理

关于《皇朝藩部要略》的整理，主要的研究成果就是内蒙古大学包文汉先生整理的《清朝藩部要略稿本》，此书是包文汉先生根据北京图书馆藏张穆亲笔改定的《皇朝藩部要略》稿本为底本，参考清代精抄本和道光年间筠渌山房刊本，进行整理后的新版本。新版本以" （）""［　］"标出张穆修改的部分，这就"明晰地告诉读者，张穆亲笔改定稿的原貌，何处增补，何处删减……这对读者阅读和探讨这部书，无疑是提供了极大方便，这也正是整理这部书稿的价值所在"②。

张穆改定时使用的《皇朝藩部要略》稿本是清代抄本或誊清本。此本墨笔所抄，朱笔断句，页 10 行，行 20 字。书上有多处增补删改，眉上行间多有勾勾画画，还有眉批和以三角（△）和圆圈（〇）表示的着重号等。删改文字有的写在书页上，有的写在粘单上。据包文汉先生统计，《皇朝藩部要略》18 卷中，改动多达千余处，增补约有 600 余处，删减 40 余处。增删文字，少则一字、数字，多则几十或几百字，最多竟达 1 200 余字。这些增补、删改的文字，就是张穆复审时改定的。并且"眉上行间细楷如蚕"③。

4.《皇朝藩部要略》内容的研究

关于《皇朝藩部要略》内容的研究，以笔者的目力所及，成果为数不多。主要有高庆丰的《祁韵士的畜牧统计》一文。该文根据《皇朝藩部要略》之《新疆要略》卷三《牧养》中所载伊犁牧场马、牛、驼、羊的统计数字，得出结论："乾隆时期的畜牧统计已经超过西欧 18 世纪中叶的畜牧统计。在西欧，农业统计最发达的是法国，而畜牧统计又早于一般农业统计。如法国学

---

① 宝日吉根、宝音图：《〈皇朝藩部要略〉张穆改定稿本评价》，见中国蒙古史学会编《蒙古史研究》（第四辑），呼和浩特，内蒙古人民出版社，1993。
② 金启孮：《清朝〈藩部要略〉稿本》序言，见《清朝藩部要略稿本》，1 页。
③ 傅增湘：《藏园群书经眼录》，见《清朝藩部要略稿本》，3 页。

者博兰威尔于1737年出版的《法国国情》，书中只列有亚尔萨斯的牛马静态数字；法国化学家拉瓦锡（1743—1794年）在1792年出版的小册子里只有对法国牛、马、猪、羊的估计数字。而伊犁牧场的畜牧统计，不仅有马、牛、驼、羊的静态统计数字，而且有四种牲畜的动态数字和孳生率，至于应用三柱式或四柱式平衡法更接近现代畜牧统计的计算方法。"① 不过，有两个基本史实错误，一是把《皇朝藩部要略》说成是祁韵士"居伊犁期间，受将军松筠之托，撰有《皇朝藩部要略》一书"②，系作者误。《皇朝藩部要略》如前文所述，是在祁韵士编纂《蒙古回部王公表传》的基础上写成的，成书于被发配新疆前。而在伊犁期间，受将军松筠所托编纂的是《伊犁总统事略》。二是《皇朝藩部要略》有《回部要略》，无《新疆要略》，笔者核对了原文，《皇朝藩部要略》中也没有高氏所引之文，查祁韵士所撰之《西陲总统事略》③，与高氏所引之文一致，又查《西陲要略》卷三《牧养》条，也与高氏所引文一致，故高庆丰先生所作的《祁韵士的畜牧统计》一文所依据的材料应是祁韵士《西陲总统事略》卷九《牧场》或《西陲要略》卷三《牧养》中的文字。

另一篇关于《皇朝藩部要略》内容研究的文章是（日本）宫胁淳子的《〈钦定外藩蒙古回部王公表传〉〈皇朝藩部要略〉〈蒙古游牧记〉的来源》一文，探讨了《钦定外藩蒙古回部王公表传》《皇朝藩部要略》以及《蒙古游牧记》的来源问题，考证出这三书的关系并说明来源于档案、旗册等。④

---

① 高庆丰：《祁韵士的畜牧统计》，载《统计研究》，2000（12）。

② 同上，56页。

③ 在祁韵士的《鹤皋年谱》中称《伊犁总统事略》，见祁韵士著，李广洁整理《万里行程记》（外五种），太原，山西人民出版社，1991。

④ Junko Miyawaki（宫胁淳子），"Notes on Meng‐ku Wang‐Kung Piao‐Chuan and the Compilation of Huang‐chao Fan‐pu Yao‐lüen and Meng‐Ku You‐mu Chi"（《〈钦定外藩蒙古回部王公表传〉〈皇朝藩部要略〉〈蒙古游牧记〉的来源》，见《第六届中国域外汉籍国际学术会议论文集》），1~11页，台北，联合报文化基金会国学文献馆，1993。

三、本书所利用的文献概述

1. 档案类

笔者所查的档案主要有中国第一历史档案馆藏蒙古堂档、中国第一历史档案馆藏军机处录副奏折、李保文编辑整理并撰写的中国第一历史档案馆刊行的《十七世纪蒙古文文书档案（1600—1650 年）》《清初内国史院满文档案译编》（上、中、下）、《康熙朝满文朱批奏折全译》，以及《康熙朝汉文朱批奏折汇编》《雍正朝满文朱批奏折全译》《雍正朝汉文朱批奏折汇编》《宫中档康熙朝奏折》《宫中档雍正朝奏折》《宫中档乾隆朝奏折》《明清档案》《清代档案史料丛编》《元代以来西藏地方与中央政府关系档案史料汇编》《清初五世达赖喇嘛档案史料选编》《六世班禅朝觐档案选编》，等等。但较为遗憾的是现在中国第一历史档案馆藏《国史馆档案》因为纂修《清史》的关系，不能对外开放，这不能不说是个历史的遗憾。但国家图书馆有《清国史馆奏稿》（全二册）出版，可弥补不足。

2. 史书类

关于史书类（包括经部涉史类）文献资料，笔者也翻看了很多，诸如《尚书》《春秋》《左传》《礼记》《周礼》《孟子》《论语》《史记》《汉书》《后汉书》《北史》《隋书》《辽史》《金史》《元史》《明史》等书，对考察"藩""番""藩部"等概念有所帮助，而《康熙起居注》《汉译蒙古黄金史纲》《蒙古源流》《蒙古博尔济锦氏族谱》《清朝太祖太宗世祖朝实录蒙古史史料抄——乾隆本康熙本比较》《清史列传》《清入关前史料选辑》《朝鲜李朝实录中的中国史料》以及（康熙、雍正、乾隆、嘉庆、光绪）《大清会典》（嘉庆、光绪）《大清会典事例》《理藩院则例》《蒙古律例》《钦定回疆则例》《皇清开国方略》《御制亲征平定朔漠方略》《平定准噶尔方略》等史书，对史实考证，以及考察

"藩部"及"藩部体系"的发展过程都有帮助。其中最重要的是《皇朝藩部要略》的各个版本,有道光二十六年筹禄山房刻本、光绪十年浙江书局重印本、国家图书馆藏稿本、北京大学图书馆藏抄本、中央民族大学图书馆藏抄本以及包文汉先生整理的《清朝藩部要略稿本》等版本,这是本书进行研究的基础。

3. 近人著作

从事史学研究的第一步就是收集并拜读已有的研究成果。笔者所查到的涉及本问题的主要研究著作有:

[苏]符拉基米尔佐夫《蒙古社会制度史》、[日]萩原淳平《明代蒙古史研究》、[日]和田清《东亚史研究·蒙古篇》(汉译《明代蒙古史论集》上、下册,潘世宪译,商务印书馆,1984年)、札奇斯钦《蒙古与西藏历史关系之研究》及《蒙古民族通史》、[法]伯希和《卡尔梅克史评注》、[日]田山茂《清代蒙古社会制度》、[日]若松宽《清代蒙古的历史与宗教》、[日]宫胁淳子《最后的游牧帝国》(讲谈社,1995年。晓克汉译《最后的游牧帝国——准噶尔部的兴亡》,内蒙古人民出版社,2005年版)、赵云田《清代蒙古政教制度》及《清代治理边疆的枢纽——理藩院》、达力扎布《明代漠南蒙古历史研究》及《明清蒙古史论稿》、乌兰《〈蒙古源流〉研究》、乌云毕力格《喀喇沁万户研究》、成崇德《18世纪的中国与世界》(边疆民族卷)、张世明《18世纪的中国与世界》(军事卷)、张永江《清代藩部研究——以政治变迁为中心》、杨庭硕与罗康隆的《西南与中原》、宝音德力根、乌云毕力格与齐木德道尔吉主编的《明清档案与蒙古史研究》、苏发祥《清代治藏政策研究》、王景泽《清朝开国时期八旗研究》、杨杭军《走向近代化——清嘉道咸时期中国社会走向》、成崇德、张世明《清代西藏开发研究》、张羽新《清前期西部边政史论》,等等,另有论文若干(参见文后参考文献部分),这些论著都对本书的写作有很大帮助,笔者将在前辈学人的基础

上，力求使本书在相关问题上有所突破。

四、主要研究内容、所要突破的难点及创新点

本书的主要研究内容就是对《皇朝藩部要略》作一个全方位的考量。各章的研究内容及难点和创新点是：

1. 第一章的主要研究内容是《皇朝藩部要略》的作者祁韵士以及张穆研究

此书是祁韵士写成草稿，后经李兆洛组织并写序、毛岳生编次、宋景昌补表、张穆最后审订的，整个成书过程，可谓集当时史地名家于一书。由于资料的关系，本章只对祁韵士和张穆作了细节性研究，试图通过其一生来考察《皇朝藩部要略》写作的背景。

第一章的难点和创新点：

第一章的难点是如何在前人研究的基础上避免拾人牙慧，有自己的一孔之见。笔者的想法是：利用前人没有利用过的书信等资料，如国家图书馆藏《祁韵士等书信》《张月斋先生词翰》《张穆祁寯藻等书札》《六家书札》《月斋书札诗稿》以及《张石洲所藏书籍总目》《养一斋文集》《石州年谱》《月斋文集》《寿阳祁氏遗稿》《许瀚日记》《鹤皋年谱》等资料，对祁韵士、张穆等人进行社会史意义上的研究，从细节发现历史，从而使人物丰满化。

2. 第二章是《皇朝藩部要略》的成书背景以及版本研究

《皇朝藩部要略》的成书和刊刻相隔几十年，无论是作为《蒙古回部王公表传》的底册，还是以《皇朝藩部要略》为名刊刻，都和当时的时代背景息息相关。关于祁韵士等人及鸦片战争前后边疆史地学兴起的背景，已有很多论著且有多种博士论文及博士后出站报告涉及，这些文章都为笔者撰写第二章的文字提供了较大的帮助。

第二章的难点和创新点：

结合前人研究以及国史馆档案，笔者对《皇朝藩部要略》的成书背景进行了系统研究，认为除了当时的大背景外，祁韵士之子祁寯藻鉴于松筠的《新疆识略》被钦定，也试图审订并向皇帝进呈《皇朝藩部要略》，而北京大学和中央民族大学图书馆所藏的《皇朝藩部要略》抄本就是祁寯藻准备进呈给皇帝的拟进呈本。本章并考证出《皇朝藩部要略》是《蒙古回部王公表传》中关于各部落总传的稿本。

3. 第三章的主要内容是《皇朝藩部要略》史实考证部分

《皇朝藩部要略》一直受到边疆史地研究学者的重视，在诸多学者的论著中或多或少地都有所体现，或引其史料，或辨其真伪，或评其优劣，如内藤湖南的《〈秦边纪略〉的嘎尔旦传》、和田清的《东亚史研究·蒙古篇》（汉译《明代蒙古史论集》）、宫胁淳子的《十七世纪归属清朝时的喀尔喀蒙古》及其《最后的游牧帝国》（汉译《最后的游牧帝国——准噶尔部的兴亡》）、达力扎布《明代漠南蒙古历史研究》及《明清蒙古史论稿》、乌云毕力格《喀喇沁万户研究》、张永江《清代藩部研究——以政治变迁为中心》、赵云田的《清代蒙古政教制度》等书中都利用了《皇朝藩部要略》论述了不同的问题，笔者在本章的写作过程中，利用档案等资料，并对前人的观点择善而从，主要对"卫拉特"与"厄鲁特"的源流以及汉文史籍的译法、斋赛诸事、外喀尔喀硕垒的两封信、珠尔默特那木扎勒事件等进行了考证。

4. 第四章的主要内容是《皇朝藩部要略》中的"藩部"概念的提出及其形成过程

"藩部"在清代才形成一个比较明确的指向概念。因此本章也是本书的重点。本章的难点是：如何条分缕析地把"藩部"及其相关概念梳理清楚，并发现清代"藩部"思想的谱系。笔者将在刘志扬、李大龙的《"藩属"与"宗藩"辨析——中国古代疆

域形成理论研究之四》、包文汉的《清代"藩部"一词考释》、
张永江的《清代藩部研究——以政治变迁为中心》、张世明先生
的《清代宗藩关系的历史法学多维透视分析》等论著的基础上全
面考察"藩部"概念,系统梳理历代以来"番""藩""蕃""藩
镇""藩属"等概念的谱系,并结合当时的历史背景,全面审视
清代"藩部"思想的由来及演变过程,并指出与历朝边疆治理思
想的相同和不同之处。

　　5. 第五章是对"藩部体系"的研究

　　"藩部体系"正是《皇朝藩部要略》书写的价值所在,此体系有
别于朝贡体系,也有别于行省体系,是清代在主权统治下的另外一种
管理体系,它随着清廷把藩部逐渐纳入到政治共同体中而逐步完善。

　　6. 第六章是对《皇朝藩部要略》的评价

　　最后,对《皇朝藩部要略》进行整体评价。本章的难点是如
何评价其优劣,并做到评价公允、精当。笔者将综合全文,对其
进行历史文献学和史料学意义上的评价,在肯定其价值的同时,
力求对其进行恰如其分的评论。

第一章 《皇朝藩部要略》作者祁韵士及张穆研究

祁韵士和张穆均是清代后期比较有名的边疆史地学者，鸦片战争前后一批以张穆为代表的知识人撰写边疆史地著作，除了受当时的时势影响外，还与他们欲迎合清朝的国家建设有关。

祁韵士书法作品（此为北京匡时国际拍卖有限公司 2011 年秋季艺术品拍卖会拍卖品）

第一章　《皇朝藩部要略》作者祁韵士及张穆研究

引　言

近年来，研究祁韵士、张穆、魏源以及西北史地学的论著数不胜数。仅以研究西北史地学的博士论文计，就有贾建飞的《晚清西北史地学研究》①、朱玉麒的《徐松与〈西域水道记〉研究》②、郭丽萍的《嘉道西北史地学人研究》③ 及其博士后出站报告《道光朝京师学人交游与西北史地研究》④、章永俊的《鸦片战争前后中国边疆史地学思潮研究》⑤、侯德仁的《清代西北边疆史地学研究》⑥ 等多篇文章，另外硕士论文以及其他学者发表的论文还有很多。但是在"清代西北史地学"研究的繁荣表象背

---

① 贾建飞：《晚清西北史地学研究》，北京，中国社会科学院博士论文，2002。
② 朱玉麒：《徐松与〈西域水道记〉研究》，北京，北京大学博士后出站报告，2002。后其报告组成部分，即整理之《西域水道记》，以《中外交通史籍丛刊》之一种由中华书局于2005年出版。
③ 郭丽萍：《嘉道西北史地学人研究》，北京，北京大学博士论文，2003。
④ 郭丽萍：《道光朝京师学人交游与西北史地研究》，北京，中国人民大学博士后出站报告，2005。
⑤ 章永俊：《鸦片战争前后中国边疆史地学思潮研究》，北京，北京师范大学博士论文，2003。
⑥ 侯德仁：《清代西北边疆史地学研究》，天津，南开大学博士论文，2004。

后，带有进化论式的叙述是很普遍的。盖因对西北史地的研究无非是对其兴起的背景及其代表人物的研究，但无论哪种研究，大多学者都认为"经世"思想是西北史地学发展壮大的主线，而无论是祁韵士、徐松，还是张穆、魏源，都具有深深的忧患意识，具有"经世"思想，从而引申出具有爱国主义情怀。这种明显带有进化论式的目的论言说，是笔者不能苟同的。正如台湾佛光大学的李纪祥先生所说："如果从'经世思想与实践'的角度来研究魏源，仍然是对于'汉学''经学'的批判以及将之置入'旧学'传统中的思考模式，那么显然还是'近代史、近代思维'的模式，是为了成立'新学'的坐标，则其中的'近代化'趋向必然明显可见，是一种'进化论述'，笔者（指李纪祥）恐怕这样的研究模式中隐含的目的论便是趋于德先生与赛先生了。"① 笔者对李纪祥先生的这段话深以为然。在清代西北史地研究者的论著中，大多引用了王国维的一句话："国初之学大，乾嘉之学精，而道咸以降之学新。"② 王国维的语境中，注重的是传承与创新，而在诸多学者的文章中，却刻意强调了"道咸以降之学新"，造成了一种断裂，因此在对于祁韵士、张穆等人的研究中，就侧重对其边疆史地著作的考察，而不注重对其他如金石、小学等著述的考察；而在这些学人的边疆史地著作中又往往注重能对论者"经世"立论有支持的文字的考察，而不注重其他文字的考察；在论述学人一生成就时，只注重其写作边疆史地著作的那几年的考察，而不注重对其一生进行全面的考察。这是我大量地阅读了上述论著后的反思。而我原来也有这种"进化论"式的倾向，在本书中，将尽力避免这种倾向，从一个学者的一生来观察他的细

---

① 李纪祥：《近代观与西学观——魏源研究的多元面向与反思》，见《"西学与清代文化"国际学术研讨会论文集》（上册），38 页，北京，中国人民大学清史所、国家清史编纂委员会出版，2006。
② 王国维：《沈乙斋先生七十寿序》，见《王国维遗书》（第四册），26 页，上海，上海古籍书店，1983。

节更有助于我们了解那个时代、他的著作以及他本人。

第一节　关于祁韵士的几个问题

清人祁韵士因其所著《皇朝藩部要略》《外藩蒙古回部王公表传》《西陲要略》《西域释地》《万里行程记》等书，在今天被作为边疆史地学家而铭刻于史册，但是在他所生活的乾嘉时代却默默无闻，他只是一个平庸的官员，一个并不特别出色的读书人。

祁韵士（1751—1815 年），山西寿阳人，初名庶翘，字鹤皋，后改名韵士，一字谐庭，别号筠渌，晚年又号访山。关于他的生平，基本上没什么争议，现根据祁韵士自定《鹤皋年谱》，对他的生平作一个大体梳理：祁韵士，生于乾隆十六年（1751 年），乾隆四十三年（1778 年）中进士，入庶常馆学习，为翰林院庶吉士。在此期间，他师从大教习满洲镶白旗人德保和小教习满洲镶蓝旗人富炎泰学习满文，成绩优良，见识大增，深得当时满、蒙、汉学者于敏中、嵩贵、王杰、雷轮等人的器重和赏识。乾隆四十五年（1780 年）四月，散馆授编修。乾隆四十六年（1781 年）九月，充武英殿纂修《四库全书》分校官。乾隆四十七年（1782 年），充国史馆纂修官，由国史馆总裁大学士嵇璜推荐，奉旨接管干贞纂修《蒙古回部王公表传》。乾隆五十二年（1787 年），充任国史馆提调兼总纂官。乾隆五十四年（1789 年），历辛"八年而书始成"①。书成，深得翰林院掌院学士满洲正蓝旗人阿桂及嵇璜等人夸奖，"保荐一等，以行走勤慎，才具明练，注考引见，记名以道府用，仍加一级"②。嘉庆十年（1805 年），祁

---

① 《鹤皋年谱》，见《万里行程记》（外五种）。
② 《鹤皋年谱》，见《万里行程记》（外五种）。

韵士受"亏铜案"牵连，发往伊犁当差。著有《西域释地》《西陲要略》《万里行程记》《濛池行稿》《西陲百咏》等书；在伊犁期间，曾在伊犁将军松筠手下充当印房章京，协助松筠编著《伊犁总统事略》①。嘉庆十三年（1808 年），"当差"期满，十月由伊犁起程，次年三月回到故里。晚年一度在两江总督松筠手下"襄理幕务"，又在陕甘制府那彦成处"授读"，又任兰山书院和莲池书院山长。嘉庆二十年（1815 年）病逝于山西保阳书院。②笔者发现，乾隆四十三年（1778 年）中进士和嘉庆十年被戍伊犁是其生命中成为转折点的两个重大事件。其以边疆史地学者著称于后世者与这两个事件有关，而前人研究大多只关注他的边疆史地著作，如《西陲要略》《西域释地》《皇朝藩部要略》等等，很少有从他的一生着眼来看祁韵士其人其事。有关祁韵士与西北史地学关系的研究请参见郭丽萍《祁韵士与嘉道西北史地研究》③，徐松巍、田志勇《祁韵士：19 世纪西北边疆史地学第一人》④ 等文章。

本文立足于祁韵士的一生并结合当时的社会背景，对影响祁韵士一生的重大事件进行考察，并对其博得"19 世纪西北边疆史地学第一人"以及"西北史地学者"等名声加以探讨，并将重点考察他以及他的著作与清朝"国家建设"的关系。

一、新科进士祁韵士

祁韵士，乾隆十六年（1751 年）八月十四日生于凤台县学署，其父祁文汪，时官凤台县训导。祁韵士在中进士前实在是平

---

① 《鹤皋年谱》，见《万里行程记》（外五种）。
② 《鹤皋年谱》，见《万里行程记》（外五种）。
③ 郭丽萍：《祁韵士与嘉道西北史地研究》，载《北京理工大学学报》（社会科学版），2004（6）。
④ 徐松巍、田志勇：《祁韵士：19 世纪西北边疆史地学第一人》，载《北方工业大学学报》，1998，10（4）。

淡无奇，所以无论是《寿阳县志》① 还是《山西通志》② 甚或《清史列传》③，说到祁韵士时，都是从乾隆四十三年（1778 年）中进士开始的。中进士，这在通过科举考试而显身扬名的古代社会，对个人一生的影响是巨大的，祁韵士的一生从此打上官员的印记。

关于祁韵士中进士一事，在其自订年谱中云：

"（乾隆）四十三年戊戌二十八岁。会试中式第九十三名，座师金坛相国于文襄公讳敏中，乾隆丁巳状元。嵩抚棠先生讳嵩贵，蒙古镶黄旗人，乾隆辛巳进士，官阁学。韩城相国王文端公讳杰，乾隆辛巳状元，时官少宰。房师为雷绍堂先生，讳轮，四川井研籍，乾隆己丑进士，时官户科给谏。殿试第二甲第四十七名，赐进士出身。朝考论一、诏一、疏一、诗一，钦取第二十一名，引见改翰林院庶吉士，寻派习清书。"④

在《清实录》中，祁韵士的名字第一次出现是在《清高宗实录》乾隆四十三年（1778 年）："内阁、翰林院带领新进士引见。得旨，新科进士一甲三名戴衢亨、蔡廷衡、孙希旦已经授职。邵自昌、冯培、吴省兰、吴璥、潘庭筠、吴绍浣、彭翼蒙、汪洼、吴舒帷、王天禄、徐文干、张九镡、钱栻、吴裕德、祖之望、何西泰、杨炜、颜崇沩、吴鼎雯、冯敏昌、王汝泰、祁韵士、窦汝翼、李鼎元、汪昶、公春、张位、德生、洪其绅、钱世锡、许霖、薛绍清俱着改为翰林院庶吉士。李威、徐冕南、莫允宣、邓旭、吴一骐、管世铭、盛时杰、王城、邵自悦、吾祖望、王锟、

① 马家鼎修，张嘉言纂：《（光绪）寿阳县志》卷八，祁韵士条，清光绪八年刻本，见北京图书馆编《地方志人物传记资料丛刊·华北卷》（第 47 册），808 页，北京，北京图书馆出版社，2002。
② 《山西通志》卷一五六，见《地方志人物传记资料丛刊·华北卷》（第 41 册）。
③ 王钟翰点校：《清史列传》卷七十二《祁韵士》，5 943 页，北京，中华书局，1987。
④ 《鹤皋年谱》，乾隆四十三年条，见《万里行程记》（外五种），105 页。

那林保、包承祚、沙重轮、韩汤衡、江浚源、阎曾履、广厚、范三纲、慈国璋、陈诗、李伯龙俱着分部学习。蔡必昌、张维祺、周棨、王嵩龄、黄奕瑞俱着以知县即用。余俱着归班铨选。"①

祁韵士自己说"钦取第二十一名",而《清高宗实录》记载是第二十二名,稍微有些出入。祁韵士在这批进士里面,既没有"分部学习",也没有"以知县即用",更没有"归班铨选",而是"翰林院庶吉士",这个职位,按惯例来看,是以后做到高官的起点,尤其是还让祁韵士"习清书",即学习满文,这不但是结交满族权贵的工具,更是获得信任的开始,由此看来,祁韵士为官的开局不错。并且这些进士里面有很多人日后成为祁韵士相交甚笃的友朋,如祁韵士在其自订年谱中谈起其于乾隆四十八年(1783 年),他 33 岁时参加的"文字会"中的朋辈有孙希旦、吴舒帷、颜崇沩、吴鼎雯、冯敏昌、王天禄、钱栻、李鼎元、韩汤衡、邵自昌、管世铭等人,他们"数日一聚,讨论商榷上下古今,极友朋之乐"②。而这些人无一不是祁韵士的同年,可以说,这些人都是极一时之选,都是精英人物,祁韵士和这些朋友时常切磋讨论,对他学问的精进具有莫大的益处。而祁韵士能有机会和这些人相处,其考中进士无疑是个关键的筹码。

在满洲人统治的清朝,祁韵士学习满文是一种能够接触权力核心的技能。他的老师有:

> 大教习师,其一初为大宗伯渌文庄公,讳德保,满洲镶白旗人,乾隆丁巳进士;继为相国阿文成公,阿桂,满洲正白旗人,乾隆戊午举人;其一为钱萚石先生,讳载,浙江秀

---

① 《清高宗实录》卷一〇五六,乾隆四十三年五月上,121 页,北京,中华书局影印本,1986。

② 《鹤皋年谱》,乾隆四十八年条,见《万里行程记》(外五种),108 页。

水籍，乾隆壬申进士，官少宗伯；小教习为富竹轩先生，讳富炎泰，满洲镶蓝旗人，乾隆丁丑进士，官翰林侍读学士。

是科状元戴莲士先生衢亨亦习清书，约余同学。①

在此后的两年时间里，祁韵士就在学习满文中度过。

在乾隆四十五年（1780 年），

辛卯……内阁、翰林院带领戊戌科散馆修撰、编修、庶吉士引见。得旨，此次翰林散馆之修撰戴衢亨、编修蔡廷衡业经授职。其清书庶吉士祁韵士、钱栻、王天禄俱着授为编修。②

此即祁韵士自订年谱中所说的："（乾隆）四十五年庚子三十岁……四月散馆，列二等第一名，引见授编修职。"③ 祁韵士以"清书庶吉士"而被授为编修，其满文水平得到认可。

同年，祁韵士夫人弓氏卒，继娶刘氏。④

乾隆四十六年（1781 年），充武英殿纂修四库全书分校官。

乾隆四十七年（1782 年），

充国史馆纂修官。先是，奉旨创立《蒙古王公表传》，武进管先生干贞纂传数篇，奉差离馆，时无锡相国嵇文恭公为总裁，知余谙习清文，派令接纂是书。余既任事，通核立传体例，计内札萨克凡四十九旗，外札萨克若喀尔喀、土谢图汗、车臣汗、札萨克图汗、赛音诺颜，若青海、若阿拉

---

① 《鹤皋年谱》，乾隆四十三年条，见《万里行程记》（外五种），105 页。
② 《清高宗实录》卷一一〇六，乾隆四十五年五月上，809 页。
③ 《鹤皋年谱》，乾隆四十五年条，见《万里行程记》（外五种），106 页。
④ 《鹤皋年谱》，乾隆四十五年条，见《万里行程记》（外五种），106 页。

善、若土尔扈特，多至二百余旗，以至西藏及回部，均应立总传、分传。羌无故实，文献奚征，虽有抄送旗册，杂乱纠纷，即人名亦难卒读，无可作据。乃悉发大库所贮清字红本，督阅搜查，凡有关于外藩事迹者，概为检出，以次覆阅详校，择其紧要节目，随阅随译，荟萃存作底册，以备取材。每于灰尘坌积中忽有所得，如获异闻，积累既久，端绪可寻，于是各按部落条分缕析，人立一传，必以见诸实录红本者为准。又以西北一带山川疆域，必先明其地界方向，恭阅皇舆全图，译出山水地名，以为提纲。其王公等源流支派，则核以理藩院所存世谱订正勿讹。如是者八年而书始成，时与余同修此书者，惟检讨郭可之在迻一人耳。①

这段话为后世《清史列传》②等史书频繁引用，也为当今研究祁韵士者所常引之文。这段文字交代了纂修《外藩蒙古回部王公表传》的过程，包括体例、史料来源以及纂修过程等。而笔者更看中的是此条材料中祁韵士所表达出来的纂修的艰难以及修书过程中的落寞，这也从其自订年谱中，浓墨重彩地以近四百字的篇幅写下这一史实得到佐证。而另一处近四百字的文字，也是议论《蒙古回部王公表传》修成后的事实的。③这两段文字在其自订年谱中是占用篇幅最多的，在其他的年份中，叙述其他的事情只用几字至上百字就叙述完毕。由此可见，在祁韵士的心目中，纂修《蒙古回部王公表传》是其一生的最高荣耀，因此，他对此书有着清醒记忆与深刻认识。的确，此书成为祁韵士研究边疆史地的开端，并且使他得到了很好的训练，有了深厚的边疆史地学

① 《鹤皋年谱》，乾隆四十七年条，见《万里行程记》（外五种），107 页。
② 《清史列传》卷七十二《祁韵士》，5 943 页。
③ 《鹤皋年谱》，乾隆五十四年条，见《万里行程记》（外五种），110 页。

素养，这为他以后撰写诸如《伊犁总统事略》《西陲要略》和《万里行程记》等书打下了坚实的基础。但是他在其自订年谱中对于自己在纂修《蒙古回部王公表传》的过程中被记过之事却只字未提。他曾经在进呈的杜尔伯特部总传一本、表传五本，土尔扈特部总传一本、表传三本，和硕特部总传一本、表传一本等汉文本当中，被乾隆帝发现讹字六处，于是作为纂修官，祁韵士被记过六次，缮写、誊录官二员各被记过三次。① 看来是错一个字就被记过一次，这是非常严厉的。

此后，祁韵士的仕途一直不畅。乾隆五十年（1785 年），乾隆帝谕："朕因修《四库全书》，未免从权优用，兹书既告成，理应循名责实，以清翰苑。是以于乾清宫考试，而切题者不一二见，祇按其文字优劣，分为四等。"祁韵士被列为二等，被"记名，遇有应升缺出题奏"。而其编纂《蒙古回部王公表传》的同僚郭在途被列为四等，"俱着以部属分别录用"。至于还不如郭在途的官员，则有被罚俸一年的、两年的、三年的，甚或降职和革职的。乾隆帝在最后强调："其留馆者，各宜自愧。读正书，励实行，勉之。"②

乾隆五十四年（1789 年），《蒙古回部王公表传》书成，凡一百二十卷，③ 祁韵士奉旨议叙，加一级，记录二次④。就在此次议叙的事情上，祁韵士还和和珅发生了争执，阿桂、祁韵士等人

---

① 《清国史馆奏稿》（第 2 册），国史馆总裁嵇璜六月十七日奏，784 页，北京，全国图书馆文献缩微复制中心，2004。笔者按：此奏折未写年代。

② 《清高宗实录》卷一二二四，乾隆五十年二月上，413 页。

③ 《蒙古回部王公表传》实际为 120 卷，包文汉先生因为未见到《清国史馆奏稿》，而认为由 112 卷到 120 卷，是由作者本人或别人增补而成的，并考证了增补的 8 卷为西藏和回部王公的事迹，当误。（见包文汉、奇·朝克图整理《蒙古回部王公表传》代前言，8 页）因为据阿桂乾隆五十三年奏，《蒙古回部王公表传》汉、满、蒙三体文字共 360 卷，即每种文字 120 卷 ［见《清国史馆奏稿》（第 2 册），836 页，阿桂乾隆五十三年三月十五日奏；或见第 894 页，保宁嘉庆七年七月十六日奏］。

④ 《鹤皋年谱》，乾隆五十四年条，见《万里行程记》（外五种），110 页。

坚持为此书效力人员议叙，而和珅以"蒙古字未译"为理由反对
议叙，祁韵士就说："蒙古字乃理藩院续办之事，非史馆所能越
俎，且查各馆定例，誊录、供事系给公费，每届五年，议叙一
次，今此书效力人员，本系自备资斧，不给公费，又越十年之
久，著有微劳，勤苦可悯，若不奏请鼓励，未足以昭平允。"① 由
此得罪了和珅，后在乾隆五十六年大考中，祁韵士列三等第十四
名，按惯例，可降补员外郎，但祁韵士却被降补为主事，他认为
"此皆和珅所为也"②。但是和珅倒台后也没见祁韵士发迹，他于
嘉庆六年（1801 年），任宝泉局监督。就在这个任上，祁韵士又
一次改变了命运，嘉庆九年（1804 年），宝泉局亏铜案发，他被
戍伊犁，这是他人生中的第二个转折点。

二、祁韵士亏铜案及被戍伊犁后的著作

嘉庆九年（1804 年），宝泉局亏铜案发。此案系因历任监督
收受贿赂，致使书吏舞弊，盗卖铜斤，使得宝泉局亏短铜斤七十
余万之多。③ 于是，历任监督"五灵泰、遐龄、董成谦、祁韵士、
凤麟、丁树本均着照枉法赃问拟绞监候，入于本年秋审情实，届
时再降谕旨"④。由此可以看出，祁韵士因为亏铜案原来是要被严
办的，"拟绞监候"。但是第二年，即嘉庆十年（1805 年），事情
有了转机。五灵泰之子奏称其父冤枉，说其父任内亏铜之事已向
上级部门汇报过，且所云收三百两贿赂，系逼供所致。后经审
讯，五灵泰任内短少铜四万余斤，确实报明钱法堂，并有案据，
但"五灵泰得受书吏馈送银三百两一节，现据讯明，刑部承审司
员，向其屡次根究赃银数目，五灵泰先后画供承认，并非得自刑

---

① 《鹤皋年谱》，乾隆五十四年条，见《万里行程记》（外五种），110 页。
② 同上，112 页。
③ 《清仁宗实录》卷一三二，嘉庆九年七月下，789 页。
④ 《清仁宗实录》卷一三二，嘉庆九年七月下，789 页。

求，可见收受属实。此等陋规，从前历任监督，亦未必一无沾染。即以五灵泰而论，收受或不止此数，或不及此数，俱未可知，总与短少铜斤本案无涉。惟既经查出，即属有干功令，五灵泰着加恩免罪，发往热河，赏给披甲当差。至凤麟、丁树本、董成谦、遐龄、祁韵士五人，既得受书吏馈送赃私，于蠹吏串通舞弊亏折铜斤之处，岂得诿为不知，伊等所受之银，自即局内短收之铜，情罪本重，是以上年刑部照不枉法赃定拟时，经朕降旨改照枉法赃治罪，嗣该部办理朝审停勾，将凤麟等归入情重案内。朕以该犯等所得赃私，究未讯有实据，始终尚属疑案。当与军机大臣等论及罪疑惟轻之义，未予勾决。今五灵泰业经末减，凤麟等系同案人犯，其情罪既稍觉可疑，且已一律完赃，亦不必令其久系囹圄，但较五灵泰之罪，轻重判然，不可不量加区别。凤麟、丁树本、董成谦、遐龄、祁韵士，均着加恩免其死罪，发往伊犁，充当苦差，以示法外施仁至意"①。

就这样，祁韵士等人在"未讯有实据"的情况下，被发往伊犁当差。但这次看似不幸的事件，却使祁韵士焕发了学术创作的第二春，他的关于西北史地的著述就是在这时撰写的。

祁韵士因为有过在国史馆纂修《蒙古回部王公表传》的经历，使得他到伊犁后，比其他被戍人员更有优势，很快就被伊犁将军松筠赏识，纂修《伊犁总统事略》。

松筠（1754—1835 年），字湘浦，又作湘圃，蒙古玛拉特氏，蒙古正蓝旗人。曾三度被任命为伊犁将军：嘉庆五年正月的任命还未到任，就因在闰四月奏对迂阔被降为伊犁领队大臣；嘉庆七年（1802 年）再度被任命为伊犁将军，直到嘉庆十四年（1809年）三月解任赴喀什噶尔参赞大臣任；嘉庆十八年（1813 年），松筠又以协办大学士兼任伊犁将军。此人非常重视文化建设，是

---

① 《清仁宗实录》卷一三二，嘉庆十年二月，916 页。

清代边臣中少有的满、蒙、汉兼通的学者型官员。作为统治阶层的代表，他身处边疆，面对边疆的复杂形势，日渐感到边疆的重要性与边疆文化建设的缺失所造成的矛盾，而"文化建设"正是清朝"国家建设"的重要组成部分，松筠以纂修志书为标志的文化建设正是迎合了清朝的国家建设之需。

嘉庆十一年（1806年），松筠奏请续修清代新疆第一部通志——《钦定皇舆西域图志》。上限从乾隆四十七年（1782年）始，终于其任是职时，但遭到军机大臣、大学士们的驳议。其理由是："伊犁等处事宜，详载《西域图志》一书，即有应行续增之处，亦应在京开馆纂辑，如圣制诗文，有应接续恭载者，馆臣在京恭录编次，可期详备，断无颁发伊犁再行纂载之理。况伊犁办理屯防等事，是其本务，该处优通文义之人甚少，编纂书籍，亦非所长。松筠所奏，未免受人怂恿，事不可行。著方略馆存记，俟纂办《剿平三省邪匪方略》告成后，将《西域图志》再行续纂，其自乾隆四十七年（1782年）以后应增各事宜，即著该将军详查，咨送方略馆，以备采辑。"① 从这道谕旨中，我们读到了一种对"历史书写"权力和利益争夺的斗争。松筠要直接接续纂写高规格的《西域图志》，这是他想把他续纂的志书也高规格化的表达。但军机大臣显然也看出了这一点，说"即有应行续增之处，亦应在京开馆纂辑"，言外之意是松筠还不够格，并让松筠做好资料准备工作，"自乾隆四十七年以后应增各事宜，即著该将军详查，咨送方略馆，以备采辑"。

其实，松筠在奏请修志的同时，已经进行了修志的前期准备工作。嘉庆七年（1802年），山东金乡知县汪廷楷被戍伊犁，被松筠选中进行西域志书的编纂，但未完成即期满释归。祁韵士在嘉庆十年（1805年）七月到达戍所后，被松筠派充印房章京，在

---

① 《清仁宗实录》卷一七二，22页。

汪廷楷未完稿的基础上，继续编纂西域志书，嘉庆十一年（1806年）松筠上奏续纂《钦定皇舆西域图志》时，祁韵士已在编纂中，松筠并非无的放矢。到嘉庆十二年（1807年），《伊犁总统事略》成，① 后以《西陲总统事略》为名印行。松筠在《西陲总统事略序》中云：

> 丙寅（嘉庆十一年，1806年）冬，筠曾有纂办通志之请，仰蒙圣鉴，以边地书籍罕征，难于纂辑，特命馆臣续纂《西域同文志》，嗣是各城奉文查送事宜，均有伊犁汇总核转，款册纷如。……因就汇核之暇，检前此汪知县廷楷原辑未成之稿，属祁郎中韵士重加排纂，一手编辑，用叙兵屯镇抚之要、边防形势之宜。仍复亲为厘定，并令城守尉宗室赓宁为绘舆图。书成，凡十二卷，自愧弇陋少文，不敢妄言志乘，名曰《伊犁总统事略》，藏之衙斋，用备公余省览，或于守土思职之义，不无小备焉。②

此书照松筠理想中的能够进呈的西域通志有一定的距离，并且也和前文军机大臣的驳议有所呼应，暗藏机锋。军机大臣说新疆"优通文义之人甚少"，松筠就说"自愧弇陋少文，不敢妄言志乘，名曰《伊犁总统事略》，藏之衙斋，用备公余省览，或于守土思职之义，不无小备焉"。于是，在嘉庆十八年（1813年）他第三次担任伊犁将军时，在戍的徐松帮他完成了心愿。嘉庆二十五年（1820年）七月末，嘉庆帝逝，九月初西北张格尔乱，松筠利用这个契机向新即位的道光帝进呈《伊犁总统事略》，受到

① 《鹤皋年谱》，嘉庆十二年条，见《万里行程记》（外五种），117页。
② 松筠：《西陲总统事略》序，嘉庆十六年程振甲校刊本影印，见李毓澍主编《中国边疆丛书》（第一辑），台北，文海出版社，1965。

皇帝的赞赏，并赐名《新疆识略》，御制序文，付武英殿刊行。由此，"新疆"作为一个省级行政区划的专有地名，首次被政府启用。①

祁韵士在《伊犁总统事略》书成之后，又参阅各城送交续修《西域图志》的材料，把其中的主要部分整理成了《西陲要略》与《西域释地》二书，再加上此次祁韵士被戍伊犁期间所著之《万里行程记》《濛池行稿》《西陲竹枝词》等书，由此使其迈入了"西北史地学人"的行列。

综上所述，祁韵士的命运总是与当时的时代背景息息相关，他兢兢业业地撰写《蒙古回部王公表传》完全是把此作为进身之阶，写完此书后绝未想到要刊刻底册。如果不是被戍伊犁，他此生可能就是一位勤勤恳恳的官员，其著述也就是参与纂修了《蒙古回部王公表传》而已。而其后在伊犁纂修《伊犁总统事略》，也是应伊犁将军松筠的要求而作，否则，难以想象在伊犁充当"苦差"的祁韵士会有《西陲要略》《西域释地》等作品。他的著述，总是在无意的状态下，迎合了清政府的"国家建设"之需，因此，其是否是"19世纪西北边疆史地学第一人"并不重要，重要的是在祁韵士西北史地学人形象的表象下，我们看到的是其被动纂修史书的实质，当然，这也是当时史官的真实写照。祁韵士的这些著作在其生前都没有刊刻，他的西北史地学人形象也有待于后人去发现和树立。其子祁寯藻有感于《新疆识略》的钦定，但却只字未提其父的名字，决心刊刻其父的全部著作，《皇朝藩部要略》就是在这种背景下诞生的。

---

① 李之勤：《"新疆"一名的由来》，见史念海主编《中国历史地理论丛》（第一辑），164～175页，西安，陕西人民出版社，1981。

第二节　张穆学术人生转折若干问题

祁韵士生前，《皇朝藩部要略》并未刊刻，其子祁寯藻访求李兆洛校订此书，后经李兆洛的弟子毛岳生编次，宋景昌补《藩部表》，然祁寯藻还不满意，遂托张穆进行最后的审订。

张穆对此书审订非常仔细，据笔者粗略统计，仅张穆所加的粘单就有45处，其他眉批更是不可胜计，所改文字，少则一字，多则上千字。而"皇朝藩部要略"一名，更是张穆所改定，他为《皇朝藩部要略》的最后刊刻做出了很大的贡献，因此，说张穆是《皇朝藩部要略》的第二作者，并不为过。张穆的一生充满了挫折和困苦，但他不甘为一个默默无闻的人，他关注时事，致力于著述，其著作如《蒙古游牧记》等正是在他观察时事的基础上，为实现自己在学术场域的话语权而进行的当下写作，他把《蒙古回部王公表传》的底册定名为"皇朝藩部要略"，正是对时事观察和把握的表现。在挫折和困苦中，张穆把对当下的思考融入自己的写作实践中，而《皇朝藩部要略》正是促使张穆写作《蒙古游牧记》的源泉，因此，了解他是在一种怎样的状态下来审订《皇朝藩部要略》，《皇朝藩部要略》在他心目中的地位以及此书和他的《蒙古游牧记》是什么关系等等这些问题，我们必须对张穆的一生作一个全面的研究，以发现一些细枝末节。

对于真实的历史来说，它仅仅是人们按照某种信念而做出的对于"过去"的塑造。关于清人张穆也是如此，现在有的学者把他看作是蒙古史学家，有的把他看作是地理学家，有的把他看作爱国思想家，还有的把他看作编辑大家和文化名人。而在张穆所处的时代，他是以汉学名噪于当时的。在不同的意识形态或非意识形态的视阈中，他被加以不同的诠释。但是细翻张穆的《月斋文集》以及他的手稿、书札，笔者发现，如果只是这样认识张穆不免失于片面，只是停留在表象当中，换句话说，把张穆理解为所谓的"家"只是 20 世纪学者的一厢情愿。因此，我们有必要从张穆所在的时代中去解读他，还原一个真实的、丰满的张穆或许对理解他的学术和思想更有意义。

1839 年，即道光十九年，正是鸦片战争的前夜。而对于张穆来说，这一年是他人生中转折的一年。他踌躇满志地参加了顺天乡试，结果却"被斥退场"，永远不准考试，使他成为政治场域的失语者。从此之后，他诀意科场，转而追求学术场域的话语权，在自己的努力之下，他成功地建构了自己的学术话语空间。因此，选择 1839 年作为切入点，对全面解读张穆可能更好一些。

一、1805—1839 年的张穆

张穆生于嘉庆十年（1805 年），山西平定（今山西平定）州阳泉山庄人，谱名瀛暹，后改名为穆，字诵风、蓬仙，一字石州，又署石舟、硕洲、硕州，别署季泄、季翘、惺吾，自署冐斋居士，晚年号靖阳亭长。[①] 他出身于士大夫家庭，祖父和父亲均为清朝进士，这使他在小时候受到良好的启蒙教育。

在 1805—1839 年间，张穆还依谱名叫张瀛暹，为了尊重史实和便于寻找历史变化的过程，我们把此时的他称为张瀛暹似乎更妥。

张瀛暹在父母和三位兄长的呵护下，度过了无忧无虑的童年。但是到嘉庆二十年（1815 年），张瀛暹 11 岁时，其母王氏卒，使得他初尝失去亲人的滋味，此后三年，张瀛暹等几个兄弟

---

① 张继文编：《石州年谱》，嘉庆十年记，见山西省文献委员会辑《山右丛书初编》，民国排印本，太原，山西人民出版社，1986。

"垢裾败絮"①，无人像母亲一样照料其生活。直到嘉庆二十二年（1817 年），18 岁的继母李氏来到张家，生活才得到改观，其继母"初至即为浣濯缝纫，一如先母生时"②，使得张瀛暹重获母爱。然而，命运好像总是在捉弄他，嘉庆二十三年（1818 年），张瀛暹 14 岁时，其父张敦颐卒于福建正考官任上，此时张瀛暹的继母李氏年方 19 岁，"闻讣，誓欲身殉，抚膺呼天，悲动一室，既乃忍泪抚不孝瀛暹而言曰：'汝父以儿属我，我死儿幼弱，其谁属我，其姑俟之。'由是遂持长斋，终身不复肉食。宝斋先生时官仓场，欲留吾母于家，母以瀛（暹）读书，故从之，遂于是冬携瀛（暹）至其官署"③。

此后张瀛暹就在其表舅莫宝斋先生处就读。道光三年（1823 年），张瀛暹 19 岁时娶妻刘氏，同一年继母李氏卒，卒年 24 岁。李氏的一生对张瀛暹影响很大，他感叹其继母曰："呜呼，一世孀居六年，育子婚嫁甫毕，音容遽杳，岂吾母至是仍不忘身殉之誓耶？"④ 在他的语境中，既有表象上的赞赏，又有本质上的无奈和愤懑，使得张瀛暹对"礼教"有了深刻的认识。道光十年（1830 年），张瀛暹二兄张晋暹卒，他在《先兄补庵府君行述》中说：

> 瀛暹家世寒素，鲜封殖。洎叠遭大变，产益落，而食指之繁则视昔有加。……每昧爽，家人卧未起，兄振衣出户，擘画米盐必敷一日之需。⑤

---

① 《石州年谱》，嘉庆二十二年记。
② 《石州年谱》，嘉庆二十二年记。
③ 张穆：《月斋文集》卷五《显考晓沂府君暨显妣王宜人李宜人行述》，见《山右丛书初编》。
④ 《月斋文集》卷五《显考晓沂府君暨显妣王宜人李宜人行述》，见《山右丛书初编》。
⑤ 《月斋文集》卷五《先兄补庵府君行述》，见《山右丛书初编》。

可见其家当时已穷困到何等地步。

道光十一年（1831 年），张瀛暹 27 岁时，拜访了祁寯藻，因张瀛暹的三兄张丽暹娶祁寯藻的妹妹为妻，故两人为姻戚关系，是平辈。时祁寯藻 39 岁，在南书房任道光帝讲官，因母病请假，在老家寿阳侍奉母亲。两人相见后，祁寯藻有诗曰："回头笑问张公子，本色豪端已如此。"① 可以想见张瀛暹当时是多么的英气逼人。此次相会两人彼此都留下了很好的印象，开始了长达十几年的交往，直到张穆去世。张瀛暹的后半生都与祁寯藻有极大的关系，祁寯藻在《𦙾斋文集·序》中也说："余与石州同乡姻戚也，交最深。"②张瀛暹在祁寯藻的关怀和支持下，读书、交友、著述乃至生活。总之，在以后的日子里特别是在 1839 年科场案发后，张穆的生活中处处都有祁氏的影子。

同年，张瀛暹成为优贡生。

道光十二年（1832 年），张瀛暹入京参加朝考，认识了同年何绍基、苗夔等，视野大为开阔，此时他们谈论最多的是小学。当时与张瀛暹过从甚密的许瀚、苗夔等人，皆是研究小学的名家。苗夔有"同年咸集，独与何子贞、张石州以说经讲小学最相得"③ 之语。清人所讲的"小学"即文字学，是研究经学典籍的基本方法之一。研究文字学，又可分为两类："一是研究一个字或一个辞的意义，二是研究字和辞的连缀用法。"④ 这就涉及对古代字典，尤其是《说文》的研究。张瀛暹的朋友王筠撰有《说文释例》20 卷、《说文句读》30 卷、《说文系传校录》及《说文韵谱》等，苗夔著有《说文声读表》，许瀚著有《说文段注驳正》，

① 《石州年谱》，道光十一年记。
② 祁寯藻：《𦙾斋文集·序》。
③ 《石州年谱》，道光十二年记。
④ 梁启超：《中国近三百年学术史》，254 页，北京，东方出版社，1996。

而张瀛暹本人也撰写了一些以《说文》解经史的著作，如《罴商解》《成即古称字说》《沾沁疑》等①，后来撰成《说文属》②。而终其一生，张瀛暹也以小学名重当时。在这一年张瀛暹考取了正白旗官学汉教习而留京任职。同年冬，张瀛暹结识了在陈用光家校订顾祖禹《读史方舆纪要》的俞正燮，张瀛暹"一再过之，颇多请益"③，打下了初步的史地基础。道光十三年（1833 年），与许瀚排次了俞正燮的《癸巳类稿》，④ 这是张瀛暹初次为他人校书。

道光十五年（1835 年），张瀛暹 31 岁，从其友郑复光处初次见到了望远镜，后又看其著作《镜镜诊痴》，"以为闻所未闻"⑤，大开眼界。旅居京华四年间，他结识了不少同好友人。其中包括程恩泽、俞正燮、何绍基、许瀚、王筠、苗夔等人。道光十六年（1836 年），应祁寯藻之请，为其父祁韵士审订《西域释地》，又校订《西陲要略》四卷，这是张瀛暹初次校订史地专门著作。同年校订《安玩堂藏稿》及《吴侍御奏稿》。而这一年，张瀛暹也与徐松、沈垚等人"烹羊炊饼……剧谈西北边外地理以为笑乐"。⑥ 道光十八年（1838 年），张瀛暹妻刘氏卒，在其《悼妇篇》中有"总角订婚姻，十九议嫁娶。结发十六载，强半异居处"⑦ 等语。

纵观张瀛暹的前半生（1805—1838 年），忧患之事多，快乐之事少，在这种环境下，还能养成"豪放、明锐"⑧ 的性格，甚

---

① 《月斋文集》卷一，见《山右丛书初编》。
② 关于张穆擅长小学的叙述，参考了郭丽萍的观点。见郭丽萍《道光朝京师学人交游与西北史地研究》，北京，中国人民大学博士后研究工作报告，2005。
③ 《月斋文集》卷三《癸巳存稿序》，见《山右丛书初编》。
④ 《石州年谱》，道光十二年记。
⑤ 《石州年谱》，道光十五年记。
⑥ 《石州年谱》，道光十六年记。
⑦ 《月斋诗集》卷一《悼妇篇》，见《山右丛书初编》。
⑧ 祁寯藻：《月斋文集·序》。

是难得。而要改变家中的窘境，在中国传统社会中，非考试做官一途不可。在道光八年（1828 年）的戊子科试中，张瀛暹考列第一，而二兄张晋暹第三，同时食廪饩，三兄张丽暹亦入郡庠，张瀛暹沾沾自喜，"一门之中，蒸蒸有起色矣"①。张瀛暹也像其他读书人一样，满怀希望能金榜题名，以光宗耀祖。

二、1839 年张穆科场案始末考

道光十九年（1839 年），张瀛暹应顺天乡试，"误犯场规"，又遭监考官"诬谤"，被斥退场，这件事影响了张瀛暹的一生，十年之后他忧郁而亡，就与此事有极大关系。但对此事后人记载语焉不详。邓之诚在《骨董三记》中考证说：

> 《续碑传集》卷七十三，引《山西通志·张瀛暹传》："应京兆试，误犯场规，负气不少屈，遂被斥，自此绝举业。"穆因何犯规，所记不详，即晋人相传穆被搜时，举酒瓶示搜检王大臣曰：此亦挟带耶？因此得罪，似亦未审。之诚案：此道光十九年事，穆以优贡生应顺天乡试，与附生钱杰，头场挟带摘写子书，及《离骚》语句，得旨，姑念失于检点，且所带尚非头场应用之物，著从宽免其枷杖，仍著革去附生、优贡生，永远不准考试。②

关于张瀛暹误犯场规这一事件，似乎只有祁寯藻详细记载此事，他在《肎斋文集·序》中说：

---

① 《肎斋文集》卷五《先兄补庵府君行述》，见《山右丛书初编》。
② 邓之诚著：《骨董琐记全编·骨董三记》卷四，551 页，北京，生活·读书·新知三联书店，1955。

岁己亥，应顺天乡试，携瓶酒入监。搜者呵曰："去酒！"石州辄饮尽而挥弃其余沥，监者怒，命悉索之，破笔砚，毁衣被，无所得。石州扪腹曰："是中便便经笥，若辈岂能搜耶！"监者益忿，乃掫笔囊中片纸有字一行，谩曰："此怀挟也。"送刑部谳，白其枉，然竟坐摈斥，不复得应试。①

这段文字描写得很生动，似乎已成定论，被研究张穆者频繁引用。从祁寯藻所书写的语境来分析，张瀛暹是拿着酒瓶入场的，后来惹恼了搜查者，搜出"片纸"，冤枉张瀛暹挟带，但这"片纸"上到底是什么内容呢？这是问题的关键。笔者在《寿阳祁氏遗稿》中发现了祁寯藻写《月斋文集·序》的草稿，与后来刊刻的《月斋文集·序》比较之后发现，此草稿虽然不是最后定稿，但我们从改动的字里行间，可以看出一点端倪。草稿在叙述张瀛暹顺天乡试一案时说：

岁（癸卯）② ［己亥］③，应顺天乡试，携瓶酒入监。搜者呵曰："去酒！"石州辄饮（酒）尽而［挥］弃其余沥，监者怒，命悉索之，破笔研，毁衣被，无所得。石州（自）扪腹曰："是中便便经笥，若辈岂能搜耶！"监者益忿，乃（掫）［翻］笔囊（中）［底有］片纸（上有字一行，盖作简牍未竟而弃不用者）［校楚骚茹语］，（谩）［指］曰："此怀挟也。"送刑部谳，白其枉，（而监者故贵官，耻其言不售，

---

① 祁寯藻：《月斋文集·序》。
② （）内文字表示此为原文被删内容，下同。
③ ［］内文字表示此为原文改定内容，下同。

用蜚语中之），（然）竟坐摈斥，不复得应试。①

从这段文字中可以看出，所搜出来的片纸上的字先说是"作简牍未竟而弃不用者"，后改为"校楚骚茹语"，但最后刊刻时的定稿却把这两句都删去了。我们从这个变化中可以感觉到祁寯藻似乎要掩饰什么。清代《钦定科场条例》《关防·搜检士子》条中有这样的规定：

"士子如有怀挟，或头场夹带二、三场，二场夹带三场，俱于举场前枷号斥革，如系二场携带头场四书文本，三场携带头二场四书五经文本，均斥革，免其枷杖，不准应试，至二场误带头场自带文稿，三场误带头二场自作文稿及误用字纸包裹食物或闲废字纸，实非场中应用者，均免其黜革治罪，仍逐出不准入场。"②

作为曾经担任学政以及正考官的显宦，祁寯藻显然非常熟悉这些条款，因此，不论他说是"作简牍未竟而弃不用者"也好，还是"校楚骚茹语"也好，总之张瀛暹是挟带了，这有损于张瀛暹的形象，于是在后来刊刻的定稿中，还是把这两句都删去了。

查道光十九年（1839 年）八月十五日上谕档记：

奉旨汪霖、徐芳、钱杰、李江、张殿珉、邵宗谨、冯申之、张瀛暹俱著交刑部照例讯办。③

看起来犯怀挟错误的有八个人，但在道光十九年（1839 年）

---

① 祁寯藻：《寿阳祁氏遗稿》第三册，见屈万里、刘兆祐主编《明清未刊稿汇编初辑》，787 页，台北，联经出版事业公司，1976。
② 《钦定科场条例》卷三十《关防·搜检士子》，见沈云龙主编《近代中国史料丛刊三编》（第 48 辑），台北，文海出版社有限公司出版，1986。
③ 中国第一历史档案馆编：《嘉庆道光两朝上谕档》（第 44 册），331 页，桂林，广西师范大学出版社，2000。

八月二十三日处理这件事时写道：

> 内阁奉上谕，乡、会试为抡才大典，片纸只字向不准怀挟入场，立法至严，具有深意，本日据刑部审结本科乡试附生寄兰等怀挟一案内，附生钱杰，头场携带试策，优贡生张瀛暹，头场携带摘写子书及《离骚》内各语句，据供均系失检误带等语，该生等携带策本等件，不得谓非怀挟，本应照例一并惩办，姑念洵系临时失于检点，且所带尚非头场应用之物，著从宽免其杖枷，以示区别，钱杰仍著革去附生，张瀛暹仍著革去优贡生，永远不准考试，嗣后有似此案情，俱著照此办理，以端士品而杜流弊，余依议。①

由此可见，不止张瀛暹等八人，至少还有一个叫寄兰的附生犯了同样错误。但为何在这九人当中只是强调钱杰及张瀛暹呢？看来他们所犯错误应是一类，即"系失检误带"的，"且所带尚非头场应用之物"，于是"著从宽免其杖枷"，和其他几人"以示区别"。从"余依议"这句话来看，其他几人显然是故意怀挟，不但永远不准考试，而且还要杖枷，因此从这个处理结果来看，对张瀛暹已是格外开恩了。而这个结果恐怕还是顺天乡试主考官潘世恩以及何绍基之父何凌汉出力的结果。②

奇怪的是张瀛暹的好友们似乎对这一事件讳莫如深，至少在笔者有限的视野范围内，只有《许瀚日记》道光十九年（1839年）八月初八日提到：

---

① 《嘉庆道光两朝上谕档》（第44册），345页。
② 中国第一历史档案馆藏，宫中档朱批奏折，文教类，胶片号7。道光十九年十月十四日奕经等奏为议处具奏事。奏道光十九年己亥科顺天乡试，"主考官大学士管理户部事务潘世恩、户部尚书何凌汉"等因为没有查出誊录试卷错误，"每卷各罚俸三个月"等语。由此可知，此科的主考官为潘世恩和何凌汉。

　　　　送场，西南门及西门点名甚好，东南门及东门点名甚
坏，而东南门尤甚。山东进东南门，卞、沈进正东门，三兄
进西南门。西南门点完东南门才点，过二十余牌，搜检绝
严。□①兄与焉，可伤也。余即到三晋馆，到潘宅托致祝宅，
又到何宅密商事宜。回寓，舜卿先生来久坐。既而毛六兄
归，言其详悉，甚可感也。②

潘宅即潘世恩宅，何宅即何凌汉宅，许瀚等友人为张瀛暹科场案
一事奔走可见一斑。

　　《许瀚日记》初十日记："见石兄气甚平，语甚逊，虑甚周，
毕竟是豪杰，受一番淬沥，当更光明耳。"

　　十四日记："晚，又到雪堂寓访蓂友谈，知八士定归刑部
询辨③。"④

　　十五日记："见报抄知八士交刑部已真。"

　　十六日记："闻三场又于场内犯怀挟一名，推号一名。"此处
用一"又"字，证明张瀛暹确实系怀挟无疑。

　　二十三日记："过午得石州信，仅免枷杖，永不准应试，哀
哉。遂到上斜街⑤，执手号咷而已。"

　　由此看来，张瀛暹科场案一事大致事实是这样的：道光十九

---

① 此为脱字，据崔巍考证，此为"张"字。笔者同意此处指张穆，但不同意此字为
　　"张"字，因为古人称呼某人为兄，不直呼姓氏，据笔者推测可能为"石"字，
　　因为许瀚下文呼张穆为"石兄"。原文及考证详见许瀚著，崔巍整理《许瀚日
　　记》，127 页，石家庄，河北教育出版社，2001。

② 《许瀚日记》，127 页。

③ "辨"疑系"辨"之误，即简体的"办"字，否则在此处不通，但原文如此。

④ 崔巍认为许瀚将张穆比做古代八士系推崇其才能，其实此事并非八人，他的依据
　　是邓之诚《骨董三记》中考证的结果。但邓之诚考证此事时显然没有看到上谕等
　　材料，据笔者上文所引道光朝上谕证明，此案确实为八人。详见《许瀚日记》，
　　128 页。

⑤ 张穆住处此时在北京上斜街。

年（1839年）八月初八日，张瀛暹应顺天乡试，在考场东南门入场，"搜检绝严"，张瀛暹恃才傲物，就举起酒瓶问："这个也是怀挟吗？"由此得罪搜检人员，严加搜查张瀛暹，而张瀛暹又夸口说："我的学问都在肚皮里，你们怎么能搜出来呢？"因此搜检人员搜出"片纸"后，就说张瀛暹怀挟，后张瀛暹自己也供称系"失检误带"，在何凌汉等人的帮助下，落得个仅免枷杖、永远不准考试的结果。

这个结果对张瀛暹打击是巨大的。对此其友祁寯藻也是心知肚明：

> 夫以石州之才，百未一试，用微眚斥，终身不振，年不及下寿。①

通过科举做官不但是张瀛暹的愿望，更是他继承其父遗志的唯一途径。上文说过，在道光八年（1828年）的戊子科试中，

> 瀛暹忝列第一，而兄第三，同时食廪饩，三兄亦入郡庠，一门之中，蒸蒸有起色矣。兄独愀然不乐，谓瀛暹曰："吾兄弟十年之内三婴重戚，今虽有死灰复燃之机，曾不得奉觞上寿，一笑相乐，可痛孰甚？且即以科第论，先大夫鞅掌王事，赍志以殁，所有待于后人者，尤非区区一衿遂克仰酬先志。"言讫泫然，瀛暹谨志不敢忘。②

就是说，张氏几兄弟必须通过科举一途，"鞅掌王事"，才能"仰酬先志"。

---

① 祁寯藻：《月斋文集·序》。
② 《月斋文集》卷五《先兄补庵府君行述》，见《山右丛书初编》。

其实科举制度实行后，读书人的志向莫不如此。这跟《儒林外史》中马二先生教导匡超人时所说的如出一辙：

奉事父母，总以文章举业为主。人生世上，除了这事，就没有第二件可以出头。不要说算命、拆字是下等，就是教馆、做幕，都不是个了局。只是有本事进了学，中了举人、进士，即刻就荣宗耀祖。这就是《孝经》上所说的"显亲扬名"……古语道得好："书中自有黄金屋，书中自有千钟粟，书中自有颜如玉。"①

直到道光二十八年（1848 年），即张瀛暹去世前一年，他撰写《祭三兄文》时还哀叹："天不右吾宗，何至兄弟四人俱颠踬文场？"② 他对此事耿耿于怀，遂改"瀛暹"为"穆"，走上了著书扬名的学术道路。关于张穆改名一事，在笔者的有限视野内，未见任何史书记载③，查《汉语大字典》以及《古汉语常用字字典》，"穆"有禾名、和谐、美好、恭敬、诚实、和睦、深远等义，还有古代贵族宗庙排列的次序义，昭为左，穆为右。《左传·定公四年》有"曹，文之穆也。晋，武之穆也"

---

① 吴敬梓：《儒林外史》十五回《葬神仙马秀才送丧，思父母匡童生尽孝》，157页，北京，作家出版社，1955。小说虽然是虚构的，但至少在思想上反映了当时的社会现实。
② 《月斋文集》卷六《祭三兄文》，见《山右丛书初编》。
③ 查《石州年谱》以及《月斋文集》，在 1839 年前张穆一般自称为"瀛暹"，之后就自称为"穆"，由此看来，张穆在 1839 年改名是没问题的。在王俭的《张穆传》里，说张穆在科场案后改名为"穆"，可是这个传记太文学化了，所引资料没有标明出处，所以，笔者不予采信。参见王俭《张穆传》，281 页，北京，山西人民出版社，2005。

等语。① 总之，如果没有特别的原因，② 张瀜暹改名为张穆当有希望以后的生活和畅顺达之意。

三、张穆的最后十年

张瀜暹科场被斥改名张穆后，遂息仕宦，侨居京城宣武城南，"闭户著书，益肆力于古"③，踏上了读书著述之路。在他的最后十年中，主要做了两件事，一是修建顾祠，撰写《顾炎武年谱》和《阎若璩年谱》；二是撰写学术著作，如《蒙古游牧记》以及《魏延昌地形志》等书。前者使他在当时就已有良好的学术声望，后者——即学术著作也在他死后刊刻，使他永垂不朽，可以说，这些都是他的预期目的，换句话说，他在失去了政治场域的话语权后，极力地追求学术场域的话语权就成了他在科场案以后的生命中所努力的目标。

为了这个目标，他在积极寻找机会。倡议修建顾祠，为他扩大自己的影响，提高自己的知名度提供了绝好的契机。

修建祠堂，在中国是一种沿袭已久的习俗礼制。张穆的好友王筠曾说："朝廷建祠，则必取古之有大功德于天下者而祀之，所以奖忠臣，示臣下也。都邑立祠，则不问其爵位之崇卑、勋劳之广狭，第以其有德于一方而祀之，所以报恩德，志思慕也。"④

---

① 《汉语大字典》，第4卷，2628页"穆"字，四川辞书出版社、湖北辞书出版社，1988。另见《古汉语常用字字典》修订版，205页"穆"，370页"昭"字，商务印书馆，1993。

② 如有的小说写道搜检张瀜暹的考官姓穆，张瀜暹为了记住他，吸取教训，而改为"张穆"。具体可见网址：http://book.hztop.com/novel/view.asp? bid = 80084，笔者于2005年12月10日登录。但因无真凭实据，故本文不作讨论。

③ 祁寯藻：《月斋文集·序》。

④ 王筠著，屈万里、郑时辑校：《清诒堂文集》，13页，济南，齐鲁书社，1987。关于顾祠修建背景，笔者参考了魏泉的著作，详见魏泉《"顾祠修禊"与"道咸以降之学新"——十九世纪宣南士风与经世致用学风的兴起》，载《清史研究》，2003（1）。

作为开创了清初学术的一代学者，顾炎武的学术造诣和成就受到了同时代学者的推崇。但是顾炎武身后，在乾嘉考据学兴盛的时代，顾炎武的学术影响，主要表现在音韵训诂方面，真正能体现其治学大旨和精髓的《日知录》和《天下郡国利病书》等，却未得到格外推重。纪昀在《四库全书总目提要》的《日知录提要》中，也是赞其"学有本原，博赡而能通贯"，"引据浩繁，而牴牾者少"。但对其经世之学，则称："惟炎武生于明末，喜谈经世之务。激于时事，慨然以复古为志。其说或迂而难行，或愎而过锐。""潘耒作是书序，乃盛称其经济，而以考据精详为末务，殆非笃论矣。"①

嘉庆年间，阮元任国史馆总纂，创设《儒林传》，并将顾炎武列为第一人。这是学术界对顾炎武在清代学术史上地位的重新认识。此后，不断有学者私淑亭林经世之学，并对乾嘉考据学者忽略《日知录》经世之旨表示异议。这种治学取向的转变渐渐成为一批学者的共识，并隐然孕育出一种与乾嘉汉学异趣的新思潮。道光十四年（1834年），黄汝诚辑《日知录集释》，也可以视为这种学界思潮转变的一个征兆。②

京师顾祠修禊及顾谱修撰的缘起应追溯到道光二十一年（1841年）顾炎武入祀昆山乡贤祠事件，发起者为江苏巡抚梁章钜。梁章钜在奏折中称"昆山县先儒顾炎武砥砺廉隅，匡扶名教"③。当年年底，梁章钜的上疏获得议准，而经礼部议拟准顾炎武入乡贤祠时，对其所下的评语则是："已故江苏昆山县先儒顾炎武，植躬清峻，砥行端方，讲求经世之学。"这一评价代表了

---

① 纪昀：《日知录提要》，见《四库全书总目》，1 029页，北京，中华书局，1965。

② 魏泉：《"顾祠修禊"与"道咸以降之学新"——十九世纪宣南士风与经世致用学风的兴起》，载《清史研究》，2003（1）。

③ 江苏巡抚会同江苏学政奏疏，见张穆《顾亭林先生年谱》后附，商务印书馆《丛书集成初编》本。

清朝官方对顾炎武的正式认可，而且值得特别注意的是对顾炎武讲求经世之学的强调。这对于当时趋向经世致用之学的一批京师学者，尤其是张穆来说，无疑是一个敏感的信号。张穆与何绍基等人"皆读亭林之书，而仰止行止者也"①。张穆对于顾炎武的评价，也可以代表当时京师一批有为之士的共识："本朝学业之盛，亭林先生实牗启之，而洞古今，明治要，学识该贯，卒亦无能及先生之大者。"②

而张穆倡修顾祠，也与他对顾炎武的在野身份认同有关。张穆科考不仕，成为在野人士，而顾炎武以明朝的遗民身份也成为在野人士，两人虽然背景不同，但殊途同归，顾炎武又以学术尤其是经世致用思想闻名，故而张穆对他也有一种精英意识的认同感，在他心中，把顾炎武作为学术上的榜样也成为必然。

张穆等人倡修顾祠，亦与当时的历史大背景有关。1840 年，海警频闻，知识分子也心急如焚。然而，有良心的知识人如张穆等人虽然希望对国家民族有所济救，但是正如章太炎所说的："说经者所以存古，非以是适今也。"③ 他们胸中的那一套应付科举的传统知识显然不足以应付这个变局，那么怎么办呢？他们能做的只有从说经讲小学中抽身出来，转为对经世致用之学的研究，很自然的，他们想到了一向提倡经世之学的顾炎武，希望通过修建顾祠来改变学风，使知识人都转到经世致用之学上来。同时，此时的清朝政府也迫切需要知识人转变学风，以经世致用的活动和研究来充实"国家建设"，获取边疆等方面的知识。张穆后来撰写《阎潜邱先生年谱》以及《蒙古游牧记》等书，都与这个大背景有关。

---

① 《石州年谱》，道光二十三年记。
② 《月斋文集》卷三《亭林年谱题词》，见《山右丛书初编》。
③ 章太炎：《与人论朴学报书》，见《章氏丛书》下册，722 页，台北，世界书局，1958。

　　笔者在国家图书馆发现有张穆所写《月斋书札诗稿》①，其中主要是写给山东日照人许瀚的信札，计有 17 封。里面有很多涉及顾祠修建以及顾谱修撰的，可以补史料之不足。

　　其中，大约在道光二十三年（1843 年）写给许瀚的信中提到：

　　　　弟……于是日纠合同志□②一小会（即在报国寺）③，而无人有出□④。子贞世故太深，屡以相□⑤，辄不应。⑥

　　看来，修建顾祠一开始还有一段小插曲，何绍基不知是什么原因不愿出头，可能是为避祸吧，因为顾炎武作为终身不仕清的明遗民，其"明夷之思"也使得在文网极严的康、雍、乾三朝，在京师为顾炎武建祠祭祀成为不可想象之事。嘉道之际，文网虽已日渐松弛，但时值乾嘉汉学全盛之后，士大夫学者们所崇拜和祭祀的，还是东汉的经学家郑玄。嘉庆十九年（1814 年）和嘉庆二十四年（1819 年），在京的学者名流在京东隅万柳堂公祭郑玄，就是一个显例。至道光初年，这种祭祀郑玄的活动仍见记载。⑦虽然此时官方已允许顾炎武入祀昆山乡贤祠，但在京师修建顾祠还是不得不考虑种种可能的后果。张穆对多年老友，不惜用"世故太深"一语来评价，可见此事两人已有多次争论。张穆对此事

① 张穆：《月斋书札诗稿》不分卷，国家图书馆藏。
② 笔者在国家图书馆查阅的是《月斋书札诗稿》胶片，因此原文有很多处或不清楚，或字迹潦草，无法辨认，或原文脱落，故以"□"字代之，下同。
③ 因原书信内此几字系张穆旁注，故笔者为叙事方便加一括号。
④ 此字似"头"字。
⑤ 此字似"渎"字。
⑥ 《月斋书札诗稿》不分卷。写信日期为"三月十六日"。据上文还未撰完顾谱来分析，此信当写于道光二十三年（1843 年）年左右。
⑦ 魏泉：《"顾祠修禊"与"道咸以降之学新"——十九世纪宣南士风与经世致用学风的兴起》，载《清史研究》，2003（1）。

极为热心，但他一没有足够的资金，二没有像何绍基那样广阔的
交友群，换句话说，他心有余而力不足，没有号召力，只能徒叹
奈何。

后来两人是如何沟通的未见史料记载，总之，修建顾祠一事
是何绍基组织的。张穆在给许瀚另一封信中写道：

> 夏来与子贞共成顾先生祠堂之事，纠工□□，子贞任
> 之，刻已告竣。弟为更订年谱，谋并梓之，存板祠中。①

也就是说，何绍基与张穆分工，前者负责修建顾祠，后者负
责纂修顾谱。

道光二十一、二十二年（1841年、1842年），鸦片战争的失
败，使得京师讲求经世之学的士大夫学者对时局的忧患感更加深
了一层。因此在道光二十三年（1843年），当何绍基和张穆在京
师倡议为提倡"天下兴亡，匹夫有责"的清初大儒顾炎武立祠
时，能得到同人的一致响应。从道光二十四年（1844年）二月二
十四日顾祠首次公祭开始，至同治十二年（1873年）止，30年
中，每年的春季（上巳日前后）、秋季（重九前后）和顾炎武生
日（五月廿八日）都有祭祀活动。而作为顾祠修建的倡议者和
《顾亭林先生年谱》的作者，张穆无疑有更多的话语权，他在顾
祠落成以及顾炎武生日第一次祭祀活动上，分别撰写了《亭林先
生祠落成公祭文》以及《亭林先生生日公祭文》②。

在顾祠祭祀的30年中，共举祀事85次（其间包括三次特
祭）。与祭者第一年有27人，此后每年都有新人加入，至同治十
一年止，前后参与过祀事的京师士大夫共有286人（其中包括三

---

① 《月斋书札诗稿》不分卷，此信日期为"夏至日"。据上下文看，此信应写于道光
二十三年（1843年），顾祠修成后。
② 《月斋文集》卷六，见《山右丛书初编》。

名朝鲜使臣)。① 人称"自道光甲辰以来，京朝仕宦之号称名士者，几无一不与此祭"②。随着顾祠祭祀逐渐深入人心，张穆也越来越有良好的声望。在道光二十三、二十四年（1843 年、1844年），张穆接连写了几篇言辞激烈、关注时事的文章，包括代陈庆镛撰写了名震一时的弹劾琦善、奕经、文蔚的疏文。③ 道光二十四年（1844 年）又写了严厉直率的《与陈颂南先生书》以及《弗夷贸易章程书后》。④ 这几篇文章的书写绝不是偶然，除了当时的政治背景外，张穆声望与地位的提高是主要的因素，否则以"三直"⑤ 之一闻名的陈庆镛焉敢让张穆操刀代笔写弹劾权贵的疏文？这几篇文章中，特别是《与陈颂南先生书》值得一提。这封信旨在规劝陈庆镛，说其所言"皆泛泛不关痛痒之言"⑥，而言辞之激烈直率，堪称少见。陈庆镛年位远过张穆，当时已经 50 岁，官至御史。张穆此信，李慈铭认为"其言为平交所不堪"，"固足见石州之抗直"。而陈庆镛以位高年长，而能"绝不以为忤，此岂今人所能及哉？"⑦此信后被收入《皇朝经世文续编》。陈庆镛对张穆激烈直率的言辞"不以为忤"，恐怕主要原因也是与张穆良好的声望有关吧？

对于张穆在当时士人心中的地位，祁寯藻是这样描述的："海内名俊，咸想望风采，蹑屣纳刺、载酒问奇者，几无虚日。"⑧

---

① 魏泉：《"顾祠修禊"与"道咸以降之学新"——十九世纪宣南士风与经世致用学风的兴起》，载《清史研究》，2003（1）。
② 雷梦水：《慈仁寺集市》，见《北京文史资料精华·府园名址》，329 页，北京出版社，2000。
③ 据张继文年谱记，此文虽署名陈庆镛，实为张穆代笔。见《石州年谱》，道光二十三年记。另，李慈铭也曾言："余幼读此疏，雄直振厉，固石州笔也。"见李慈铭《越缦堂读书记》，900 页，北京，商务印书馆，1959。
④ 《石州年谱》，道光二十四年记。
⑤ 当时"三直"为陈庆镛、朱琦、苏廷魁。
⑥ 《肩斋文集》卷三《与陈颂南先生书》，见《山右丛书初编》。
⑦ 《越缦堂读书记》，900 页。
⑧ 祁寯藻：《肩斋文集·序》。

至张穆去世的第二年，即道光三十年（1850年）十月十日，参与顾祠祭祀的京师同人还为其特设一祭，以张穆配祀顾祠，这已是莫大的荣誉，这就意味着认可和赞赏。可见其学术地位和人格品行都已得到当时士大夫学者的推崇。

张穆在生命的最后十年中，除了参与修建顾祠和修撰《顾谱》《阎谱》以外，用力最勤的就是舆地之学的著述，其中最主要的著作当推《蒙古游牧记》和《魏延昌地形志》。因《魏延昌地形志》零散且没有刊刻，故本文暂不作讨论。①

《蒙古游牧记》的撰写缘起于张穆校订祁韵士的《皇朝藩部要略》。如前文所述，《皇朝藩部要略》是祁韵士在撰写《蒙古回部王公表传》时，用档案、旗册、世谱编就的资料长编，即《蒙古回部王公表传》的"底册"。后祁寯藻请李兆洛整理这些资料，李兆洛即委托其门下弟子毛岳生、宋景昌对这一书稿进行"编次"和"校写"，于道光十九年（1839年）完成，但并未付梓，祁寯藻还是不太满意，而在道光十九年（1839年）没有找张穆校订此书的原因，一是可能当时张穆还没有此功力，二是他当年刚好科场案发，心情不好，无法他顾。以后七年间，徐松对其中的部分内容进行了重订。道光二十五年（1845年），祁寯藻又委托张穆校订了《皇朝藩部要略》。②

祁寯藻在《皇朝藩部要略》后跋中写道：

又以先大夫之创为各传也，先辨之地界方向，译出山水

---

① 据周清澍先生介绍，内蒙古大学和武汉大学唐长孺先生分别有《魏延昌地形志》抄本一部，13卷，惜未出版。见周清澍《张穆、李文田手迹考释》，载《内蒙古大学学报》（人文社会科学版），1997（2）。另，北京大学图书馆藏有何秋涛整理此书的稿本。

② 《皇朝藩部要略》详细的成书过程请参见包文汉的《清朝藩部要略稿本探究——代前言》，见《清朝藩部要略稿本》；或参见宝日吉根的《清朝藩部要略稿本探究》，载《中国边疆史地研究》，1996（2）。

地名，以为提纲，而是编疆域未具，读者眩之，爰以《会典》《一统志》为本，旁采各书，别纂为《蒙古游牧记》若干卷。①

后祁寯藻又在《蒙古游牧记·序》中说：

> 余校刊先大夫《藩部要略》，延石州复加校核，石州因言自来郡国之志与编年纪事之体相为表里。昔司马子长作纪传，而班孟坚创修地理志，补龙门之阙而相得益彰。今《要略》编年书也，穆请为地志，以错综而发明之。②

在这里，祁寯藻特别强调张穆《蒙古游牧记》的创作缘起是因其校核《皇朝藩部要略》，并借张穆之口把其父祁韵士和张穆分别比作司马迁和班固。笔者认为，这是有意提高其父祁韵士的地位。若张穆真的说过这句话，为什么在《皇朝藩部要略·后跋》中没有写这句话呢？而到了刊行《蒙古游牧记》时却写上了这种夸张之辞，这是因为，刊刻《皇朝藩部要略》时，张穆还活着，而到了刊行《蒙古游牧记》时，张穆已经去世，死无对证，说什么就是什么了。这一点我们通过张穆写的《蒙古游牧记·自序》中也可以看出一些端倪。在张穆《蒙古游牧记·自序》中说其撰写缘起是：

> 内地各行省府厅州县皆有志乘，所以辨方纪事，考古镜今。至于本朝新辟之土，东则有吉林、卜魁，西则有金川、卫藏，南则有台湾、澎湖，莫不各有纂述，以明封畛而彰盛

---

① 《清朝藩部要略稿本》，313 页。
② 祁寯藻：《蒙古游牧记·序》，中国公共图书馆古籍文献珍本汇刊·史部，《清代蒙古史料合辑（二）》。

烈，独内外蒙古隶版图且二百余载而未有专书，《钦定一统志》、《会典》虽亦兼及藩部，而卷帙重大，流传匪易，学古之士，尚多懵其方隅，疲于考索，此穆《蒙古游牧记》所为作也。①

可见张穆之所以作《蒙古游牧记》，是因为其他边疆地区都有志书了，唯有蒙古地区还未有专书，他想填补空白，可是明明经过他手已经刊刻了《皇朝藩部要略》，为什么还"未有专书"呢？唯一的可能就是他认为《皇朝藩部要略》还没有填补这个空白的水平。《蒙古游牧记·自序》最后一句话是：

> 昔吾乡祁鹤皋先生著有《藩部要略》一书，穆曾豫雠校之役，其书详于事实而略于方域，兹编或可相辅而行，异时为舆地之学者倘亦有取于斯也夫！②

通过对全文仔细地阅读，笔者发现，这句话明显与上文语境不符。若想强调《皇朝藩部要略》，在叙述其《蒙古游牧记》创作缘起的时候应该提一笔，在上文中刚说完"独内外蒙古隶版图且二百余载而未有专书"，下文就谦虚地说自己的《蒙古游牧记》与《皇朝藩部要略》"或可相辅而行"，使人有突兀之感。并且，张穆在行文中称呼祁韵士一般称为"姻丈祁鹤皋先生"，如在其《西域释地·序》中就对祁韵士称为"姻丈祁鹤皋先生"③。据此，笔者认为，《蒙古游牧记·自序》最后一句话是《月斋文集》

---

① 《月斋文集》卷三《蒙古游牧记·自序》，见《山右丛书初编》。
② 《月斋文集》卷三《蒙古游牧记·自序》，见《山右丛书初编》。
③ 《万里行程记》（外五种），251 页。

的编辑者何秋涛或何绍基或署"思复斋"者所加①，也有可能是张穆门人吴子肃兄弟所加②，加这句话的原因不止是因为张穆确实是受到《皇朝藩部要略》的影响才写的《蒙古游牧记》，更是为了给祁寯藻在《皇朝藩部要略·后跋》中所说言论的一个有力关照。后来祁氏所刊刻的《蒙古游牧记》未收入张穆的这篇《蒙古游牧记·自序》，大概也与此文中未提到《皇朝藩部要略》有关。③

那么张穆为什么要回避《皇朝藩部要略》呢？他撰写《蒙古游牧记》受校订《皇朝藩部要略》的影响众人皆知，他为什么只字不提呢？笔者认为，这也与他想摆脱开祁氏的强势影响以及迎合清政府的"国家建设"有关。

张穆与祁寯藻的关系上文有所交代，祁寯藻官高位显，在两人中无疑处于强势地位。祁氏不但捐资为张穆刊刻了《顾亭林先生年谱》以及《阎潜邱先生年谱》，而且还经常接济张穆。在《祁文端公遗墨》中这种接济的记载比比皆是。如祁寯藻在家信中提到："吾意送石州廿金似不可少，石州初移祝宅，一切需用何从出？吾甚念之。"④诸如此类，大事小情无不关照。而张穆的代价则是祁家的红白喜事，无不相帮。为祁寯藻之父祁韵士校订《西陲要略》《西域释地》《皇朝藩部要略》等书也就成其分内之事。

道光十六年（1836年），张穆开始校订《西陲要略》及《西域释地》，但因初涉这一研究领域，张穆所作校订之处并不多，

---

① 据郑天挺先生考证，张穆《月斋文集》勘校者为此三人。参见郑天挺《张穆〈月斋集〉稿本》，见《探微集》，382 页，北京，中华书局，1980。
② 郑天挺先生亦考证，《蒙古游牧记》是吴子肃兄弟后来整理到《月斋文集》刻本里的。参见郑天挺《张穆〈月斋集〉稿本》，见《探微集》，383 页、388 页。
③ 《月斋文集》刊刻在前，《蒙古游牧记》刊刻在后，从时间上说，完全有可能收录进去。
④ 《寿阳祁氏遗稿》第六册，见《明清未刊稿汇编初辑》，1 980页。

并且所参考的资料也十分有限，像《西域同文志》和《西域图志》这样必要的书张穆都没有看到。① 而到道光二十五年（1845年），张穆审订《皇朝藩部要略》的时候，他已有相当的学术功底，对此书多所改动。笔者曾经把包文汉先生整理的《清朝藩部要略稿本》和国家图书馆藏《皇朝藩部要略》抄本②相校一遍，粗略统计张穆仅所加粘单③就有 45 处④，粘单为增补内容，少则十几字，多则达千余字。因此张穆对《皇朝藩部要略》非常熟悉，在校订的过程中，他发现了此书的很多不足，而此时他又发现"独内外蒙古隶版图且二百余载而未有专书"，因此他立志弥补这一空白，超过《皇朝藩部要略》。在他的书札中，也时时流露出他对《蒙古游牧记》特别自负的心态。如他在写给许瀚的信中说：

> 《游牧记》已完三卷，今年未必能卒业。与星翁《西域水道记》可以抗衡。⑤

其自诩《蒙古游牧记》可以和徐松的《西域水道记》相媲美。但是在其写给徐继畬的《复徐松龛中丞书》中却写道：

> 大著《瀛寰志略》……允为海国破荒之作。近数十年来，惟徐星翁《西域水道记》有此赡博，拙著《蒙古游牧记》非其伦也。⑥

---

① 郭丽萍：《嘉道西北史地学人研究》，119 页，北京，北京大学博士论文，2003。
② 《皇朝藩部要略》（14 册），国家图书馆藏稿本。
③ 张穆修改时，若所加文字太多，在空白处写不下时，就加一粘单，便于识认。
④ 包文汉先生因看的是胶片，统计为 20 处误。包文汉：《清朝藩部要略稿本探究——代前言》，见《清朝藩部要略稿本》，18 页。
⑤ 《月斋书札诗稿》不分卷。写信日期为"五月十五日"。据此内容可推断此信当写于道光二十五年（1845 年）左右。
⑥ 《月斋文集》卷三《复徐松龛中丞书》，见《山右丛书初编》。

看来这是谦虚之辞。

在他写给许瀚的另一封信中提到：

> 弟近因为祁太公校刻《藩部要略》，自成《蒙古游牧记》
> 数卷，其书恰好补星翁《水道记》所未及，现尚未卒业（今
> 年必了），大农①意欲将拙书附骥以行，即为付梓，弟意尚未
> 决，卒业后更商量耳。②

张穆看重《蒙古游牧记》由此可见一斑。他以前为祁氏所校
之书都是为他人作嫁衣裳，当然不希望自己苦心著成的《蒙古游
牧记》也沾上祁氏的标记。在祁氏强势话语笼罩下的张穆，在需
要确立自己的学术地位时，极力摆脱这种束缚是他的必然选择。
因此，当祁寯藻要为他捐资刊刻《蒙古游牧记》时，他还"意尚
未决"，这正是他内心矛盾的写照。

但遗憾的是，道光二十八年（1848 年），张穆妻死子丧，其
三兄张丽暹相继又亡，一连串的打击，使张穆也于道光二十九年
（1849 年）撒手人寰，享年 45 岁，留下《蒙古游牧记》等一大
批手稿未刊刻。又经十年，在祁寯藻、何绍基、何秋涛等人的帮
助下，《肙斋文集》以及《蒙古游牧记》等书才刊刻于世。

四、结语

福柯通过对历史文本的阅读，从中发现了知识的权力谱系并
断言："真理无疑也是一种权力。"③ 在福柯看来，微观权力存在

---

① 指祁寯藻。
② 《肙斋书札诗稿》不分卷。写信日期为"十六日"。据上下文内容可推断此信当写
　于道光二十五年（1845 年）、二十六年（1846 年）。
③ 福柯著，严锋译：《权力的眼睛》，32 页，上海，上海人民出版社，1997。

于具体的日常实践活动和关系中。权力无处不在。在这里，福柯揭示了权力和话语（知识）的联系：一切知识、言谈（话语）都处于权力网络之中，并在一定条件下转化为权力，没有纯乎其纯、不计功利的话语，存在的只是权力笼罩下的话语。

张穆在科场案后，被排斥在主流话语权力之外，为了生存和发展，他必须谋求更多的话语权。追求学术场域的话语权是他作为知识人的唯一选择。他倡议修建顾祠，撰写《顾谱》和《阎谱》，其个人声望也不断提高，而代陈庆镛撰写疏文以及写了严厉直率的《与陈颂南先生书》等都是其良好声望的有力注脚。

而在其撰写的《蒙古游牧记·自序》的文字缝隙中，笔者发现了他对拥有绝对话语权的强烈诉求。在他追求学术话语权的过程中，其学术水准也在不断提高，最终留下了《蒙古游牧记》等不朽的著作，留名后世。

张穆的一生充满了挫折和困苦，其人其学更为后世研究者所瞩目。如张穆在其所撰《阎若遽年谱》中开篇即言："念国朝儒学，亭林之大，潜邱之精，皆无与伦比。"[1] 此说得到了王国维的认同。王国维后来以"国初之学大，乾嘉之学精，道咸以降之学新"[2] 来概括清代学术演进。这段话始源于张穆之语，似乎已成定论，而被很多学人频繁引用，[3] 由此可见张穆的影响力。

纵观清代嘉道边疆史地学兴起的时期，其代表人物无论是祁韵士、徐松，还是张穆、魏源等，无一不是经历了人生的坎坷而

---

[1]　张穆撰，邓瑞点校：《阎若遽年谱·题识》，1 页，北京，中华书局，1994。

[2]　王国维：《沈乙庵先生七十寿序》，见《观堂集林》，720 页，石家庄，河北教育出版社，2001。

[3]　然引用者可能已背离了王国维的语境。王国维在"国初之学大，乾嘉之学精，道咸以降之学新"这句话中，"学"是"学术"之意，名词。可是在引用者的语境中，却成了"学大"、"学精"、"学新"，变成了动词。见郭丽萍《"学精"与"学新"之间：张穆的学术思想》，载《福建论坛》（人文社会科学版），2002（4）；齐荣晋：《张穆的学术准备及其思想走向——兼论清朝西北舆地学》，载《晋阳学刊》，2003（3）。

关注边疆史地。这是一个很有意思的现象。笔者认为，这与当时清政府紧迫的边疆形势有关，尤其是鸦片战争前后面对西方列强的觊觎，清朝统治者迫切需要边疆方面的知识，而这些或被谪戍、或在野的知识人，也正是看到了这一点，在边疆"未有专书"之区纷纷进行自己的研究，一是迎合了清政府的"国家建设"之需，二也可能改变自己的命运，徐松就是一个很好的例子，他"以新疆入版图已数十年，未有专书，爰搜采事迹，稽核掌故，成《新疆志略》十卷，于建置城垣、控扼险要、满汉驻防、钱粮兵籍，言之尤详。将军松筠奏进《事略》，并叙其劳，特旨赦还，御制《事略》序文，付武英殿刊行"。① 《新疆识略》被钦定，徐松从此改变命运而步入仕途，但是祁韵士就没有这么幸运。因此，对于长久以来学术界在论说嘉道边疆史地研究时，动辄以爱国主义为其动因这一观点，值得商榷。

总之，张穆是一位处于嘉道变革之中知识人的一个典型代表，研究他的思想及其著作，不能落入历史目的论的窠臼，要全面把握，才能发现他以及他所处时代的一些细枝末节。

---

① 《清史列传》卷七十三《徐松》，5 991页。

第二章 《皇朝藩部要略》的成书背景及版本研究

□ 为宣扬清朝统治合法性，清廷启动了一批文化建设工程，其中就有《蒙古回部王公表传》，而作为其底册的《皇朝藩部要略》版本有五种，其中一种即为祁寯藻试图进呈给皇帝的拟进呈本。

《皇朝藩部要略》光绪十年刻本封面书影

第二章 《皇朝藩部要略》的成书背景及版本研究

第一节 《皇朝藩部要略》的成书背景

清朝乾隆时期，边疆底定，国家初安，统治者面临的重大问题是王朝的合法性问题，即如何纳入到中国王朝的谱系中去。在17、18 世纪的中国，中国传统的"五德终始说"已不对社会产生任何影响，而代之以"大一统"为统绪合法性的评判标准。① 清高宗曾云："我朝为明复仇讨贼，定鼎中原，合一海宇，为自古得天下最正。"② 但是要使这"得天下最正"的观念深入人心，还要通过一系列的"文化建设"来实现，即以官方的历史书写为标准来整合、甚或是取代人们传统的"夷夏"观念，以"大一统"的评判标准来确立其统治的"正统"地位。修《四库全书》、开国史馆即是把"民间的历史书写约束为一种比较纯正的官方历史书写"。而作为以少数民族入主中原的满洲统治者来说，其不但要维护以往汉族王朝统治的延续性，包括礼仪、制度、风

① 饶宗颐：《中国史学上之正统论》，74～80 页，上海，上海远东出版社，1996。另参见刘浦江《"五德终始"说之终结——兼论宋代以降传统政治文化的嬗变》，载《中国社会科学》，2006（2）。
② 《御制文二集》卷八《命馆臣录存杨维桢〈正统辨〉谕》，文渊阁四库全书本。

俗等方面的延续性，还要维持满人自己文化的认同关系。[①] 对诸如蒙古族等边疆地区自我"失语"的群体来说，纂修《蒙古回部王公表传》不但是清廷歌功颂德之举，更是以官方"历史书写"的方式，以一种汉族士大夫认可的中原王朝居高临下的姿态，把清朝对蒙古、新疆、西藏的统治既成事实化、合法化，从而淡化自己异族的身份。《皇朝藩部要略》作为《蒙古回部王公表传》的底册就在这种背景下诞生了。

一、《皇朝藩部要略》"底册"的成书背景

《皇朝藩部要略》初始是作为《蒙古回部王公表传》的底册出现的，因此这要从《蒙古回部王公表传》的纂修说起。《蒙古回部王公表传》是一部歌功颂德的传记，是在清朝实现了"大一统"的情况下撰写的。

17 世纪初，努尔哈赤在东北地区以武力统一了建州女真，兼并了建州女真以外的女真各部，于后金天命元年（1616 年）在赫图阿拉称金国汗。崇德元年（1636 年）皇太极改国号为"清"。从建州女真到满族共同体的形成，再到清朝的建立，标志着一个新的民族政权在东北地区的诞生和发展。

顺治元年（1644 年），清军入关，十月，福临移至北京，举行了即皇帝位的大礼，这表明：原来割据东北一隅的清朝，其政权性质已经发生了根本的变化，即由边疆民族政权演变成为君临天下、统治全中国的清王朝。这个变化不仅震动了中原地区，而且，对边疆民族及各个边疆民族政权也产生了很大的影响。

首先，清朝与各个边疆民族政权的关系发生了变化：由割据一隅的地方政权之间的关系演变为中央与地方的关系，由边疆民

---

① 杨念群：《清初帝王的"历史书写"与宫廷政治文化》，《王朝宫廷比较史国际学术研讨会论文提要集》，19～20 页，承德，中国人民大学清史所、承德市文物局、国家清史编纂委员会出版，2006。

族政权与边疆民族政权之间的平等关系变为中央政府与边疆地方政权之间的关系。①

在这些边疆民族政权之中，只有漠南蒙古在清朝入主中原前已经全部归附，并加入其征服全国的军事行动中。

除漠南蒙古已纳入清朝的统治范围外，其他边疆民族政权尚未与清朝建立统治与被统治的关系，清朝极力拉拢和联络北部喀尔喀蒙古、西北部卫拉特蒙古和叶尔羌汗国、青藏地区固始汗和西藏僧俗上层人士，和他们建立了通使关系，以达到共同对抗明朝的目的，当时清朝的疆域范围并不包括东北以外的其他地区。

康熙二十二年（1683 年），清军抵台，实现了统一台湾的大业。

康熙二十七年（1688 年），喀尔喀受到攻击，求助于清朝时，清朝政府立即给以援助，并在多伦会盟，于喀尔喀蒙古部划旗，颁布法律，明确由清朝中央政府对漠北实行直接管辖，完成了对整个蒙古高原的统一。

清朝与西藏的联系也是由来已久。顺治九年（1652 年）五世达赖喇嘛赴北京朝见顺治帝。次年达赖返藏时，清政府册封五世达赖喇嘛为"西天大善自在佛所领天下释教普通瓦赤怛喇达赖喇嘛"②，从此确立了历代达赖喇嘛都必须经过清朝中央政府册封的制度。

康熙四十八年（1709 年）清廷首次直接派官员入藏处理西藏事务，康熙五十二年（1713 年），清廷又派人入藏册封五世班禅罗桑益喜为"班禅额尔德尼"③，从此正式确立了"班禅额尔德尼"这个称号以及班禅在西藏的政教地位。

康熙五十七年（1718 年）和康熙五十九年（1720 年）清政府两次派大军进藏平定蒙古准噶尔部。

---

① 成崇德：《18 世纪的中国与世界》（边疆民族卷），40 页，沈阳，辽海出版社，1999。
② 《清世祖实录》卷七十四，顺治十年四月乙巳条。
③ 《清圣祖实录》卷二五三，康熙五十二年正月戊申条。

在驱逐准噶尔侵藏势力后，清政府趁机废除和硕特部在西藏建立的地方政权，改由清政府直接任命的若干噶伦共同负责西藏地方政务，从而进一步加强了清政府对西藏的管理。

雍正五年（1727 年），鉴于西藏地方政权统治集团内部不和的情况，雍正帝任命内阁学士僧格、副都统马喇为驻藏大臣，前往西藏直接监督西藏地方政府，调解噶伦之间的矛盾，安定西藏政局。但是，在驻藏大臣尚未抵达西藏以前，西藏发生变乱，爆发了一场历时一年的卫藏战争。西藏政局的变动，促使清朝政府重新考虑对藏的施政方针，雍正帝把西藏和准噶尔两个问题联系起来，通盘筹划，立即派兵入藏。雍正帝在一份奏折的批示中说："西藏又出一可趁之机矣，所以言天下事不可预料，只可随时办理耳。……准噶尔事一日不清，西藏事一日不安，西藏料理不能妥协，蒙古心怀疑贰，此二处实国家隐忧，社稷生民忧戚系焉。所以圣祖明见事之始末利害，立意来取准噶尔，安定西藏者，圣知灼见不得已必应举者也。前西藏事之一出，朕即欲速，先虑乃初次谕也，乃后虑及挟喇嘛奔往准噶尔，恐不万全，故有暂安准噶尔唐古特之心，以图他日机宜，有二次止兵之谕，不料后藏颇罗鼐者为康济鼐复仇，一面整兵讨阿尔布巴，一面密遣人奏闻，请兵向逆，日下两人相拒矣。若如此则兵喇嘛之去路已阻，而师出有名矣，上天所赐之机宜也，所以又有三次复备兵之旨。"① 很显然，历史的客观发展形势又一次为清政府加强在西藏地区的施政提供了良好的机遇，雍正帝紧紧抓住这一机遇，以安定西藏的政局。清政府派兵入藏后，以叛逆罪处死阿尔布巴等人，任命颇罗鼐总理西藏政务，并采取一些措施削弱西藏地方势力。雍正六年（1728 年），清政府下令将理塘、巴塘等地划归四川，将中甸、阿墩子、维西等地划归云南，从而明确了西藏地方

---

① 中国第一历史档案馆朱批奏折·民族事务类，全宗1 293号，卷10 号。

所管辖区范围。①

乾隆十三年（1748 年）又发生了珠尔墨特那木扎勒谋反，其部属杀害驻藏大臣的事件。清军再一次入藏，逮治了叛乱的首要分子，并对西藏地方行政体制进行了重大改革，废除了郡王制，设立三俗一僧四个噶伦，成立噶厦政府，让达赖喇嘛参与政务，并提升驻藏大臣的地位，这是珠尔默特那木扎勒事件后清廷实行的重大举措，在此后的近二百年，这一政教合一的体制再未发生大的变化。

准噶尔一直是清初以来满洲统治者的心头大患，在历经几次战争之后，乾隆二十年（1755 年）至乾隆二十四年（1759 年）清军历时五载，平定准噶尔和回部，统一天山南北，最后完成了国家的统一。

在中国历史上，"文治"和"武功"是并列的，有时甚至超乎于"武功"之上，统治者依靠"马上得天下"，但是不可能也"马上治天下"，清朝的统治者尤其是康、雍、乾三帝深深地意识到这一点，因此他们明典章，修史书，兴教育，以鼓励功臣，树立模范，确立全社会共同的道德规范和社会理想。② 乾隆九年（1744 年），开办国史馆修纂五朝国史，乾隆十四年（1749 年）五朝本纪成，乾隆三十年（1765 年）为重修国史列传，复开国史馆。乾隆帝先后谕令纂修《开国方略》《满洲源流考》《宗室王公功绩表传》等书，以"订诸史之讹，而传千古之信"③。《蒙古回部王公表传》就在这个背景下被下旨纂修的。

乾隆四十四年（1779 年）七月，乾隆在承德"驻跸"，二十九日上谕云：

① 《18 世纪的中国与世界》（边疆民族卷），40 页。
② 黄爱平：《18 世纪的中国与世界》（思想文化卷），24 页。
③ 《四库全书总目》，卷六十八。

　　我国家开基定鼎，统一寰区，蒙古四十九旗，及外扎萨克喀尔喀诸部，咸备藩卫，世笃忠贞，中外一家，远迈前古。在太祖、太宗时，其抒诚效顺，建立丰功者固不乏人，而皇祖、皇考及朕御极以来，蒙古王公等之宣猷奏绩，著有崇勋者亦指不胜屈。因念伊等各有军功事实，若不为之追阐成劳，裒辑传示，非奖勋猷而昭来许之道。著交国史馆会同理藩院，将各蒙古扎萨克事迹谱系，详悉采订，以一部落为一表传，其有事实显著之王公等，即于部落表传后，每人立一专传，则凡建功之端委，传派之亲疏，皆可按籍而稽，昭垂奕世。该总裁大臣等，即选派纂修各员，详慎编辑，以清、汉、蒙古字三体合缮成帙，陆续进呈，候朕阅定成书后，即同宗室王公表传，以汉字录入《四库全书》，用垂久远。其各部落，并将所部之表传、专传，以三体合书，颁给一册，俾其子孙益知观感奋励。①

　　而这一上谕发出之时，正是六世班禅额尔德尼起程准备在次年参加乾隆皇帝七十寿庆之际，乾隆皇帝准备安排蒙古、新疆等王公贵族同来觐见。并且，笔者在档案中发现，乾隆四十四年（1779 年）七月二十五日、二十六日以及二十七日等连续几天都由蒙古王公台吉随驾，并"赐随驾王公、大臣、蒙古王公、台吉小食"②，"或许受到这种欢乐气氛的感染"，乾隆就由内阁颁发上谕敕纂《蒙古王公表传》，在第二天，又考虑到在平定回部过程中，回人实心效力，③ "在军营宣力勤劳，业已晋封王、贝勒、

---

① 包文汉、奇·朝克图整理：《蒙古回部王公表传》（第一辑），750 页，呼和浩特，内蒙古大学出版社，1998。

② 中国第一历史档案馆、承德市文物局编：《清宫热河档案》（4），273～274 页，北京，中国档案出版社，2003。

③ 林士铉：《从〈蒙古王公表传〉到〈清史稿〉藩部世表、列传》，见陈捷先、成崇德、李纪祥主编《清史论集》（下），958 页，北京，人民出版社，2006。

贝子亦复不少，理宜一体施恩，纂立表传，著交该部查明伊等内实心效力克奏军功者，会同国史馆与蒙古王公一体纂立表传，宣谕以示朕优恤回臣一体之意"。①

因此，在这种直接和间接的背景下，清廷开始纂修《蒙古回部王公表传》。而此书的纂修主要强调的是"我国家开基定鼎，统一寰区，蒙古四十九旗，及外扎萨克喀尔喀诸部，咸备藩卫，世笃忠贞，中外一家，远迈前古"，即清王朝实现其"大一统"的丰功伟绩及其对"外藩"统治的合法性。并且盛世修国史，继往并开来，以示对有功之臣的缅怀，使其"子孙益知观感奋励，副朕推恩念旧至意"。

从乾隆四十四年（1779 年）九月到乾隆四十五年（1780 年）十一月间，国史馆就在为纂修《蒙古回部王公表传》搜集资料并召集翻译、校对、誊录等人员。② 乾隆四十五年（1780 年）十一月三十日，阿桂奏："遵旨会同理藩院承修《蒙古回部功绩王公表传》，行据理藩院咨送扎萨克各部落谱系、事迹到馆，督令纂修官各员详慎编辑，谨将纂就内扎萨克科尔沁王公表一篇、总档③一篇，奥巴、巴达礼、沙津传各一篇遵旨缮写汉本恭呈御览，伏祈皇上训示，所有清文、蒙古文俟钦定汉文后另行缮写正本，陆续进呈。"④

由此可知，《蒙古回部王公表传》是以每个部落为单位，每一部落纂修表、传后陆续进呈的，纂修文字的先后顺序是先撰写

---

① 《蒙古回部王公表传》（第一辑），750 页。
② 《清国史馆奏稿》（第 1 册），乾隆四十四年十二月初十日奏本，467 页；乾隆四十五年三月二十七日奏本，469 页。
③ "档"字疑为"传"字。因为从全书奏折臣属只写姓氏不写全名，以及填补、改动字迹来看，应为录副奏折。"总档"在这里不通，故有此疑。
④ 《清国史馆奏稿》（第 1 册），国史馆总裁阿桂乾隆四十五年十一月三十日奏本，471 页。笔者按，此奏折没有署年代，但是根据前后奏折以及上下文推断，应为乾隆四十五年。

汉文的文本，若汉文钦定后，再译成满文和蒙古文的文本。① 乾隆四十六年（1781 年）六月二十四日将满文《科尔沁王公表》一篇、《总传》一篇，《奥巴》《巴达礼》《沙津传》各一篇进呈;② 乾隆四十六年（1781 年）十二月十二日进呈蒙古文本。③而从乾隆四十五年（1780 年）十一月三十日到乾隆四十六年（1781 年）十二月十二日，在这一年多的时间里，还陆续进呈了科尔沁部满珠习礼、武克善④、色布腾巴尔珠尔、奇塔特、绰尔济、喇什、乌尔呼玛尔⑤、图纳赫、噶尔弼等人列传汉文本⑥与满文本⑦；科尔沁部之布达奇、洪果尔、栋果尔、色布腾多尔济、喇嘛什希等人列传汉文本⑧与满文本⑨；《杜尔伯特部王公表》一篇、《总传》一篇、《色棱列传》一篇，《扎赉特部王公表》一篇、《总传》一篇，《蒙衮列传》一篇，《郭尔罗斯部王公表》一篇、《总传》一篇，《布木巴》、《毕里衮鄂齐尔》、《顾穆⑩列传》

---

① 关于第一部《蒙古回部王公表传》到底是由何种文字写成的问题，学术界多有探讨，俄国学者波兹德涅耶夫认为是由蒙文书写的；伯希和在《卡尔梅克史评注》中认为是汉文和满文书写的。对以上诸说包文汉先生进行了详细的考证，指出第一部《蒙古回部王公表传》是由汉文写成的。而《清国史馆奏稿》中的档案更为包文汉先生的论证提供了最佳注脚。见宝日吉根《〈蒙古王公表传〉纂修再考——第一部〈表传〉由何种文字写成》，载《清史研究》，1997（1）。
② 《清国史馆奏稿》（第 1 册），国史馆总裁嵇璜奏，474 页。
③ 《清国史馆奏稿》（第 1 册），国史馆总裁嵇璜奏，478 页。
④ 《蒙古回部王公表传》改为"乌克善"，见《蒙古回部王公表传》（第一辑），151 页。
⑤ 《蒙古回部王公表传》改为"乌尔呼玛勒"，见《蒙古回部王公表传》（第一辑），159 页。
⑥ 《清国史馆奏稿》（第 1 册），国史馆总裁嵇璜乾隆四十六年四月十一日奏，472 页。此奏折与《蒙古回部王公表传》不同之处就是没有哈达列传。但考《蒙古回部王公表传》中之《辅国公哈达列传》一直叙述到乾隆四十九年事，比此奏折晚三年，因此可知哈达列传是后来增补的。
⑦ 同上，国史馆总裁嵇璜乾隆四十六年十月初五日奏，476 页。
⑧ 同上，国史馆总裁嵇璜乾隆四十六年五月二十八日奏，473 页。
⑨ 同上，国史馆总裁嵇璜乾隆四十六年十一月十四日奏，477 页。
⑩ 《蒙古回部王公表传》改为"固穆"，见《蒙古回部王公表传》（第一辑），181 页。

各一篇汉文本①。因此，若每部、每人的汉文、满文、蒙文的列传各算一篇的话，这一年来国史馆共进呈54篇表传。

乾隆四十七年（1782年），祁韵士"充国史馆纂修官"，接手管干贞纂修《蒙古回部王公表传》。②我们无法确知祁韵士是几月份到馆接手的，但至少可以知道，乾隆四十六年（1781年）前的54篇表传不是他纂修的，这也暗合了他自订年谱里说管干贞"纂传数篇，奉差离馆"的事实。由此可以推断，作为《蒙古回部王公表传》底册的《皇朝藩部要略》中，科尔沁部、杜尔伯特部、扎赉特部、郭尔罗斯部等部落史实也不是祁韵士撰写的。我们还可以获知，作为底册，《皇朝藩部要略》也不是一气呵成的，而是随着《蒙古回部王公表传》的纂修进度，一点一点完成的。

《蒙古回部王公表传》的纂修是有限期的。在乾隆四十七年（1782年）六月二十八日内阁抄出福隆安奏折，内容是乾隆四十七年六月二十五日奏二十六日奉旨，《兰州纪略》《皇朝通典》《开国方略》《宗室王公表传》《大清一统志》《盛京通志》等都规定了办竣限期，而《蒙古回部王公表传》的规定是："已进过四卷，未进约二十八卷，计期于四十八年十二月完竣。"③看来《蒙古回部王公表传》原来计划只修32卷，④是后来成书时120卷的近三分之一。但是随着增纂内容的增多，在原来的限期内不可能完成任务，于是一次次要求展限。乾隆四十八年（1783年），乾隆帝饬国史馆诸臣将乾隆四十年以前《表传》速为纂办，勒限

---

① 《清国史馆奏稿》（第1册），国史馆总裁嵇璜乾隆四十六年七月十六日奏，475页。
② 《鹤皋年谱》，乾隆四十七年条，见《万里行程记》（外五种），107页。
③ 《清国史馆奏稿》（第2册），福隆安乾隆四十七年六月二十八日奏，637页。
④ 庄吉发在《故宫档案述要》中云："《蒙古王公表传》，原限四十八年二月完竣，原定二十八卷，后续纂至六十四卷，但至乾隆四十九年七月，仅进过十四卷，经奏请展限至次年四月完竣。"由此看来，似乎在乾隆四十八年二月之前还有一个奏折，计划《蒙古王公表传》只修28卷，但因为庄吉发先生没有注释，因此不知此说来源于何处。见庄吉发《故宫档案述要》，421页，台北，故宫博物院，1983。

五年，陆续进呈。① 那么，《蒙古回部王公表传》在五年之后也就是乾隆五十三年（1788 年）必须纂修完毕。

从档案看，《蒙古回部王公表传》在乾隆帝限定期限后，馆臣就加快了纂修的进度，此书从乾隆四十四年纂修，"自四十五年十一月进书起，内扎萨克汉字正本于四十九年十一月进完；外扎萨克及回部等汉字正本于五十二年二月进完；内扎萨克清字正本于五十一年闰七月进完；外扎萨克及回部等清字正本于本年（即乾隆五十三年——笔者注）二月进完；其蒙古字内扎萨克表传正本亦于五十一年十二月进完；蒙古字外扎萨克及回部等表传正本共七单一律完竣，现已进过二单。统计全书共三百六十卷"②。

总之，此书是"乾隆五十三年告竣，随接办三体划一表传于六十年告竣"③。此处所说五十三年（1788 年）告竣系指《蒙古回部王公表传》的汉字本进呈完毕，到蒙古字进呈完毕是在乾隆五十四年（1789 年）五月二十六日。④ 至乾隆五十六年（1791 年）年底，《蒙古回部王公表传》写入《四库全书》空函，其校阅工作才完成。⑤ 因此，《四库全书》本的《蒙古回部王公表传》所叙历史就是到乾隆五十三年（1788 年）截止，乾隆六十年（1795 年）告竣的《蒙古回部王公表传》后收入武英殿本。那么，《皇朝藩部要略》作为其"底册"的成书时间应该在乾隆五十三年（1788 年）《蒙古回部王公表传》汉文本进呈完毕时。⑥

---

① 《故宫档案述要》，421 页。
② 《清国史馆奏稿》（第 2 册），国史馆总裁阿桂乾隆五十三年二月十五日奏，835 页。
③ 《清国史馆奏稿》（第 2 册），国史馆总裁保宁嘉庆七年七月十六日奏，894 页。
④ 《清国史馆奏稿》（第 2 册），国史馆总裁嵇璜乾隆五十四年五月二十六日奏，868 页。
⑤ 《从〈蒙古王公表传〉到〈清史稿〉藩部世表、列传》，见《清史论集》（下），961 页。
⑥ 据李毓澍推断，《皇朝藩部要略》成书约当乾隆五十二年至五十四年（1787—1789）。参见《皇朝藩部要略》之卷首《影印〈皇朝藩部要略〉序》，见《中国边疆丛书》第一辑，第 7 种。

　　《皇朝藩部要略》应是《蒙古回部王公表传》中关于各部落总传的稿本。阿桂、嵇璜、和珅、彭元瑞等奏乾隆元年（1736年）至乾隆四十年（1775年）《满汉臣工表传》事时云："移取内阁所储上谕档、奏折档、丝纶簿，军机处所储廷寄、议覆及奏折各项，约计年月事件，公同酌议，档册既繁，又须查阅红本，若仍以一人一事，逐日遍查，翻阅疲繁，始成一传，必致稽延时日……如仿宋臣司马光、李焘长编之法，先办史料，事备而文已成，将四十年中事迹详细检阅，有关立传者摘叙事由，汇为总档，并将档内人名另为总册，以年为经，以人为纬，两项既就，如纂某人之传，按其事在某年查取即得，不须泛查各项，而经办人员既已熟悉事实因由，易于成传，亦不致以查核未遍，稽延岁时，似属先难后易径捷之法。"① 这个奏议成为定制，推广到国史馆的各个纂修工程中，并在以后国史馆的文化工程中得以继承。② 但是纂修史书，先办史料，汇为档册这一制度，并不是从此奏折上奏时即乾隆四十八年（1783年）时起，而是在纂修过程中逐渐摸索形成的经验。据庄吉发考证，此长编总档清本从乾隆元年（1736年）秋季就开始了。总档是国史馆长编处咨取内阁、军机处的上谕、外纪、丝纶、廷寄、月折、议覆、剿捕等档案，分别摘叙汇抄成编。而长编总册则是总档的目录，亦即人名索引。国史馆汇辑列传长编，先修底本，由供事摘叙各档事由，朱批全录，故又称为摘叙本。摘叙本由协修官或纂修官汇辑，并初校后，复经提调官复辑或复校，间亦由校阅官详校，然后改缮清本。③ 笔者仔细地核对了《蒙古回部王公表传》和《皇朝藩部要略》的内容，发现《皇朝藩部要略》既不是《蒙古回部王公表

① 《清国史馆奏稿》（第2册），阿桂、嵇璜、和珅、彭元瑞等乾隆四十八年十二月十六日奏，660页。
② 《清国史馆奏稿》（第2册），国史馆总裁曹振镛嘉庆十九年六月二十五日奏，1068页。并参见《故宫档案述要》，430页。
③ 《故宫档案述要》，430～432页。

传》总档，也不是总册，更不是摘叙本，而是《蒙古回部王公表传》中关于各部落总传的稿本，即所谓"底册"。各部落总传基本上是在《皇朝藩部要略》的基础上形成的。以《西藏总传》为例，在《蒙古回部王公表传》中，除有删节外，其他内容与《皇朝藩部要略》中《西藏要略》雷同，兹列表如下：①

年 份 ＼ 书 名	《皇朝藩部要略》	《蒙古回部王公表传》
总叙	除《蒙古回部王公表传》中改变几个字，如把"西尔奔"改为"沙尔奔"、"宗奔"改为"绥奔"、"巴罕昭"改为"巴噶昭"、"根敦珠巴"改为"根敦扎布"外，其他内容一致。	
崇德二年至康熙十四年	除《蒙古回部王公表传》把"达赖喇嘛请市茶北胜州"改为"达赖喇嘛请互市茶马于北胜州"，以及把"三噶尔玛地"改为"桑噶尔玛地"外，其他各处基本一致。	
康熙二十二年至雍正五年	两书内容完全一致。	
雍正六年	上悯康济鼐无嗣，诏追授其兄喀锡鼐色布登喇什为一等台吉，长子噶巴纳木扎勒色布腾袭爵，赏孔雀翎，诏徙达赖喇嘛居里塘。索诺木达尔扎代达赖喇嘛来朝，奉表贡物，赐珊瑚顶、双眼孔雀翎。复谕曰："索诺木达尔扎训示达赖喇嘛学习经典，保护多方西藏诸务，毫不干预，甚属可嘉，著封为辅国公。"	删此段118字，其他内容一致。

---

① 《皇朝藩部要略》，国家图书馆藏稿本；《蒙古回部王公表传》取包文汉、奇·朝克图整理本。

续表

书名 年份	《皇朝藩部要略》	《蒙古回部王公表传》
雍正七年、八年	七年，达赖喇嘛至里塘，诏建噶达寺居之。上以准噶尔觎唐古特，遣兵往讨。谕曰："策妄阿喇布坦假黄教为名，潜兵入藏，无故杀拉藏汗，遣使往讨，复敢阻兵抗命，其后策妄阿喇布坦身故，子噶尔丹策凌遣使至，奏称，欲使众生乐业，黄教振兴，噶尔丹策凌不过一微末台吉，此岂伊应出语耶？且西藏阿尔布巴、隆布鼐、扎尔鼐等，济恶同谋，皆以准噶尔邻伊地，青海叛贼罗卜藏丹津系伊等姻戚，彼此相依，窘迫时必往投之。颇罗鼐勇往直前，截贼去路，阿尔布巴等未得前进，辄被擒。准噶尔若仍留游牧，将来青海及西藏地必受其害，此朕所熟思而审处者也。" 八年，僧格偕颇罗鼐以兵千五百〔屯〕① 腾格里诺尔。(防准噶尔)② 以〔唐古特人〕〔颇罗鼐子〕珠尔默特策布登统阿里诸路兵，防准噶尔贼，保唐古特，诏授扎萨克一等台吉。(珠尔默特策布登颇罗鼐子)	七年，遣兵讨准噶尔。谕曰："策妄阿喇布坦假黄教为名，潜兵入藏，无故杀拉藏汗，遣使往讨，复敢阻兵抗命，其后策妄阿喇布坦身故，子噶勒丹策凌遣使至，奏称，欲使众生乐业，黄教振兴，噶勒丹策凌不过一微末台吉，此岂伊应出语耶？且西藏阿尔布巴、隆布鼐、扎尔鼐等，济恶同谋，皆以准噶尔邻伊地，青海叛贼罗卜藏丹津，系伊等姻戚，彼此相依，窘迫时必往投之。颇罗鼐勇往直前，截贼去路，阿尔布巴等未得前进，辄被擒。准噶尔若仍留游牧，将来青海及西藏地必受其害，此朕所熟思而审处者也。" 明年僧格偕颇罗鼐以兵千五百屯腾格里诺尔防准噶尔。

---

① 〔 〕内文字表示系张穆后加的文字，下同。
② （ ）内文字表示《皇朝藩部要略》稿本中的原文，后被张穆删去的文字，下同。

续表

年份 \ 书名	《皇朝藩部要略》	《蒙古回部王公表传》
雍正九年	九年，一等台吉噶巴纳木扎勒色布腾表谢恩，献方物。谕曰："前以喀锡鼐色布登喇什阵亡阿里，经颇罗鼐奏请特赠一等台吉，其子噶锡巴纳木扎勒色布腾〔袭〕之。迩闻为国效力，办理事务亦善，且为康济鼐兄子，康济鼐宣力有年，抒诚报效，始终不懈，并无子嗣，著将噶锡巴纳木扎勒色布腾格外施恩，封授辅国公，世袭罔替。"寻授噶卜伦。布噜克巴部诺颜琳臣齐垒喇布济、喇嘛扎尔西里布鲁克顾济、噶碧栋噜布等纳贡。谕曰："朕为天下主，一视同仁，无分中外。乃者附近帕尔城之布噜克巴人等，起衅构兵，互相仇杀，朕闻之甚不忍。颇罗鼐仰体朕意，与班禅喇嘛遣使往谕朝廷恩德，布噜克巴人等感悟息争，敬顺无违，且请施恩训诲，朕甚嘉悦，嗣此恪守疆界，共相和睦，永遵释教，祗奉恩纶，朕自益加优眷。"	九年，布噜克巴部诺颜琳臣齐垒喇布济、喇嘛扎色里布鲁克顾济、噶碧栋噜布等纳贡。谕曰："朕为天下主，一视同仁，无分中外。乃者附近帕尔城之布噜克巴人等，起衅构兵，互相仇杀，朕闻之甚不忍。颇罗鼐仰体朕意，与班禅喇嘛遣使往谕朝廷恩德，布噜克巴人等感悟，息争，敬顺无违，且请施恩训诲，朕甚嘉悦，嗣此恪守疆界，共相和睦，永遵释教，祗奉恩纶，朕自益加优眷。"
雍正十年、十一年	两书内容一致。	
雍正十三年	十三年，辅国公索诺木达尔扎从达赖喇嘛归藏。	无此内容。
乾隆元年至四年	两书内容一致。	

续表

年份\书名	《皇朝藩部要略》	《蒙古回部王公表传》
乾隆五年	五年，扎萨克一等台吉车臣哈什哈卒，弟齐旺多尔济袭。	无此内容。
乾隆八年	两书内容一致。	
乾隆九年、十年	九年，准噶尔使自藏归。珠尔默特策布登、班第达、齐旺多尔济以协颇罗鼐理准噶尔煎茶务，并赐币奖。珠尔默特策布登会病足，自阿里归藏。是年，辅国公索诺木达尔扎卒。谕曰："索诺木达尔扎系达赖喇嘛父，皇考加恩达赖喇嘛，特予封爵，伊亦深感皇考恩，行走谨慎，历一十有余年，著加恩令伊子恭格丹津仍袭辅国公爵，以示优眷。" 十年，诏驻藏大臣三年一代。扎萨克一等台吉齐旺多尔济卒，驻藏副都统傅清等奏，颇罗鼐请以诺颜和硕齐子旺对袭。谕曰："伊系举家受恩之人，令其办理诸务，自为有益，诺颜和硕齐受国厚恩，授为扎萨克一等台吉，伊弟相继承袭，亦各奋勉效力。今齐旺多尔济病故，著照所请，以其兄诺颜和硕齐子旺对承袭扎萨克一等台吉。"	十年，诏驻藏大臣三年一代。
乾隆十一年	两书内容一致。	
乾隆十二年	（镇国公）珠尔默特策布登疾痊，驻藏副都统傅清等请遣屯阿里克汛，允之。准噶尔使再入藏煎茶，驻藏副都统傅清等遣车棱旺扎勒以喀拉乌苏兵三百监之，遣旺对领兵设汛阿哈雅克阿里克路，班第达协颇罗鼐总理诸务。	删此85字，余同。

续表

书名 年份	《皇朝藩部要略》	《蒙古回部王公表传》
乾隆十三年、十四年	十三年，准噶尔使自藏归，诸噶卜伦并赐币奖，诏授班第达兄噶锡巴纳木扎勒色布腾子巴桑车凌为一等台吉。谕曰："昆弟子姓，世受国恩，嗣益勉无怠。"初，郡王颇罗鼐以女妻班第达，颇罗鼐卒，班第达察珠尔默特纳木扎勒有逆志，不之附，珠尔默特纳木扎勒恶之，夺其（奴子）〔孥〕。 　　十四年，驻藏副都统纪山劾珠尔默特纳木扎勒〔妄〕戾，请檄珠尔默特策布登至协理藏务，上不允。谕纪山善导之，勿露防范迹。已而珠尔默特纳木扎勒以珠尔默特策布登发阿里兵将扰藏告，盖计陷之也。敕谕珠尔默特策布登尔："父子昆弟受朕恩深重，尔所素知，尔今无故发兵，是既负朕恩，又玷辱尔父矣。尔于兄弟之间，素敦和好，尔父爵尚让尔弟袭，今乃转欲构兵取罪，果尔兄弟不睦，宜亲身至藏，以实情告办事及达赖喇嘛，俟奏至，朕议尔兄弟事，务令永远和睦。如尔有欲奏言，亦即具奏，朕自有措处也。"复谕傅清曰："珠尔默特纳木扎勒年幼躁急，性好滋事，若果无他故，其兄欲进兵至藏，是特兄弟间互相侵犯耳。若其兄并无此事，而伊造言诬构，则宜相机办理。"	无此内容。
乾隆十五年	珠尔默特纳木扎勒以兵戕其兄珠尔默特策布登于阿里，诡以兄暴疾闻，请收葬，并育兄子，上允之。时珠尔默特策布登子朋素克旺布及珠尔默特旺扎勒皆居后藏，珠尔默特纳木扎勒以兵往	

续表

年 份 　 书 名	《皇朝藩部要略》	《蒙古回部王公表传》
	戕朋素克旺布，阳称逃亡，珠尔默特旺扎勒奔扎什伦布，依班禅额尔德尼为喇嘛，乃免。	删此121字，余同。
乾隆十六年至五十七年	《皇朝藩部要略》只叙述到乾隆五十三年事。《蒙古回部王公表传》略有删节，唯一增加之处是叙述了廓尔喀事："五十三年七月，驻藏大臣庆林奏廓尔喀滋扰后藏，掠至聂拉木、济咙等处，上以川省距前藏较近，将班禅额尔德尼移驻，乃可安心。寻谕庆林揆度贼势，护送班禅回后藏。" "十二月，廓尔喀贼匪逃散，撤兵。" "五十六年九月，廓尔喀复行滋事，谕福康安为将军，统兵进剿。" "五十七年八月，廓尔喀悔罪乞降，诏许之。聂拉木、济咙各境俱平。"

由上表可以看出，《蒙古回部王公表传》基本上是在《皇朝藩部要略》的基础上删改的。此表中《蒙古回部王公表传》叙述的历史到乾隆六十年，是因为笔者所利用的版本是包文汉、奇·朝克图整理的内蒙古大学出版社 1998 年的版本，而此版本选用的底本是乾隆年间武英殿刊本，其内容正是上文所述汉、满、蒙三体划一的《表传》小竣之后的内容，即增加了乾隆五十二年（1788 年）至乾隆六十年（1795 年）之间的历史。

综上所述，《皇朝藩部要略》是《蒙古回部王公表传》中各部"总传"部分的稿本；《蒙古回部王公表传》先撰汉文本，后译成满文本，最后再译为蒙文本，分别进呈，在多次增加内容并限期完成后，终于在乾隆五十三年（1788 年）汉文本《蒙古回部王公表传》进呈完毕，而其底册，即《皇朝藩部要略》也就在此时成书。

二、《皇朝藩部要略》刊刻的背景

《蒙古回部王公表传》的底册形成后，就湮没无闻了。祁韵士在世时，没有刊刻，他也没有再提起过，好像已经把此事遗忘。笔者认为，祁韵士可能没有意识到要把《蒙古回部王公表传》的底册作为私家著述刊刻，并且他一生并不发达，恐怕也没有经济实力来进行这个工作。直到其子祁寯藻官高位显时，祁韵士的许多著述才被提上刊刻的日程。

祁韵士一生所撰之书除了《蒙古回部王公表传》及其底册外，还有嘉庆五年（1800年）写的关于漕运章程的《己庚编》，以及遣戍伊犁时撰写的《伊犁总统事略》《西域释地》《万里行程记》《濛池行稿》《西陲百咏诗》等。① 在其生前，《蒙古回部王公表传》仅以抄本入《四库》，外间少见。唯一刊刻的著作是《伊犁总统事略》，但也流传不广，甚至程恩泽在撰写《户部福建司郎中鹤皋祁公神道碑铭》时都没有看到此书。② 因此，祁韵士在乾嘉年间时只不过是默默无闻的一个臣僚，他的著作有待后人去发现。

从嘉庆二十年（1815年）祁韵士去世至道光二十六年（1846年）《皇朝藩部要略》刻印，这短短的31年间，中国发生了太多的变化，而祁氏家族以及和《皇朝藩部要略》相关的人，也有很多的境遇波折，这一系列的国事、家事的变化促使《皇朝藩部要略》得以最终刊刻。

从乾隆末年开始，"康乾盛世"已名不副实。白莲教川楚陕大起义，从嘉庆元年（1796年）开始，历时九年，使得清廷耗费白银二万万两才镇压下去，这个数字相当于清政府五年财政收入的总和；而嘉庆帝刚把白莲教大起义镇压下去，东南海疆蔡牵领导的起义军又起，至嘉庆十五年（1810年），才被清军镇压下去；嘉庆十八年（1813年），林清、李文成领导的天理教农民起义又

① 《鹤皋年谱》，乾隆五十四年条，嘉庆五年条、十二年条和十三年条，见《万里行程记》（外五种）。
② 《嘉道西北史地学人研究》，117页。

爆发了，至嘉庆十九年（1814 年），在清军的围剿中，天理教农民起义最终失败；从嘉庆二十五年（1820 年）到道光七年（1827 年），西北张格尔又叛。起义、叛乱此起彼伏，使得统治者焦头烂额，国内各种矛盾骤然尖锐起来。而工业革命后，西方各国经济的迅猛发展，也使得各国迫切要求对外发展贸易，中国成为列强的觊觎之地。鸦片贸易正是列强诉诸强权的具体表达。鸦片到了嘉庆朝才真正成为禁品。① 从道光元年（1821 年）至道光十九年（1839 年），是清代真正实行禁烟的时期。道光十九年（1839 年），林则徐赴广东禁烟，大快人心。但是，禁烟运动也成为鸦片战争的导火索。道光二十二年（1842 年），清政府在鸦片战争中失败，也使得清政府"外强中干"的面貌暴露无遗。从此列强对中国边疆的侵略更加肆无忌惮，酿成了中国边疆的全面危机。而清朝统治者对边疆地区的认知还十分薄弱。于是，有良知的知识分子纷纷从说经讲小学中抽身出来，进行边疆史地的著述，于国有利，于己有裨，由此边疆史地学兴起。

而祁氏家族也经历着一系列的变化。祁韵士的儿子祁寯藻随着官阶的升高，为其父刊刻遗作的条件也逐渐成熟。道光元年（1821 年）三月，祁寯藻奉命入值南书房。从这时起，祁寯藻的仕途便一帆风顺。道光十二年（1832 年），祁寯藻补授翰林院侍讲，署理国子监祭酒，再补授光禄寺卿，不久又擢内阁学士兼礼部侍郎。一年之中提升了四次，官阶从正五品升到从二品的礼部副长官，这在清代官吏升迁史上是少有的。道光十四年（1834 年），祁寯藻因母丧回寿阳守孝三年，回朝后即奉命任兵部右侍郎，后转左侍郎。道光十七年（1837 年）调户部左侍郎。道光十九年（1839 年）年底，祁寯藻被授都察院左都御史，次年任兵部尚书。道光二十一年（1841 年），祁寯藻从兵部调到户部任尚书。半年后，又被任命为军机大臣，这种名望和地位的逐步提高，使

---

① 《中国通史·清时期》（上），235 页。

祁寯藻为其父祁韵士刊刻遗作创造了有利条件。

祁寯藻为其父刻书还有一个背景必须提及，即其父祁韵士协助松筠纂修的《伊犁总统事略》后被钦定为《新疆识略》，然并没有说明其父的贡献，却使徐松声名大振。祁韵士在遣戍伊犁期间，曾协助伊犁将军松筠纂修《伊犁总统事略》，在嘉庆十四年（1809年）由程振甲以《西陲总统事略》为名刊刻，但流传不广，松筠也不甚满意，后徐松在《伊犁总统事略》的基础上改订之。嘉庆二十五年（1820年），松筠向新即位的道光帝进呈由汪廷楷、祁韵士、徐松三人以接力的方式撰写的《伊犁总统事略》，被新皇帝大加赞赏，并赐名为《新疆识略》，付武英殿刊行。但是这一钦定的结果是彰显了徐松，埋没了祁韵士，此书由徐松撰写成为公认的事实，在《宣宗实录》中也说："以纂辑《新疆识略》，赏已革翰林院编修徐松内阁中书。"① 而祁韵士则仍默默无闻。为此，李兆洛还曾给徐松写信抱打不平："春浦②学使来，一见相得……鹤皋先生《西陲要略》《西域释地》两书已刊布，先生想见之，甚有条理，可宝贵。深惜先生《新疆志略》③ 一书遂晦其名耳。"④ 笔者认为，这封信是李兆洛会见祁寯藻之后，才发表的议论，应该代表了祁寯藻的意见。而祁寯藻在见李兆洛的同时，也在访求《西陲总统事略》的旧版，并又将之重印于世。⑤

由此可见，祁寯藻处处找人校勘其父的遗作，也有一种遗憾甚至愤懑的情绪在里面。并且，边疆史地著作《新疆识略》被钦定，也鼓励了祁寯藻为其父刊刻遗书并进呈的想法付诸实践。在其父遗著里，《西域释地》《西陲要略》等都是《伊犁总统事略》

---

① 《清宣宗实录》卷十一，嘉庆二十五年十二月己酉条。
② 春浦为祁寯藻的号。
③ 应为松筠：《新疆识略》，光绪八年铅印本，笔者注。
④ 李兆洛：《养一斋集》卷十八《与徐星伯》，上海，中华书局，1936。
⑤ 朱玉麒：《徐松与〈西域水道记〉研究》，58页，北京，北京大学博士后出站报告，2002。

的摘叙本，其他如《万里行程记》等不足以与《伊犁总统事略》
抗衡，只有《皇朝藩部要略》才堪与《伊犁总统事略》相媲美，
对《皇朝藩部要略》的信心使得祁寯藻对此书的校勘慎之又慎，
并有进呈的冲动。因此，祁寯藻不但在道光十八年（1838 年）请
年已 70 岁的舆地学家李兆洛为其父校勘此《蒙古回部王公表传》
的底册，而且在七年后，又请声名鹊起的张穆为此书作最后的校
订。经笔者详细考证后，确知北大图书馆藏《皇朝藩部要略》抄
本就是祁寯藻曾经试图进呈给皇帝的拟进呈本，详见本章第
二节。

总之，在上述复杂的国事、家事的背景下，《皇朝藩部要略》
从成书到刊刻历经了 58 年，而仅校订此书就耗费了 8 年时间，这
几乎和祁韵士纂修《蒙古回部王公表传》所用的时间一样长，此
中过程值得玩味。

第二节　《皇朝藩部要略》的版本研究

《皇朝藩部要略》有三种版本流行于世，一是道光丙午筠渌
山房刻本，二是光绪间浙江书局重印本，三为经包文汉先生整理
的《清朝藩部要略稿本》。共十八卷，卷一、卷二为内蒙古要略，
卷三、卷四、卷五、卷六、卷七以及卷八为外蒙古喀尔喀部要
略，卷九、卷十、卷十一、卷十二、卷十三、卷十四为厄鲁特要
略，卷十五和卷十六为回部要略，卷十七、卷十八为西藏要略。

关于《皇朝藩部要略》的概况，尤其是版本的顺承情况，包
文汉先生已在《清朝藩部要略稿本探究——代前言》①一文中有
详细交代，此不赘述。包文汉先生对《皇朝藩部要略》做了大量
的研究工作，这也构成了笔者研究的基础，在此向包文汉先生表

---

① 《清朝藩部要略稿本探究——代前言》，见《清朝藩部要略稿本》；或参见宝日吉
根：《清朝藩部要略稿本探究》，载《中国边疆史地研究》，1996（2）。

示感谢。笔者曾把包文汉先生整理的《清朝藩部要略稿本》和国家图书馆藏《皇朝藩部要略》抄本①以及北京大学图书馆藏《皇朝藩部要略》抄本②相校一遍，并查阅了很多资料，发现了有关版本方面的两个问题。

一、关于《皇朝藩部要略》的"原本"是否是丙本的问题

如前文综述，包文汉先生在《清朝藩部要略稿本探究——代前言》一文中，把《皇朝藩部要略》的版本分为甲、乙、丙、丁、戊、己、庚本③。甲本是祁韵士在编纂《蒙古回部王公表传》时，用国史馆和理藩院等处所存材料编成的资料长编④，《蒙古回部王公表传》完成之后，这些底册就留在了祁氏手中⑤；乙本是经毛岳生编次、宋景昌校写并增辑《藩部世系表》的本子；张穆改定《皇朝藩部要略》所利用的稿本，为丁本，之前或还有丙本，包文汉先生的理由是丁本张穆的眉批有"仍照原本"和"照原本写"等字句。包文汉先生对这个问题也是存疑，因此他说明有两种可能，一种情况是乙本是原本，另一种情况是乙本不是原本，而是乙本的抄本或誊清本，这便是丙本。归纳而言，丁本之前有甲乙两种稿本或甲乙丙三种稿本。

笔者认为，张穆眉批上的"原本"应是"原文"之意，即指乙本，而不是丙本，下面从两方面来说明：

首先，笔者在国家图书馆发现有《张石州所藏书籍总目》稿本⑥，系张穆生前所记藏书名称及数量总目。分经、史、子、集及丛书五大类。据笔者粗略统计，共有书籍1 076种。这里面包括借

---

①　《皇朝藩部要略》（14 册），国家图书馆藏稿本。

②　《皇朝藩部要略》，残，只有上函四册，北京大学图书馆藏抄本。

③　《清朝藩部要略稿本探究——代前言》，见《清朝藩部要略稿本》，11～15 页。

④　资料长编不应作为一个版本，包文汉先生为便于区别，姑且称之。

⑤　祁寯藻：《藩部要略后跋》，见《清朝藩部要略稿本》，313 页。

⑥　《张石州所藏书籍总目》（不分卷），国家图书馆善本阅览室藏稿本。

出和借来之书。换言之，凡张穆经眼的书籍大体都记录在内。其中，经部一号有 57 种①，经部二号 1 种，经部三号 63 种，经部四号 42 种；史部一号 63 种②，史部二号 36 种，史部三号 16 种③，史部四号 57 种，史部五号 89 种④，史部六号 4 种；史部地志一号 46 种，史部地志二号 27 种，史部地志三号 54 种；子部一号 67 种，子部二号 59 种；集部一号 18 种，集部二号 81 种，集部三号 58 种，集部四号 122 种⑤，集部五号 62 种；丛书一号 39 种。暂存⑥ 15 种⑦。所列详细，并用小字标注此书系被谁借去，被谁取出等。其中，在史部五号中，发现记有这样一段文字："内蒙古、回部、厄鲁特、西藏、外蒙古、喀尔喀要略。"这几个大字系竖体写之，后用小字注曰："祁宅取去，系《藩部要略》底本，共八本。"据此我们可知，张穆所说的《皇朝藩部要略》底本应当就是祁韵士编纂《蒙古回部王公表传》时留下的底册，即包文汉先生所说的甲本。因为若为乙本的话，应是经过毛岳生编次、宋景昌校写并增辑《藩部世系表》的，但这段文字所显现出来的信息是，此时的底本还是凌乱的、未经过编次的，也没有宋景昌增辑的《藩部世系表》。在《张石州所藏书籍总目》稿本最后"暂存"一栏里，有："四库书表传抄本，祁宅书取出，廿二本"字样，这个"四库书表传抄本"，当就是祁寯藻和李兆洛等人"于扬州文澜阁（笔者注：系文

---

① 其中包括相同书目，但标明为"另一部"字样的书目。如在经部一号中《四书拾义》下标注一"又"字，后标注"一部"字样。这表明《四书拾义》还有一部。笔者也把它算为一种，下同。

② 在史部一号最后一行注"法帖，无数目"，笔者把它算为一种。

③ 在史部三号最后一行也注"法帖，无数目"，笔者把它也算为一种。

④ 笔者把"内蒙古、回部、厄鲁特、西藏、外蒙古、喀尔喀要略"算为一种。

⑤ 集部四号最后一行注"集部不全零本，即卅二本"，后用小字标注"此项归入丛书一号箱内"。

⑥ 后用小字标注"内有外借以待来取"字样。

⑦ 其中包括《石州著述稿》，二箱，案头字纸，一小箱。并在行间注"此三箱暂存何（笔者按：当指何秋涛）处，恐有著述稿零张在内须细检。以上三箱皆经佺少君检点装箱抬回，系交何愿船秋涛检校"。

汇阁之误）中借库本抄出"[1] 的《蒙古回部王公表传》抄本。宋景昌增辑的《藩部世系表》就是依据这一抄本，那么张穆在复审《皇朝藩部要略》的时候，也参考了这一抄本。因此我们更有理由相信，张穆所说的"《藩部要略》底本"就是祁韵士在纂修《蒙古回部王公表传》时所留下的底册。从情理上讲，张穆复审《皇朝藩部要略》，祁寯藻也应该把底册一并送予他参考。那么，张穆改定《皇朝藩部要略》所利用的本子是乙本，改定之后的稿本应为丙本，而并非丁本。

其次，至于上文所说张穆所加眉批"仍照原本"和"照原本写"等字句，在张穆的语境中，"原本"应该是"原文"之意，指的是乙本，理由如下：

笔者纵观全书，在张穆改定之《皇朝藩部要略》稿本中，共有两处标有"照原本写"和"仍照原本"字样。

第一处是在《皇朝藩部要略》卷四之《外蒙古喀尔喀部要略二》的眉批中，原文为："至是丹津妻［格禁勒哈屯］自塔密尔携（京）［至京］，上念其幼，为图蒙肯嫡嗣，故施恩尤渥。善巴从子（旺舒克）阿哩雅携众来归。（旺舒克父德克德赫号墨尔根阿海，以扎萨克图汗沙喇迎噶尔丹为土谢图汗察珲多尔济所杀，至是旺舒克□[2]。）阿哩雅曾祖锡（笔者注——此处被划去，后又用"△"号在字下标注，表明仍旧保留这些字，在此五字上眉批标注"照原本写"字样）（觐多伦诺尔，谕曰："旺舒克之先累世纳贡，因喀尔喀两汗交恶，其父无辜被杀，以至属众溃散，穷困无依，朕甚悯之，已命察还所属，俾复旧案[3]，著加恩封扎萨克辅国公。"阿哩雅曾祖锡。）纳喇克沙特，居克噜伦，领所部扎萨克；祖齐巴克塔尔，以附噶尔丹故，为和托辉特贝勒根敦所

---

[1]　《养一斋文集》卷十八《与徐星伯书》。
[2]　此字看不清楚，似为"迎"字。
[3]　此处包文汉先生整理之《清朝藩部要略稿本》中，为"俾复旧业"。《清朝藩部要略稿本》，56 页。

执；父布尼早死……"

由上段引文可以看出，此段文字较乱，张穆在原文基础上改了又删，删了又改。张穆的原意是想把阿哩雅和旺舒克都在这段文字中交代清楚，因为两人有相似性。[①] 但他把旺舒克事迹加上后发现，后面的文字都是关于阿哩雅的事迹，要改的话势必大改，可能在这种原因下，又把加上的文字删掉，把原来删掉的文字又用"△"号注明保留之，但因为原文较乱，他就于眉批上注明"照原本写"字样，换句话说，"照原本写"的意思就是照原文写之意。

第二处"仍照原本"四字是在《皇朝藩部要略》卷六之《外蒙古喀尔喀部要略四》的眉批中，原文为："秋七月，新降[②]杜尔伯特台吉（车棱乌巴什）车棱蒙克（寻因为喀尔喀人所虐率属降）[③] 子巴郎[④]（笔者注——此处被划去，后又在字下标注'△'号，表明仍旧保留这三字，在此三字上眉批标注'仍照原本'字样）（诏扎萨克图汗巴勒达尔，偕土谢图汗部台吉达什丕勒驻巴雅特防护之。未几，车棱蒙克子巴郎）[⑤] 携众由库克岭叛逃……"

由以上引文也可以看出，此段文字也非常乱。在张穆改定的稿本中，他把空白处所加文字又用墨笔抹去，而原来用墨笔抹去的原文，又用"△"号表明保留之，这就更增加了文字的混乱程度。为了辨认，张穆就在眉批上标注"仍照原本"几字，由此看来，"仍照原本"也为仍照原文之意。

---

① 查《皇朝藩部世系表》之《外喀尔喀表》中"阿哩雅"条，有"阿哩雅，扎萨克一等台吉，今袭辅国公；世系：亲王善巴族子。其父曰布尼，祖曰齐巴克塔尔，曾祖曰锡纳喇克沙特，为图蒙肯第十子；始封：康熙三十一年授。五十四年卒"；查"旺舒克"条，有"旺舒克，扎萨克辅国公；世系：亲王善巴从子。其父曰德克德赫，祖曰色尔济穆，为塔斯希布弟；始封：康熙三十一年封，雍正元年卒"。见《清朝藩部要略稿本》，427 页、430 页。

② 此二字划去，后又用"△"号标明保留之。但包文汉先生整理的《清朝藩部要略稿本》没有反映出来，见《清朝藩部要略稿本》，91 页。

③ （ ）内文字为张穆所加又删的文字，并不是原文的文字。

④ 此三字划去，后又用△标明保留之。包文汉先生整理的《清朝藩部要略稿本》也没有反映出来，见《清朝藩部要略稿本》，92 页。

⑤ （ ）内文字为张穆所加又删的文字，并不是原文的文字。

另外，笔者在国家图书馆还发现有《张月斋先生词翰》①，里面有给祁寯藻的一封书信，内容是："《蒙古事略》现在竭力补修，厄鲁特已三分之一，必不致延宕时日矣……而弟所交之书皆密行细字，涂改狼藉，非略通文理知字□②之书手亦不敢承揽。"我们通过上下文，再通过考查张穆为祁寯藻所校之书可知③，这里的《蒙古事略》就是指其后来定名的《皇朝藩部要略》。张穆自己也担心自己涂改狼藉，恐怕"书手"不太认识，无人承揽这笔生意。这对笔者的上述论点形成了一个有力关照。

综上所述，张穆所利用《皇朝藩部要略》的版本应是乙本，张穆改定后的稿本为丙本。

二、关于北京大学及中央民族大学藏《皇朝藩部要略》版本的考证

包文汉先生在叙述《皇朝藩部要略》版本的时候，曾提到北京大学以及中央民族大学图书馆分别藏有半部《皇朝藩部要略》残书，据其考证，认为实为一部书，是张穆改定稿本的誊清本，包文汉先生称其为"精抄本"，即戊本，而道光间筹泺山房本就是以此精抄本为原本刊刻的。④ 笔者在北大以及中央民族大学图书馆仔细翻阅了此《皇朝藩部要略》"抄本"，发现民大藏抄本除了缺少《回部要略》两卷外，其他内容都能够和北大藏抄本衔接，两书确为一部书。但是此"抄本"不但与张穆改定稿本相去甚远，而且与筹泺山房刻本也有很大差别。

为了论述的方便，笔者姑且以北大藏本为例，⑤ 把北大藏《皇朝藩部要略》称之为北大抄本，国家图书馆藏张穆改定稿本

---

① 张穆：《张月斋先生词翰》，国家图书馆藏。
② 此字原文不清楚。
③ 张穆为祁寯藻之父祁韵士所校之书有：《西域释地》《西陲要略》以及《皇朝藩部要略》等，前两部著作都是有关西域地区的。
④ 《清朝藩部要略稿本探究——代前言》，见《清朝藩部要略稿本》，13～14页。
⑤ 北大藏抄本为残书，一共是一函四册，共九卷。

称之为稿本，道光筠渌山房刻本称之为筠渌山房本，把这几种版本做一个比较，并仅举其具有代表性的例子，以获得一个较直观的认识，列表如下：

	稿本	北大抄本	筠渌山房本
有无李兆洛序	有	无	有
前九卷目录异同	内蒙古要略一 内蒙古要略二 外蒙古喀尔喀部要略一 外蒙古喀尔喀部要略二 外蒙古喀尔喀部要略三 外蒙古喀尔喀部要略四 外蒙古喀尔喀部要略五 外蒙古喀尔喀部要略六 厄鲁特要略一	内扎萨克要略一 内扎萨克要略二 喀尔喀部要略一 喀尔喀部要略二 喀尔喀部要略三 喀尔喀部要略四 喀尔喀部要略五 喀尔喀部要略六 额鲁特要略附①	内蒙古要略一 内蒙古要略二 外蒙古喀尔喀部要略一 外蒙古喀尔喀部要略二 外蒙古喀尔喀部要略三 外蒙古喀尔喀部要略四 外蒙古喀尔喀部要略五 外蒙古喀尔喀部要略六 厄鲁特要略一
纂修者	前史官寿阳祁韵士纂 宝山毛岳生编次 江阴宋景昌校写 平定张穆复审	原任翰林院编修国史馆提调兼总纂官、臣祁韵士恭辑	前史官寿阳祁韵士纂 宝山毛岳生编次 江阴宋景昌校写 平定张穆复审
卷一主要内容的异同	天命二年二月，科尔沁贝勒明安来朝。先是，壬子年，明安以女归太祖为妃，其朝也，太祖迎于百里外富尔简冈。献驼十、马牛百，太祖优礼之，赐户四十、甲四十。	天命二年二月，科尔沁贝勒明安来朝。献驼十、马牛百，太祖优礼之，赐户四十、甲四十。	天命二年二月，科尔沁贝勒明安来朝。先是，壬子年，明安以女归太祖，其朝也，太祖迎于百里外富尔简冈。明安献驼十、马牛百，太祖优礼之，赐户四十、甲四十。

---

① 据包文汉先生考证，此为书贾所为，把"一"改为"附"字，明显可认。《清朝藩部要略稿本探究——代前言》，见《清朝藩部要略稿本》，14 页。这可能是因为书贾在卖此书时就已经遗失了下半函了，为了便于出卖而作此改。

续表

	稿本	北大抄本	筠渌山房本
	冬十月辛未，会师至喀喇沁境，定议征明。九月甲辰，召外藩蒙古部长各率兵来会。……① 十月癸丑，太宗亲统师启行，以来朝喀喇沁台吉布尔哈图尝受赏于明，识径路为向导。	九月甲辰，召外藩蒙古部长各率兵来会。…… 冬十月癸丑，太宗亲统师征明，以来朝喀喇沁台吉布尔哈图尝受赏于明，识径路为向导。	冬十月辛未，会师至喀喇沁境，定议征明。九月甲辰，召外藩蒙古部长各率兵来会。…… 十月癸丑，太宗亲统师启行，以来朝喀喇沁台吉布尔哈图尝受赏于明，识径路为向导。
	其初与茂明安、翁牛特、阿巴嘎、阿巴哈纳尔及喀尔喀内外扎萨克统号阿噜蒙古。	其初与茂明安、翁牛特、阿巴嘎、阿巴哈纳尔及喀尔喀内外扎萨克统号阿噜蒙古。蒙古谓山阴曰阿噜，盖是诸部先皆驻牧杭爱山之北也。	其初与茂明安、翁牛特、阿巴嘎、阿巴哈纳尔及喀尔喀内外扎萨克统号阿噜蒙古。穆案：蒙古谓山阴曰阿噜，盖是诸部先皆驻牧杭爱山之北也。
	遗察哈尔书曰："玛哈撒嘛谛车臣汗谕林丹汗子孔果尔额哲，在先执珲贝勒送还，彼此缔盟，后因国乱，遂不相往来，自尔汗弃世，闻举国全来附我。秋来即令哨卒侦探实耗，我等与尔汗原系同宗，满洲岂尔等之主耶？即宜来归，勿再迟延。②"	遗察哈尔书曰："玛哈撒嘛谛车臣汗谕林丹汗子孔果尔额哲，在先执珲贝勒送还，彼此缔盟，后因国乱，遂不相往来，自尔汗弃世，闻举国全然附我。即宜来归，勿再迟延。"	遗察哈尔书曰："玛哈撒嘛谛车臣汗谕林丹汗子孔果尔额哲，在先执珲贝勒送还，彼此缔盟，后因国乱，遂不相往来，自尔汗弃世，闻举国全然附我。即宜来归，勿再迟延。"

① 因篇幅较长，姑且用省略号略去与本文无关之原文。下同。
② 《清朝藩部要略稿本》，19 页，有落下了 "即宜来归，勿再迟延" 句。

续表

	稿本	北大抄本	筹渌山房本
卷二主要内容的异同	庚午, 摄政睿亲王师次翁后, 贼首李自成遣人招吴三桂降, 三桂不从, 随自永平返据山海关, 遣副将杨珅、游击郭云龙来致书, 书云: "三桂初蒙我先帝拔擢……窃思我国与贵朝通好二百余年, 今遭此大变, 贵朝应恻然念之……本应上疏于贵朝皇帝, 但未悉体制, 不敢轻渎圣聪, 乞王转奏。"王得书, 即遣学士占巴、来衮往锦州。	庚午, 睿亲王师次翁后, 贼首李自成遣人招吴三桂降, 三桂不从, 随自永平返山海关, 遣副将杨珅、游击郭云龙来致书, 王得书, 即遣学士占巴、来衮往锦州。	庚午, 摄政睿亲王师次翁后, 贼首李自成遣人招吴三桂降, 三桂不从, 随自永平返据山海关, 遣副将杨珅、游击郭云龙来致书, 书云: "三桂初蒙我先帝拔擢……窃思我国与贵朝通好二百余年, 今遭此大变, 贵朝应恻然念之……本应上疏于贵朝皇帝, 但未悉体制, 不敢轻渎圣聪, 乞王转奏。"王得书, 即遣学士占巴、来衮往锦州。
	癸酉, 睿亲王师次锡喇塔拉, 报吴三桂书曰: "向欲与明修好, 屡行致书……今伯若率众来归, 必封以故土, 晋为藩王, 一则国仇得报, 一则身家可保, 世世子孙, 长享富贵, 如河山之永矣。"己卯, 大军入山海关。	癸酉, 睿亲王师次锡喇塔拉, 报吴三桂书曰: "向欲与明修好, 屡行致书……今伯若率众来归, 必封以故土, 晋为藩王, 一则国仇得报, 一则身家可保, 世世子孙, 长享富贵, 如河山之永矣。"己卯, 大军入山海关。	癸酉, 睿亲王师次锡喇塔拉, 报吴三桂书。己卯, 大军入山海关。

由上表可以看出,《皇朝藩部要略》的三种版本之间是有很大差别的, 至少可以得出以下结论:

首先, 张穆改定的稿本不是最后定稿, 这从稿本中没有 "穆案: 蒙古谓山阴曰阿噜, 盖是诸部先皆驻牧杭爱山之北也", 而刻本即筹渌山房本有这一句话就可以看出来, 况且刻本又删掉了 "秋来即令哨卒侦探实耗, 我等与尔汗原系同宗, 满洲岂尔等之主耶?" 等句, 说明张穆后来又有改动。但是, 笔者在上文曾经提到, 在《张肙斋先生词翰》中, 张穆给祁寯藻的书信内容中有: "《蒙古事略》现在竭力补修, 厄鲁特已三分之一, 必不致延宕时日矣……而弟所交之书皆密行细字，涂改狼藉，非略通文理知字□之书手亦不敢承揽。"从这句话来看，张穆很有可能是在书手刻字的过程中，又对原文进行了增改，因为若要再进行誊抄的话，不至于出现"涂改狼藉"的现象。因此，很有可能没有"精抄本"。

其次，包文汉先生所称之"精抄本"系指北大图书馆藏《皇朝藩部要略》抄本，但从上表看，显然改动非常多，笔者认为，这是祁寯藻要向皇帝进呈的抄本，很有可能是在筠渌山房刻本刊出后誊抄的，理由如下：

第一，没有李兆洛的序言。《皇朝藩部要略》前李兆洛的序极尽夸张之能事，作为私家著述，若有这么一位当时的"博学硕儒"写这么好的序言，当无异于脸上贴金，做了活广告，荣幸之至。但在北大抄本中竟然删去了，这说明是修改者有意地删去了。

第二，北大抄本中纂修人写的是"原任翰林院编修国史馆提调兼总纂官、臣祁韵士恭辑"，没有稿本及刻本中所写的"前史官寿阳祁韵士纂，宝山毛岳生编次，江阴宋景昌校写，平定张穆复审"等字样，连装装门面也没有。这也是被有意修改的，目的是只突出祁韵士。而在这句话中，要害在"臣"字，若私人著述只想面对普通读者的话，作者没有用"臣"自称的，这个字只能是相对于皇帝而使用的。还有一点，就是北大抄本中把"穆按"等字样删去了，这样做的目的依然是消除外人修改的痕迹。

第三，如上表，北大抄本删改了很多忌讳的语句，比如"自尔汗弃世，闻举国全来附我。秋来即令哨卒侦探实耗，我等与尔汗原系同宗，满洲岂尔等之主耶？"以及吴三桂的书信内容，甚至"太祖迎于百里外富尔简冈"这样太祖主动迎接藩部的语句也删去，可见修改者用心之细。

第四，对于原文中明显的错误，北大抄本也作了修改，如稿本中的"冬十月辛未，会师至喀喇沁境，定议征明。九月甲辰，召外藩蒙古部长各率兵来会。……十月癸丑，太宗亲统师启行，以来朝喀喇沁台吉布尔哈图尝受赏于明，识径路为向导"。此句九月和十月明显颠倒，北大抄本就改为"九月甲辰，召外藩蒙古部长各率兵来会。……冬十月癸丑，太宗亲统师征明，以来朝喀喇沁台吉布尔哈图尝受赏于明，识径路为向导"。而筠渌山房刻本却沿袭了稿本的错误，这样的例子在原文中还有很多，笔者也正是据此判断北大抄本很可能是在刻本刊出以后才誊抄的。因为若在刻本以前誊抄的话，这么明显的错误应在刊刻时改正过来，况且，还是依据上文张穆写给祁寯藻的那封信来看，因为时间紧迫，不可能在刻本之前又誊抄一本。

另外，北大抄本是祁韵士之子祁寯藻亲自改定的，而非张穆改定的。全文系小楷仔细抄写，但有两处错误祁寯藻把它改过来了，分别是书写格式问题以及把"齐"字改为"斋字"（见图一、图二所示）。

为便于说明图一、图二所改系祁寯藻之字，笔者在《寿阳祁氏遗稿》中截取了祁寯藻的一幅手迹（见图三），显然，两处改动都是祁寯藻之字。祁寯藻在百忙之余，还能亲自改其父遗稿，与让他人校勘其父其他遗稿大相径庭，可见他对此书的重视，这也从侧面证明，此书是拟进呈本。

综上所述，我们有理由断定北大藏抄本和中央民族大学藏抄本《皇朝藩部要略》为祁寯藻的拟进呈本。

然则，祁寯藻为什么没有进呈这部《皇朝藩部要略》呢？笔者认为可能的原因是：他始终没有找到进呈的时机，并且当时的统治者也没有对蒙古等藩部地区的求知欲望与阅读渴求。如上节所述，因为《新疆识略》的钦定，著作者之一的祁韵士没有得到

图一　　　　　　图二

图三

一点好处，祁寯藻处处找人校勘其父的遗作，是有一种愤懑的情绪在里面的，而《新疆识略》被钦定，又鼓舞祁寯藻产生了把《皇朝藩部要略》进呈的冲动。因此，祁寯藻对此书的校勘慎之又慎，不但在道光十八年（1838 年）请年已 70 岁的舆地学家李兆洛为其父校勘此书，而且在七年后，又请声名鹊起的张穆作最后的校订。此书终在道光二十六年（1846 年）刊刻。然则刊刻不等于受到皇帝的赏识，祁寯藻可能在这种情境下，又对刻本进行修改、誊清，等待进呈的时机，但不幸的是，他始终没有找到一个合适的机会。

当初松筠进呈《伊犁总统事略》的时候，选择了一个很好的时机——西北张格尔乱起，而新帝又恰逢即位。统治者对西北边疆史地的著作有强烈的阅读期待，而松筠进呈《伊犁总统事略》恰好迎合了统治者的这种期待。但祁寯藻就没有这么幸运。1840年以后，中国所面临的危机主要来自于西方列强，统治者急于了解的是西方的知识，而当时的统治者也确实对西方情况不甚了了，祁寯藻的儿子祁世长竟不知英国为陆地，遑论其他人。① 因此后来何秋涛所著的主要涉及俄罗斯事的《北徼汇编》才被咸丰帝钦定，赐名为《朔方备乘》，而《皇朝藩部要略》相比之下就没有这种机会。况且，《皇朝藩部要略》又是《蒙古回部王公表传》的"底册"，内容自然没有作为官方历史书写的《蒙古回部王公表传》全面和权威，而在民间与《皇朝藩部要略》几乎同时的著作中，张穆的《蒙古游牧记》以山川地理取胜，何秋涛的《北徼汇编》被钦定，在这官方和民间的压力以及没有进呈机会等诸种原因共同作用下，《皇朝藩部要略》拟进呈本不得不胎死腹中、销声匿迹了。

至此，《皇朝藩部要略》的版本逐渐明晰，若为了表达方便，还按包文汉先生的叙述话语的话，笔者认为《皇朝藩部要略》的版本源流如下：

---

① 《悔逸斋笔乘》之《祁文恪趣语》，见《清代野史丛书》（外十种），42 页，北京，北京古籍出版社，1999。

原始档案（内阁大库、理藩院所藏）

　　　　│

甲本（底册、手稿、资料长编等）—《王公表传》（四库本）

　　　　│

乙本（毛编、宋校本）宋《表》［宋氏增辑《藩部表》、徐松重订（藩部表）］

　　　　│

丙本（张穆改定稿本）

　　　　│

丁本（道光丙午筠渌山房本）— 北京大学、中央民族大学馆藏抄本（拟进呈本）

　　　　│

戊本（光绪浙江书局本）

第三章 《皇朝藩部要略》史实考证

□《皇朝藩部要略》很多史实来源于清代的奏折等档案，具有独特的价值。本章主要对「卫拉特」与「厄鲁特」的源流及汉文史籍的译法、斋赛诸事、外喀尔喀硕垒的两封信、珠尔默特那木扎勒事件尔默特那木扎勒事件进行了考证。

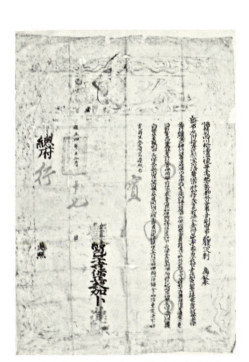

此为雍正四年四川松潘漳腊等处副都督颁给包子寺保正杀加卜的令牌（见国家清史编纂委员会图录丛刊《四川省档案馆藏清史图片集》，202 页，北京，中国人民大学出版社，2009）

第三章 《皇朝藩部要略》史实考证

第一节 关于"卫拉特""厄鲁特"考辨

一、"卫拉特后声转为厄鲁特"考

《皇朝藩部要略》卷一《内蒙古要略一》中，有"卫拉特，后声转为厄鲁特"① 句。而以《皇朝藩部要略》为底册而成书的《蒙古回部王公表传》中，把此句改为"卫拉特，即厄鲁特"。② 在《皇朝藩部要略》卷九《厄鲁特要略一》中，又曰："厄鲁特旧分四部：曰和硕特，姓博尔济吉特，为元太祖弟哈布图哈萨尔裔，曰准噶尔，曰杜尔伯特，姓绰啰斯，为元臣孛罕裔，曰土尔扈特，为元臣翁罕裔（其），姓（则未详也）〔不著〕。"③ 后《蒙古回部王公表传》把此句改为"厄鲁特旧分四部：曰和硕特，姓博尔济吉特，曰准噶尔，曰杜尔伯特，姓绰啰斯，为元臣孛罕裔，曰土尔扈特，姓不著。部自为长，号四卫拉特，今称厄鲁

① 《清朝藩部要略稿本》，2 页。
② 《蒙古回部王公表传》（第一辑），140 页。
③ 《清朝藩部要略稿本》，126 页。

特，即明时所谓阿鲁台也。有辉特者，最微，初隶杜尔伯特，后土尔扈特徙俄啰斯境，辉特遂为四卫拉特之一云。青海蒙古分牧而处，有和硕特，有土尔扈特，有准噶尔，有辉特，统以厄鲁特称之"①。看来，清代国史馆的纂修官们随着撰写《蒙古回部王公表传》的进度，其对卫拉特的认识也逐渐深刻和细化。但我们从中看到，虽然"卫拉特，后声转为厄鲁特"是原纂修官管干贞的认识，但是后来接手的祁韵士，也对卫拉特的谱系没有明晰的认识，学者尚且如此，遑论一般民众。②

有鉴于此，笔者在前人已有研究成果的基础上，梳理一下卫拉特的谱系，对"卫拉特后声转为厄鲁特"这一观点进行一番考证，以求教于方家。

关于卫拉特和厄鲁特的区别问题，已有很多学者撰文指出过③，额尔敦乌兰在《"卫拉特"名称考》一文中认为："厄鲁特"、"额鲁特"两词不是"斡亦剌惕"的变体或 oyirat' 的不同音译，而是"强大的"、"坚强的"之意的蒙古语 öölöd 这一词的音译，在清代汉文文献中"厄鲁特"、"额鲁特"的写法还未出现时，明代蒙文文献中就已出现了 öölöd 这一名称。所以，把它说成是"斡亦剌惕"或"卫拉特"的变体是不正确的。"厄鲁特"

① 《蒙古回部王公表传》（第一辑），552 页。
② 这种"卫拉特后声转为厄鲁特"的认识，一直影响到现代。如景永时认为："因时代不同，卫拉特这个名称的音译也有别。元代之前和元代译做'斡亦剌'，明代译之为'瓦剌'，清其音转为'卫拉特'、'厄鲁特'或'额鲁特'等。"见景永时《试论"四卫拉特"名称的起源》，载《宁夏社会科学》，1988（1）。
③ 羽田明：《16—17 世纪的准噶尔史，厄鲁特的起源》，载《蒙古学资料与情报》，1985（3）；额尔敦乌兰：《卫拉特名称考》，载《新疆大学学报》，1988（2）；金峰：《论中期四卫拉特联盟》，载《内蒙古社会科学》，1989（4）；金峰、额尔德尼、浩·巴岱的《近二十年来我们在卫拉特史研究方面提出的一些新看法》和金峰的《四万卫拉特》以及《从〈和鄂尔勒克史〉看三个不同时期的四卫拉特》，这三篇文章均载《卫拉特研究》，2003（1）；马大正、成崇德主编：《卫拉特蒙古史纲》，4~9 页，乌鲁木齐，新疆人民出版社，2006，等等。

这一名称一开始是卫拉特诸部中的一部落之名称，到了 17、18 世纪成了与"卫拉特"同含义的词。准噶尔被清朝征服以后，"额鲁特"则成了准噶尔部的代称，迄今为止，在新疆伊犁各县、塔城额敏县居住的准噶尔后裔还被称为"额鲁特"。①

《卫拉特蒙古史纲》也指出：卫拉特是 Oyirad 的汉语音译。元朝将 Oyirad 译做"斡亦剌惕""斡亦剌""外剌""外剌歹"等。明朝译做"瓦剌"。清朝至今，汉文史籍中常译写做"卫拉特"。亦有译写为"厄鲁特""额鲁特"，或称之为"西蒙古"者。西蒙古是相对东蒙古而言，主要指卫拉特蒙古。厄鲁特、额鲁特是 öged 的汉语音译，它只是卫拉特蒙古诸部中古老的部落之一，但清代一部分著作中常以厄鲁特、额鲁特来指称整个卫拉特，这是不确切的。②

很多学者都明确指出了"卫拉特"与"厄鲁特"名称的不同之处，但还似嫌简单，本文将在额尔敦乌兰等学者研究的基础上，对这一问题进行详细的论述。

要想搞清楚卫拉特和厄鲁特的区分问题，必须从卫拉特源流说起。

文献记载的卫拉特蒙古始见于《蒙古秘史》，当时被称为 Oyirad。蒙元时期的汉籍称为斡亦剌惕、斡亦剌、外剌、外剌歹，均为 Oyirad 一词的音转和异译。③"卫拉特"一词的语源，研究者们存在不同看法。18 世纪末 19 世纪初，帕拉斯（Peter Simon Pallas）、施密特（Schmidt）等人认为"卫拉特"是由"卫拉"（Oyira）——含有附近、邻近之意——加复数成分

---

① 额尔敦乌兰：《卫拉特名称考》，载《新疆大学学报》，1988（2）。
② 《卫拉特蒙古史纲》，4 页。
③ 黑龙：《噶尔丹统治时期的准噶尔与清朝关系研究》，7 页，呼和浩特，内蒙古大学博士论文，2005。

"特"（d）组成的，为"亲近者""联盟者"之意。俄国的布里亚特蒙古学者多尔济班扎罗夫（Л. Банзаров）则认为"卫拉特"是由"卫"（Oyi）——林木、森林——加"阿拉特"（arad）——百姓——组成的，意为"林木中的百姓"。还有一些其他的解释。前两种说法都有一定的理由。在学术界，人们认为班扎罗夫的解释更接近事实。① 杜荣坤、白翠琴也认为："'林木中百姓'这一说法比较可信，这不仅从语义上来解释，语源 oi 作'森林'解，Arad 作'民'，合成语为'林木中百姓'，更重要的是……草原上牧民称他们为'槐因亦儿坚'，也就是'林木中百姓'的意思，这和'斡亦剌'的自称含义完全一致。"② 但是额尔敦乌兰指出，"槐因亦儿坚"或"oi - Arad"转化为"斡亦剌"是不可能的，为此她从三个方面来论述：1. 它不符合蒙古语的词组组合规律与构词法。蒙古人组合"森林"之意的"oi"和"民众"之意的"Arad"时，两词之间必有所属格"因（yin）"，如果"oi - yin - Arad"变成"斡亦剌"的话，"因"（yin）去哪了？2. 根据中世纪蒙古语的发音，"槐因亦儿坚"的"槐"这一词词首的"h"音，13 世纪时还没有脱落，而当时与其并存的"斡亦剌"一词词首并不存在此音，因此，"槐因亦儿坚"与"斡亦剌惕"是既不同音又不同义的两个词；3. 探讨族名来源仅仅依靠其生活方式和经济类型来解释是不妥的。额尔敦乌兰认为"斡亦剌惕"是来源于含有"亲近者""邻近者"之意的蒙古文中的"oyir - a"一词，并作了详细的考证。③

---

① 《卫拉特蒙古史纲》，5 页。
② 杜荣坤、白翠琴：《西蒙古史研究》，12 页，乌鲁木齐，新疆人民出版社，1986。另见额尔敦乌兰《卫拉特名称考》，载《新疆大学学报》，1988（2）。
③ 额尔敦乌兰：《卫拉特名称考》，载《新疆大学学报》，1988（2）。

笔者综合上述各家之说后认为："槐因亦儿坚"是草原其他部民对斡亦剌惕的他称，而"斡亦剌惕"则是自称。在中亚广阔的地域上，长久以来生活着各族人民，形成了语种复杂的情况，"槐因亦儿坚"和"斡亦剌惕"应是两个不同语族的人或者蒙古语和卫拉特方言对同一事物的指称。这就好像后来的"卡尔梅克"和"厄鲁特"的指称一样，卡尔梅克是突厥语，而厄鲁特是蒙古语，但指称的是同一部落。① 拉施特的《史集》中也说道："虽然他们（指斡亦剌惕部落——笔者注）的语言为蒙古语，它同其他蒙古部落的语言［毕竟］稍有差异，例如：其他［蒙古人］称刀子为'乞秃合'，而他们［称作］'木答合'，诸如此类的词语还有很多。"② "槐因亦儿坚"和"斡亦剌惕"两个词语的大概情形也是如此。但是这两个词语虽然指称同一事物，但所表达的意思不一定是一致的，笔者同意额尔敦乌兰的观点，"斡亦剌惕"是"亲近者""邻近者"之意，引申为"联合者""同盟者"。除了额尔敦乌兰的考证之外，笔者还注意到托忒文文献也会提供一些佐证，如《和鄂尔勒克史》中所记载的："第一是厄鲁特卫拉特；第二是辉特、巴图特合为一个卫拉特；第三是巴尔浑、不里牙惕合为一个卫拉特；第四是四个昂吉合为一个卫拉特。"另一部托忒文文献《蒙古溯源史》说："所说的四卫拉特是：和硕特、土尔扈特、杜尔伯特、准噶尔为一个卫拉特；土默特、辉特、巴图特合为一个卫拉特；巴尔浑、不里牙惕合为一个卫拉特；是否全体蒙古合为一个卫拉特需要研究。"噶班沙拉勃《四卫拉特史》则基本与《和鄂尔勒克史》相同，只是晚出的

---

① 金峰：《近20年来我们在卫拉特史研究方面提出的一些新看法》，载《新疆师范大学学报》（哲学社会科学版），1992（4），5页。
② 拉施特主编，余大钧、周建奇译：《史集》（第一卷），第一分册，193页，北京，商务印书馆，1983。

《和鄂尔勒克史》把杜尔伯特、准噶尔、和硕特、土尔扈特称之为四个昂吉合为一个卫拉特。① 从这些记载中可以看到，"卫拉特"是作为一个计算单位出现的，类似于"部落""联盟"，因此，"斡亦剌惕"作为"联盟者"解或许更加合理。

自 1201 年起，斡亦剌惕先后与弘吉剌、塔塔儿、乃蛮、泰亦赤兀惕、札只剌等部多次结盟，袭击铁木真。② 然而，1207 年，成吉思汗命长子术赤出征林木中百姓时，斡亦剌惕部忽都合别乞率部迎降，与蒙古军并肩作战，为征服林木中百姓，建立了功勋。成吉思汗将女儿扯扯干嫁给忽都合别乞的儿子脱劣勒赤为妻，将术赤的女儿豁雷罕嫁给忽都合别乞的另一个儿子亦纳勒赤为妻。③ 并保留和扩展斡亦剌惕的领地和属民，封为四千户，以忽都合别乞为首领。忽都合别乞自己被任命为千户长，并且拥有自己的军队，其地位虽略低于宗王，也足以使斡亦剌惕成为自成体系而相对独立的领地。"四卫拉特"（Dürben oyirad）之称可能

① 《卫拉特蒙古史纲》，7 页。
② 道润梯步译著：《蒙古秘史》卷四，109 页，呼和浩特，内蒙古人民出版社，1991。
③ 关于成吉思汗与忽都合别乞联姻一事，有两种说法：拉施特《史集》说成吉思汗把自己的女儿扯扯干嫁给了忽都合别乞的儿子脱劣勒赤，拔都把自己的一个妹妹豁雷-亦客只嫁给了忽都合别乞的另一个儿子亦纳勒赤。（见《史集》，194 页、195 页）《元史·公主表》亦云："阔阔干公主，适脱栾赤驸马。"但是《蒙古秘史》说成吉思汗把扯扯干嫁给了亦纳勒赤，把拙赤（即术赤）之女豁雷罕嫁给了脱劣勒赤。（见道润梯步译著《蒙古秘史》，269 页）钱大昕的《元史氏族表》、魏源的《元史新编》、洪钧的《元史译文证补》以及屠寄的《蒙兀儿史记》等书都沿袭了此说法。杜荣坤、白翠琴认为：拉施特在撰写《史集》时掌握了宫廷秘籍金册，作为底本，又有来自元廷的字罗为口述补充，还采用了《世界征服者史》等书的材料，在世谱方面，应该说准确性还是比较大的，故认为扯扯干嫁给脱劣勒赤之说比较可信。（见《西蒙古史研究》，29 页）另，伯希和的《卡尔梅克史评注》中对此问题有很精彩的论述。见伯希和著，耿昇译《卡尔梅克史评注》，注 45，42～44 页，北京，中华书局，1994。

自此始。① 然则正是这相对独立的空间，使得斡亦剌惕同化于蒙古的进程缓慢，而"千户制的推行，反而促进了斡亦剌人的整体意识，他们觉得自己首先是斡亦剌人，蒙古人的概念则淡薄得多"②。13 世纪 60 年代阿里不哥和忽必烈兄弟争权夺利的斗争，使得支持阿里不哥的斡亦剌惕部更加自立。换句话说，阿里不哥与忽必烈的夺权斗争成为蒙古分裂的标志性事件。蒙古文史书以"四十"指称东蒙古，"四"指称西蒙古，正是这种刻意的历史书写表明了两者的区别。

　　1368 年元朝灭亡，故元势力退居塞北。入明后，汉文史籍称斡亦剌惕为瓦剌。随着元朝瓦解，元王朝再也无力对各部实行强有力的控制，瓦剌乘机摆脱蒙古可汗的羁绊，崛起西北。1388 年瓦剌跟随阿里不哥的后裔也速迭儿大王杀害了脱古思帖木儿。此后进一步发展，成为与蒙古本部并驾齐驱的政治、军事集团。所谓"都沁·都尔本"二部云云，大约就是在这以后流行开去，成为蒙古的成语。③

---

① 《噶尔丹统治时期的准噶尔与清朝关系研究》，7 页。但我认为：说"四卫拉特"之称是由成吉思汗时的"四千卫拉特"得来的证据不足。因为四千卫拉特不等于四万卫拉特，而在蒙古文文献"四卫拉特"的语境中，"四"从来都是当做"四万"解。乌兰在《〈蒙古源流〉研究》（见乌兰《〈蒙古源流〉研究》，注 15，293 页，沈阳，辽宁民族出版社，2000。）中也指出：17 世纪蒙文史书称其为"四万户卫拉特"（dörben tümen Oyirad）或"四瓦剌"（dörben Oyirad），或直接简称为"四［部］"（dörben）。巴岱、金峰、额尔德尼诸先生的《论初期四卫拉特》一文，说成吉思汗时的卫拉特四千户"可能"是"四卫拉特"的起源，但到了金峰先生的《近 20 年来我们在卫拉特史研究方面提出的一些新看法》［《新疆师范大学学报》（哲学社会科学版），1992（4）或《卫拉特研究》，2003（1）］以及《四万卫拉特》［《卫拉特研究》，2003（1）］等文中，就说"卫拉特四千户"是"四卫拉特"的起源。中间没有任何有力的证据，就把"可能"变为"肯定"了。笔者认为，在"卫拉特四千户"时期，没有任何文献可以证明此时叫"四卫拉特"，直到 14 世纪末 15 世纪初时，瓦剌雄起，发展到四万户，此时才称为"四卫拉特"。这在《蒙古源流》和《黄金史》等蒙文史书中斑斑可考。这也和蒙古人习惯性地把"四十"指称为"四十万蒙古"的性质一样。因此所作的推论还是谨慎一点为好。
② 曹永年：《蒙古民族通史》（第三卷），81 页，呼和浩特，内蒙古大学出版社，2002。
③ 曹永年：《蒙古民族通史》（第三卷），82 页。

瓦剌虽与原来的斡亦剌惕有着继承关系,但又有极大的发展和变化。随着兀良哈绰罗斯部、阿里不哥后裔辉特部、克列亦部后裔土尔扈特部和科尔沁部后裔和硕特部等先后加入卫拉特及其领地的扩大和属民的增多,原来的四千户卫拉特发展成为"四万户卫拉特"。因四万户卫拉特是由四大部分组成而被称为"四卫拉特"。[①] 源于不儿罕哈勒敦山兀良哈的绰罗斯部替代忽都合别乞家族逐渐成为四卫拉特的核心,在绰罗斯部出身的脱欢、也先父子统治时期达到全盛,形成了强大的四卫拉特联盟。[②]

1439 年,脱欢病逝,子也先袭太师位,经 10 年的经营,统一蒙古高原,使瓦剌势力达到全盛。统辖范围西起中亚,东接朝鲜,北连西伯利亚,南临长城,"漠北东西万里,无敢与之抗争者"[③]。1449 年也先挥戈南下,所向无敌,在"土木之役"大败明军,俘获明英宗。1453 年也先自立为大元田盛(天圣)可汗,封其次子斡失帖木儿为太师。1454 年,和硕特部阿剌知院发动政变,也先被害。"大元"汗国随即分裂,割据势力蜂拥而起,东西蒙古重新被卷入战乱之中。1446 年前后,斡失帖木儿重新建立

---

① 《噶尔丹统治时期的准噶尔与清朝关系研究》,7 页。明代和明清之际的蒙古典籍经常以"Döčin dörben"即"四与四十"来称呼四万卫拉特和四十万蒙古。在元代斡亦剌惕被认为是蒙古族的成员。然而在明代他们不再自称为蒙古,而以卫拉特自豪。蒙古贵族也由于卫拉特的统治者只是"福荫皇后的"后裔,并非"福荫圣上"即成吉思汗的子孙,且始终觊觎蒙古大汗之统绪而不愿意承认他们是蒙古。明朝汉人则认为卫拉特是蒙古的一部分。参见曹永年《关于卫喇特融化于蒙古问题》,载《卫拉特史论文集》,新疆师范大学学报专号,1987。

② 金峰先生将"四卫拉特"分为早(1437—1502)、中(1502—1637)、晚(1637—1758)三个时期的四卫拉特。早期四卫拉特时期的大四卫拉特是绰罗斯、土尔扈特、和硕特合为一个卫拉特;辉特、巴图特、土默特合为一个卫拉特;巴尔浑、不里牙惕合为一个卫拉特;奥尔蒙古合为一个卫拉特。小四卫拉特是大瓦剌独自为一个卫拉特;辉特、巴图特合为一个卫拉特;巴尔浑、不里牙惕合为一个卫拉特;小列秃、和硕特、土尔扈特合为一个卫拉特。中期四卫拉特是:和硕特单独为一个卫拉特;绰罗斯为一个卫拉特;土尔扈特为一个卫拉特;杜尔伯特为一个卫拉特。晚期四卫拉特是:准噶尔为一个卫拉特;一半和硕特为一个卫拉特;杜尔伯特为一个卫拉特;一半辉特代替土尔扈特为一个卫拉特。参见金峰《四万卫拉特》,载《卫拉特研究》,2003(1)。

③ 《明英宗实录》卷一四九,台北,"中央研究院"历史语言研究所校印本,1962。

了以绰罗斯为主的游牧政权。他仍取太师之号统治国家。并设南北两大行政区域，南部为哈密地区，是斡失帖木儿子克舍之属部；北部为漠北西部地区扎卜旱河流域，是绰罗斯部的主力，斡失帖木儿的牙帐就在于此。北部是诸卫拉特中的大部、强部，居核心地位，故汉籍称之为"大瓦剌"①。

1487 年，继承斡失帖木儿太师位的克舍死后，汗国权力之争遂起。东蒙古达延汗和吐鲁番王分别发起进攻，使瓦剌屡遭重创。1502 年，大瓦剌主力随吐鲁番王阿黑麻汗西征中亚，成为当地居民。留居故土的小瓦剌被蒙古人称为"额鲁特"，被突厥人称为卡尔梅克，汉意为留在故土的人们。金峰等先生指出，原来有观点曾认为"额鲁特—— öölöd"一词的汉意为"大"，并进一步推说它指的是大瓦剌。可是 1990 年金峰在蒙古国首都乌兰巴托国立图书馆见到一份珍贵文献，其中明确写道从 üleed 演变成为 öölöd，它的汉意不是大，而是留下来的人们。那么，额鲁特与卡尔梅克②一样，都是指 1502 年大瓦剌西迁后留在故土的卫拉特各部人。二者区别在于："额鲁特是蒙古语，卡尔梅克是突厥语"。若此说法成立，那么托忒文历史文献如巴图尔·乌巴什·

---

① 金峰云：据托忒蒙古文文献记载，早期四卫拉特之小四卫拉特是：第一，额鲁特独自为一个卫拉特；第二，辉特、巴图特合为一个卫拉特；第三，巴尔浑、不里牙惕合为一个卫拉特；第四，绰罗斯、和硕特、土尔扈特合为一个卫拉特。金峰先生指出，这里的额鲁特系指以漠北西部地区扎卜旱河流域作为基地的大瓦剌。〔参见金峰《四万卫拉特》，载《卫拉特研究》，2003（1）〕而邢洁晨先生亦指出："大瓦剌"一名是由斡失帖木儿缔造的。汉籍中第一次出现大瓦剌的确切记载是斡失帖木儿死后十年的阿沙太师时代。《明宪宗实录》记载，1487 年，哈密都督罕慎呈送给明廷的传报称："大瓦剌阿沙太师与其平章把秃散……欲入边剽掠。"这条史料似乎成了大瓦剌之称始于阿沙太师的证据。但是这条史料只能证明最迟到阿沙太师时已有大瓦剌之称，但并不能否定此前已有之可能。而且阿沙在位四年，内失君威，外丧国威，毫无建树，不可能首创大瓦剌太师尊号，只是承袭斡失帖木儿的英名而已。〔参见邢洁晨《大瓦剌汗国考述》，载《卫拉特研究》，2003（3）〕

② 后来，"卡尔梅克"一词又用以专指 1771 年渥巴锡率众东返后，仍留居伏尔加河下游的土尔扈特等部众。从 17 世纪开始，俄国等西方国家学者也常以"卡尔梅克"作为卫拉特，即西蒙古的泛称。参见伯希和著，联昇译《卡尔梅克史评注》，4～5 页。

图们的《四卫拉特史》、噶旺·希拉布的《四卫拉特史》等史书中所记的、组成早期四卫拉特之小四卫拉特之一的额鲁特，应是作者当时所处时代的名称，只是因为当时已约定俗成，故记入了史书而已，否则便不能解释1502年大瓦剌西征后，把留居故土的卫拉特人称为"额鲁特"，即额鲁特之名才出现，何以之前还有"额鲁特"之称？①

金峰先生同时指出：如果1207年卫拉特部忽都合别乞归附成吉思汗建立功勋而林木中百姓均以卫拉特这一名称作为各自荣耀指称的话，那么大瓦剌西迁以后卫拉特的掌权者们为了突出各自的显赫地位，将自己直接统辖的部落称为额鲁特。然而，从这时起一直到准噶尔汗国覆灭，随着卫拉特汗位的更替，"额鲁特"这一名称具体指称的部落也有所不同。卫拉特汗权由绰罗斯部封建主掌握时，绰罗斯部称为额鲁特；归和硕特部封建主掌握时，和硕特部称为额鲁特。② 与此同时，卫拉特人并没有摈弃"斡亦剌惕"这一名称。他们将额鲁特和斡亦剌惕作为同一名称加以使用，对外交涉中将各自部落均统称为斡亦剌惕或额鲁特，在内部则各自使用自己部落的名称。③

笔者认为，额鲁特在不同时期指称各不相同，而正是卫拉特各部对外统称额鲁特，才造成了《皇朝藩部要略》中"卫拉特，后声转为厄鲁特"的误会。

---

① 金峰在《四万卫拉特》文中叙及在中期四卫拉特（1502—1637）之前，他据托忒文文献，即上述两种文献记载，云早期四卫拉特（1437—1502年）之小四卫拉特的组成，第一就是额鲁特独自为一个卫拉特。显然，金峰也是以1502年大瓦剌从征西迁为早期和中期卫拉特的分水岭。但"额鲁特"既然指称的是大瓦剌西迁后留居故土的卫拉特人，那么1502年前的"额鲁特"便不能解，唯一的解释就是撰写托忒史书的作者们是从自己所处的时代出发来记述的。
② 金峰：《四万卫拉特》，载《卫拉特研究》，2003（1）。
③ 《噶尔丹统治时期的准噶尔与清朝关系研究》，9页。

二、疆域话语建构：清代官方文献关于"öölöd（额鲁特）"的历史书写变迁

翻译是一种技术性的工具，自古以来就具有一种政治性，在前近代的国家里，这种政治性更容易被当权者们所熟练地操纵。汉字是一种表意文字，这种政治性的操纵就更为直接，即便是直译过来的名词，在汉字中都有多姿多彩的意象表达，如 coca - cola 就被翻译为可充分联想的"可口可乐"而被人们津津乐道。但在清代，作为以少数民族入主中原的统治者，满洲贵族们仍然忘不掉诸如"奴儿哈赤"等被汉籍蔑称的历史记忆，他们一方面试图改正诸如此类的蔑称，另一方面又在利用这种翻译工具继续以蔑称来书写敌对势力的历史，这看似是二律背反的关系，恰恰反映了清廷独特的统治策略及其矛盾的认同心理。考察清代汉文官方文书中的"öölöd（额鲁特）"一词前后不同的历史书写，对上述旨趣的研究具有一定的意义。

在清代的大部分文献中，都把"öölöd（额鲁特）"或当做卫拉特或当做与准噶尔同含义的词来书写的。清代的官方史书，如《清实录》的几个版本中，对"öölöd（额鲁特）"一词有几种不同的译法，一为"俄－罗特"，一为"俄罗特"，一为"尔得"，一为"厄鲁特"，　为"额鲁特"。大清五朝《会典》亦表现了明晰的从"厄鲁忒"到"厄鲁特"再到"额鲁特"的变化轨迹。现为国家图书馆藏半官方性质的《皇朝藩部要略》稿本中书写为"厄鲁特"，北京大学、中央民族大学图书馆所藏《皇朝藩部要略》抄本，即拟进呈本中，则特把"厄鲁特"改写为"额鲁特"，一字之差，用意大不相同。

1. 清代关于"修书错误"的立法

盖清代史书，尤其是官修史书，最重文字，皇帝经常为一字之书写，特下谕旨，如乾隆帝就曾为一字给国史馆下过谕旨：

"'布鲁特'汉文系'布噜特',当如此写,钦此。"① 又如《高宗
纯皇帝御制喇嘛说》中云:"其番僧又相传称为喇嘛,'喇嘛'之
字,汉书不载,元明史中或讹书为'剌马'(陶宗仪《辍耕录》
载元时称帝师为剌读作'拉马',毛奇龄《明武宗外纪》又作
'剌麻',盖系随意对音,故其字不同),予细思其义,盖西番语
谓上曰'喇',谓无曰'嘛',喇嘛者,谓无上即汉语称僧为上人
之意耳。"② 因此,少数民族的语言文字翻译成汉语时,如何书写
必须要仔细推敲。

　　清代关于修书错字特有专门立法,在《大清会典事例》里就
有"修书错误"条,其中"嘉庆五年奏准:各馆修书,纂修官文
理错误者,罚俸三月;总裁罚俸一月;校对官不能对出错字、校
刊官板片笔画错误不能查出者,亦罚俸一月"。

　　嘉庆十年(1805 年)谕:"昨据会典馆呈进事例,内有礼部
冠服一本,头处于世宗庙号上一字写作'圣'字,当经签出,令
总裁官自行议罪。并将纂修、校对等官一并议罪。"③

　　可见错误一字惩罚是严厉的。其实嘉庆朝制定的此项法规是
在前几朝的实践中逐步完善的。如前文所述,乾隆时,祁韵士就
因在纂修《蒙古回部王公表传》的过程中因"讹字"而被记过。

　　而《大清会典事例》"内阁"之"翻译清汉字谕旨"条中,
对汉文翻译也作了严格的规定:"康熙五十年谕:翻译通本,事
甚紧要,如一二语不符汉文,则于事之轻重,大有关系。"

　　雍正四年(1726 年)谕:"朕从前所降谕旨,各部院衙门,
或将汉文翻清,或将清字译汉者,皆不甚妥协,甚有关系。着各

① 《清国史馆奏稿》(第2册),乾隆五十六年七月初一日军机处满文"来片",682
　　页。
② 《卫藏通志》卷首《高宗纯皇帝御制喇嘛说》,见全国图书馆文献缩微复制中心编
　　《西藏史志·第一部》(第5册),57页,北京,全国图书馆文献缩微复制中心,
　　2003。
③ 《大清会典事例》吏部二·卷一百十二·吏部九六·处分例三五·修书错误,443
　　页,北京,中华书局。

部院衙门将从前所降谕旨，原系汉字者陆续送内阁翻清，原系清字者，陆续送内阁译汉，仍交各该处存案，若止一二句易于翻译者，不必送内阁，嗣后所降一应清汉谕旨，皆送内阁翻译妥协，再交各该处施行。"

"乾隆十三年（1748 年）奉旨。嗣后凡有奉到清字谕旨译汉者，皆着覆奏。"①

不但对于本朝翻译的文字有严格规定，对于记载辽、金、元、明朝等史籍中出现的汉文翻译问题清朝皇帝也很敏感，如乾隆帝就曾经下谕：

《明史》内于元时人、地名，对音讹舛，译字鄙俚，尚沿旧时陋习。如"图"作为"兔"之类，既于字义无当，而垂之史册，殊不雅驯。今辽、金、元史，已命军机大臣改正另刊。《明史》乃本朝撰定之书，岂可转听其讹谬，现在改办《明纪纲目》，着将《明史》一并查改，以昭传信。朕非于此等音译字面，有所偏袒，盖各国语音不同，本难意存牵合，即如满洲、蒙古文译为汉文，此音彼字，两不相涉。乃见小无识之徒，欲以音义之优劣，强为分别轩轾，实不值一噱。朕每见法司爱书，有以犯名书作恶劣字者，辄令改写。而前此书回部者，每加"犬"作"狪"，亦令将"犬"旁删去。诚以此等无关褒贬，而适形鄙陋，实无足取，况当海寓同文之世，又岂可不务为公溥乎？将此通谕知之。②

在上述规定下，国史馆纂修官需要谨慎从事，在国史馆档案中，也经常看到这样的奏折，如"恭阅《实录》所载，外藩科尔沁、喀喇沁、敖汉、巴林诸部各有'桑阿尔斋'，或书'桑阿尔

---

① 《大清会典事例》内阁·卷十五·内阁五·职掌三·翻译清汉字谕旨，205 页。
② 《大清会典事例》翰林院·卷一千五十·职掌三·纂修书史二，519～520 页。

赛'，或书'桑噶尔寨'，据蒙古字译汉对音，并当做'桑阿尔斋'"①。这就是说，每个翻译，每个词语都要经过严格的推敲方才确定下来。

而当时在华传教士有更深刻的观察和体会，如法国传教士李明在记载康熙时的见闻时就说："所有呈送皇帝的卷宗都应用符合律条、习惯、说话人的身份和所研究事物的性质的词句，这可不是简单的事，对外国人就更难了。一词不当，一字用错，一个短语运用不甚合适，有时足以毁了一个官员的一生命运，有人就是犯了类似错误而丢了官，甚至哪怕只是不小心或不知情。"②

由此可见，清代官修史书每一字都具有其特定的意义，尤其是由汉字翻译的字，因上述严格的规定，又有形象的表意功能，更有其特殊的意义。

2. 《清实录》《清会典》与《皇朝藩部要略》各版本间对"öölöd（额鲁特）"一词书写的差异

笔者根据《清朝太祖太宗世祖朝实录蒙古史史料抄——乾隆本康熙本比较》先来考察一下《清实录》康熙本和乾隆本对"öölöd"一词的不同书写。

《清实录》中第一次记载"厄鲁特"，是在《太宗文皇帝实录》中，崇德元年（1636年）十一月辛亥，"马哈撒嘛谛汗使臣卫征喇嘛等谒上，陈所贡马匹、野骡、雕翎、弓等物，跪献其主奏疏。大学士希福受之，跪读于御前。其［疏曰/词云］，马哈撒嘛谛塞臣汗谨奏威服诸国（天聪）皇帝。凡归顺者与为一体，遣使往来。我等原谓典籍之所首尚，但奉有不合与明国私贸马匹之谕，我等正欲禁止。［因/忽］见喀尔喀部落七固山及［厄鲁特/

---

① 《清国史馆奏稿》（第 2 册），国史馆总裁阿桂乾隆四十八年五月初七日奏，650页。

② 李明著，郭强、龙云、李伟译：《中国近事报道（1687—1692）》，国家清史编纂委员会·编译丛刊，47页，郑州，大象出版社，2004。

俄 – 罗特]① 四部落皆往交易，我等［效/因］而行之耳。读毕。使臣行三跪九叩头礼。赐之大宴"②。

崇德二年（1637 年）八月辛丑，"蒙古喀尔喀部落马哈撒嘛谛塞臣汗遣使臣麻尼塞臣浑津、毕礼克图山津朝贡。……上表行礼。（其）表文曰，马哈撒嘛谛塞臣汗奉表敬候皇上起居万［安/福]。（臣等亦幸粗安）闻欲延致达赖喇嘛，［甚善/诚是]。此地［喀尔喀七固山/七固山喀尔喀］及［厄鲁特四/四俄 – 罗特］部落亦［有同心/欲请之]，乞遣使者过我国"。

庚戌，上御大清门，［文武升转各官/新管甲喇并新升部属官员］谢恩。次喀尔喀部落土谢图汗朝贡使臣上表行礼。表曰，土谢图汗敬奉表于宽温仁圣皇帝陛下，［恭候万安/久失问安，今特遣使恭候]。近闻欲延致达赖喇嘛，反覆思之，诚是。［喀尔喀七固山及厄鲁特四/七固山喀尔喀及四俄 – 罗特］部落皆［有同心/言欲请]。③

崇德六年（1641 年），八月乙巳，"赐［厄鲁特/尔得］部落格隆寨桑之弟布户、巴图、卓尔毕等（各缎）朝衣各一袭"④。

崇德七年（1642 年）六月，己亥朔。辛丑，仍以书报明国。"书曰……予缵承皇考太祖皇帝之业，（自）嗣位以来，蒙天眷佑，［自/从］东北海滨迄西北海滨，其间使犬使鹿之［邦/国］及产黑狐、黑貂之［地/国]，不事耕种，渔猎为生之［俗/国]，［厄鲁特/俄罗特］部落以至斡难河源远迩诸国，在在臣服，蒙古

① ［　］表示乾隆本和康熙本《清实录》不同之处，前为乾隆本记，后为康熙本记。
② 齐木德道尔吉、巴根那编：《清朝太祖太宗世祖朝实录蒙古史史料抄——乾隆本康熙本比较》，乾隆本卷三二、康熙本卷三二，402 页，呼和浩特，内蒙古大学出版社，2001。
③ 齐木德道尔吉、巴根那编：《清朝太祖太宗世祖朝实录蒙古史史料抄——乾隆本康熙本比较》，乾隆本卷三八、康熙本卷三八，436～437 页。
④ 齐木德道尔吉、巴根那编：《清朝太祖太宗世祖朝实录蒙古史史料抄——乾隆本康熙本比较》，乾隆本卷五七、康熙本卷五七，571 页。

大元及朝鲜国悉入版图".①

崇德七年（1642 年）冬十月己亥，"图白忒部落达赖喇嘛遣
[伊拉古克三胡土克图/伊喇固克散胡图克图]、[戴/代] 青绰尔
济等至盛京。……上升御榻坐，设二座于榻右，命两喇嘛坐，其
同来徒众行三跪九叩头礼，[次与喇嘛同来之厄鲁特部落使臣/次
俄罗特部落与喇嘛同来使臣] 及其从役（听鸣赞官赞）行三跪九
叩头礼"②。

由上可知，康熙本的《太宗文皇帝实录》把"öölöd"书写
为"俄 – 罗特""尔得""俄罗特"等，没有一个统一的称呼，而
乾隆本则都改为"厄鲁特"一名。

再看清五朝《会典》中关于 öölöd 的书写。《康熙会典》中
有："顺治十二年……又题准，本院官员拨什库等，于十月至三
月远遣出边，往蒙古地方，骑本身马者，准给口粮草料。往张家
口迎送喀尔喀、厄鲁忒，及喜峰口、独石口、古北口等处差遣，
准给口粮马草，四月至九月，止给口粮，不给草料。"③

到了《雍正会典》改为："顺治十二年……又题准，本院官
员领催等，于十月至三月使往蒙古地方，自备马匹者，准给口粮
草料。往张家口迎送喀尔喀、厄鲁特，及喜峰口、独石口、古北
口等处差遣，准给口粮马草，四月至九月，止给口粮，不给
草料。"④

《乾隆会典》继续称为"厄鲁特"："凡贡期，喀尔喀、厄鲁
特、土尔古特、青海各如其朝觐之班，西藏间年一贡，附达赖喇
嘛以进；贡道，喀尔喀、厄鲁特、土尔古特由张家口、独石口、

① 齐木德道尔吉、巴根那编：《清朝太祖太宗世祖朝实录蒙古史史料抄——乾隆本
康熙本比较》，乾隆本卷六一、康熙本卷六一，402 页。
② 《清朝太祖太宗世祖朝实录蒙古史史料抄——乾隆本康熙本比较》，乾隆本卷六
三、康熙本卷六三，613～614 页。
③ 《（康熙）大清会典》卷一四二《理藩院一》，康熙二十九年刊本。
④ 《（雍正）大清会典》卷二二一《理藩院一》，雍正十一年武英殿本。

喜峰口，青海由西宁，西藏由四川之打箭炉；贡物，喀尔喀、厄鲁特以驼马汤羊……"①

《嘉庆会典》则改为："凡游牧之内属者，曰察哈尔、曰巴尔呼、曰额鲁特（额鲁特自康熙、雍正至乾隆十九年以前，陆续内附者，为旧额鲁特；十九年以后安插者，为新额鲁特。除附察哈尔之新旧二十四佐领外，尚有呼伦贝尔新旧额鲁特已编入驻防，旗分不隶于院。伊犁额鲁特，除杜尔伯特首先投诚，土尔扈特、和硕特避居俄罗斯之厄济勒续后投诚外，其准噶尔、辉特及留居伊犁之和硕特，屡经叛乱剿除。有准噶尔族达什达瓦者，率属内附，及身故无嗣，安插其众于热河。伊犁建设驻防时，分移达什达瓦额鲁特于伊犁，留热河者，属热河都统……）"②

《光绪会典》延续了《嘉庆会典》的说法，仍称为"额鲁特"。

再看《皇朝藩部要略》中关于 öölöd 的书写。由于此书是《蒙古回部王公表传》的底册，于乾隆四十四年（1779 年）纂修，乾隆五十三年（1788 年）成书，书中在乾隆朝之前的史事大多依据乾隆本《清实录》，所以在其稿本以及依据稿本而来的筹渌山房刻本中，依然把"öölöd"书写为"厄鲁特"，但是笔者发现，在北京大学及中央民族大学图书馆所藏《皇朝藩部要略》抄本，即祁寯藻试图进呈的进呈本中，把"厄鲁特"一词都改为"额鲁特"，这种变化是值得我们特别注意的。

3. 清代官书的历史书写与疆域话语建构

上面我们考察了"öölöd"一词在清代官书中的书写，得知大体的顺承顺序是：

俄－罗特、尔得、俄罗特（康熙本《太宗文皇帝实录》）、厄

---

① 《（乾隆）大清会典》卷八十《理藩院二·柔远清吏司》，乾隆二十八年武英殿本。
② 《（嘉庆）大清会典》卷五二《理藩院四·典属清吏司》。

鲁忒（《康熙会典》）

　　　　　　　　｜

厄鲁特（乾隆本《太宗文皇帝实录》《雍正会典》《乾隆会典》《皇朝藩部要略》稿本以及刻本）

　　　　　　　　｜

额鲁特（《嘉庆会典》《光绪会典》《皇朝藩部要略》祁寯藻拟进呈本）

　　造成这种书写差异的主要原因，是清王朝根据不同的形势而建构的内外有别的疆域话语。清代官书《太宗文皇帝实录》是顺治六年（1649 年）开馆纂修的，顺治十二年（1655 年）修成，共 65 卷。康熙十二年（1673 年）特开史局，重新修订，至康熙二十一年（1682 年）成书，是为康熙本，卷数未变。此时清朝还未与厄鲁特有实质性的接触，因此对于"öölöd"一词的书写，还未有统一的汉文译名。《康熙会典》也因同样的原因，把"öölöd"译写为"厄鲁忒"。由此可见，此时的译名有四个之多，比较混乱。

　　到了《雍正会典》时，改为"厄鲁特"，《乾隆会典》一仍其旧。《太宗文皇帝实录》于雍正十二年（1734 年）再次被重修，乾隆四年（1739 年）终于成为定本，卷数还是 65 卷，是为乾隆本。而此时清朝相继与厄鲁特部噶尔丹、策妄阿喇布坦、罗卜藏丹津、噶尔丹策凌等发生战争，对厄鲁特部有了深刻的认识，所以在书写的过程中，把"俄－罗特""尔得""俄罗特""厄鲁忒"都改为"厄鲁特"。笔者认为，在上述关于"修书错误"严格立法的背景下，这三个字是经过清朝君臣深思熟虑后而定的，这样不但译名统一，行文方便，而且以"厄运"之"厄"字来呼"厄鲁特"部，其意是丑化厄鲁特部，否则，就没有必要在《嘉庆会典》《光绪会典》以及《皇朝藩部要略》拟进呈本等文献中再特意把"厄鲁特"改为"额鲁特"了。当然，笔者这个论断仅仅是一个推测，并没有找到能够支持这个论断的史料。为了使这个推测在以后的研究中更加深入，笔者再以一些旁证的材料说明之。

在乾隆朝，把准噶尔部等敌对势力称为"准夷"，但在准噶尔部纳入版图之后，则不再用"夷"称呼之。

如乾隆帝的很多谕旨就涉及了这个问题：

> 高斌所奏张家、独石二口外地方定界一事，朕已批令军机大臣等议奏。但高斌折内，称蒙古为夷人，甚为错误。向来称准噶尔为夷人，至于内扎萨克，乃本朝之臣仆也，岂可以夷人称之？从前孙嘉淦曾经错误，朕严加训谕，今高斌此折，虽据李质粹来文，然高斌具奏时，亦当改正，并告李质粹知之。①

> 又谕军机大臣等：蒙古、汉人，同属臣民。如有书写之处，应称蒙古、内地，不得以蒙汉字面混行填写，已屡经降旨。今马灵阿奏折，犹以夷汉二字分别名色，可见伊等全未留心。且以百余年内属之蒙古，而目之为夷，不但其名不顺，蒙古亦心有不甘。将准噶尔及金川番蛮等，又将何以称之？着再行传谕沿边各督抚知之。如有仍旧书写之处，朕必加以处分。②

"夷"字作为一个蔑称，一般来讲，清朝统治者在国内只是把它用在"准噶尔及金川番蛮"等敌对势力的身上，如把准噶尔

---

① 《清高宗实录》卷一六七，乾隆七年五月下，122 页。
② 《清高宗实录》卷三五四，乾隆十四年十二月上，884 页。

呼为"准夷"，金川等地人民为"番夷"。不允许把纳入到自己统治范围之内的蒙古、西藏地区称为"夷"。笔者认为，以"厄运"之"厄"字来呼"厄鲁特"部，其性质是和"准夷"一样，是敌对排外的一种译写表达。

这种敌对排外的译写表达随着国内的统一，到了嘉庆朝以后逐渐改观，《嘉庆会典》《光绪会典》等法律文书则直接把"厄鲁特"改为"额鲁特"，而鸦片战争后，拟进呈给皇帝的《皇朝藩部要略》，亦特意把"厄鲁特"俱改为"额鲁特"。这是符合全国统一的大势的。

这篇小文是笔者在查找资料的过程中偶然得之的，如上所述，"öölöd"一词从"俄－罗特""尔得""俄罗特""厄鲁忒"到"厄鲁特"，再到"额鲁特"的译写脉络清晰可见，这不能不令人怀疑其背后的玄机，虽然笔者的论断推测成分较大，但是对于细化研究国内各民族间的关系以及"翻译政治"或许有抛砖引玉的作用。

第二节　《皇朝藩部要略》所记斋赛诸事考及其史料来源等问题

《皇朝藩部要略》因其是以"皇朝"为史观、以"要略"为叙述方法的史书，故其中有很多的讳饰之处，也有叙事简略之嫌，致使很多史实如果单纯依靠《皇朝藩部要略》，很难得出真相。下面以此书中所记蒙古内喀尔喀部斋赛诸事来考察《皇朝藩部要略》的叙事策略。

一、斋赛其人及当时的辽东形势

《皇朝藩部要略》中未有斋赛身世的介绍，因此，考证斋赛诸事必先从斋赛其人身世为始。

斋赛（汉译或为宰赛、介赛），字儿只斤氏，为蒙古内喀尔喀五部中翁吉剌特部首领。① 明朝嘉靖年间，成吉思汗第十七世孙虎喇哈赤（和尔硕齐）活动于辽东地区，生有五子，"曰速把亥、曰秒花、曰歹青，即伯要儿、曰委正、曰兀班"②，后来形成了内喀尔喀五部③。其中，兀班生有二子，次子叫伯言儿，伯言儿的儿子就是斋赛。

《开原图说》记载斋赛云："宰赛，系兀班次男伯要儿之子，生三男：青台州、爪儿兔、海来兔台州。部落一万余，精兵五千余。酋长年近四十岁，负性狡猾。"④

明万历二十二年（1594 年），伯言儿等部犯辽东，遭受明军伏击，伯言儿死。"伯言儿最彪悍，诸部倚以为强。曾诱杀明官，明廷革其岁赏。至是被歼，诸部为之震动，其部下遂请和"。⑤ 伯言儿死后，斋赛为翁吉剌特部长。开始了其与明朝和后金以及蒙古诸部角力的生涯。

嘉靖末年喀尔喀五部南下进入辽河流域后，巴林和乌济业特两部的驻牧地靠西面，互市于明朝广宁镇。巴约特、扎鲁特、翁吉剌特等三部的驻牧地在其东面，与明朝互市于铁岭、开原一

---

① 达力扎布：《明代漠南蒙古历史研究》，132 页，呼和浩特，内蒙古文化出版社，1997。
② 张鼐：《辽夷略》，见潘喆、李鸿彬、孙方明编《清入关前史料选辑》（一），97 页，北京，中国人民大学出版社，1984。
③ 关于内喀尔喀五部，有很多学者作过研究，分别为：和田清：《明代蒙古史论集》（下册），483～518 页，北京，商务印书馆，1984。田中克己：《喀尔喀五部的成立》，载《蒙古史研究参考资料》（新编第 36 辑），1984；奥登：《喀尔喀五部考述》，见中国蒙古史学会编《蒙古史研究》（第二辑），呼和浩特，内蒙古人民出版社，1986；《明代漠南蒙古历史研究》，131～142 页，等等。经过各位学者的考证，最终弄清楚了内喀尔喀五部的名称、世系以及分布。内喀尔喀五部为：巴林、乌济业特、巴约特、翁吉剌特、扎鲁特。
④ 冯瑷：《开原图说》之《宰、煖二营图》后附记，玄览堂丛书本。
⑤ 戴逸、李文海主编：《清通鉴》（前编），46 页，太原，山西人民出版社，2000。

带。后乌济业特部炒花成为虎喇哈赤五子中的唯一在世者，就成为五部中的长者和盟主。故明人常称喀尔喀五部为炒花五大营。① 但是在喀尔喀东三部中，以斋赛最为强悍。② 明人陈继儒云："二十四营惟宰赛最强，宰款则诸营不敢动，宰动则诸营不敢款。"③ 这表明，斋赛的势力甚为强大，能够控驭喀尔喀三部。

明末的北部边疆，群雄并起，互为雄长。斋赛作为蒙古部落的首领，如何做大自己的势力以及削弱他部的势力是其不得不思考的问题。因此，他需要利用各种手段，在保持势力均衡中又要寻求利益。因此斋赛与察哈尔林丹汗、内喀尔喀炒花等部逼处明边，与明朝时战时和，与女真各部也时战时和。

万历二十三年（1595 年），即斋赛父伯言儿死后一年，明朝允许斋赛部入市开原。④

万历二十五年（1597 年），努尔哈赤与海西四部叶赫、乌拉、哈达、辉发盟誓通好。叶赫布扬古妹欲嫁努尔哈赤为妻，金台失女欲嫁努尔哈赤次子代善为妻。后叶赫背盟，将金台失之女嫁予斋赛，许给努尔哈赤之布扬古妹亦受聘而不嫁，遂成"老女"之怨。至万历四十三年（1615 年），叶赫始把努尔哈赤所聘之布扬古妹改嫁蒙古内喀尔喀部长煖兔（巴哈达尔汉）之子莽骨儿大

---

① 《明代漠南蒙古历史研究》，276 页。

② 《满文老档》记云："蒙古喀尔喀五部，兵众畜旺国富，原归斋赛统辖。"［中国第一历史档案馆、中国社会科学院历史研究所译注：《满文老档》（上），105 页，北京，中华书局，1990］后《清通鉴》从之。［《清通鉴》（前编），136 页］笔者认为，在斋赛被努尔哈赤俘获前，当时内喀尔喀五部的盟长为斋赛的祖父辈炒花，正如上文所述，其作为虎喇哈赤最小的儿子，是当时喀尔喀五部中硕果仅存的长辈，《满文老档》的记载，或者斋赛确实为五部首领，因为炒花老迈后，斋赛最强；或者是为了突出斋赛的重要性，以彰显努尔哈赤擒获斋赛的成绩。除了《满文老档》外，未有其他史料记斋赛为喀尔喀五部首领事，反而随处可见其被擒后，炒花还在处处活动。

③ 陈继儒：《建州考》，见《清人关前史料选辑》（一），134 页。据董玉瑛考证，此二十四营，盖指北方的喀尔喀三部。见董玉英《宰赛援铁岭和后金与内喀尔喀部关系》，载《史学集刊》，1988（4）。

④ 《明神宗实录》，万历二十三年五月辛巳条，台北，"中央研究院"历史语言研究所校印本，1962。

（莽古尔岱台吉）。这就是在努尔哈赤征明之"七大恨"中，谓明朝"遣兵出边戍，援助叶赫，将我已聘之女，转嫁蒙古"① 一事也。努尔哈赤在这"七大恨"之第四恨中，把斋赛、煖兔娶叶赫女一事完全归罪于明朝和叶赫，说明此时斋赛等内喀尔喀部势力强大，努尔哈赤不敢或不愿得罪之。

明万历三十三年（1605 年），斋赛诱杀明朝边将熊钥，被革除市赏。②

万历三十六年（1608 年），明朝"抚臣郝大猷，仿诱杀逞、仰之法，③ 以于守志招宰赛于庆云堡，置酒夜会，任国忠、李克泰等待李如樟至而成擒，不意虏觉而遁，衔恨转深"④。陈继儒亦记此事云："边臣诱杀宰赛，奴酋密报之，宰赛脱矣。宰赛恨北关⑤之不以告也，德奴酋而忿北关者又非一日矣。"⑥ 明臣甚至云："河东之虏患，始于李成梁之诱杀宰赛。"⑦

万历四十年（1612 年），努尔哈赤曾结斋赛等大小二十四部，谋攻叶赫。⑧

万历四十二年（1614 年），蒙古内喀尔喀部长炒花纠合斋赛等，以三万骑入掠明边。求抚赏，许之。⑨

万历四十五年（1617 年）正月，斋赛入犯明镇夷堡（今辽

① 《满文老档》（上），55 页。
② 张廷玉：《明史》卷三二七《鞑靼传》，北京，中华书局校点本，1974。
③ 明万历十年（1582 年），王台死去，哈达部发生内讧，王台的儿子虎儿罕、康古陆、猛骨孛罗互相争权，叶赫部的逞加奴、仰加奴企图乘机控制哈达部，当明朝要扶持王台孙子歹商袭职时，逞加奴、仰加奴反对，明廷诱杀逞加奴、仰加奴，于是歹商嗣职，统辖哈达部。
④ 方孔炤：《全边略纪》卷十《辽东略》，见《清入关前史料选辑》（一），230 页。
⑤ 北关，指叶赫部。时明朝在开原设南北二关，为海西女真入贡互市地。叶赫位于镇北关（今辽宁省开原县威远堡乡镇北堡村南），故被明人称为"北关"。下文所称之"南关"，系指哈达部，因其地在开原东南，入市由开原广顺关（今开原县清河镇，明人又称镇南关），故被明人称之为"南关"。见《清通鉴》（前编），7 页、9 页。
⑥ 《建州考》，见《清入关前史料选辑》（一），134 页。
⑦ 《全边略纪》卷十《辽东略》，见《清入关前史料选辑》（一），233 页。
⑧ 《清通鉴》（前编），115 页。
⑨ 《明史》卷三二七《鞑靼传》。

宁省阜新市清河镇细河堡村）并开原城北地方，守军弛备，杀掳男妇八十余人，抢掠牲畜、烧毁房舍无算。① 但斋赛在"三月而悔过"，"请复其赏"，明朝"可之"。②

万历四十六年（1618 年）四月，努尔哈赤攻抚顺。是时"宰、煖各营方集辽河西岸，虎墩传调恫吓，炒花亦屯镇静边外，房东西飚动"③。说明此时斋赛还想发兵援明，但被林丹汗制止。

是年九月，明辽东经略杨镐奏："制东夷在先款西虏。乃有已款而未坚者，虎墩兔憨以东，则炒花、煖兔、宰赛、卜儿亥等酋。"④ "制东夷在先款西虏"是明朝的既定方针，而"款而未坚"，是蒙古诸部的应对策略。其实不止蒙古诸部，女真叶赫等部也往往采取此种策略，盖因既"贪我（指明朝——笔者注）金缯，亦贪奴财物"⑤。各部就在与各种势力的周旋中，力图使自己生存并壮大起来。

由上观之，斋赛与其他势力恩怨纠葛，以致他在各个势力间游移不定，而追求利益是促使其往哪个势力靠拢的最高目标。

在斋赛援铁岭前，辽东的形势复杂多变，其大致形势为：叶赫部是各部的咽喉之地，其"东临辉发，南接哈达，北连乌拉，西界蒙古，西南临开原城，为女真、蒙古诸部入贡明廷必经地"⑥。万历二十九年（1601 年），努尔哈赤灭哈达部；万历三十五年（1607 年），灭辉发部；万历四十一年（1613 年），灭乌拉部。这样，海西四部只有叶赫部还未统一。叶赫是努尔哈赤必欲取之而后快的部落。早在万历二十一年（1593 年），努尔哈赤打败了以叶赫为首的九部联军，斩叶赫部长卜寨，叶赫请其尸，努

---

① 《清通鉴》（前编），137 页。
② 《全边略纪》卷十《辽东略》，见《清入关前史料选辑》（一），237 页。
③ 苕上愚公：《东夷考略》，见《清入关前史料选辑》（一），70 页。
④ 苕上愚公：《东夷考略》，见《清入关前史料选辑》（一），239 页。
⑤ 于燕芳：《剿奴议撮》之《议撮二》，见《清入关前史料选辑》（一），121 页。
⑥ 《清通鉴》（前编），8 页。

尔哈赤剖其半归之，两部遂成不共戴天之仇。而叶赫部的近邻就是以宰赛为首的东喀尔喀三部。① 因此，叶赫和努尔哈赤任何一方笼络之，便可增加战胜对方的筹码。

万历三十七年（1609 年），叶赫部长那林卜禄亡故，努尔哈赤乘机领兵向北，假修南关旧寨以图北关。明兵部尚书李化龙援辽东按臣熊廷弼言，谓："今为患最大，独在建奴，将并北关以图开原。"熊廷弼请募兵厉械，收宰赛以孤其援。②

另上文所述，在万历四十年（1612 年），努尔哈赤在谋攻叶赫时，也曾谋结宰赛共攻之。

由此可见，宰赛成为左右叶赫和后金势力的一股强大的力量，对此形势，明朝、努尔哈赤、叶赫以及宰赛本人都有比较清晰的认识，叶赫贝勒布扬古就曾分析曰："奴占南关，而又诱宰赛并北，北以此慑奴。若宰赛与北交好，而天兵从南捣其穴，即奴后山可夺矣。"③ 因此，"负性狡猾"而又游移不定的宰赛一直是努尔哈赤的心头大患，努尔哈赤若想攻打叶赫，势必先解决宰赛的问题。

二、宰赛援铁岭考并考察《皇朝藩部要略》的史料来源

天命四年（1619 年，明万历四十七年），是努尔哈赤关键的一年。这一年三月，后金军取得萨尔浒大捷，明、金双方攻守之势因此逆转，后金取得主动地位。是年六月，后金取开原。开原战略位置显要，其城东临后金国，西接蒙古内喀尔喀部炒花、宰赛等部，北则接海西叶赫部。④

① 据《开原图说》记：开原永宁堡、古城堡边外是宰赛的游牧地。见冯瑗《开原图说》。
② 《清通鉴》（前编），103 页。
③ 《建州考》，见《清入关前史料选辑》（一），134 页。
④ 《清通鉴》（前编），166 页。

在取开原回师路经清河岭时，努尔哈赤遣人遗书给喀尔喀五部云：

> 曾闻先人有云：八十万汉人，四十万蒙古，水滨之三万诸申等语。八十万汉人，尚不满足于彼国而嫌少，卑视我弱小而欺凌之，欲杀即杀，欲掠即掠。今又唆叶赫锦泰希、布扬古叛我，而后掠取之。至和与不和，我等内部之事，尔明国为何乘我内乱交战之际，偏助叶赫，唆叶赫人叛我，而后掠取之？吾以此故，乞告天地，征伐明国，征则天地佑我，以我为是。今吾将南征，尔喀尔喀蒙古贝勒等亦愿往征耶？尔若征伐，尔蒙古与我军，将于明边相遇，如之奈何？倘有怀恶意者，贪财杀人，劫掠马匹乘骑，又如之奈何？明国、朝鲜二国，语言虽异，然其衣饰风俗同也！我蒙古、诸申二国，语言各异，然衣饰风俗同也！我二国之兵于明边内相遇后，若生杀人夺马之事，岂非损我等之名声？为此故愿与尔等立一誓言，可乎？俟尔回音，为此致书。①

此书信看似为努尔哈赤与喀尔喀五部结盟共同攻明的书信，②但笔者认为，此书信的重点是为了向喀尔喀五部提出警告并试探其意图。这是因为：

其一，努尔哈赤在叙述其征明合法性的时候，有"七大恨"，为什么在此书信中单提明朝"偏助叶赫"之事？况且与蒙古内喀尔喀部结盟共伐明朝，叶赫并不是后金和内喀尔喀部的共同利益点。那么唯一的解释就是努尔哈赤以明朝助叶赫失败事来告诫蒙古喀尔喀部不要与明朝和叶赫结盟，否则必遭失败的下场。

① 《满文老档》（上），98～99 页。
② 董玉瑛认为："此信，可视为他（指努尔哈赤——笔者注）与喀尔喀五部结盟，共犯辽东都司地区。"见董玉瑛《宰赛援铁岭和后金与内喀尔喀部关系》，载《史学集刊》，1988（4）。

其二，努尔哈赤遗书内喀尔喀五部的时候，此时斋赛等已与明朝结盟。明朝总兵马林在萨尔浒之役后，仅以数骑免，降职使守开原。"巡抚周永春请贿炒花、虎憨等，……可之"。[1] 马林便与内喀尔喀斋赛、煖兔等结盟并倚重之，[2] 斋赛愿出骆驼，战马，[3] 支援明朝进攻后金的大军。这一消息在努尔哈赤写此信的时候，已被后金侦知。故其在攻铁岭并发现斋赛援兵时，会毫不费力地说出斋赛的几大罪状，其中第四、第五罪状云："我以不堪明之虐害，兴师征之矣，而彼与明同谋，对天地立誓伐我，以求厚赏者，是四也。再者，曾谓明通事曰：'赐我重赏，夫倘不征伐满洲，上天鉴之。'遂斩断活白牛之腰，于马上以手对天洒祭牛血，是五也。"[4] 由此可见，对斋赛与明朝结盟一事，不止已被朝鲜侦知[5]，努尔哈赤亦早已心知肚明。

由以上两端，可知努尔哈赤遗书内喀尔喀只是警告其不要支持明朝与叶赫，并试探其意图。

当努尔哈赤攻开原时，是以声东击西的战略，先佯攻沈阳方向，而后迫近开原。叶赫部闻知，调兵马二千往援，但行至距开原五十里时，闻城不守，惊惶而回。[6] 斋赛等部救援亦已不及。[7]

是年七月二十五日，后金攻铁岭。《皇朝藩部要略》记述云：

四年七月丁未，我兵克明铁岭城，其夜喀尔喀贝勒斋

① 《全边略纪》卷十《辽东略》，见《清入关前史料选辑》（一），242 页。
② 《东夷考略》，见《清入关前史料选辑》（一），74 页。
③ 《光海君日记》卷一三〇，十年七月己酉条，见《李朝实录》（第 33 册），460页，东京，学习院东洋文化研究所昭和三十七年刊本。
④ 《满文老档》（上），104 页。
⑤ 同③引《光海君日记》。
⑥ 《明神宗实录》，万历四十七年七月癸未条。经略辽东杨镐题。
⑦ 《明神宗实录》，万历四十七年七月癸未条。据庆云游击史凤鸣报称："十六日在市抚赏，辰时分探得东夷围开原，随即宣谕在市讨赏夷酋，庄南等五营夷酋亲领部夷兵共二千余名，闻炮俱出市至亮子河西，巳时闻得开原已陷，今有讨赏西虏结聚亮子河，情势难测。"

赛、札鲁特贝勒巴克、台吉色本等，共引兵万余，（至）
〔伏〕秋田以伺，我大贝勒击败之，追至辽河，大破斩之，
擒斋赛及其二子色特希勒、克什克图与札噜特部巴克、色本
兄弟、科尔沁台吉桑噶尔。先是，太祖夜寝，梦天鹅、白鹤
及众鸟翱翔上下，罗之，得白鹤一，呼曰：“得斋赛矣。”遂
觉，以梦告妃，妃曰：“斋赛①为人如鸟飞飏，上从何处得
之？”翌日，复告诸贝勒，皆曰：“此吉兆也。”未几，果获
斋赛。既班师，谕诸贝勒曰：“我畜斋赛于此，而珍其兵，
彼所畜人民、畜产，恐为他部攘而取之，不如纵所擒兵五百
余人还其国。”②

遍翻《满文老档》《清太祖实录》的几种版本，《皇清开国
方略》以及《皇朝藩部要略》的几种版本，发现每种史料都记载
了斋赛援铁岭事，除了《满文老档》以外，从《清太祖武皇帝弩
儿哈奇实录》始，各版本间的记载大同小异。兹一一分析之，以
探讨《皇朝藩部要略》的史料来源。

《满文老档》记载此事颇详，云：

七月……二十五日，往取铁岭城，城外小堡兵，一半入
城，未及入城之一半被堵截在外，皆四散败走。我兵树梯执
盾，攻城之北。城中众兵，连放枪炮，射箭投石，坚守不
出。我兵树云梯拆城垛，登城突入，攻下其城。英明汗驻于
城东南山上。众军于城上各设营帐。待城内外之敌，搜杀殆
尽，俘获收聚完毕，汗始入城，驻于道员之大衙门内。是
夜，军于城上擐甲值班，其半数歇息，半数傅锣巡夜。次

---

① 《皇朝藩部要略》稿本此处记为“斋赛”，当为“斋赛”之笔误。
② 《皇朝藩部要略》卷一《内蒙古要略一》，国家图书馆藏稿本。另参见《清朝藩部
要略稿本》，2~3页。

晨，我跟役小厮牵马至城门前饲马。时蒙古斋赛贝勒之兵，巴克、巴雅尔图及色本之兵共万余人，乘夜而至，伏于高粱地内。待及天明，见出城门牧马之人，即发矢砍杀。我城内兵闻讯出城，知非明兵，是蒙古兵，即欲战。因未奉汗命，何以战之？若不战，又使我人被杀。遂随之而行。汗出城曰："为何不杀此兵？速攻杀之！"大贝勒曰："恐日后悔之。"汗曰："何以悔之耶！据知此乃斋赛之兵。我所聘叶赫锦泰希贝勒之女，斋赛其人夺而娶之，是一也。又曾侵我乌扎鲁屯，是二也。无故执我使臣和托，以铁索缚之，该使臣得脱返回，中道为明人所杀，是三也。其后，我以不堪明之虐害，兴师征之矣，而彼与明同谋，对天地立誓伐我，以求厚赏者，是四也。再者，曾谓明通事曰：'赐我重赏，夫倘不征伐满洲，上天鉴之。'遂斩断活白牛之腰，于马上以手对天沥牛血，是五也。今彼又先杀我人，是六也。因此战之，我何悔耶？乃著我军士，急进砍杀之。"于是，大贝勒率兵进击，追杀渡辽河，大杀其兵于辽河。生擒蒙古斋赛贝勒及其生子色特奇尔、柯希克图二人，扎鲁特国巴克、色本兄弟，科尔沁明安贝勒之子桑噶尔寨等，共贝勒六名，及斋赛贝勒之亲信大臣岱噶尔塔布囊以及大臣十余人，共一百五十人。败蒙古兵，正执斋赛班师还城，时见烟尘腾起，明兵分三路而来。我兵遂越城往迎。明兵未敢近前，即行撤退。擒蒙古斋赛之当日，未令斋赛会见英明汗，安置于铁岭城中央之四角楼内。次日，宰牛羊设大宴，击鼓吹喇叭、唢呐、海螺，令其谒汗，叩见毕，斋赛贝勒部下人胡齐侍卫问曰："英明汗及诸贝勒皆安好耶？"四贝勒自汗右侧答曰："我跟役小厮有十人破头，余皆安好。尔等鞍马俱完好耶？"蒙古人羞愧，无言以对。

铁岭城既攻取，驻城三日，办理俘获事毕，回兵。回兵之日，谕斋赛贝勒之僚友名呼博罗齐之大臣曰称："尔蒙古兵，认得我人，先杀我百人，夺马一千。于是，我兵击败蒙古兵，诛戮甚多。生擒尔斋赛贝勒等共贝勒六人及一百余人。著尔往告此信。"遂放十人还。返家之日，众福晋迎于富尔简岗，叩见汗。大贝勒率众贝勒拜见诸福晋，然后与斋赛贝勒一齐被擒之蒙古诸贝勒叩见诸福晋。叩见毕，设大宴。

蒙古喀尔喀五部，兵众畜旺国富。原归斋赛统辖。用是逞强，藐视各国，欺压攘夺刑戮已甚。各国嫌斋赛鬼魅，斋赛亦不视己为人，喻己为飞翔于天涯之鸷鸟，兽中之猛虎。是以斋赛遭天谴责，其二万牧群中择选而骑之良马，乃为天绑缚马脚，使之无法奔跑。其身虽似山中之虎，亦无法抗拒，只得下马于高粱地中，执马之双缰而坐，为我后队二兵甲士所擒获。英明汗曰："斋赛其人，我已收养，斋赛之兵众，悉为我所杀。彼所属之国人、畜群，恐为他贝勒所掠取，拟释所擒之一百四十人还，以守护其国无夫之妇，失父之童及其牲畜。"遂复遣一百四十人还。①

《清太祖武皇帝弩儿哈奇实录》记载此事云：

七月……帝夜梦天鹅、鹚老及群鸟往来翱翔，罗得一白鹚老执之，声言吾捉得宰赛矣，随呼而觉（宰赛，蒙古之长，与帝有隙，常思捉之，故梦中云）。将此梦语后妃，后妃曰："宰赛为人如飞禽，何以捉之？"次日复语诸王臣，诸王臣对曰："此梦主吉，盖天将以大有声名之人为吾国所获，故为之兆也。"

是月，帝率诸王臣领兵取铁岭，二十五日至其城，将围

---

① 《满文老档》（上），102～106页。

之。其外堡之兵俱投城，被截在外者殆半，四散遁走。我兵布战车云梯攻城。北面城中游击喻成名、史凤鸣、李克泰令众军连放枪炮，齐发矢石。我竖梯拆城垛，摧锋突入，四面皆溃。喻成名、史凤鸣、李克泰及士卒尽杀之。帝入城，驻于兵备道衙内。是夜，蒙古腀儿腀部宰赛，扎抡卫巴格与巴牙里兔歹青、色蚌诸台吉等约二十人共领兵万余，星夜而来，伏于禾地内。及天明，有出城牧马者约十人，宰赛兵见之，发矢追杀。我兵一见，即出城，知是蒙古，欲遽战，又无上命，不战，而吾人已被杀，但蹑其尾而行。帝出城见曰："何为不战？可急击之。"大王曰："今一战，恐贻后悔。"帝曰："此兵乃宰赛兵也，吾与宰赛之恨有五，今又先杀吾人，如此何悔之有？"诸王臣遂领兵冲杀，败其兵，追至辽河，溺死杀者甚众，生擒宰赛并二子色剔希儿、克石兔及巴格、色蚌并廓儿沁桑刚里寨（明安贝勒子也）宰赛妹夫代刚儿塔不能，又酋长十余人，兵百五十余，尽囚于钟楼内。诸王臣俱奇之曰："得擒宰赛，正应汗神梦也。"次日设宴，张鼓乐，宰赛等叩见。其部下虾兀胡七曰："汗与王臣皆无恙否？"时四王在侧，答曰："吾军中之仆厮有十数人破头颅者，余皆无恙，不知汝等鞍马俱保全否？"蒙古等皆赧然垂首，竟无以对。屯兵三日，论功行赏，将人畜尽散三军。先放宰赛部臣孛落机等十一人还国，寄言宰赛兵败及二子并兵百五十余被擒之事，乃班师。帝谓诸王臣曰："今既留宰赛，其兵已尽被杀，恐所属军民牲畜为他人所掠，奈何？不如将所捉百四十人放还可也。"言讫，遂令回。①

由《满文老档》和《清太祖武皇帝弩儿哈奇实录》记载斋赛

---

① 《清太祖武皇帝弩儿哈奇实录》卷三，见《清朝太祖太宗世祖朝实录蒙古史料抄——乾隆本康熙本比较》，51～52页。

援铁岭一事观之，《清太祖武皇帝弩儿哈奇实录》所记直接来自于《满文老档》，但有所篡改。最明显的篡改就是把《满文老档》中说"蒙古喀尔喀五部，兵众畜旺国富。原归斋赛统辖。用是逞强，藐视各国，欺压攘夺刑戮已甚。各国嫌斋赛鬼魅，斋赛亦不视己为人，喻己为飞翔于天涯之鸷鸟，兽中之猛虎"等语改为太祖做梦擒"白鹢老执之，声言吾捉得宰赛矣"。借斋赛喻为鸷鸟一事，又借后妃与大臣之口来说明斋赛的重要性及擒获斋赛是天意使然。众所周知，构建皇权的神秘色彩以昭示天命归之是古代官方史学的特点，历朝历代概莫能外，太祖做梦擒斋赛事也是如此。太祖做梦说被以后的清朝官方史书所沿袭，至《皇朝藩部要略》在有限的篇幅中，也因袭此说。

乾隆本《清太祖实录》和康熙本《清太祖实录》记载斋赛援铁岭事云：

> 秋七月，壬午朔。……上一夕梦天鹅白鹤及众鸟翱翔上下。上罗之，得白鹤一。曰："得蒙古介赛矣。"呼未竟，遂觉。因以梦语 [妃/福金]①。[妃/福金] 曰："介赛为人，如鸟飞扬，上从何处 [罗/擒] 之？" [翼/明] 日，复语众贝勒，皆对曰："此 [吉兆也/梦吉]。天将畀我非常才望人，为我国 [助/所得]，预以此示耳。"丙午，上率贝勒诸臣，统兵攻明之铁岭城，围之。其时城外各堡兵，奔入城（者半），[其不得入者/遮断于外者半]，[悉/各] 奔窜。我 [军/兵] 树梯楯，攻城之北。明游击喻成名、史凤鸣、李 [克/见] 泰督 [兵/军] 拒守，[枪炮/发巨炮鸟枪] 矢石交下。我 [军/兵] 即登云梯，毁陴堞，摧锋突入。城 [上/守] 兵（四面）惊溃。阵斩喻成名、史凤鸣、李克泰，尽歼其众。上遂入城驻 [军/跸道员公署]。是夜，蒙古喀尔喀部

---

① [ ] 内斜杠前为乾隆本，后为康熙本。

落贝勒介赛（贝勒），扎鲁特部落贝勒巴［克/喀］（贝勒）巴牙尔［图/兔］［戴/代］青台吉、［色/苏］本（台吉）及小台吉等二十余人，共引兵万余，星驰而［至/来］，伏秋田以［伺/待］。［翼/平］旦，我兵厮养卒十余人出城外牧马，介赛兵见而击射之，被杀伤。我兵见之，即出城，知为蒙古兵，欲战，因［未奉/无］上命，不战，而我国之人已被杀，遂蹑其后而行。上出城曰："不战何也？急击勿失。"大贝勒代善曰："若战，恐后悔。"上曰："此介赛兵也，吾恨介赛有五，今又先杀吾人，何悔焉！"众贝勒大臣遂率兵［奋/冲］击，败其兵，追至辽河，溺水死及阵斩者甚众。擒介赛［及/并］二子［色/搜］特［席尔/希儿］、克［什/石］克［图/土］及扎鲁特部落贝勒巴克、色本，科尔沁部落贝勒明安（贝勒）子桑阿尔寨，介赛妹夫代噶［尔/儿］［塔/他］布囊，及其臣十余人，兵百五十余人，系城楼内。时既擒介赛，众贝勒大臣抃舞上前曰："果［符吉/如上］梦，得介赛矣（，皆大称奇）。"［翼/次］日，大［宴/张筵］奏乐，令介赛等匍匐谒上。（从）介赛［从人/虾］名乌胡齐者问曰："上与众贝勒大臣，俱无恙［耶/也］？"四贝勒［侍/在］上侧，［应/遂］曰："我军中厮养卒，［止/有］十数人被伤（头颅者），余皆无恙。汝等鞍马俱完善耶？"蒙古皆大惭，垂首无以应。于是，［驻军/屯兵］铁岭城三日，论功行赏，［以所/将］俘获分赉将士有差。令介赛（贝勒）从者孛罗齐及十一人还，寄语所部，述蒙古兵大败，介赛及六贝勒并兵百五十余人悉为我国所擒。乃班师。上谕贝勒大臣曰："我［畜/今既豢留］介赛于此而［殄其兵/兵已歼］，［彼/其］所属军民畜产，恐为他贝勒攘而取之。不如［纵/将］所擒百四十人（放）还国。"便（言毕）遂遣之还。①

①《清朝太祖太宗世祖朝实录蒙古史料抄——乾隆本康熙本比较》，49～51页。

乾隆本和康熙本《清太祖实录》基本上沿袭了《清太祖武皇帝弩儿哈奇实录》的说法，只是把语言更加文言化。而《皇清开国方略》记云：

> 初，我军未征铁岭时，太祖夜寝梦天鹅、白鹤及众鸟翔翔上下，罗之，得白鹤一，呼曰："得斋赛矣。"遂觉，以梦告妃，妃曰："斋赛为人如鸟飞飏，上从何处罗之？"翌日，复告诸贝勒，皆对曰："此吉兆也，天将畀我非常才望人，为我国助耳。"至是既擒斋赛，诸贝勒大臣抃舞曰："果符吉梦，得斋赛矣。"翌日，大宴奏乐，令斋赛等匍匐进谒。斋赛从人名乌瑚齐者问曰："上与众贝勒大臣俱无恙耶？"四贝勒侍太祖侧，应曰："我军中，止牧马兵十数人被伤，余俱无恙，汝等鞍马俱完善耶？"蒙古皆大惭，垂首无以应。于是驻军铁岭城三日，论功行赏，以所俘获分给之。先释斋赛从者博啰齐等十一人使归，寄语诸部长，述蒙古兵大败，斋赛及众台吉并兵五百余人悉为我国所擒。乃班师，太祖谕贝勒大臣曰："我畜斋赛于此，而殄其兵，彼所属军民、畜产，恐为他部攘而取之，不如纵所擒兵五百余人还国为便。"遂遣之还。①

通过以上各种文本记载同一事件的比较，笔者发现，《皇朝藩部要略》在叙述斋赛援铁岭一事时与《皇清开国方略》的叙述语言最相近，甚至沿袭了其错误的记载。我们若细细比较《皇朝藩部要略》与《满文老档》《清太祖实录》的各个版本以及《皇清开国方略》等文本所记，发现其他文本都记"遣一百四十人

---

① 阿桂、梁国治、和坤，等撰：《皇清开国方略》卷六，见方略馆编《清代方略全书》（第1册），143~144页，北京，北京图书馆出版社，2006。

还"，独《皇清开国方略》和《皇朝藩部要略》的各版本都记为"纵所擒兵五百余人还国"，此处当是《皇清开国方略》错记也，因为《皇清开国方略》来自于《清实录》，在《皇清开国方略联句》里云："编纂《方略》，皆本于《开国实录》，盖崇德元年所辑，文直事核，足资垂信。《开国实录》系满洲、蒙古、汉字三体恭缮，旧藏盛京翔凤楼，后贮内库。皇上命于颐和殿之后建敬典阁移奉太祖以下历朝《实录》，永世尊藏。"① 那么，此处的《开国实录》即指《清太祖实录》和《清太宗实录》。因此，此处应以《清太祖实录》和原始文献《满文老档》所记"一百四十人"为准。很显然，《皇朝藩部要略》不但与《皇清开国方略》叙事策略相同，其错误也一并沿袭，只是叙述更加简略化，因此，我们有理由推断，《皇朝藩部要略》所记清初史事大部分来源于《皇清开国方略》。

关于斋赛援铁岭一事，《皇朝藩部要略》的各个版本之间所记载也有不同。

《皇朝藩部要略》筠渌山房本就与上述稿本所记太祖做梦事不同，此本云："先是，太祖夜寝，梦天鹅、白鹤及众鸟翱翔上下，罗之，得白鹤一，呼曰：'得斋赛矣。'太祖觉，翌日，告诸贝勒，皆曰：'此吉兆也。'"即把稿本中之"遂觉，以梦告妃，妃曰：'斋赛为人如鸟飞飏，上从何处得之?'翌日，复告诸贝勒，皆曰：'此吉兆也。'"改为："太祖觉，翌日，告诸贝勒，皆曰：'此吉兆也。'"使得文字更加简练。此后《皇朝藩部要略》北大藏抄本，即前文所述之拟进呈本与光绪刻本，皆沿袭此说。

三、斋赛被擒后《皇朝藩部要略》所记诸事考

斋赛被擒后，努尔哈赤以其为质，内喀尔喀五部不敢妄动。《皇朝藩部要略》此后没有再对此事有详细的介绍，只是说：

① 《皇清开国方略》卷首，见《清代方略全书》（第1册），28页。

其冬，喀尔喀众贝勒遣使来告，合谋并力于明，因遣使与其部长会盟。五年正月，（以书报察哈尔林丹汗）〔察哈尔〕林丹汗以书来，词意骄悖，〔上报书〕（故）切责之。……六年三月乙卯，克明沈阳。越六日，喀尔喀部卓哩克图等二千余骑，乘我兵取辽阳，来略沈阳财粟，我驻守兵击之，擒三十人，斩二十四人，纵六人持书归，责其罪。八月甲申，释斋赛还其国，其部人以牲畜一万来赎，又以二子一女为质。以质女为大贝勒代善妃。①

这是关于斋赛的全部信息。但是笔者通过阅读其他史料后发现，在这个简单叙述的背后，是各种势力的角力和斗争。

努尔哈赤在天命四年（1619 年）七月末攻取铁岭、俘获斋赛以免除后顾之忧后，在八月灭叶赫。这时，后金自东海至辽边，北自嫩江，南至鸭绿江，同一语音者俱征服，诸部始合为一，实力显著增强，可与蒙古诸部相抗衡。

斋赛被擒后，内喀尔喀五部频繁派使者来。② 但努尔哈赤不为所动，并云："天以斋赛与我，致使屡与我为敌之斋赛被擒，即欲杀之，然念尔喀尔喀卓里克图贝勒，及额布格德依黄台吉等，故留斋赛于此。"③ 卓里克图贝勒指的是乌济业特部首领炒花，额布格德依黄台吉是巴林部首领，这两部在内喀尔喀五部中，处于西南。很明显，努尔哈赤在这里推重喀尔喀西南二部首

---

① 《皇朝藩部要略》卷一《内蒙古要略一》，国家图书馆藏稿本。另参见《清朝藩部要略稿本》，3 页。
② 《满文老档》（上），118 页记："出兵往征叶赫之后，蒙古五部喀尔喀众贝勒之使者恩格德尔额驸至"；"蒙古喀尔喀五部众贝勒来使曰：'若念该斋赛贝勒之罪，汗将诛之矣！以我喀尔喀五部贝勒之故，宥其死，而豢养之。此例何有耶？倘为明国擒获，必杀其身，携首级以去也！今保其性命，恩莫过于此。为此，我等尚有何言？悉听汗命。'"。
③ 《满文老档》（上），119 页。

领，是因为他认为不杀斋赛，已足以使喀尔喀东三部有所顾忌，
从而对后金转变态度，因此此时重点应放在笼络喀尔喀其他二部
上。尤其是炒花，作为喀尔喀五部的最高首领，争取到他，可以
使得整个喀尔喀五部都会转变态度。

果然，在努尔哈赤写此书信后不久，十月二十二日，喀尔喀
以炒花为首之诸贝勒遣使致书曰："斋赛之罪，汗自知之。曾言
以明国为敌，合谋征讨之，所言甚是也！愿共征讨之，直抵山海
关。不践此言，佛天鉴之！"① 初步达成了与努尔哈赤结盟的意
向。而与喀尔喀的使者一同前来下书的还有察哈尔林丹汗的使
者，林丹汗的书信云："四十万蒙古国之主巴图鲁青吉思汗谕：
致问水滨三万诸申之主恭敬英明汗安居无恙耶！明国与我二国昔
为仇敌，我闻午年至未年，尔骚扰明国，此未年夏，我亲至广
宁，降服其城，收取贡赋。今尔出兵广宁城，我将钳制于尔。我
二人素无衅端，若我所服之众为尔所得，则我有何名？若不听我
言，则我二人之是非，天将鉴之！前时我等遣使往来，后因尔使
者捏告我骄慢，遂相断交。若以我言为是，尔遣前使前来。"② 这
就是著名的林丹汗致努尔哈赤"词意骄悖"之书。但我们应该注
意到这样的一个细节，即林丹汗的使者与喀尔喀的使者一同来下
书，且此时已距斋赛被擒过了整整三个月，林丹汗应当早就知
悉此事。虽然后来他曾经责备炒花时云："当初宰赛被东奴拿去，
你不与我说。"③ 但这只是表明，炒花没有告知林丹汗斋赛被擒一
事，并不表明此时林丹汗不知此事。或许正是林丹汗认为努尔哈
赤擒内喀尔喀蒙古部的斋赛，侵犯了自己的权威，才下书给努尔
哈赤以威胁之。虽然在第二年努尔哈赤就回书给林丹汗"切责
之"，但林丹汗的存在对努尔哈赤来说总是一个强大的威胁。故

① 《满文老档》（上），120 页。
② 《满文老档》（上），121 页。
③ 王在晋：《三朝辽事实录》卷十六，续修四库全书·第 437 册，398 页，上海，上
　海古籍出版社，2002。

在林丹汗来书的威胁下，努尔哈赤越发感到与喀尔喀五部联盟的迫切性。

十一月初一日，后金与内喀尔喀五部结盟。此即《皇朝藩部要略》所云的"其冬，喀尔喀众贝勒遣使来告，合谋并力于明，因遣使与其部长会盟"。努尔哈赤答应释放斋赛的条件是"待我二国合谋征明，得广宁地方后，我再考虑斋赛之事"①。而广宁是辽东的巡抚、总兵驻扎之处，换句话说，广宁是辽东的首府，得广宁就意味着后金得到了东北。

然而，形势的发展并未如努尔哈赤所预想的那样乐观，喀尔喀五部很快就背盟。天命五年（1620 年），努尔哈赤遣至蒙古喀尔喀五部之使臣还，报汗曰："喀尔喀蒙古诸贝勒，俱背盟言。臣等两次求见奥巴戴青，未准相见。诸贝勒之使者未至，止二贝勒使者至。杜楞洪巴图鲁贝勒曰：'我之子孙皆已变心，唯我身断不与汗交恶。我虽训我子孙，却已不能制之。'"②奥巴戴青即炒花的长子，杜楞洪巴图鲁即炒花。由炒花的话可以获知，内喀尔喀五部内部也矛盾重重，或者炒花所说的话也是虚与委蛇之言。努尔哈赤赶紧再回书信云："尔等前曾来文声称：'愿予征明直至山海关。'我亦曾言：'以待攻取广宁城，即遣还斋赛。'能践诺言，即放斋赛，若负此言，则何以相信尔等，而将斋赛遣还耶？"③信中并指出，努尔哈赤遣至扎鲁特贝勒卫征处的使臣，其所乘之马七匹、所购之牛十八头、羊九只，悉被卫征盗去；卓齐特扣肯的部众在二月袭扰了叶赫，抢十五人、马十匹；哈拉巴拜部的三台吉又一次去袭击了叶赫；内齐汗食言不还叶赫的逃人，等等。

此后，炒花的儿子、孙子们继续对后金采取不友好的行动，

---

① 《满文老档》（上），124 页。
② 《满文老档》（上），146 页。
③ 《满文老档》（上），147 页。

包括劫掠后金的使臣、与明声息相通等等，甚至炒花本人亦逐渐醒悟努尔哈赤的做大对自己是个莫大的威胁，开始公开与努尔哈赤作对。天命六年（1621 年，明天启元年）三月，后金克沈阳，内喀尔喀炒花、煖兔等部乘沈阳残破之余，率二千余骑，往窃沈阳财粟。① 是年五月，炒花带明朝的间谍，"日入奴境哨探，声息粗通"。②

至此，努尔哈赤利用斋赛为质与内喀尔喀结盟共同抗明的计划不但彻底破产，而且激起了内喀尔喀诸部与明朝的联合。于是，决定不等取广宁，就释放斋赛。但条件是要以马万匹、牛千头来赎，并以其二子一女为质。努尔哈赤对斋赛的富有早有所闻并觊觎之。早在俘获斋赛时，努尔哈赤就云："彼所属之国人、畜群，恐为他贝勒所掠取，拟释所擒之一百四十人还，以守护其国无夫之妇、失父之童及其牲畜。"③ 后又把斋赛子克希克图遣回，目的是："倘不遣一子归彼，恐彼所有之国人尽被兄弟欺凌侵夺。"④ 可见努尔哈赤当初在擒斋赛时就已经想好了这一步棋，即以斋赛为质谋结内喀尔喀五部不成就谋夺其财产。

天命六年（1621 年）八月初三日，赎斋赛的使者至，献马二千匹、牛三千头、羊五千只及斋赛亲生之二子一女。初九日，与斋赛盟誓。十八日，送斋赛还。二十日，八贝勒分取斋赛送来之马匹、羊只。⑤

以上就是斋赛被擒后《皇朝藩部要略》所记斋赛诸事的考证。然则其所记"以质女为大贝勒代善妃"一事，在《皇朝藩部要略》筠渌山房本以及光绪刻本中都有此内容，唯独在北大藏抄

---

① 《清通鉴》（前编），206 页。
② 《明熹宗实录》卷十，天启元年五月壬子条，台北，"中央研究院"历史语言研究所校印本，1962。
③ 《满文老档》（上），106 页。
④ 《满文老档》（上），124 页。
⑤ 《满文老档》（上），225～229 页。

本，即拟进呈本中没有。《皇朝藩部要略》筠渌山房本所记此事明显是沿袭《清太祖实录》中"乃以所质女与大贝勒代善为妃"① 的说法的。然则《清太宗实录》记载斋赛吊太祖丧时云："（先是）喀尔喀贝勒介［赛/塞］（贝勒）［感我国释还恩/为我阵获放归］，（兹）遣使（赍马匹白布）来吊太祖丧。又以大贝勒代善（曾）欲聘其女未许，兼请罪。"② 由此可知，斋赛原来并没有答应以其女为代善妃。林丹汗在责备炒花时，也提到："宰赛女儿与了东奴抱去，你又不与我说。"③ 此处所说的"宰赛女儿"即斋赛质女。看来，《清实录》与《皇朝藩部要略》所云以斋赛质女为代善妃是有一番波折的。我们看到，努尔哈赤无论是在攻打斋赛时，还是在给内喀尔喀五部贝勒的信中，所述斋赛的罪过第一点就是"我所聘叶赫锦泰希贝勒之女，斋赛其人夺而娶之"④。可见，努尔哈赤对斋赛强娶代善所聘叶赫之妻一事耿耿于怀，并在鼓励其兵攻打斋赛时所列出的六大罪过中，列为第一罪过，可以说无时无刻不在想着如何复仇。那么，斋赛把其质女送来，刚好满足了努尔哈赤的期待，他要以斋赛的质女为代善妃，以补偿斋赛所犯之罪。斋赛当时未同意，待到生米煮成熟饭后，才于天命十一年（1626 年）趁吊太祖丧的机会请罪。那么《皇朝藩部要略》拟进呈本把此事删去当是因为有这些波折，为尊者讳，还是把此事删去为妙。

四、小结

　　通过《皇朝藩部要略》中所记斋赛诸事的考证，基本可以断

---

① 《清太祖实录》，天命六年八月条，见《清朝太祖太宗世祖朝实录蒙古史史料抄——乾隆本康熙本比较》，68 页。
② 《清太宗实录》，天命十一年十一月条，见《清朝太祖太宗世祖朝实录蒙古史史料抄——乾隆本康熙本比较》，108 页。
③ 《三朝辽事实录》卷十六，续修四库全书·第 437 册，398 页。
④ 《满文老档》（上），103 页、118 页。

定，《皇朝藩部要略》在清初的史事叙述上，采自于《皇清开国方略》，这在下文还会有所涉及。通过以上考察，我们也基本上把内喀尔喀与明朝、后金的关系弄清楚了，几方势力在东北地区较量、博弈，最终后金以其高超的外交手腕胜出。我们看到，以斋赛一事而言，努尔哈赤擒而不杀，以争取主动权。果然，以斋赛为筹码，后金与内喀尔喀五部建立了联盟，虽然这个联盟不稳固，但是至少在其攻打叶赫和明朝时喀尔喀五部不敢妄动，使后金没有了腹背受敌之患。等后金攻下叶赫、沈阳之后，实力大为增强，而内喀尔喀五部在这种形势下背盟，于是主动权还是掌握在后金的手中。在这种情况下，后金以高姿态、有条件地释放斋赛，以其二子一女为质，得到了一万头牲畜，并以斋赛质女为代善妃，以报斋赛娶代善所聘叶赫之女之仇。从始至终，主动权都掌握在后金手中，其政治策略环环相扣，牵着内喀尔喀五部的鼻子走。

斋赛在获释不久后即背盟，继续抗金，与察哈尔林丹汗相呼应。至天聪八年（1634 年，明崇祯七年），部众散亡殆尽，斋赛夫妻二人"存亡未知"。①

第三节　外喀尔喀硕垒的两封信与《皇朝藩部要略》

《皇朝藩部要略》卷一《内蒙古要略一》中叙述了喀尔喀车臣汗、土谢图汗给后金天聪汗和察哈尔苏泰太后书信的事。齐木德道尔吉先生在其《外喀尔喀车臣汗硕垒的两封信及其流传》一文中，根据《旧满洲档》所载蒙文和满文原文，以及清初《内国史院档》的满文译文、《清太宗实录》中经满文转译而成的汉文译文，对这两封信作了详细的考证，并考察了在《皇清开国方

---

① 《清太宗实录》，天聪八年闰八月条，见《清朝太祖太宗世祖朝实录蒙古史史料抄——乾隆本康熙本比较》，296 页。或参见《清通鉴》（前编），222 页。

略》以及《皇朝藩部要略》中的流传情况。然齐木德道尔吉先生着重的是对这两封信的考证，对于这两封信在《皇朝藩部要略》中的表达讨论得不够，笔者拟在齐木德道尔吉先生研究的基础上，对此问题作一详细的讨论。

一、车臣汗硕垒两封信的历史背景

后金天聪八年（1634 年），蒙古林丹汗病死于大草滩，蒙古汗统至此完结。强大的后金政权和外喀尔喀蒙古都有意填补这个权力真空。于是，外喀尔喀以车臣汗为首的政治集团就分别写了两封信，一封给林丹汗第三大福晋苏泰太后及其子额尔克孔果尔额哲，劝他们归顺自己；另一封信则给后金天聪汗，明确表示虽然林丹汗不能领导众蒙古，但我车臣汗能够守此大业，亦即以平等的地位劝诫后金不要觊觎林丹汗死后留下的权力及部众。

外喀尔喀左翼车臣汗硕垒，是达延汗子格呼森扎四子阿敏都喇勒之孙。他于 1633 年在外喀尔喀地区建立了自己的领地，自号格根车臣汗，又称玛哈撒嘛谛汗，成为外喀尔喀三汗之一。①

二、车臣汗硕垒的两封信与《皇朝藩部要略》

外喀尔喀硕垒的这两封信在《皇朝藩部要略》中，先有一个铺垫，之后才有这两封信的内容，其表达为：

> （崇德元年——笔者注）十一月丙午，综核察哈尔、喀尔喀、科尔沁诸部户口。先是十月丁亥，命内宏文院大学士希福，蒙古衙门承政尼堪，塔布囊达雅齐偕都察院承政阿什达尔汉，往察哈尔、喀尔喀、科尔沁诸部，稽户口，编牛录，谳庶狱，颁法律，禁奸宄，并谕来会之亲王、郡王、贝

---

① 齐木德道尔吉：《外喀尔喀车臣汗硕垒的两封信及其流传》，载《内蒙古大学学报》（哲学社会科学版），1994（4）。

勒、贝子等曰："今候河水冻合，即当起兵，时欲朝贺者，
概暂停止之。"至是还奏，以五十家编为一牛录，具载牛录
姓名及甲士清册以献。己酉，喀尔喀二部，车臣汗硕垒、土
谢图汗衮布，遣使来贡。先是，天聪九年五月，喀尔喀车
臣、土谢图二部，以书一函付察哈尔部索诺木台吉，云：
"遇天聪皇帝之人付之。"又以书招察哈尔汗子额尔哲孔果尔
额哲，贝勒多尔衮等征服察哈尔并得其书以献，其书称述功
德，期通信使，而贻额哲书，则劝其勿事我国，归附其部。
〔书曰："玛哈撒嘛谛车臣汗、土谢图汗、车臣济农率大小诸
贝勒，奏书于满洲国天聪皇帝，人君抚有大宝，以宣扬美名
于诸国，当兴起教化，辑宁远人，我等虽不〔能〕奋兴，然
谊属同宗，倘念旧〔业〕尚存，互相通好，信使不绝，则我
等共享太平之福，尊为有道之主也。"遗察哈尔书曰："玛哈
撒嘛谛车臣汗谕林丹汗子孔果尔额哲，在先执（浑）〔珲〕
贝勒送还，彼此缔盟，后因国乱，遂不相往来，自尔汗弃
世，闻举国全来附我。秋来即令哨卒侦探实耗，我等与尔汗
原系同宗，满洲岂尔等之主耶？即宜来归，勿再迟延。"〕①

这种把天聪九年事放在崇德元年喀尔喀部"遣使来贡"时叙
述，能够起到脉络清晰，并突出后金无论就政治手段还是综合实
力都要比外喀尔喀部强的效果。这种叙事策略几乎和《皇清开国
方略》一模一样。《皇清开国方略》云：

> （崇德元年——笔者注）十一月丙午，清查察哈尔、喀
> 尔喀、科尔沁诸部户口。先是十月丁亥，命内宏文院大学士
> 希福，蒙古衙门承政尼堪，塔布囊达雅齐偕都察院承政阿什
> 达尔汉，往察哈尔、喀尔喀、科尔沁诸部，稽户口，编牛

---

① 《皇朝藩部要略》卷一《内蒙古要略一》，国家图书馆藏稿本。

录，谳庶狱，颁法律，禁奸宄，并谕来会之亲王、郡王、贝
勒、贝子等曰："今俟河冰冻合，即当起兵，欲朝贺者，暂
停止之。"至是还奏，以五十家编为一牛录，具载牛录姓名
及甲士清册以献。己酉，喀尔喀部遣使来贡。先是，天聪九
年五月，喀尔喀部以书一函付察哈尔部索诺木台吉，谓倘遇
满洲国天聪皇帝之人即付之。又以书招察哈尔汗子孔果尔额
哲，贝勒多尔衮等征服察哈尔并得其书以献，书曰："玛哈
撒嘛谛车臣汗、土谢图汗、车臣济农率大小诸贝勒，奏书于
满洲国天聪皇帝，人君抚有大宝，以宣扬美名于诸国，当兴
起教化，辑宁远人，我等虽不能奋兴，然谊属同宗，倘念旧
业尚存，互相通好，信使不绝，则我等当共享太平之福，尊
为有道之主也。"遗察哈尔书曰："玛哈撒嘛谛车臣汗谕林丹
汗子孔果尔额哲，在先执珲贝勒送还，彼此缔盟，后因国
乱，遂不相往来，自尔汗弃世，闻举国全来附我。秋来即令
哨卒侦探实耗，我等与尔汗原系同宗，满洲岂尔等之主耶？
即宜来归，勿再迟延。"①

我们对比一下两种史料叙述的同一件事，发现除了几个字外
（如《皇朝藩部要略》把《皇清开国方略》中的"喀尔喀部遣使
来贡"改为"喀尔喀二部，车臣汗硕垒、土谢图汗衮布，遣使来
贡"，这使得叙事更加具体化），其余的叙述两书几乎一样，笔者
又粗略对比了一下两书中其他段落的叙述，可以说，在开国史实
部分，《皇朝藩部要略》基本上是《皇清开国方略》的摘叙本，
即把《皇清开国方略》中的重要的条目摘出来，甚至沿袭了《皇
清开国方略》中的错误②，由此我们可以断定，《皇朝藩部要略》
在清朝开国史事的历史叙述中，基本是采自于《皇清开国方

---

① 《皇清开国方略》卷二十二，见《清代方略全书》（第 1 册），526 ~ 527 页。
② 参见本章第二节。

略》的。

《皇朝藩部要略》中在叙述外喀尔喀硕垒的两封信的时候，祁韵士原文本来是简略叙述的，即"又以书招察哈尔汗子额尔哲孔果尔额哲，贝勒多尔衮等征服察哈尔并得其书以献，其书称述功德，期通信使，而贻额哲书，则劝其勿事我国，归附其部"。没有书信内容，后张穆在校改《皇朝藩部要略》时，又以粘单的形式把这两封书信加上，并在眉批写有："'归附其部'下夹行写入'书曰'至'迟延'云。"① 粘单所抄当也是来源于《皇清开国方略》，这两封信的内容除了《皇朝藩部要略》中把"则我等当共享太平之福"抄成了"则我等共享太平之福"，漏抄一"当"字外，其他文字一模一样。因此，我们也有理由相信，张穆在改定《皇朝藩部要略》时，其所据史料中也有《皇清开国方略》。

齐木德道尔吉先生根据《旧满洲档》所载蒙文和满文原文，以及清初《内国史院档》的满文译文、《清太宗实录》中经满文转译而成的汉文译文，对这两封信作了详细的考证，并做了新译，给皇太极之信的译文为：

> 愿得安康。玛哈撒嘛谛塞臣可汗、土谢图可汗、塞臣济农开始，大小诺颜奏书于成为水滨六十三姓之主的聪明可汗。奏书之缘由，盖因人君需要不可毁坏之大政体和令所有人等得以听闻之好声名，当各自力图使政体、法度兴盛之誉为贵。六万之主，未能领导我们。尽管他未能 [领导]，由于在汗统中非我们未有他人，我们还保存着不可毁坏之大政体。倘若想到此大政体，即令各自的使臣不断来往以问安

---

① 《皇朝藩部要略》卷一《内蒙古要略一》，国家图书馆藏稿本。眉批是张穆写的无疑，但粘单内容明显不是张穆字体，后面也有很多粘单不是张穆字体，据此推断，张穆很有可能还有助手，或许是其弟子等人，张穆把此处加入什么内容在眉批上写完，剩下的工作由他们来完成。

好。如此行之，则可谓我等获得了宝人之体，生成为强盛之主也。使臣名为噶尔玛乔巴尔塞臣班第达。①

给苏泰太后和孔果尔额哲的书信译文为：

> 愿得安康。
>
> 众人拥戴的玛喀撒嘛谛塞臣汗的谕旨。致书太后、子额尔克以及者勒墨达尔罕诺颜为首的诸寨桑。以前，执珲诺颜送还，并言辞互敬，事业互成而行之。以后，也无过失。[只是] 在国乱中未得互相来往。我们各自没有过失，没有怨仇来着。可汗升天后，听闻你们全体归来，自秋以来通过巡查加以提防。我等于②汗为同宗，于尔等黎民乃尔之主也，毫无阻碍该当归来。夫谓衫袍，太后乃我福晋之妹也。如若投奔他人，无论从政体或宗谊，我乃最亲近者。再三内心思考而定。我的使臣名叫噶尔玛程贝班第达、本素格额尔克侍卫二人，礼物为一匹马。吉祥如意。③

此两段译文，李保文先生也据蒙文进行了翻译，给后金的书信翻译为：

> 蒙古北喀尔喀马哈撒嘛谛色臣汗等致天聪汗书
> 天聪九年五月二十七日
> 愿吉祥。马哈撒嘛谛色臣汗、土谢图汗、色臣济农等大小诺颜献书于水滨六十三姓之主天聪汗。献书缘由：汗王以国政及享誉四海之美名为贵。愿同求昌兴政教之首业。我等

---

① 齐木德道尔吉：《外喀尔喀车臣汗硕垒的两封信及其流传》，载《内蒙古大学学报》（哲学社会科学版），1994 (4)。
② "于"当为"与"字。
③ 《外喀尔喀车臣汗硕垒的两封信及其流传》，13 页。

六土绵之主未能驾御。彼虽未能驾御，然其汗统与我同宗，故今仍守此大业。若念及此大业，则愿互派使臣通好不绝。如此，方可谓获此贵身，享有权势之汗也。使臣姓名噶日玛乔伊巴尔色臣班第达。①

给苏泰太后和额尔克孔果尔额哲的书信译为：

蒙古北喀尔喀马哈撒嘛谛色臣汗致察哈尔太后等敕谕
天聪九年五月二十七日

愿吉祥。共戴马哈撒嘛谛色臣汗敕谕太后、额尔和扣肯、哲勒墨达尔汉诺颜为首诸宰桑。先是，尔执送洪诺颜，恪守盟言，同就事业。其后，尔于国乱之时，未相往来。我等素无怨恨、亦无仇隙。汗殡天后，闻尔等悉来附我。其秋，即令哨探往迎。与汗同宗，为尔等庶民之主。尔等当即前来。如衣袍褂，太后乃我哈吞之妹，若往他处，或论道统，或论宗族，唯我近也。其慎思之。使臣姓名噶日玛禅布依班第达、朋素克席雅二人。赠马一。②

我们通过比较后发现，无论是齐木德道尔吉先生的译文，还是李保文先生的译文，都和这两封信在《皇朝藩部要略》中的表达大不相同。其不同点主要有：

1. 《皇朝藩部要略》把蒙文原文的"水滨六十三姓之主的聪明可汗"改成了"满洲国天聪皇帝"。这把车臣汗平等的甚至是居高临下的态度，篡改为一种恭谨的态度，并且，这种改法也与历史常识不符。因为天聪九年（1635 年）的十月十三日，即公历 11 月 22 日，皇太极才发布了一道谕旨，规定："我国原有满洲、

---

① 李保文：《天命天聪年间蒙古文档案译稿（中）》，载《历史档案》，2001（4）。
② 李保文：《天命天聪年间蒙古文档案译稿（中）》，载《历史档案》，2001（4）。

哈达、乌喇、叶赫、辉发等名，向者无知之人往往称为诸申，夫诸申之号，乃席北超墨尔根之裔，实与我国无涉。我国建号满洲，统绪绵远，相传奕世，自今以后，一切人等，止称我国满洲原名，不得仍前妄称。"① 从此之后，"满洲"一名才出现在史册，那么比此谕旨早近五个月的书信，尤其是蒙古车臣汗给后金的书信，不可能这样先知先觉地称为"满洲"云云。后来纂修官书的史臣或者没有考虑到这一点，或者考虑到了但偏要抹杀历史的真实，以彰显清朝皇权的威严。

2. 把"奏书之缘由，盖因人君需要不可毁坏之大政体和令所有人等得以听闻之好声名，当各自力图使政体、法度兴盛之誉为贵"改为"人君抚有大宝，以宣扬美名于诸国，当兴起教化，辑宁远人"。这样一改，尤其是把"各自"这一表示平等的语汇去掉，那么"人君"就指称后金皇帝了。

3. 把"六万之主，未能领导我们。尽管他未能［领导］，由于在汗统中非我们未有他人，我们还保存着不可毁坏之大政体"，改为"我等虽不能奋兴，然谊属同宗"。把主语"六万之主"删掉，使得这个句子的语义模糊，致使与谁"谊属同宗"语义不明。

4. 把"我等获得了宝人之体，生成为强盛之主也"改为"我等共享太平之福，尊为有道之主也"。亦改变了原意。

以上是车臣汗致后金皇帝的书信的篡改情况，致苏泰太后和额尔克孔果尔额哲的书信同样篡改严重。主要有：

1. 把"致书太后、子额尔克以及者勒墨达尔罕诺颜为首的诸寨桑"改为"谕林丹汗子孔果尔额哲"，把"太后"及"者勒墨达尔罕诺颜为首的诸寨桑"都删去了。

2. 把"我等于（与）汗为同宗，于尔等黎民乃尔之主也，

---

① 《清太宗实录》，天聪九年十月庚寅条，见《清朝太祖太宗世祖朝实录蒙古史史料抄——乾隆本康熙本比较》，330～331 页。

毫无阻碍该当归来"改为"我等与尔汗原系同宗，满洲岂尔等之主耶?"这一句话齐木德道尔吉先生进行了考证，"满洲岂尔等之主耶"这一挑战性的语句肇始于《清太宗实录》，此后的官私史书照录之，不仅同蒙文原意不符，而且同满译背道而驰。①《皇朝藩部要略》张穆所用稿本中，在粘单中录入这句话时，专门用朱笔录入，以别于其他黑笔字，我认为，这可能是不确定的标记，在可删可不删之间。果然，在《皇朝藩部要略》筠渌山房刻本以及北大藏拟进呈本中，这句具有挑战意味的话都被删去了。

3. 把"夫谓衫袍，太后乃我福晋之妹也。如若投奔他人，无论从政体或宗谊，我乃最亲近者。再三内心思考而定"改为"即宜来归，勿再迟延"。这句话把一种亲属的劝说口吻改为了居高临下的命令口吻。

总之，这两封信的大幅度的篡改，目的在于改变车臣汗的原意，改变车臣汗的形象，为后来外喀尔喀部"遣使来贡"甚或征服外喀尔喀部打下伏笔，突出后金皇权的威严以及统治者的策略得当、英名神武。这就是官书纂修者一贯用之的曲笔手法。

三、小结

综上所述，《皇朝藩部要略》在开国史实方面基本上取材于《皇清开国方略》。《皇清开国方略》和《蒙古回部王公表传》一前一后纂修，而总纂官都是阿桂、和珅等，两部书的撰写人员大部分相同，故很有可能两套班子资源共享；再者，在论述同一史实上，没有必要重复纂修两次，故两书在很多方面都有重复。具体说来，《蒙古回部王公表传》在开国史实方面基本沿袭了《皇清开国方略》，而其底册《皇朝藩部要略》在开国史实方面更是《皇清开国方略》的"要略"本。吴丰培先生云，《皇清开国方

---

① 齐木德道尔吉：《外喀尔喀车臣汗硕垒的两封信及其流传》，载《内蒙古大学学报》（哲学社会科学报），1994（4）。

略》"作为钦定，以作清政府在入关前的'公开史书'。……其他各种方略，除殿版锓印外（七省方略则为排印本），民间很少流传，若是抄本，更难得到，独此书不禁，任坊间刻印，故有大字本、小字本流传"。① 那么，作为一种广为流传的官书，张穆在校订《皇朝藩部要略》时也参考了此书，在叙述开国史事中，甚至把祁韵士有意删减的文字又依据《皇清开国方略》增补上了。

第四节　《皇朝藩部要略》中的"珠尔默特那木扎勒事件"的历史书写

——兼论清政府对西藏政策性的制度再造

一、学术回顾

清代西藏的政局，跌宕起伏、风云百变。清朝政府对西藏可谓煞费苦心，其政策也是在探索中一变再变。面对清朝政府的统治，西藏地方也有诸多的反应。其中，珠尔默特那木扎勒事件尤为令人关注。迄今为止，在这方面相关的论著有：陈志刚的《清代前期珠尔默特那木扎勒总理藏政研究》②，邓锐龄的《1750 年珠尔默特那木扎勒事件的再思考》③，杨群、李红坦的《探析珠尔默特那木扎勒事件与清治藏政策的转变》④，汤池安的《论珠尔默特那木扎勒之死》⑤，余万治的《珠尔默特那木扎勒事件的真

---

① 吴丰培：《清代方略考》，见《清代方略全书》（第 1 册），3 页。
② 陈志刚：《清代前期珠尔默特那木扎勒总理藏政研究》，载《求索》，2006（6）。
③ 邓锐龄：《1750 年珠尔默特那木扎勒事件的再思考》，载《中国藏学》，2006（2）。
④ 杨群、李红坦：《探析珠尔默特那木扎勒事件与清治藏政策的转变》，载《青海民族研究》，2005（4）。
⑤ 汤池安：《论珠尔默特那木扎勒之死》，载《中国藏学》，1988（3）。

相》① 等等，这些文章研究的角度各有不同，总体而言，最近几年学界对此问题的研究逐渐深入，其中，邓锐龄先生的文章是对以前关于此问题研究的总结和再思考。他在文中介绍有关此事件的史料时说："关于乾隆十五年（1750 年）珠尔默特那木扎勒事件，《清实录》所记最有系统，《清史列传》中的傅清、拉布敦传大致本诸官书行状，与《清实录》基调一致，私人著述如《西域遗闻》《金川草》则记传闻轶事，颇有价值，《皇朝藩部要略》综括始末，简赅清晰。这些都是汉文文献。至于藏文史料，章嘉活佛《七世达赖喇嘛传》写成于乾隆二十三年（1758 年），上距事件仅 10 年，有关记载不多，此后几年，策凌旺扎勒的《噶伦传》成书，记亲身经历，比较珍贵，然于此事件用墨也有限。丹津班珠尔于 19 世纪初脱稿的《多仁班智达传》仅有寥寥数笔。"②

其实《皇朝藩部要略》虽然后来以私人著述的面目出现，实际上是作为《蒙古回部王公表传》的底册，于乾隆四十四年（1779 年）开始修撰的，和珠尔默特那木扎勒事件仅隔 29 年，很多当事人还保留着当年事件的鲜活记忆，可以说，是清朝记载此事件的第一部官方文献，与后来成书的《清高宗实录》在史实上也有很大出入，其原始性要比《清高宗实录》可信得多。

前人研究大多只是关注珠尔默特那木扎勒事件本身，本义拟在前人研究的基础上，充分挖掘《皇朝藩部要略》等史料，并变换一个研究角度，以乾隆君臣围绕珠尔默特那木扎勒事件前后所作讨论为中心，探讨清政府以此一突发事件为契机，对西藏所作的体制变革和制度安排。所谓"横看成岭侧成峰，远近高低各不同"，从各种面相来看珠尔默特那木扎勒事件，或许会更加接近真相本身。

① 余万治：《珠尔默特那木扎勒事件的真相》，载《西南民族大学学报》（人文社科版），1992（6）。
② 邓锐龄：《1750 年珠尔默特那木扎勒事件的再思考》，载《中国藏学》，2006（2）。

二、珠尔默特那木扎勒其人及其事件的背景

珠尔默特那木扎勒系颇罗鼐之次子，承其父荫，袭封郡王。对于此事，《皇朝藩部要略》记载云：

> （乾隆）① 十一年，谕〔颇〕② 罗鼐曰："尔素效忠诚，勤劳懋著，自朕御极以来，悉心靖共，凡事竭力奋勉，办理妥协，甚属可嘉，著加恩于尔子内封一长子日后承袭王爵，总理藏务，所系甚要，其善择才堪嗣尔，悦服众心，裨益公务者以闻。"颇罗鼐子二，长珠尔默特策布登，次珠尔默特纳木扎勒。珠尔默特策布登病足，以长子让弟，珠尔默特纳木扎勒诡让兄，颇罗鼐爱少子，请以珠尔默特纳木扎勒为长子，允之。上闻珠尔默特策布登之让，嘉之。谕曰："珠尔默特策布登虽有疾，前曾出兵效力，著加恩封镇国公。"③

关于此事，《皇朝藩部要略》和《清高宗实录》的记载有出入，《清高宗实录》记载此事云：

> 前以西藏郡王颇罗鼐一心肫诚奋勉，特施恩于伊二子内封一长子，命伊指出具奏。今据颇罗鼐以伊长子珠尔玛特策卜登已属残疾，次子珠尔默特那木扎勒堪以奋勉出力。伊兄弟互相逊让，并无竞争，即彼处噶卜伦、第巴、大喇嘛等亦皆心服等因具奏。……珠尔玛特策卜登因从前带兵在边境出力，曾施恩封为辅国公，今虽有残疾不能效力，并著加恩封

---

① 张穆整理《皇朝藩部要略》时删除的文字，包文汉先生整理时用（）表示，下同。
② 张穆整理《皇朝藩部要略》时增添的文字，包文汉先生整理时用〔〕表示，下同。
③ 《清朝藩部要略稿本》，302 页。

为镇国公。①

珠尔默特那木扎勒袭封郡王一事，到底是其父颇罗鼐偏爱珠尔默特那木扎勒，还是兄弟谦让呢？如上文所述，《皇朝藩部要略》是乾隆四十四年（1779年）开始纂修的，《清高宗实录》则是从嘉庆四年（1799年）开馆纂修，至嘉庆十二年（1807年）修竣的，二者虽然都是依据奏折等档案纂修的，但《清高宗实录》原始性要比《皇朝藩部要略》差得多。且《皇朝藩部要略》后又记云："（乾隆）十二年，（镇国公）珠尔默特策布登疾痊，驻藏副都统傅清等请遣屯阿里克汛，允之。"② 由此看来，珠尔默特策布登足疾无碍，颇罗鼐实心中偏袒珠尔默特那木扎勒。此条史料其他史书无载。

珠尔默特那木扎勒上台后，开始面对的是西藏早就潜伏着因阿尔布巴事件带来的种种不安定因素。康熙六十年（1721年），清朝决定改革西藏的行政体制，不再在西藏册封蒙古和硕特部汗王掌政，废除第巴职务，而代之以委任数名噶伦共同处理政务。"噶伦"是"发布命令的官员"之意。当时清朝任命的噶伦是抗击准噶尔军有功的康济鼐、阿尔布巴、隆布鼐等人，后又于雍正元年（1723年），增加了颇罗鼐和扎尔鼐为噶伦。但这五名噶伦间早有矛盾，康济鼐、颇罗鼐同属后藏贵族，结成一派，而阿尔布巴、隆布鼐是前藏人，再加上达赖喇嘛系统的扎尔鼐，结成另一派，新坐床的七世达赖喇嘛之父索南达杰，也与阿尔布巴等人串通一气。两派之间的斗争日益激烈。后阿尔布巴等人抢先下手，于雍正五年（1727年）六月杀死了康济鼐，又发兵往后藏攻打颇罗鼐。颇罗鼐一面抗击阿尔布巴，一面奏报雍正帝。次年，

① 《清高宗实录》卷二五六，见中国藏学研究中心、中国第一历史档案馆、中国第二历史档案馆、西藏自治区档案馆、四川省档案馆合编《元以来西藏地方与中央政府关系档案史料汇编》（2），483页，北京，中国藏学出版社，1994。
② 《清朝藩部要略稿本》，302页。

颇罗鼐率兵攻入拉萨，擒阿尔布巴等人，但他没有对阿尔布巴等人擅作处治，而是请清政府官员决断。雍正六年（1728 年），清朝官员查郎阿等以叛逆罪处死了阿尔布巴、隆布鼐、扎尔鼐三人。这一事件史称阿尔布巴事件。阿尔布巴事件是西藏贵族间以及夹杂着达赖喇嘛在内的一场复杂的权力之争，颇罗鼐是胜利者，在雍正六年（1728 年）到乾隆十二年（1747 年），清廷任命颇罗鼐主持西藏事务，并在雍正六年（1728 年）十二月，把达赖喇嘛迁至理塘，至雍正十三年（1735 年）七月，才返抵拉萨。

此后，僧俗势力又明争暗斗，《七世达赖喇嘛传》记载云："郡王颇罗鼐宿业积重，善谋英武，有时执政合于法道，然人心难测，彼一度福泽减弱，臣属群小包围，欲图更高地位权势和惟我独尊，一再找机会对喇嘛（指达赖喇嘛——笔者注）抗衡，对敬信喇嘛者加罪凌辱，吹捧收买来世蠢材，行为不正，令人畏惧。"① 以至于乾隆十一年（1746 年），双方的矛盾一度激化，起因是达赖喇嘛之管事苍结指使达赖喇嘛之弟工格丹津家人，作镇压符咒诅颇罗鼐。② 颇罗鼐"大疑，谓从前达赖喇嘛之父谋杀台吉康济鼐，原有宿仇，此人明系达赖喇嘛指使"③。《七世达赖喇嘛传》中对此事也有详细记载，此书云，曾与颇罗鼐友善的仲益仓吉罗丹（即汉文中的苍结——笔者注）因敬信达赖喇嘛，引起了颇罗鼐的不快，后在一次机会中把仲益的一名仆人抓去，教唆他诬说仲益令其行窃，颇罗鼐又贿赂别人，诬说仲益对自己"诅咒厌胜"，并诬陷索本扎巴塔益亦参与其事，"以莫须有的罪名将仲益仓吉（罗丹）捕入协噶狱中"④。由此可知，《七世达赖喇嘛

① 章嘉·若贝多杰著，蒲文成译：《七世达赖喇嘛传》，253 页，北京，中国藏学出版社，2006。
② 据苏发祥考证，此事件发生的时间当为 1745 年。见苏发祥《清代治藏政策研究》，注 4，71 页，北京，民族出版社，2001。
③ 《庆复等奏报颇罗鼐与达赖喇嘛失和情形折》，乾隆十一年十二月初九日，见《元以来西藏地方与中央政府关系档案史料汇编》（2），492 页。
④ 《七世达赖喇嘛传》，253 页。

传》认为"诅咒"颇罗鼐一事是颇罗鼐诬陷，是"莫须有"之事。

无论如何，被达赖喇嘛之人用符咒"镇压"一事虽经驻藏大臣开导，颇罗鼐从轻处理，并得到了皇帝的夸奖，但颇罗鼐与达赖喇嘛的不和却更加表面化了。其实，我们在《清高宗实录》中看到，早在几年前，颇罗鼐还有一次被"镇压"的事，《清高宗实录》乾隆十一年（1746年）十二月初四日乾隆帝敕谕藏王颇罗鼐：

> 达赖喇嘛看茶之绥绷喇嘛扎克巴达颜将尔（指颇罗鼐——笔者注）镇压，经书写人桑寨拿获，尔从傅清之言，将此事如同无事，从轻完结。经傅清奏闻，扎克巴达颜系达赖喇嘛服役之人，唯恐关系达赖喇嘛，如此办理，甚合机宜。达赖喇嘛系执掌阐扬西方佛教之人，尔系约束管理藏内人众之人，尔二人同心协力，以安地方，使土伯特向化，一应事务皆赖尔等办理。朕视二人俱属一体，从无畸重畸轻之见。若尔二人稍有不合，以致地方不宁，甚负朕信任期望之恩。再，朕知镇压左道，断不能有损于人。即以近事而论，扎克巴达颜四五年前将尔镇压，此时朕先将尔子封为长子，又加恩封长子为镇国公，并施尔恩典甚重，岂非不能镇压之明效大验乎！观此，尔可以无疑矣。①

乾隆给颇罗鼐的密谕有两个目的，一是表扬颇罗鼐处理此事"甚合机宜"；二是打消颇罗鼐被"符咒镇压"的恐惧心理，其中重要的理由就是扎克巴达颜四五年前也将颇罗鼐镇压，颇罗鼐不但毫发无损，不也是继续荣华富贵吗？可见，"符咒镇压"是不

---

① 《清高宗实录》卷二八〇，见《元以来西藏地方与中央政府关系档案史料汇编》(2)，492页。

灵验的。笔者认为，乾隆皇帝是以一个"外人"的角度一厢情愿
地来劝说颇罗鼐的，完全不了解宗教在西藏人心中的地位，被两
次"符咒镇压"的颇罗鼐其实一直耿耿于怀，这从皇帝亲自劝慰
他也可见此事的严重性。因此乾隆十二年（1747 年）三月十二
日，颇罗鼐的抱病身亡，使人自然而然地想到了是被"符咒镇
压"致死的，① 这更使西藏的僧俗关系雪上加霜。

　　颇罗鼐死后，达赖喇嘛要去吊唁，被珠尔默特那木扎勒拒
绝，对此，乾隆帝也早有预料，他谕军机大臣等云："再上年有
达赖喇嘛属下人镇压颇罗鼐一事，伊等彼此已露不和之意。今颇
罗鼐暴殁，珠尔默特那木扎勒或念伊父动生猜疑，与达赖喇嘛不
睦，或达赖喇嘛又信人言，即照所行于颇罗鼐者，行之于珠尔默
特那木扎勒，则更有关系。"② 乾隆帝此谕给了我们两个信息，第
一个是珠尔默特那木扎勒确实怀疑其父的死亡和被"符咒镇压"
有关系；第二个是达赖喇嘛"又信人言，即照所行于颇罗鼐者，
行之于珠尔默特那木扎勒"，一个"又"字，透露出达赖喇嘛之
人以"符咒镇压"颇罗鼐一事，确系达赖喇嘛指使，乾隆帝担心
的是，颇罗鼐暴殁，给达赖喇嘛等人用这种手段致人于死以极大
的信心，怕以这种手段继续"行之于珠尔默特那木扎勒"，那样
的话，西藏的僧俗关系将更加恶化，但无论如何，此时西藏僧俗
关系紧张已经尽人皆知了。

　　珠尔默特那木扎勒上台后，乾隆帝对驻藏大臣也是谆谆教
导，除了上述对珠尔默特那木扎勒与达赖喇嘛的矛盾表示担心
外，还有很多关系需要驻藏大臣理顺：

---

① 《七世达赖喇嘛传》云颇罗鼐"临死时，脖上出一大金伤夹核，破裂后流血不止
　　而亡，自受与自己以往作业相合之果"。此即指上文所记颇罗鼐诬陷仲益仓吉罗
　　丹等人对其"符咒镇压"一事，说其自作自受而亡。但是不相信颇罗鼐诬陷他人
　　的人，则都纷纷怀疑颇罗鼐之死和被人"符咒镇压"有莫大的关系。因此，不论
　　从哪方面来说，颇罗鼐之死都被人们怀疑和"符咒镇压"一事有关。
② 《清高宗实录》卷二八六，见《元以来西藏地方与中央政府关系档案史料汇编》
　　(2)，493～494 页。

西藏地方关系甚要。颇罗鼐经事练达，下人信服，伊亦能奋勉效力，诸事毋庸置念。今颇罗鼐已故，虽命伊子珠尔默特那木扎勒袭封，总理藏卫事务，而藏地素属多事，众心不一，值珠尔默特那木扎勒年幼新袭之时，未必即能如颇罗鼐收复众人之心。颇罗鼐在时，凡事俱由伊主张，不过商同傅清斟酌办理。今非颇罗鼐时可比，著传谕傅清，逐处留心访查。如有珠尔默特那木扎勒意见不到之处，即行指示，不得稍有疏忽。……颇罗鼐总理藏务多年，皆因能用其属下可信之人，凡事皆属妥当。珠尔默特那木扎勒宜令其用伊父信用旧人，协力料理，方为有益。……此际彼处众人意见情形，及珠尔默特那木扎勒袭爵办事后各处人心输服与否，俱著一一加以体访，具折奏闻。①

这就是说，颇罗鼐在时，凡事都由颇罗鼐做主，凡事"不过商同傅清斟酌办理"，但现在不同了，要求驻藏大臣要以强势姿态来面对藏王，"如有珠尔默特那木扎勒意见不到之处，即行指示"，由"商同办理"到"即行指示"，这是一个质的跨越；另外，除了上述珠尔默特那木扎勒与达赖喇嘛的矛盾外，还有颇罗鼐"旧人"和新藏王的矛盾问题。因此，珠尔默特那木扎勒刚一上台，面临的就是和达赖喇嘛、驻藏大臣、父亲"旧人"，甚至还有其兄珠尔默特策布登等等诸多矛盾，由此看来；珠尔默特那木扎勒几乎是孤军奋战，要么他选择和一切势力妥协，当个傀儡，要么就调整这些关系，维护藏王权力，他选择了后一条道路，而他也正是在破解这些矛盾的过程中由于措施不当，或操之过急而迅速败亡。

① 《清高宗实录》卷二八六，见《元以来西藏地方与中央政府关系档案史料汇编》
  （2），493 页。

陈志刚在其《清代前期珠尔默特那木扎勒总理藏政研究》一文中，对珠尔默特那木扎勒调整藏内关系有很好的研究，他认为，珠尔默特那木扎勒上台后，采取的主要措施有：全面压制达赖喇嘛一系，拉拢班禅一系；集中藏王体制内部的军政权力，去旧布新以及杀死其兄珠尔默特策布登。[1] 但是，与达赖喇嘛的关系没有缓和是其不明智之举，集中自己权力的措施步伐又过快，尤其是杀死其兄珠尔默特策布登更是使其臭名远扬。驻藏大臣纪山在乾隆十四年（1749 年）奏称："到藏以来，留心访查珠尔默特那木扎勒，看来情性乖张，属下俱怀怨望，且伊又有疑虑达赖喇嘛之心，恐日久众怨愈深，达赖喇嘛亦不能忍，滋生事端。"[2]而藏文文献《噶伦传》亦有记载：

> 王（达赖巴图尔[3]）被鬼魅所缠身，任所欲为无法控制，恣意妄为，狂妄欺诈。本性狂怒如鳄鱼，遇事不调查，随意处之，草菅人命在所不惜。正如人们比喻："见人就杀，听到就得逃跑。"所有这些令人毛骨悚然。我们各自虽然没有罪恶，但是以心怀恐惧之情跟随于其后。正直的人好言相劝，对此他面带怒色，（使劝者）反遭怀恨和谩骂；恶人献以温雅悦耳的一连串的狂言妄语，他听后却面带笑容。见他在玩耍时，而我们则像冬季的杜鹃一样不敢讲话。即使如此，他仍然施展各种方法损害于他人。[4]

由此可见，珠尔默特那木扎勒的一系列措施使得各种矛盾更

---

① 陈志刚：《清代前期珠尔默特那木扎勒总理藏政研究》，载《求索》，2006（6）。
② 《清高宗实录》卷三五一，见《元以来西藏地方与中央政府关系档案史料汇编》（2），495 页。
③ 即珠尔默特那木扎勒——笔者注。
④ 策凌旺扎勒著，李凤珍译：《噶伦传》，见中国社科院民族所历史室、西藏历史档案馆编《藏文史料译文集》，57 页，拉萨，西藏自治区历史档案馆，1985。

加激化，而珠尔默特那木扎勒事件的发生，正是珠尔默特那木扎勒和驻藏大臣的矛盾以及其他各种矛盾的总爆发。

三、珠尔默特那木扎勒事件及乾隆君臣在此事件前后所作的讨论

乾隆十五年（1750 年），发生了珠尔默特那木扎勒事件，《皇朝藩部要略》记载此事云：

> （乾隆）十五年，珠尔默特纳木扎勒以兵戕其兄珠尔默特策布登于阿里，诡以兄暴疾闻，请收葬，并育兄子，上允之。时珠尔默特策布登子朋素克旺布及珠尔默特旺扎勒皆居后藏，珠尔默特纳木扎勒以兵往戕，朋素克旺布阳称逃亡，珠尔默特旺扎勒奔扎什伦布，依班禅额尔德尼为喇嘛，乃免。驻藏都统傅清，左都御史拉布敦以珠尔默特纳木扎勒携兵离藏告。盖是时珠尔默特纳木扎勒忌其兄珠尔默特策布登袭杀之，私携炮至后藏，诬籍噶卜伦辅国公班第达及第巴布隆赞等，旋达木，距前藏三百余里，拥众二千余不归，奏至，上不忍即诛之。谕曰："此或珠尔默特纳木扎勒以部众不皆顺，拥兵自护，且或因弟兄启衅，惧朕问罪，妄意离巢穴可苟免，此时惟应静以镇之。待其自起自止，在我原无治罪之心，则彼亦不生猜疑之念也。"嗣傅清等密疏叛状。诏候副都统班第自青海赴藏讨罪。复谕四川总督策楞、提督岳钟琪等驰兵往会。而是时贼猖盛梗驿道，军书不达者旬日，傅清偕拉布敦计，不急诛，贼必据唐古特为变，召珠尔默特纳木扎勒至，待诸楼，甫登，起责其罪曰："尔违天子命，且忘尔父，无君无父，罪不可赦。"傅清趋前扼其臂，拉布敦拔佩刀刺之，谕胁从罔治。有罗卜藏扎什者，趋下呼贼千余突至，聚围楼，集藁焚，达赖喇嘛遣番僧往护，不得入，

傅清、拉布敦死之。①

　　这就是历史上有名的珠尔默特那木扎勒事件。其实在此事件发生前，乾隆君臣多次商量用何种方案收服珠尔默特那木扎勒。

　　第一种方案是用珠尔默特策布登的力量来剪除珠尔默特那木扎勒。在乾隆十四年（1749 年）十二月十四日策楞等人的奏折中提到："倘因番众以珠尔默特那木扎尔暴虐之故，勾通伊兄发兵剿灭，则强为劝其和息，亦不过安静于一时，莫若就事设法遣人密授意于珠尔默特车布登（朱批：此事恐不能行），令其以伊弟之暴戾，不比伊父颇罗鼐之恭顺，用兵缚献于臣傅清、臣纪山之前，代为奏请候旨发落，并恳天恩，即准其管理西藏事务，较为捷便，并可望将来藏地安静无事。"② 这个方案被乾隆帝否定了。

　　第二种方案是策楞等以助珠尔默特那木扎勒为名，出兵擒获珠尔默特那木扎勒。"遣策楞、岳钟琪酌派满汉官兵一二千名，明告以伊兄攘夺称戈恐与彼不利，特令派兵相助，俟策楞等至藏，即可乘其不备，将珠尔默特那木扎勒正法，再行出示晓谕，以出于该督等便宜行事，安众人之心，众人素怨其酷虐，自必帖然；更召珠尔默特车布登，晓以大义，令袭伊父颇罗鼐贝勒职衔，统辖旧部，不使管理嘎陇事务，似可为分彼重权久远宁谧之计"。③ 也就是说，策楞等以助珠尔默特那木扎勒出兵为名，行擒获珠尔默特那木扎勒之实。但是这个方案"念川省兵戈甫息，更事征调，未免骚动，督提俱往，人心更觉张皇，又不知果否能如此办理，倘有差失，则所伤实多，是以迟迟未定"④。

---

① 《清朝藩部要略稿本》，304 页。
② 《策楞等奏遵旨会商应付珠尔默特弟兄构衅之策折》，乾隆十四年十二月二十四日，见《元以来西藏地方与中央政府关系档案史料汇编》（2），501 页。
③ 《清高宗实录》卷三五五，见《元以来西藏地方与中央政府关系档案史料汇编》（2），504 页。
④ 《清高宗实录》卷三五五，见《元以来西藏地方与中央政府关系档案史料汇编》（2），504 页。

第三种方案是以进藏熬茶之名，遣兵进藏剪除珠尔默特那木扎勒。"又欲于来年万寿，遣章嘉呼图克图赴藏熬茶，或督或提遣兵护送，或另遣大臣前往，于熬茶之便，随宜相度，即行剪除，使迅雷不及掩耳。"但对这个方案亦犹疑不决："亦未知可否如此办理？于事势能与不能？办理后人心是否允服？"总之，这些方案只是一些想法而已，"总不能得彼中实在情形，所有筹划皆不过泛论，未得确然定见"①。后策楞、岳钟琪等人商讨了这些方案，得出的结论是："若以熬茶之便权宜办理，而熬茶事所时有，恐将来无以取信于藏地，似亦不可不虑之事。"乾隆帝在朱批中说："熬茶从权之计，实非王道，且恐失信将来，今不必再题矣。"

第四种方案是于策楞、岳钟琪中派一人直接领兵前往西藏弹压。"以现在纪山会同珠尔默特那木扎尔以抢马之事具奏，藏地甚属紧要，于臣等两人（指策楞、岳钟琪——笔者注）之内特命一人领兵前往西藏弹压声援，先行晓谕；仍另行密颁汉夷字谕旨一道，申明珠尔默特那木扎尔之暴虐乖戾、弟兄构衅之罪，令臣等会同明正典刑，以彰国法"。但是乾隆帝在朱批中亦说此方案："恐行之过险，事不能成，所失者大。今遣拉卜敦前往，俟彼至藏，得其实情，再办可耳。总之地处极边，与其失之急而偾事，宁可失之缓以待时耳。"②

总之，在珠尔默特那木扎勒事件发生前，对于怎样处置珠尔默特那木扎勒，乾隆君臣有过多次的商议，但因种种考虑而全告放弃，而此时，远在万里之外的西藏，珠尔默特策布登已被珠尔默特那木扎勒杀害。

清廷面对突如其来的变化，不得不另想计谋。策楞等奏称从

---

① 《清高宗实录》卷三五五，见《元以来西藏地方与中央政府关系档案史料汇编》（2），504～505页。
② 《策楞等奏遵旨议复处理藏事办法折》，乾隆十五年正月初九日，见《元以来西藏地方与中央政府关系档案史料汇编》（2），507页。

珠尔默特策布登的二子中选一子承袭其职，还是管理阿里地方，"既足以资外御，亦不致增益藏内之权势矣"。① 但乾隆帝否定了这一想法：

> 　　将珠尔默特车布登二子内准以一人承袭其职之处，则所见于事势未协。夫以珠尔默特那木扎勒之乖张暴戾，伊兄在日，尚与称兵构衅，不能相容，以致陷兄于死，今伊兄已死，无所顾忌，又何有其兄之子？即使令其承袭，伊又何甘令其晏然抚有故土？是徒多生一枝节，而于事毫无实济也。且理无两是，珠尔默特那木扎勒之告称伊兄称兵抢夺，已有不遵王法之行，身后自有当得之罪，伊子岂可复令承袭？如谓珠尔默特那木扎勒诬陷其兄，则又当明正其罪，非命将用兵大为办理不可。于二者之中，权其轻重，则珠尔默特车布登既经身故，其果否病死，无从致诘，而珠尔默特那木扎勒乖张暴戾，将来亦未必长久。若因此劳师动众，实乃费有用于无益之地，有所不必，虽明知为彼所愚，亦不妨姑且从权，置之不问。②

　　这里，乾隆帝是从一个统治者的高度全面分析了西藏的形势，指出不宜出兵，且为了不致让珠尔默特那木扎勒生疑，特告诉驻藏大臣对此事"置之不问"。但我们从上文《皇朝藩部要略》的记载得知，珠尔默特那木扎勒还是惧怕清廷因为其杀害珠尔默特策布登事而追究责任，于是"前往萨海地方，有调动步兵、搬

---

① 《策楞等奏会商珠尔默特车布登已死请以其子一人袭职管理阿里不致益增藏内权势折》，乾隆十五年正月二十七日，见《元以来西藏地方与中央政府关系档案史料汇编》(2)，510 页。
② 《清高宗实录》卷三五八，见《元以来西藏地方与中央政府关系档案史料汇编》(2)，511～512 页。

运炮位等情形",① 面对此等危机情况，傅清、拉布敦的策略是"俟珠尔默特那木扎尔由打克载地方回来，接见之时即为擒拿，剪除此孽"，并奏明不待请旨即行乘机办理。② 可见二大臣已觉危机重重，必欲先下手而后快。乾隆帝虽然令其不可轻举妄动，然则"道途遥远，难以预定"，因此命令策楞和岳钟琪等征调川兵，以为防备之计。乾隆帝给傅清等人的谕旨经他计算后，认为约十一月初可到西藏，但是傅清和拉布敦没有等到这道谕旨，他们于乾隆十五年（1750 年）十月十三日动了手。

关于珠尔默特那木扎勒事件，《皇朝藩部要略》和《清高宗实录》等书在细节上所记都不详细。

据《西域遗闻》云："时（珠尔默特那木扎勒）二月出巡，九月方回，即以伊子娶妇，离藏（笔者按：此处指拉萨）而居。傅清、拉布敦乃托以有旨，令回开读，那木扎尔于十月十二日到藏。十三日黎明，赴公所，入门，见官兵尚卧，不为备，率侍从数人上楼，见大臣，手递哈达，都统傅清令跪听旨，即取衣内刃刺之，未中，扎尔惊逸，拉布敦拔刀伤其左臂，未诛死，侍者举木凳急击之，碎其首，毙。乃宣言扎尔谋叛伏诛，令小公（按：指班第达）主藏事。扎尔之卓义曰罗布藏大使出奔，聚番兵数千，围攻大臣所居之通司岗，官兵仓卒未备，傅清、拉布敦及主事策塔尔、参将黄元龙俱死之，主事齐成自刎，粮务通判受伤，俱未死。时小公班第达闻变，避难于达赖所，达赖师徒亦惶惧闭门。顾扎尔素失民心，罗布藏大使虽以威劫番众，未心服，有千余人投布达拉，乞班第达为主，班第达率以攻逆党。罗布藏大使奔逸，兵溃。达赖遂令班第达主藏事，于灰烬中检傅、拉二公及

---

① 《清高宗实录》卷三六四，见《元以来西藏地方与中央政府关系档案史料汇编》(2)，514 页。

② 《策楞等奏遵旨备兵预防情形折》，乾隆十五年十月十九日，见《元以来西藏地方与中央政府关系档案史料汇编》(2)，515 页。

诸人遗骨，盛敛如礼，官兵安堵，达赖以事闻。"① 这个记载颇为翔实，生动地再现了当时的场景。邓锐龄先生根据此段叙述又和官方文本如《清实录》等作了比较，又探讨了一些诸如傅清与拉布敦谁是首功等问题，② 因与本文无涉，故不作讨论。

四、清政府对西藏的体制变革和制度安排

珠尔默特那木扎勒事件发生后，清廷积极处理善后事宜。《皇朝藩部要略》云：

> 先是，傅清等将除（逆）（密与班第达谋珠尔默特纳木扎勒）〔珠尔默特纳木扎勒，密与班第达谋〕，（果就诛）罗卜藏扎什乘乱攫帑二万余挺走，班第达〔复〕奔告达赖喇嘛集兵捕〔逆〕，翌日擒禁之。遣番众屯要汛，谕勿伤汉民，抗官军，达赖喇嘛善之，奏令班第达暂理藏务。时四川总督策楞等赴藏定乱。谕曰："班第达不能救护驻藏大臣，念其势孤力弱，尚属无过，然亦无功可录，但不附逆党，犹知尊向天朝，著以辅国公爵，管理噶卜伦务，应候徐加恩赐。"③

《皇朝藩部要略》在这段记载中明确了班第达的功劳，"集兵捕逆"，且受到了达赖喇嘛赏识，奏令班第达暂理藏务。但是乾隆皇帝的谕旨却说班第达无功可录，可见乾隆帝惧再出现第二个

---

① 陈克绳：《西域遗闻》，见全国图书馆文献缩微复制中心编《西藏史志·第二部》（第12册），15~16页，北京，全国图书馆文献缩微复制中心，2003。
② 邓锐龄：《1750年珠尔默特那木扎勒事件的再思考》，载《中国藏学》，2006（2）。
③ 《清朝藩部要略稿本》，304页。《皇朝藩部要略》的这个记载很有意思，本来祁韵士原文是"先是，傅清等将除逆，密与班第达谋，珠尔默特纳木扎勒果就诛，罗卜藏扎什乘乱攫帑二万余挺走"，语义连贯，但后经张穆改为"先是，傅清等将除珠尔默特纳木扎勒，密与班第达谋，罗卜藏扎什乘乱攫帑二万余挺走"，尤其是把"果就诛"三个字删去后，语义不明，造成了阅读困难。

珠尔默特那木扎勒，已决心废除王制，另想他途。① 这样两相一对照，乾隆帝之心可谓昭然若揭，而查《蒙古回部王公表传》，就把此段文字改成："罗卜藏扎什攫帑二万余挺走，翌日，达赖喇嘛擒禁之。"② 把班第达改为达赖喇嘛，人名一变，其义不同，从此抹杀了班第达的功绩，更使人不易觉察到乾隆之心。一段文字，前后几经修改，已然面目全非。

紧接着，乾隆又给策楞谕旨："此措置唐古特一大机会也，若经理得宜，自可永远宁谧，否则久复别生事端。珠尔默特纳木扎勒敢怀逆，萌于地广兵强，事权专一。嗣此唐古特应多立头目，以分其势，尔等其详议善后事宜，为一劳永逸计。"③ 遵从乾隆帝的这一最高指示，乾隆十六年（1751 年）二月初一日策楞抵达西藏后，提出"达赖喇嘛得以主持，驻藏大臣有所操纵，噶伦不致擅权"的改革藏政原则，在这一原则的思路下，制定了《酌定西藏善后章程》十三条。主要内容就是把藏王班第达降为噶伦，提升达赖喇嘛和驻藏大臣的地位。在很多事务上，都需要达赖喇嘛和驻藏大臣商同办理。如：

> "凡地方之些小事务，众噶隆秉公会商，妥协办理外，其具折奏事重务，并驿站紧要事件，务须遵旨请示达赖喇嘛并驻藏大臣酌定办理，钤用达赖喇嘛印信、钦差大臣关防遵行。"
>
> "嗣后凡遇补放碟巴头目等官，噶隆等务须秉公查办，公同禀报达赖喇嘛并驻藏大臣酌定，俟奉有达赖喇嘛并钦差大臣印信文书遵行。"
>
> "嗣后凡碟巴头目等官，遇有犯法，或应抄没，或应革

---

① 邓锐龄先生据其他史料也有此论，见邓锐龄《1750 年珠尔默特那木扎勒事件的再思考》，载《中国藏学》，2006（2）。

② 《蒙古回部王公表传》（第一辑），617 页。

③ 《清朝藩部要略稿本》，304～305 页。

除，噶隆、代奔等务须秉公查明，分别定拟，请示达赖喇嘛并驻藏大臣指示遵行。"

"嗣后凡遇调遣兵马，防御卡隘，均应遵旨，听候达赖喇嘛并驻藏大臣印信文书遵行。代奔等仍不时留心地方，如遇有应行防范事宜，亦即禀明钦差大臣指示遵行。"

"除现有并添设之噶隆、代奔，均查取花名，造册送部，奏请颁发外，嗣后遇有缺出，驻藏大臣商同达赖喇嘛拣选应放之人，请旨补放，仍报部一并颁给敕书。将来或有不遵奉达赖喇嘛，并犯法不能办理地方，应行革除者，亦由达赖喇嘛会同驻藏大臣参奏，革除后，原颁之敕书，一体撤回缴部。"

"凡一切加派之差徭，亦应禀明达赖，概行减免，俾百姓苦乐得均。倘遇有出力有功，应行酌赏之人，噶隆、代奔等，即秉公禀明达赖喇嘛并驻藏大臣，酌定赏给遵行。"

"达木蒙古……食用口粮，仍照旧例，向达赖喇嘛商上支取。一切调拨，均依钦差大臣印信文书遵行，噶隆、代奔等不得私自差遣。一切革除补放，俱由钦差大臣商明达赖喇嘛施行。"①

这些措施极大地提升了达赖喇嘛和驻藏大臣的地位。在这一前提下，设立三俗一僧四个噶伦，成立噶厦政府。噶厦，即噶伦夏连杰（bkv‑blon‑shag‑lhan‑rgyas），是西藏地方政府最高世俗行政机构。这是清政府对西藏又一次的体制变革与制度安排。

这一政教合一的体制在此后的近二百年再未发生大的变化。这是自阿尔布巴事件后甚至是西藏与清朝有联系始，清廷治藏政策的一个不断调整完善的结果。在珠尔默特那木扎勒事件前，清

---

① 张羽新主编：《清朝治藏法规全编》（五），1 826～1 828 页，北京，学苑出版社，2001。

朝奉行的是政教分离的政策，意图也是不让权力过于集中，但是经过近百年的实践，清朝统治者发现，在宗教势力无孔不入的西藏，把宗教势力排除在政务管理之外，几乎是不可能的，政治权力和宗教权力成为一对不可调和的矛盾，而达赖喇嘛地位不可动摇，是因为不止安抚西藏人民，还要怀柔蒙古。《高宗纯皇帝御制喇嘛说》云："兴黄教，即所以安众蒙古。……盖以蒙古奉佛，最信喇嘛，不可不保护之，以为怀柔之道也。"① 因此，唯一动摇的就只有世俗势力了，提高达赖喇嘛的地位，让他与驻藏大臣管理新的西藏地方政府，"这是一个历史性的突破，它标志着清政府不仅承认达赖喇嘛为藏区最高的宗教领袖，而且也承认了达赖喇嘛的政治地位"。② 而且也是为了权力制衡的考虑，也极大地提高了驻藏大臣的地位，重要事务达赖喇嘛都必须和驻藏大臣商同办理，个人对西藏的控制力大大加强了。

清廷经过近百年的摸索，以珠尔默特那木扎勒事件为契机，探索出了此后近二百年相沿不替的治藏道路，维护了西藏的稳定和发展。

而我们也从上文中看出，《皇朝藩部要略》所记载的珠尔默特那木扎勒事件，与《清高宗实录》不同，很多的记载可以补其他史书之缺。经过笔者仔细核对，发现《皇朝藩部要略》和《清高宗实录》在很多语句上有相似之处，来源相同，如《皇朝藩部要略》中"谕镇压左道不足患，其偕达赖喇嘛协辑唐古特众"一句，和《清高宗实录》乾隆十一年（1746 年）十二月初四日乾隆帝给藏王颇罗鼐的敕谕意思几乎一致，《清高宗实录》记云："达赖喇嘛系执掌阐扬西方佛教之人，尔系约束管理藏内人众之人，尔二人同心协力，以安地方，使土伯特向化，一应事务皆赖

---

① 《卫藏通志》卷首《高宗纯皇帝御制喇嘛说》，见《西藏史志·第一部》（第5册），58～59 页。
② 《清代治藏政策研究》，74 页。

尔等办理。……再，朕知镇压左道，断不能有损于人。"只不过
《皇朝藩部要略》把《清高宗实录》中的这段话简略化了，《皇
朝藩部要略》纂修于《清高宗实录》之前，不可能抄袭自《清高
宗实录》，唯一的解释就是《皇朝藩部要略》和《清高宗实录》
都是依据的档案，在总结和解读档案的过程中，各有不同、各有
侧重。笔者后来又把《皇朝藩部要略》和《清高宗实录》中乾隆
年间事简略对比了一下，发现在很多史事上《皇朝藩部要略》比
《清高宗实录》记载简略，但也更可窥见全貌，甚至如珠尔默特
那木扎勒事件的记载一样，很多记载有史官自己的议论，如上文
所记珠尔默特策布登患有足疾，但无大碍，然最后却被珠尔默特
那木扎勒承袭了郡王爵，此系颇罗鼐爱少子所致。诸如此类的记
载还未见于其他史书。总之，《皇朝藩部要略》在开国史事部分
或者前面史事已有编纂的官书记载部分，一般就采用已编纂过的
官书中的叙述，如《皇清开国方略》，甚至在行文中会注明"详
具《钦定平定准噶尔方略》"①等字样。而在纂修《蒙古回部王
公表传》时，前面还没有被记载的史事，尤其是乾隆年间事，
《皇朝藩部要略》则依据"红本""旗册""世谱"等编纂成书，
即所谓"荟萃存作底册，以备取材"者。由此可知，《皇朝藩部
要略》最主要的史料价值在乾隆年间未有史书所记之事上，其记
前人之所未记，补后来史书所记之所未详，是为其价值也。

---

① 《皇朝藩部要略》卷十二《厄鲁特要略五》，国家图书馆藏稿本。另参见《清朝藩
部要略稿本》，204 页。

第四章 清代「藩部」概念的确立

□ 本章系统梳理了历代以来有关「番」「藩」「藩部」等概念的思想谱系，认为《皇朝藩部要略》是第一次把蒙古、新疆、西藏都纳入到国史书写范围里的史书，最终确立了「藩部」概念，即蒙古、新疆、西藏是清廷的「藩部」，是其领土不可分割的一部分。

此为 1793 年亚历山大所作乾隆皇帝水彩半身像（见国家清史编纂委员会图录丛刊《英国访华使团画笔下的清代中国：帝国掠影》，45 页，北京，中国人民大学出版社，2006）

第四章　清代"藩部"概念的确立

引　言

魏源的"师夷长技以制夷"是非常有名的口号，及至今天，还在我们的教科书中津津乐道。但从另外一个方面看，这个在1842年提出的口号其实是延续了清代对外国称"夷"的传统。但谁能想到，就是这些在鸦片战争前一直称呼英国等西方国家为"夷"的话语传统或许才是鸦片战争的导火索之一。

在清末，"华夷之辨"有了明显的转向，由原来称呼国内少数民族为"夷"转而称呼外国人。但在18世纪初，"夷"字曾有很多英译，如stranger（陌生人）、foreigner（外国人）等。然则到了1830年代，普鲁士传教士郭实腊（Charles Cützlaff，也叫郭士立）等人开始力主将"夷"字译为barbarian（野蛮人），而当时中英双方所有的公文往来，都是这些传教士们翻译的。由此，当英国国会在1830年代后期讨论要不要发动对华战争时，"夷"字被等同于"野蛮人"为英国主战派提供了有力的口实，在一篇不长的提交给两院讨论的文字材料里，"barbarian"（野蛮人）这个词出现了21次之多。这种说法大大"伤害"了英国资产阶级的"面子"，一时间，必须惩罚傲慢自大的大清国的呼声成为英国的主导舆论，这对英国政府谋求鸦片战争的合法性起到了重要的作用。这是刘禾在英国国家档案馆查阅档案后为我们陈述的一段史实。①

这个有意或无意地没有进入鸦片战争史研究的史实，也为我们理解"藩部"概念的确立提供了有益的帮助，因为，正是"华夷之辨"的转向才使得"藩部"的概念得以确立。

中国古代有很多关于"藩"以及与"藩"有关名词的历史范式书写，比如"宗藩"、"藩属"、"藩镇"、"外藩"以及"藩部"等，在今天也有很多学者在不同的领域和视野中使用这些概念，但是，这些概念可能在不同的学者那里有不同的理解，因此，若研究"藩部"，就必须要对上述概念作一番探讨不可。

关于"藩"与"藩部"等名词的研究，主要有张永江的《清代藩部研究——以政治变迁为中心》中的第一章《历史传统与清代藩属制度》，刘志扬、李大龙的《"藩属"与"宗藩"辨析——中国古代疆域形成理论研究之四》，包文汉的《清代"藩部"一词考释》以及张世明的《清代宗藩关系的历史法学多维透视分析》等文章。

张永江文首先从"藩"的含义入手，考察了"藩"的含义与宗藩制度的谱系，从周到明清，服事理论、华夷观念的出现以及宗藩制度的发展。并辨析了"藩属""藩部""属国""外藩"等概念的关系和区别。②

刘志扬、李大龙的文章系统辨析了"藩属"和"宗藩"概念的联系与区别，指出了现代学者用"宗藩"一词指称中国古代王朝尤其是明清和邻国关系的做法并不科学，其"宗藩"的含义和用法不仅与古人对该词的用法明显不同，而且容易形成更多的误

① 刘禾：《欧洲路灯光影以外的世界——再谈西方学术新近的重大变革》，载《读书》，2000（5）。
② 张永江：《清代藩部研究——以政治变迁为中心》，11~32页，哈尔滨，黑龙江教育出版社，2001。

解，故而应该改用"藩属"才准确。① 但对于此观点，张永江提出了不同的看法，他认为，"宗藩"与"宗藩关系"两词，语源上虽有联系，但毕竟是两个概念。学者在使用时主要是用"宗藩关系"这一概念指代清朝与属国之间的关系，而不是用宗藩指代属国。前者是国际关系之一种，涉及双边；后者则单指一方。东亚历史上国家间的宗藩关系，表述的是宗主国与藩属国关系，是大国与小国之间的不平等不均衡关系，是站在王朝中国角度上说的。"藩属关系"当然也可表述双方间这种关系，但却是站在他者即属国角度上说的。大小主从立场不同，两词可以并存，"藩属关系"却不可替代"宗藩关系"的概念。这也是中外学者普遍使用这一概念的本意。②

包文汉文首先从清代以前与"藩"有关的问题入手，探讨了服事理论、华夷之辨，认为在古代特别是唐以前，"藩"是指国内的民族、部落、少数民族；唐以后则包括国内民族和少数民族，又含境外的民族；元明时期，特别是明清时期，一般称国内民族或边疆地区的民族及少数民族为藩或番、夷、虏、蛮、土达、生番、熟番等。③ 随后他又考察了从"藩"到清代出现的"外藩""藩部"有一个发展演变的过程，并具体分为三个时期来探讨，第一时期从1593—1635年，这一时期是后金成立前后到天聪年间，此时女真人称其周边各族为国、路、部、卫、寨、城、屯等，称蒙古为"外藩蒙古""外蒙古""外藩游牧蒙古""旧蒙古"等；第二时期约从1636—1660年，这一时期是皇太极崇德朝及顺治入关在位统治时期，后金改国号为大清，蒙古衙门改做理藩院，隶属礼部，以礼部尚书衔掌院事，称蒙古部"内而作

① 刘志扬、李大龙：《"藩属"与"宗藩"辨析——中国古代疆域形成理论研究之四》，载《中国边疆史地研究》，2006（3）。
② 张永江：《近年来清代边疆民族史研究的进展和新趋势》，载《清史研究》，2008（2）。
③ 包文汉：《清代"藩部"一词考释》，载《清史研究》，2000（4）。

旗、外而各藩""蒙古诸国"等;第三时期,约从 1661—1910 年,理藩院与六部级别同,此时"藩部"指蒙古、回部、西藏等地。①

张世明文则从清代宗藩关系的发生学、语用学以及法理学角度分析了清朝的宗藩制度。指出清朝的建立就是在对既存的宗藩关系的造反过程中产生的;而中国的国家观念在清入关后一直就悄然发生着近代化转型,但出现质变则缘于清代晚期西方文明的冲击。并在文中具体考量了"藩""番""内藩""外藩"等概念,指出"外藩"的概念是在时间和空间双重维度上不断变化的活性名词。文中的第三部分是从法理学角度考察了清代的宗藩关系。在最后得出结论:"清代宗藩关系从时间上虽然远祧中国古代的服事观,然而在很大程度上是清朝政府当时实践理性所形成的'地方性知识',具有明显的满族性;从空间而言,清代宗藩关系的内外层次具有相对性,随时间函数变量而变化,随语境而不定。笔者(指张世明)通过对清代宗藩关系的法理学分析确信这种法律制度的建构虽然独具特色,然而在近代国际法体制下实有无可否认的普遍性与合法性,保护制度与宗藩制度在中国近代史上的冲突是特定时空原型构建的两种法律模式的角逐,其中具有复杂的勾连,而其中底层的原因在于国家控制力与法律精细化的不同。"②

当然,还有很多有关"外藩""藩部"等问题的论著,但不外乎上述几位先生的观点,且所述不详,故不赘述。肤浅末学如我者,展读几位先生之文,获益匪浅,兹在前人研究的基础上,谈谈笔者关于以上概念的一点想法,以求教于方家。

---

① 包文汉:《清代"藩部"一词考释》,载《清史研究》,2000(4)。
② 张世明:《清代宗藩关系的历史法学多维透视分析》,载《清史研究》,2004(1)。

第一节　清以前"藩"的谱系与历史书写

众所周知，无论是"藩"还是"藩部"一词，以及与其关系深远的"夷夏"观念，都是中国历代意识形态的产物，到后来甚至成为史书编纂的范式书写。但是此"范式"从何而来，又是从何时为人们所认同，这是首先需要探讨的问题。

现在说到"夷夏"的关系，一般都首先征引《尚书·禹贡》："五百里甸服：百里赋纳总；二百里纳铚；三百里纳秸服；四百里粟；五百里米。五百里侯服：百里采；二百里男邦；三百里诸侯。五百里绥服：三百里揆文教；二百里奋武卫。五百里要服：三百里夷；二百里蔡。五百里荒服：三百里蛮；二百里流。"① 这是"五服"说，还有"七服"说：侯服、甸服、男服、卫服、蛮服、镇服、藩服。② 以及"九服"说：侯服、甸服、男服、条服、卫服、蛮服、夷服、镇服、藩服。③ 侯服和甸服是要为天子缴纳贡赋、侦察放哨的，即是真正的臣服，是天子真正的臣属。而其他各服，尤其是"五服"说的"绥服、要服、荒服"，"七服"说的"卫服、蛮服、镇服、藩服"和"九服"说的"条服、卫服、蛮服、夷服、镇服、藩服"等，都是只要求认同天子的"共主"地位而已。④ 顾颉刚指出，《禹贡》五服是从《国语》发展而来的。⑤ 而"七服"以及"九服"说无非都是在"五服"说的基础上对服事制度更为理想化的表述，事实上，这种服事理论只

① 顾颉刚注释：《禹贡》，见中国科学院地理研究所编辑《中国古代地理名著选读》（第一辑），49~52，北京，科学出版社，1959。
② 黄怀信、张懋镕、田旭东撰，李学勤审订：《逸周书汇校集注》卷七，上海，上海古籍出版社，1995。
③ 《周礼·职方氏》，四部备要本。
④ 罗志田：《夷夏之辨的开放与封闭》，载《中国文化》，1996（14）。
⑤ 《禹贡》，见中国科学院地理研究所编辑《中国古代地理名著选读》（第一辑），52页。

是一种治理天下的理想状态。此时的"夷""夏""侯服"而至于"藩服"基本上表述的是血统和地域之分,而并无明显的高下之别。钱穆曾经指出过:"在古代观念上,四夷与诸夏实在另有一个分别的标准,这个标准,不是'血统'而是'文化'。所谓'诸侯用夷礼则夷之,夷狄进于中国则中国之',此即是以文化为'华''夷'分别之明证。"① 而潘光旦也指出:"诸夏初起时,夷夏杂居,周即其例,故夷夏之分不严,而地域远近之分,则为一必须顾到之事实。唯其不甚分夷夏,而只分远近,斯他族得进而为夏,以至为汉。此中国民族史上一大关键。"② 这是潘先生在看到《国语·周语》后所发的议论,此书中所云:"夫先王之制,邦内甸服,邦外侯服,诸卫宾服,蛮夷要服,戎狄荒服。甸服者祭,侯服者祀,宾服者享,要服者贡,荒服者王。日祭、月祀、时享、岁贡、终王,先王之训也。"③ 这是"五服说"的最早版本。后来的《禹贡》以及《周礼》等更是把五服制度具体化、标签化。④《周礼注疏》云,侯畿、甸畿、男畿、采畿、卫畿、蛮畿,"以上六服是中国之九州",夷畿、镇畿、蕃畿,"以其最远故得蕃屏之称。此三服总号藩服","九州之外谓之蕃国"。潘振云:"藩者以其最在外为藩篱,故以藩为称也。"孔晁云:"藩服,屏四境也。"⑤ 那么,此时的"藩"是"蕃屏"之意,但只是一个地理概念,并不是像后人所想的那样具有强烈的价值判断意味。

"有周一代直到战国中期,基本是夷夏杂处,相互间既有战争,也有联姻和结盟,各自的文化也在相互转换交流之中。早期

① 钱穆:《中国文化史导论》,见《中国现代学术经典·钱宾四卷》下册,741 页,石家庄,河北教育出版社,1999。
② 潘光旦编著:《中国民族史料汇编》,141 页,天津,天津古籍出版社,2005。
③《国语·周语》,四部丛刊影印本。
④《禹贡》,见中国科学院地理研究所编辑《中国古代地理名著选读》(第一辑),52 页。
⑤ 杜预集解:《春秋经传集解》(下),上海,上海古籍出版社,1988。

为夷为夏，认同自选，高下之别的观念不十分明显，此时最能体现中国文化体系的开放性"。但是，"真正推动夷夏之辨走向封闭的，还是各族群间的生存竞争。……文化礼仪之选择既已由人我之别演化成敌我之别，《左传》所云'非我族类，其心必异'，遂变得斗争性十足，而成为攘夷的基本理论支柱了"。① 在此，罗志田氏所说的夷夏之辨的"开放性"即指从文化上来考量夷夏之辨，而"封闭性"则是从血统上来考量。此时还没有出现大一统的国家，既由"夷"可以变"夏"，也可由"夏"变"夷"，所谓"夷狄"只是敌对双方互相对骂的话语工具，一种政治性的历史书写。但是此时期的"夷夏之辨"却对后世产生了深远的影响，

公元前221年，秦统一六国，废封藩而置郡县，进一步消除了夷夏之别。秦始皇对归附的较大少数民族、部落称之为属邦（汉朝承秦制，但为避汉高祖刘邦讳，改称属国），实行与内地郡县制相异的管辖形式，政府中设"典属邦"掌蛮夷降者，在法律上颁行属邦律。② "属邦"即"归属之邦"，从全国的角度来看，属邦的意义就是对其"大一统"的强调。

到了汉代，推行分封制，"藩"的概念也有了多元化的取向。李大龙先生指出，从《史记》的用法看，"藩臣"含义大致有四：一是指周代受封的诸侯，如秦国；二是指弱小政权，战国时期韩国对强大秦国的自称即属此类；三是西汉初期的同姓诸侯王，如吴王濞、中山靖王胜等；四是指边疆民族地区向西汉王朝称臣的政权，如南越、闽越等。从这些指称对象看，"藩臣"在汉代是用来指称接受西汉王朝册封的地方诸侯国，这些诸侯国按照民族

---

① 罗志田：《夷夏之辨的开放与封闭》，载《中国文化》，1996（14）。
② 张世明：《清代宗藩关系的历史法学多维透视分析》，载《清史研究》，2004（1）。

构成的不同则主要是汉族内部的诸侯国和边疆民族政权。① 此时的"藩臣"之"藩"还是指屏藩之意。

隋唐时期，民族关系错综复杂。在《隋书》《旧唐书》《新唐书》《唐会要》等史籍中，多次出现"诸番""蕃夷""两蕃"的记载，包文汉先生指出，这些称呼中多指突厥，还有其他少数民族。② 在唐代，还出现了"藩镇"的概念。藩镇不同于"诸番""蕃夷"等专指少数民族的具有蔑称的概念，"藩镇"又称"方镇"，"夫所谓方镇者，节度使之兵也"③。因此，唐代藩镇、方镇、节度使在某种意义上可作同一概念看待。唐朝中后期边疆战事频繁，为了在当时极端落后的通讯条件下能有效地防范边疆"四夷"，给边疆将帅以全权是必要的，因此节度使制度设立。藩镇节度使可内进到中央为相，宰相也可外出为藩镇节度使。因此"藩镇"和前代的"藩臣"和后代的"藩属"有质的区别。

宋辽夏金元时期，民族关系更为复杂。据包文汉先生考证：在《宋史》《辽史》中，除汉族以外的少数民族或非统治民族（如契丹、党项、女真、蒙古）都被称为"蕃民""蕃部"，他们的文字被称为"蕃字"，语言为"蕃语"。如《金史》有"夏国奉表称藩"，以及金明昌六年"禁称本朝人及本朝言语为蕃，违者杖之"。《元史》则称"西南诸番""八番"，设"八番顺元蛮夷官"等以管理少数民族地区。包文汉先生又云：蒙古贵族是元朝的统治者，本身是少数民族，但它成为全国的统治者时，也以中原王朝的"华"自居，称其统治下的少数民族或在少数民族地区居住的汉族为"蛮"或"番"，与辽称夏为藩相同。④ 笔者认为，元朝统治者称其统治下的少数民族为"蛮"或"番"，只是延续了历史上对这些少数民族的称呼，以一种习惯称谓称之，未

---

① 李大龙：《西汉王朝藩属体制的建立和维系》，载《学习与探索》，2005（3）。
② 包文汉：《清代"藩部"一词考释》，载《清史研究》，2000（4）。
③ 欧阳修、宋祁：《新唐书》卷五十《兵志》，北京，中华书局校点本，1975。
④ 包文汉：《清代"藩部"一词考释》，载《清史研究》，2000（4）。

必是以"华"自居。以"华"自居，这一说法于史无征。查阅史料，我们看到更多的是蒙古贵族往往以草原本位来思考问题，在忽必烈之前自不待言，即便是忽必烈推行了汉法之后，在行政制度以及生活中的各个层面，还是处处看到蒙古旧俗的影子，这使得汉化过程缓慢，统治者很难从中原的角度看问题，而习惯于以草原为本位来思考问题。比如在对待儒家学说的问题上，张帆指出：蒙古贵族起初信仰多神的萨满教，后来皈依喇嘛教，尊奉吐蕃僧侣为帝师，对其狂热崇拜，皇帝亲自从之受戒。元中期在各路广修帝师殿，祭祀第一任帝师八思巴，其规模制度超出孔庙。相形之下，儒学在蒙古统治者心目中的地位要逊色得多。由于社会文化背景的差异，他们对儒家学说的概念、体系感到难以理解。直到元亡前夕，皇太子爱猷识理达腊（北元昭宗）仍然"酷好佛法"，曾对左右说："李先生（按指其师傅、儒臣李好文）教我儒书多年，我不省书中何言，所言何事，西番僧告我佛法，我一夕便晓。"[1] 这里爱猷识理达腊所称的"西番僧"中的"西番"当也无不敬之意，盖和"李先生"的称谓一样，只是一个习惯称呼。另一个例子是，在语言文字上，元朝皇帝不但颁行"蒙古新字"，要求在官方文件中使用，即便代表汉文化的汉字，统治者也鲜有精通的。清人赵翼曾就此作初步研究，指出元朝"不惟帝王不习汉文，即大臣中习汉文者亦少也"。[2] 有的蒙古贵族到地方任官，执笔署事，写"七"字之钩不从右转而从左转，"见者为笑"。[3] 因此，蒙古统治者对汉文化并没有多大程度的认同，而基于儒家文化中的夷夏之辨以及把其他少数民族称"番"或"蛮"，只是一种习惯性的称呼，并无以"华"自居的表示。而辽、金等

---

① 权衡：《庚申外史》卷二，续修四库全书·第423册，785~786页。
② 赵翼：《廿二史札记》卷三十，元诸帝多不习汉文条，续修四库全书·第453册，546页。
③ 叶子奇：《草木子》卷四《杂俎篇》，影印文渊阁四库全书·第866册，793页，台北，商务印书馆，1986。

朝，他们也只是站在自己本位的立场上，称呼自己统治下的少数民族甚至弱小政权为"蕃""蕃民"等，以确立自己统治的合法性。

明代是一个汉人建立的王朝，其主要对手就是蒙古族，故在各种史籍中，把蒙古族称为"夷""夷狄"，称蒙古语为"番语"、鞑靼之地为"番地"。这是基于儒家文化中夷夏之辨的侮蔑性称呼，目的是为了建构自己统治的合法性，使自己从蒙古贵族手中取得的政权在舆论上占据优势。另外，明朝还把琉球等国称为"藩属"①，此"藩属"应为"属国"之意。同时，明代还有一个封王建藩之制，此即后人所称的"宗藩制度"。封王建藩，是朱元璋为巩固统治的制度设计，史称："明太祖定天下之三年，惩宋元孤立，失古封建意，于是择名城大都，豫王诸子，待其壮而遣就藩服。"② 此"藩"与专指少数民族之"藩部"的"藩"不同，是指朱元璋同姓之子弟的分封，起着"屏藩"皇帝的作用。

综上所述，"藩"的含义是多元的，一般有几个层面的意思：一指统治下的少数民族。如称少数民族为"蕃民""蕃部"等。二指宗藩。宗藩是基于分封而言的。中国古代幅员辽阔，交通不便，各地区情况迥然不同，各王朝为加强统治需要而采取分封制度。据顾颉刚先生推断，中国古代在商朝武丁之世已经对许多地方实行分封，到商代后期便有了完备的分封制度。③ 西周的分封是最典型的分封制度。但自战国、秦以来，中国由分封时代进入郡县时代后，其间还存在四次较大的分封制度，主要有秦楚之际的项羽分封、西汉前期分封、西晋南朝分封、明初分封。除秦楚之际的项羽分封不属于宗藩分封外，西汉（削平异姓王后）、西

---

① 在《明神宗实录》卷四九七中有"琉球列在藩属，固已有年"句。
② 《明史》卷一〇八《诸王传》。
③ 顾颉刚：《周的封建及其属邦》，载《文史杂志》，1941，1（6）。

晋和明朝基本上都属于宗藩性质的分封。① 三指藩镇。即用来防备边疆"四夷"的节度使。四指藩属国。"藩属"一词在明之后出现，关于"藩属"和"宗藩"的含义和区别，刘志扬、李大龙先生在《"藩属"与"宗藩"辨析——中国古代疆域形成理论研究之四》一文中有详细的论述，此不赘述。

第二节　清代"藩部"概念的形成过程

1644 年，清朝入主中原。在其入主中原前，就接受了相当程度的汉文化，和蒙古族也有了长时期的交往，因此，在其力量强大之后，特别重视对少数民族尤其是蒙古族的政策。但是随着其统治区域的扩大以及角色的转变，对少数民族的统治政策也在不断变化，表现在编纂的史书上，就是对少数民族的称呼慢慢地有了质的变化。从现有史料来看，明万历二十一年（1593 年），蒙古科尔沁部参与"九部联军"对努尔哈赤的征伐，揭开了满蒙关系的序幕。记载这件事的《清太祖武皇帝弩儿哈奇实录》云："癸巳年（明万历二十一年，1593 年）……九月内，夜黑国主布戒、纳林卜禄，哈达国主孟革卜卤，兀喇国布占太（满太弟也），辉发国主摆银答礼，嫩江蒙古廓儿沁国主瓮刚代、莽古、明安，实伯部，刮儿恰部，朱舍里卫主悠冷革，内阴卫主搜稳塞革失，九国兵马，汇集一处，三路而来。"② 而《满文老档》记载为"九姓之国"③。基本上各国是平等的地位。在满文中，"部"与"国"的书写都可用"gurun"一词来表达，翻译成汉语或为"部"，或为"国"，这取决于翻译者的认识，更给后人留下了遐想的空间。在乾隆朝纂修的《皇清开国方略》中，就把这一称呼

---

① 陈英：《中国古代宗藩之乱研究的视角转换——读林校生著〈"八王之乱"丛稿〉》，载《漳州师范学院学报》（哲学社会科学版），2005（1）。
② 《清朝太祖太宗世祖朝实录蒙古史料抄——乾隆本康熙本比较》，11 页。
③ 《满文老档》（上），50 页。

改为:"癸巳年……秋九月,击败叶赫、哈达等九部兵于古哷山,叶赫、哈达、乌拉、辉发、科尔沁、锡伯、卦勒察、珠舍哩、讷殷九部,合兵分三路来侵。"① 此后的史书包括《皇朝藩部要略》等无一例外地都把九国称为"九部"。由"九国"到"九部",是一个质的变化,反映了清朝统治者随着版图的奠定和统治的加强,在满洲初始历史的书写上也刻意强调其他诸部的臣属地位。万历三十四年(1606 年),努尔哈赤接受内喀尔喀五部奉献的"淑勒昆都仑汗"的称号;天聪十年(1636 年),皇太极称帝,废旧称"诸申"而称"满洲",国号"大清",改元崇德,经漠南蒙古十六部四十九台吉极力劝进,接受了"宽温仁圣皇帝"的尊号。张世明先生指出,这种推戴绝非清朝官书标榜的那样悃忱毕至,实际上是破九部联军和灭察哈尔汗国等军事胜利威而服之的产物,上述象征性礼仪只不过是蒙古由平等逐渐臣属的里程碑,其中蒙古王公往往是趑趄蹀步的,总趋势是与后金(清)地位尊隆上升成反比例的愈发卑辞屈膝。② 笔者深以为然。

关于对蒙古的政策,历来史家最关注的是蒙古衙门和理藩院的设立。至迟于天聪八年(1634 年),蒙古衙门已设立,作为管理蒙古事务的机关。崇德三年(1638 年),改为理藩院。理藩院满文称 Tulergi Golo be dasara jurgan(直译为治理外部省的衙门),蒙文称 Gadaradu Mongroluntor ǔ – yiujasha yabual un yamon(直译为治理外部蒙古政务的衙门)。③ 很多学者据此阐释说蒙文"治理外部蒙古政务的衙门","反映蒙古人对臣属的认知与满族人存在差异,强调自身的独立性与重要性"④,"理藩院主要是管理蒙古

① 《皇清开国方略》卷二,见《清代方略全书》(第 1 册),64 页。
② 张世明:《清代宗藩关系的历史法学多维透视分析》,载《清史研究》,2004(1)。
③ 关于理藩院的蒙文和满文字母转写,在很多学者的文章中都有涉及。如张永江先生的《清代藩部研究——以政治变迁为中心》一书中的 31 ~ 32 页,包文汉先生的《清代"藩部"一词考释》一文中的 101 页,本文采用的是张世明先生的《清代宗藩关系的历史法学多维透视分析》一文中的字母转写,见该文 26 页。
④ 张世明:《清代宗藩关系的历史法学多维透视分析》,载《清史研究》,2004(1)。

事务的衙门，此时'蒙古部'对清廷来说属于'外'，而不是'内'。作为管理少数民族的衙门，后来虽有改院为部，但蒙文书写及含义直至清末相沿不改"①。

笔者认为，设立蒙古衙门以及刚把蒙古衙门改为理藩院的初期，所管理的主要事务就是有关蒙古的各种事务，因此蒙文为"治理外部蒙古政务的衙门"是有其道理的。后来随着征服土地的扩大，理藩院的管辖范围也随之扩大，但是蒙文的"理藩院"一词并没有变化，这很可能是蒙文的"理藩院"一词已约定俗成，已成为习惯性的用语，尤其在官方文书中已成范式书写，一说蒙文的"理藩院"就知其所指，故几乎没有人考虑其字面意思是否和当下的理藩院管辖范围相一致。包文汉先生所说的理藩院后来虽然改院为部，但蒙文含义未变，也对笔者的上述论说提供了一个有力佐证，即蒙文的"理藩院"一词是根据最初的情况翻译的，虽然后来理藩院的管辖范围甚至汉文名称发生了变化，但是蒙文的"理藩院"一词一直未变。若过分强调蒙文的"理藩院"一词与理藩院的管辖范围不一致，则有以今度古之嫌。

随着清朝军事斗争的节节胜利，向其臣属的部落也越来越多，为了管理这些原来还与后金平等的属部，清朝统治者在寻求一种话语体系，以体现出尊卑之别，此即"外藩"的话语体系。张世明指出："'外藩'作为一个政治概念之所以在清代大量使用，很大程度上与满族自身特殊经历相关。过去学术界通常都用周代五服制度理论诠释清代藩属关系产生原因，但笔者认为，以入关前满族的汉化程度而论，是否已经引进周代五服制度理论于史无证，令人十分质疑。笔者倾向于草昧干戈时期的满族人倒可能具有与商代内服、外服相似的比较简单实用的观念意识，并此后深刻影响有清一代历史。"② 他进一步认为，外藩蒙古的渊源，

① 包文汉：《清代"藩部"一词考释》，载《清史研究》，2000（4）。
② 张世明：《清代宗藩关系的历史法学多维透视分析》，载《清史研究》，2004（1）。

最初是与八旗制度紧密相关的。张世明先生的这一宏论对笔者深有启发，笔者认为，当时满族人有"内""外"观念，可能也与其接受了蒙古的文化是分不开的。天命初年，朝鲜人李民寏所见满族人"只知蒙书，凡文簿皆以蒙字记之。若通书我国时，则先以蒙字起草，后华人译之以文字"①。这说明满族人被深深地蒙古化了。即便是八旗制度也有蒙古化的烙印，昭梿在谈到八旗之制时云："我国家以神武开基，龙兴之初，建旗辨色，用饬戎行。始建两翼，其后归附日众，乃析为八。"② 昭梿所说的八旗之初"两翼"制度在中国的北方游牧社会是非常普遍的，匈奴冒顿单于就把领土分为左、中、右，鲜卑檀石槐把所控制的领土分为东、中、西部，突厥、回鹘、契丹等都有此两翼制度，至大蒙古国时成熟起来。成吉思汗时期，他把大蒙古国分为东、西道诸王兀鲁斯和自己的中央大兀鲁斯。至达延汗时期，分为左翼三万户、右翼三万户，后达延汗分封诸子，各部又往来迁徙，形成了诸如内喀尔喀五部、外喀尔喀七部以及山阳蒙古、山阴（即阿鲁蒙古）等称谓，其中，内喀尔喀五部、外喀尔喀七部等称呼是以大兴安岭为界，纯属地理上的称谓，无明显的内外之别。满族人也接受了这种思想并实施之，因此，在建立八旗初始阶段，只设两翼，及至后来"归附日众"，乃分为八旗。此后归附的蒙古部落日多，才如张世明先生所说：一部分"内附"八旗，或暂时别立旗分（乌鲁特、喀尔喀二旗）或直接分隶八旗（吴讷格、俄本兑左右二翼），最后与八旗融为一体，以满洲作为共同的民族概念，此即为"内八旗蒙古"；另一部分还归旧牧，或在指定的新区驻牧，最终演化为外藩蒙古。

　　笔者所见到的清代出现"外藩"一词的最早史料是皇太极即位时，阿敏曾派傅尔丹向皇太极说："我与诸贝勒议立尔为主，

---

① 李民寏：《建州闻见录》，见《清入关前史料选辑》（三），473 页。
② 昭梿：《啸亭杂录》卷十，八旗之制条，续修四库全书·第 1 179 册，577 页。

尔即位后，使我出居外藩可也。"皇太极深为骇异，并说："若令
其出居外藩，则两红、两白（应是两黄，因正白旗为太宗统辖）、
正蓝等旗，亦宜出居于外，朕统率何人，何以为主乎？若从此
言，是自弱其国也。"① 此时的"外藩"当指归顺的蒙古部落。
包文汉先生指出，清制，蒙古部落分为内属蒙古和外藩蒙古。所
谓内属蒙古是指非世袭的蒙古部落，一般不设扎萨克，如归化城
土默特、呼伦贝尔八旗、察哈尔八旗等，实行都统或副都统制，
由清廷任命。外藩蒙古包括内扎萨克蒙古和外扎萨克蒙古。内扎
萨克蒙古即通常所指科尔沁等 24 部 49 旗，即内蒙古，又称漠南
蒙古等；外扎萨克蒙古包括喀尔喀蒙古车臣汗部等 4 部 86 旗
（嘉庆间），即外蒙古，又称漠北蒙古等。还有新疆蒙古、青海蒙
古等，又称漠西蒙古。"内"与"外"是相对而言的，蒙古部落
对清廷而言整体上属于外，或称外藩，清廷满洲贵族居中央，属
内，是中心。在蒙古部落内部，漠西、漠北蒙古属外，漠南蒙古
属内，也称"内藩"。

　　清朝的外藩有内属和外属的区别，内属是指在中国疆域之内
的边疆民族，如蒙古、西藏、回部等，清朝与这些外藩是中央与
地方的关系，这些外藩受清王朝的管辖。外属一般又称藩属国，
如朝鲜、琉球、苏禄、安南、缅甸、南掌、浩罕、巴达克山等。
藩属国的君主要接受清朝皇帝的册封；藩属国要奉清朝为"正
朔"；藩属国国王要定期遣使向清廷朝贡；藩属国向清廷称臣，
而清王朝有保护藩属国的义务。但是藩属国的"一切政教禁令，
何（可）由该国自行专主，中国从不与闻"②，也就是说，清朝
对各藩属国的内政外交都由其自主，不加干涉。③ 外属还有一类
情况，指所有与清朝发生关系的外国，包括西洋各国。这一类

---

① 《清太宗实录》卷四十八，见《清朝太祖太宗世祖朝实录蒙古史史料抄——乾隆
本康熙本比较》，640 页。
② 王彦威、王亮纂辑：《清季外交史料》卷四，北平，故宫博物院，1934。
③ 《18 世纪的中国与世界》（边疆民族卷），55 页。

"完全是清朝强加的, 实际上并不存在的宗藩关系"①。由此我们看到, 随着清朝统治范围的扩大和对外关系的发展, "外藩"的指称范围也逐渐扩大, 是"在时间和空间双重维度上不断变化的活性名辞"②。

"藩部"一词在《清实录》中第一次出现是在《清太宗实录》之《康熙朝进实录表》中: "奠山河社稷之安, 集礼乐车书之盛。仁恩沦于率土, 义问讫于遐陬。奋天讨于西陲, 藩部咸共玉帛。耀神威于东海, 岛人悉隶版图。"③ 但是这里的"藩部"没有明显的指称范围, 甚至还不是一个常用名词, 此后, 指称蒙古等部惯用的词汇还是"外藩"、"外藩部落"等。

"藩部"概念的最终确立是由《皇朝藩部要略》来完成的。该书是乾隆年间纂修的《外藩蒙古回部王公表传》的"底册", 至清末才刊刻, 根据当时的背景, 把"外藩"一词改为"藩部"。这也是该书的最重要的贡献, 它确立了"藩部"概念, 从而使得清代的"藩部"概念有了一个明晰的界定, 即"藩部"包括蒙古、西藏、新疆等地区。

张永江先生在讨论"藩部"的概念时指出, 今人认为清代藩部指蒙古、新疆、西藏等少数民族边疆地区明显受《皇朝藩部要略》的影响。④ 而刘正寅、魏良弢先生著的《西域和卓家族研究》一书中亦云《皇朝藩部要略》"提供了关于清代'藩部'的完整概念"⑤。笔者认为, 在鸦片战争后所刊刻的《皇朝藩部要略》定名为"藩部", 绝不是偶然的, 当时"夷夏之辨"的转向以及对国家疆域的体认是我们不得不注意的问题。

---

① 《清代藩部研究——以政治变迁为中心》, 20 页。
② 张世明:《清代宗藩关系的历史法学多维透视分析》, 载《清史研究》, 2004 (1)。
③ 《清太宗实录》首卷二, 康熙朝进实录表, 见《清朝太祖太宗世祖朝实录蒙古史史料抄——乾隆本康熙本比较》, 8 页。
④ 《清代藩部研究——以政治变迁为中心》, 24 页。
⑤ 刘正寅、魏良弢:《西域和卓家族研究》, 26 页, 北京, 中国社会科学出版社, 1998。

第三节 "华夷之辨"的转向与"藩部" 概念的最终形成

满洲在入主中原后,面临的最大问题是如何建立自己统治的合法性,这就需要转变角度,从中原的角度看问题,利用儒家文化来阐释自己的统绪与中原的历代王朝是一脉相承的。但在同时,它还要保持满洲文化的相对独立性。这种矛盾也决定了它在处理"华夷之辨"时的矛盾心理。直到鸦片战争后,新的民族矛盾——中国与西方列强的矛盾凸显,华夷之辨的语境为之一变,人们口中的"夷狄"遂变为对洋人之专称,而《皇朝藩部要略》在这种情境中被定名,其"藩部"所指就有一种明显的边界之分,即蒙古、新疆、西藏等地是清朝的疆域。

一、清代华夷指称的演变

若我们翻开《清实录》,会随处可见"夷"字。最早的是袁崇焕给皇太极的信中所称。信中云:"若书中所开诸物,[①] 以中国之大皇上之恩养四夷,宁少此物,亦宁靳此物,然往牒不载,多取违天,恐亦汗所当自裁也。方以一介往来,又称兵于朝鲜何故?我文武兵将,遂疑汗之言不由中(衷)也。兵未回,即撤回。已回,勿再往,以明汗之盛德。息止刀兵,将前后事情,讲析明白。往来书札,无取动气之言,恐不便奏闻。若信使往来,皇上已知之矣。我皇上明见万里,仁育八荒。汗只顾坚意以事我

---

① 天聪元年(1627年)正月初八日,皇太极致书袁崇焕,除叙述"七大恨"之外,还表明了与明朝修好的条件,即明朝"当出金十万两,银百万两,缎子百万匹,毛青布千万匹以为讲和之礼。既和之后,两国每年彼此送礼,我们送去真珠十颗,貂皮一千张,人参一千斤。你们送来金十万两,银十万两,缎十万匹,毛青布三十万匹"。[见故宫博物院:《旧满洲档译注·清太宗朝(一)》,162 页,台北,故宫博物院,1977]袁崇焕信中所云"诸物"就是指这些物品。

皇上，宣扬圣德，料理边情。凛简书以绥夷夏，则有边疆之臣在。汗勿忧美意不上闻也。交好交恶，夷夏之常，原不断使命，汗更有以教我乎！"①

这段话是从《旧满洲档》中翻译为文言的，《旧满洲档》原文为："bithe de araha jaka be dulimbai amban han i duin jusen be gosime ujire de tere jaka akūn：tere be hairambio：duleke bithe de akū ambula gaici：abka be jurcembi：han faitame seole：elcin jime geneme yabume geli solho be coohalarangge ai turgun：meni bithe coohai hafasa han i gisun be mujilen citucikekūbi seme kenehunjembi：cooha bederere unde oci bederebure：bederehe oci jai generakū oci han i erdemu genggiyen ombi kai：dain be nakafi nenehe amaga uile be getuken giyangname gisureki：genere jidere bithe de jili banjire gisun be ume arara：uwesimbume donjibuci ojirakū：ojorahū：elcin genere jidere be han sambi kai：meni han genggiyen tumen babe sabumbi：sain mujilen jakūn hosio be ujimbi：han teng sere mujilen i meni：han be kunduleme enduringge erdemu be algimbume jecen i uile be dasa：han i bithe i jusen nikan be ergembure de jase jecen i hafan bi：han i sain be dele donjiburakū seme ume joboro：ishun de sain：ishun de ehe jusen nikan i an：daci elcin be lashalarakū：han geli mimbe aika seme tacibumbio seme tuwame bi："②

直译的译文为："来书中所写的东西，以中国伟大的皇帝，眷养四方之诸申，还没有这些东西吗？难道是爱惜这些东西吗？过去文书中没有这些，如果多拿的话，实在有悖天理，请汗裁减。使者还在来往，何故出征朝鲜？我们的文武各官，怀疑汗的话不是出自内心。如果军队尚未回去，让他们撤回，如果已经撤

---

① 《清太宗实录》卷二，天聪元年三月，见《清朝太祖太宗世祖朝实录蒙古史史料抄——乾隆本康熙本比较》，33～34 页。
② 《旧满洲档译注·清太宗朝（一）》，9～10 页。

回不再出征的话，就可明示汗的盛德啊！愿停战来明白讨论前后诸事，往来书信，不要写生气的话，否则恐怕不便奏闻。因使者往来之事，汗当已知道！我们的皇帝明鉴万事，以善良之心，眷养八方，汗应当以坚定的心，恭敬我们的皇帝，宣扬圣德，治理边务。以汗的诰谕，来安抚珠申和明人，边境自有官员，汗勿忧汗德好意不上闻。交好、交恶原只是珠申，与明之常事，素来使者不断，希望汗无论如何再教谕我吧！"①

很明显，满洲人把"夷"理解为了"珠申"，即自己；把"夏"理解为了"明朝"。那么后来修《清实录》的官员为什么要保存袁崇焕称满洲为"夷"的叙述呢？我认为，雍正帝的想法可为我们揭开谜底，他曾云：

> 朕览本朝人刊写书籍，凡遇胡、虏、夷、狄等字，每作空白，又或改易形声，如以夷为彝，以虏为卤之类，殊不可解。揣其意，盖为本朝忌讳，避之以明其敬慎，不知此固背理犯义，不敬之甚者也。夫中外者，地所画之境也。上下者，天所定之分也。我朝肇基东海之滨，统一诸国，君临天下，所承之统，尧舜以来中外一家之统也。所用之人，大小文武，中外一家之人也。所行之政，礼乐征伐，中外一家之政也。内而直隶各省臣民，外而蒙古极边诸部落，以及海澨山陬，梯航纳贡，异域遐方，莫不尊亲，奉以为主。乃复追溯开创帝业之地，目为外夷，以为宜讳于文字之间，是徒辨地境之中外，而竟忘天分之上下，不且背谬已极哉？孟子曰：舜，东夷之人也。文王，西夷之人也。舜，古之圣帝，而孟子以为夷。文王，周室受命之祖，孟子为周之臣子，亦以文王为夷。然则夷之字样，不过方域之名，自古圣贤，不以为讳也。至以虏之一字，加之本朝，尤为错谬。《汉书》

① 《旧满洲档译注·清太宗朝（一）》，166~167页。

注曰：生得曰虏，谓生得其人，以索贯而拘之也。敌国分隔，互相诋诟，北人以南为岛夷，南人以北为索虏。汉唐宋元明，边烽不息，每于不能臣服之国，指之为虏。我满洲居东海之滨，若言东夷之人则可。今普天之下，率土皆臣，虽穷边远徼，我朝犹不忍以虏视之。惟准噶尔，背天逆命，自弃于王化之外，或可呼之为胡虏耳。总之帝王之承天御宇，中外一家，上下一体，君父臣子之分定于天，尊亲忠孝之情根于性，未闻臣子之于君父，合体同心，犹可以丝毫形迹相歧视者也。我朝正位建极，百年于兹。列圣相承，功德隆盛。世祖章皇帝入抚中夏，救斯民于水火，而登之衽席，仁心仁政，洋溢中国。圣祖仁皇帝临御六十余年，深仁厚泽，沦肌浃髓。中国之圣主，自尧舜以来能伦比者有几。朕以凉德，缵承统绪，勤求治理，勉效祖考，虽未能跂及万一，然十载之秉公矢诚，朗如天日。满汉蒙古，并无歧视，此心久为臣民所共晓。夫满汉名色，犹直省之各有籍贯，并非中外之分别也。若昧于君臣之义，不体列圣抚育中外、廓然大公之盛心，犹泥满汉之形迹，于文艺记载间，删改夷虏诸字，以避忌讳，将以此为臣子之尊敬君父乎？不知即此一念，已犯大不敬之罪矣。嗣后临文作字及刊刻书籍，如仍蹈前辙，将此等字样，空白及更换者，照大不敬律治罪。各省该督抚学政有司，钦遵张揭告示，穷乡僻壤，咸使闻知。其从前书籍，若一概责令填补更换，恐卷帙繁多，或有遗漏。而不肖官吏，遂借不遵功令之名，致滋扰累。着一并晓谕，有情愿填补更换者，听其自为之。[1]

雍正帝以孟子称呼舜和周文王为"夷"的事实，来反驳"夷"是蔑称的观点。他认为"夷"只是"方域之名"，所以

---

[1] 《清世宗实录》卷一三〇，雍正十一年四月条。

"自古圣贤，不以为讳也"。所以可以称满洲为"东夷之人"。至于"虏"，雍正认为那只是敌对势力互相对骂的工具，比如准噶尔，可以称为"胡虏"。因此，若是在书中避讳"夷""虏"等字，就表明其在心中是以满洲为"夷""虏"的，犯了大不敬之罪。

雍正帝虽然辩解明白，但是大臣们好像并没有改掉这个毛病，到乾隆时，这个问题不得不又下谕旨申饬：

> 前日披览四库全书馆所进《宗泽集》内，将"夷"字改写"彝"字，"狄"字改写"敌"字。昨阅《杨继盛集》内，改写亦然。而此两集中，又有不改者，殊不可解。夷、狄二字，屡见于经书，若有心改避，转为非礼。如《论语》"夷狄之有君"。《孟子》"东夷西夷"，又岂能改易，亦何必改易？且宗泽所指系金人，杨继盛所指系谙达，更何所用其避讳耶？因命取原本阅之，则已改者，皆系原本妄易；而不改者，原本皆空格加圈。二书刻于康熙年间，其谬误本无庸追究，今办理《四库全书》应钞之本，理应斟酌妥善。在誊录等草野无知，照本钞誊，不足深责。而空格则系分校所填，既知填从原文，何不将其原改者，悉为更正？分校、覆校，俱系职官，岂宜失检若此。至总裁等，身为大臣，于此等字面，尤应留心细勘，何竟未能逐一校正？其咎更无所辞，非他书总校记过者可比。所有此二书之分校、覆校及总裁官俱着交部分别议处。除此二书改正外，他书有似此者，并着一体查明改正，并谕该馆臣，嗣后务悉心详校，毋再轻率干咎。[1]

① 《清高宗实录》卷一〇四四，乾隆四十二年十一月上，985 页。

笔者认为，馆臣对"夷""狄"字样有改者，有未改者，原意本为试探乾隆帝的态度，哪想到乾隆帝反应激烈，自己反而引火烧身。

虽然雍正、乾隆这样以地域来对"夷狄"等词语进行阐释，并做出姿态说把满洲"若言东夷之人则可"，但是没有哪一个臣民敢称满洲为"东夷之人"，即便是以"夷"或"夷人"称呼蒙古和西藏，也屡被皇帝斥责。乾隆就屡次为大臣称蒙古和西藏为"夷"等事下谕旨斥责之。如：

> "高斌所奏张家、独石二口外地方定界一事，朕已批令军机大臣等议奏。但高斌折内，称蒙古为夷人，甚为错误。向来称准噶尔为夷人，至于内扎萨克，乃本朝之臣仆也，岂可以夷人称之？从前孙嘉淦曾经错误，朕严加训谕，今高斌此折，虽据李质粹来文，然高斌具奏时，亦当改正，并告李质粹知之。"①
>
> "谕军机大臣等：黄廷桂奏折内，将归化城沿边蒙古，称为'夷人'。夫夷人乃非内地所属，如准噶尔之类。至于沿边蒙古，皆系内地所属，应称为蒙古人，不应以夷人称之也，嗣后应改正，尔等可寄信与黄廷桂知之。"②
>
> "又谕军机大臣等：蒙古、汉人，同属臣民。如有书写之处，应称蒙古、内地，不得以蒙汉字面混行填写，已屡经降旨。今马灵阿奏折，犹以夷汉二字分别名色，可见伊等全未留心。且以百余年内属之蒙古，而目之为夷，不但其名不顺，蒙古亦心有不甘。将准噶尔及金川番蛮等，又将何以称之？着再行传谕沿边各督抚知之。如有仍旧书写之处，朕必

---

① 《清高宗实录》卷一六七，乾隆七年五月下，122 页。
② 《清高宗实录》卷二五三，乾隆十年十一月下，272 页。

加以处分。"①

"陕西巡抚陈宏谋奏,由郃阳、韩城等处,行抵延榆,查勘沿边一带情形,亲见民人乐业,商贩流通。其延榆二郡,地近鄂尔多斯,每年内地民人,租种夷地,彼此相安,蒙汉不分畛域。虽该处边墙,间有残缺,而夷汉一体,可以无庸议修。惟定边、靖边两县,墙外草地,常有水患,现饬地方官,设法疏浚。得旨,览奏俱悉,具见一切留心。但鄂尔多斯蒙古,乃属世仆,不应目之曰夷,此皆俗吏刀笔之谈。如云夷汉蒙汉等语,甚属不经,朕恶观之,此后但称蒙古、汉人可。"②

"谕军机大臣等,本日巴延三奏报:前藏达赖喇嘛遣使过境日期一折。内称夷使字样,甚属错谬。国家中外一家,况卫藏久隶版图,非若俄罗斯之尚在羁縻,犹以外夷目之者可比,自应以来使堪布书写为是,乃一任庸劣幕友,混行填写夷使字样,率尔具奏。巴延三于此等陈奏事件,全不留心寓目,何至胡涂若此!着传旨严行申饬。"③

总之,"夷"作为一个蔑称,一般来讲,清朝统治者在国内只是把它用在"准噶尔及金川番蛮"等敌对势力的身上,如把准噶尔呼为"准夷",金川等地人民为"番夷"。不允许把纳入到自己统治范围之内的蒙古、西藏地区称为"夷"。在《清实录》中我们也看到,清朝统治者对不属于自己统治范围的外国,一般称

① 《清高宗实录》卷三五四,乾隆十四年十二月上,884 页。
② 《清高宗实录》卷四七七,乾隆十九年十一月下,1 169 页。
③ 《清高宗实录》卷一二九二,乾隆五十二年十一月上,340 页。

之为"夷",如"西洋夷人"①,甚至"朝鲜夷船"② 等。1840 年前后,随着禁烟运动的深入和鸦片战争的爆发,"夷"的称呼主要就用在列强的身上了,"夷言""夷语""夷书""夷船""逆夷""咪夷""英吉利国夷""法兰西国夷"等等,但"英吉利"和"法兰西"在书写中,前面要加"口"字旁,以示区别。③ 官方的这种对外称呼几乎无处不用"夷",有力地促成了作为儒家传统文化内核之一的华夷之辨有了鲜明的转向。

二、"藩部"概念的最终确立

鸦片战争后,强烈的中西文化的对立和冲突成为历史的必然。面对战败的现实和文化的冲突,中国的知识人不得不"睁眼看世界"。一些有为的知识人纷纷著书立说,以对国家建设有所裨益。但在《皇朝藩部要略》刊刻前,几乎所有的知识人都对西方列强不甚了解,对外国称"夷"说明其还是抱着"天朝上国"的自大心态来了解西方世界的,其中最有名的口号就是魏源的"师夷长技以制夷"。

1842 年,魏源在林则徐《四洲志》的基础上,广搜各种中外文献而成 50 卷本《海国图志》。在《原叙》中叙述其史料来源时云:"一据前两广总督林尚书所译西夷之《四洲志》,再据历代史志及明以来岛志,及近日夷图、夷语。"后又在说明为什么著《海国图志》时云:"为以夷攻夷而作,为以夷款夷而作,为师夷

---

① 《清高宗实录》卷四九一,乾隆二十年六月下,176 页。有"可传谕询问该督抚等,自张若瑟等犯案之后,现在该省有无此等西洋夷人,潜入内地,煽诱行教之事"等语。

② 《清宣宗实录》卷一八六,道光十一年三月下,955 页。有"富呢扬阿奏:朝鲜夷船漂泊到境,被匪搬抢,请将疏防文武员弁摘去顶戴,严拿究办一折。浙江台州府属黄岩县地面,有朝鲜国夷船遭风漂至该处停搁,晒晾失水布匹货物,旋有匪徒六七人至船搬抢之事,现经该抚将该难夷及存厂货物,妥为安顿,并先后拿获匪徒王彝赏等五名,即于各犯名下起出原赃布匹等物,交付夷人认领"。

③ 《清仁宗实录》,嘉庆十三年十月,687 页。

长技以制夷而作。"①

《海国图志》在当时的知识人中间非常流行，这从张穆和何绍基等人的藏书中可以看出来。在张穆的藏书中，《海国图志》被编在"史部一号"栏里，而其门人记录显示，在他去世当日，在外借的书中就有《海国图志》。② 何绍基的藏书中亦有《海国图志》。③ 这说明在张穆的师友群中对《海国图志》所倡的"师夷长技以制夷"的思想有所了解。

道光二十四年（1844 年），张穆有感于中法《五口贸易章程》的不公，撰写了《弗夷贸易章程书后》一文，主要观点是反对此《章程》给予法国人在五口建造礼拜教堂的特权。在此文中，张穆具有深深的忧患意识。他云："今揆弗夷情势，俨然与中国并大，方且要索挟持，不畏我皇上。"④ 由此可见，张穆对于国家的时势以及列强的情况都有自己的认识。由此，他在道光二十五年（1845 年）开始校订《皇朝藩部要略》并为其定名的时候，是在对当时时势清楚认知的基础之上而定的。

张穆和祁韵士之子祁寯藻给《皇朝藩部要略》定名颇费了一番曲折。当初祁寯藻携《蒙古回部王公表传》的底册去见著名史地学者李兆洛，希望李兆洛为其父校勘《蒙古回部王公表传》的底册，即后来的《皇朝藩部要略》，当时还叫《外藩提要》。我们可以比较两条史料：《武进李先生年谱》中云："祁公出其先公鹤皋先生所著书《外藩蒙古回部王公传》，则史馆时奉敕编纂稿本也。《西陲总统事略》《西域释地》《西陲要略》则谪戍时塞外所著也。……公以《西域释地》三种已有刊本，而《外藩传》先人精力所萃，外间少知者，意欲综各传为编年体，成一家之私书，

---

① 魏源：《海国图志·原叙》，67 页，郑州，中州古籍出版社，1999。
② 《张石洲所藏书籍总目》（不分卷），国家图书馆善本阅览室藏稿本。
③ 《道州何氏东洲草堂书目》（不分卷），国家图书馆善本阅览室藏稿本。
④ 《月斋文集》卷二《弗夷贸易章程书后》，见《山右丛书初编》。

故属之先生。"① 而在李兆洛的《养一斋集》中有《外藩蒙古要略序》，云："鹤皋先生之在翰林也，历年最久。尝被命为《蒙古回部诸王公列传》，皆内检黄册，外译舌人，仅能通晓，久而后成。既成，又为当事龃龉，复迟之数年，盖先生于蒙古回部之事，尽劳勤矣。既进呈，为《钦定蒙古王公列传》，编之四库。先生之为是书也，先以年月日编次，条其归附之先后，叛服之始终，封爵之次第，以为纲领，而后分标各藩之事迹，而为之传，名曰《外藩提要》。是《传》仿《史记》，而《提要》仿《通鉴》也。淳父学使视学江左，行辕在江阴，而兆洛忝主讲席，因进见，叩鹤皋先生诸书。学使因以《西陲纪略》见示，而曰《外藩提要》尚未刻也。"② 那么，《外藩蒙古要略序》是李兆洛所写，其所说《蒙古回部王公表传》的底册被祁韵士提名为《外藩提要》看来是真实的。而《武进李先生年谱》的作者蒋彤则没有提到《外藩提要》，只是把此时的《蒙古回部王公表传》的底册称为"《外藩蒙古回部王公传》"，并说明为"稿本"，简称为"《外藩传》"。

　　而如前文所述，在《张肩斋先生词翰》中，有张穆写给祁寯藻的一封书信，云："《蒙古事略》现在竭力补修，厄鲁特已三分之一，必不致延宕时日矣。"我们通过上下文，再通过考查张穆为祁寯藻所校之书可知，③ 这里的《蒙古事略》就是指其后来定名的《皇朝藩部要略》。可见，直到此时还未最后给《皇朝藩部要略》定名。

　　在张穆所改《皇朝藩部要略》抄本中，我们可以看到其非常明显地修改李兆洛序文的痕迹："先生之为是书也，先以年月日

---

① 蒋彤编：《清李申耆先生兆洛年谱》，见王云五主编《新编中国名人年谱集成》（第50辑），180页，台北，商务印书馆，1981。
② 《养一斋集》卷五《外藩蒙古要略序》，63页。或参见《养一斋文录》，续修四库全书·第1672册，56页。
③ 张穆为祁寯藻之父祁韵士所校之书有：《西域释地》《西陲要略》以及《皇朝藩部要略》等，前两部著作都是有关西域地区的。

编次，条其归附之先后，叛服之始终，封爵之次第，以为纲领，而后分标各藩之事迹，而为之传，名曰《（各藩提要）》①《［藩部要略］》②。是《传》仿《史记》，而《（提）要［略］》仿《通鉴》也。淳父学使（大人）视学江左，行辕在江阴，而兆洛忝主讲席，因进见，叩鹤皋先生诸书。学使因以《西陲（记）［要］略》、《［西域释地］》见赐，而曰《（外）藩（提）［部］要［略］》尚未刻也。"③

总之，在鸦片战争后之"华夷之辨"转向的大背景下，张穆和祁寯藻目睹了西方列强的强大实力，并对他们所构成的威胁有一定的了解。作为《蒙古回部王公表传》的底册，《皇朝藩部要略》是第一次把蒙古、新疆和西藏都纳入到国史书写范围里的史书，这是具有标志性意义的，张穆和祁寯藻显然注意到了这一点，出于对《蒙古回部王公表传》底册性质的认识以及试图进呈等其他目的，他们把此书定名为《皇朝藩部要略》，"皇朝"是出于进呈之需而必须表明的史观，"要略"是为了和祁韵士的上一部书《西陲要略》体例一致，④而关键一词"藩部"则表明了此书的主要内容和中心思想，即蒙古、新疆、西藏是中国的"藩部"，是中国的领土不可分割的一部分。这一概念是在鸦片战争后当时语境下的疆域体认，是一种政治性的民族认同话语，从而为清朝的多民族国家的合法性建构一个坚实的基础。可以说，此书顺应了当时的历史潮流，是清朝"国家建设"的一部分，是清朝对自己疆域有限性的具体认知。而这一思想体系也为后人所继承，至《嘉庆会典》《光绪会典》正式以法律形式规定"藩部"包括蒙古、新疆、西藏等地区。而此后对边疆地区设"行省"之

---

① （ ）内文字为李兆洛序文原文，下同。
② ［ ］内文字为张穆最后改订之文，下同。
③ 国家图书馆善本阅览室藏。
④ 祁寯藻：《藩部要略后跋》云："《藩部要略》，从《西陲要略》例也。"见《清朝藩部要略稿本》，313 页。

议也都是在"藩部"基础上提出的疆域建构。

综上所述,"藩部"概念的确立和夷夏之辨有很大的关系。纵观历代"夷夏之辨","夷夏"就是一个活性名词。历代每有自称华夏而称敌对方为"夷狄"之例,钱钟书先生在《管锥编》中举例甚详。① 刘浦江先生亦认为,新的民族矛盾引起了汉族士人华夷观念的变化,如他举金朝末年等情况为例,"这一次新的外族威胁来自蒙古,蒙古入侵引发了新的民族矛盾,是时汉族士人华夷观念的强化,恰恰巩固了他们对于女真王朝的认同感。……'攘夷'与'尊王'是分不开的,在金末讲'攘夷',就是要尊女真之'王',攘蒙古之'夷'。另外,晚清的例子也很能说明问题。清代满汉之间的民族矛盾,以顺治、康熙朝最为突出,直到乾嘉时代,'夷狄'仍是一个极为忌讳的词汇。鸦片战争后,由于西方列强的侵入,华夷之辨的语境为之一变,人们口中的'夷狄'遂变为洋人之专称。对于汉族士人频繁使用该词,'清廷不以为忤,而士人亦不再觉有自我检束的必要,足见多数时人早已不视清为夷狄'。这是清人华夷观念的一个重要转折"②。

笔者认为,《皇朝藩部要略》之"藩部"话语的构建,是由原来指向的模糊而变为清晰,是在当时的历史条件下对国家疆域的体认,是清朝对蒙古、新疆、西藏等"藩部"统治合法性的表达。"藩部"具体指向之话语一立,则强调了人我之别。这个人我之别有双重意义,即首先是西方列强与清朝的人我之别,这更强调了对"藩部"统治的合法性问题。其次,强调清朝的附属国与"藩部"的人我之别。清朝统治者往往把附属国也称为"外藩"或"藩部",容易混淆概念,但《皇朝藩部要略》把"藩部"只确定为指称蒙古、新疆、西藏等地区,就把此概念的内涵确立清楚了。

---

① 钱钟书:《管锥编》(第 4 册),1 486~1 490 页,北京,中华书局,1979。
② 刘浦江:《正统论下的五代史观》,见荣新江《唐研究》(第 11 卷),93 页,北京,北京大学出版社,2005。

第五章 『藩部』体系——清廷与蒙古、回部、西藏调适的政治秩序

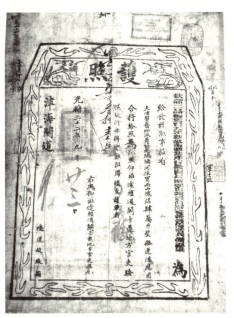

此为光绪三十二年天津新钞两关护照（见国家清史编纂委员会图录丛刊《天津市档案馆藏清代商务文书图录:券证遗珍》,189页,北京,中国人民大学出版社,2007）

第五章 "藩部"体系

——清廷与蒙古、回部、西藏调适的政治秩序

第一节 清代"藩部"体系有别于朝贡体系

关于朝贡体系或朝贡制度（the tributary system），已有极为丰富的研究成果。从某种意义上说，朝贡体系已经成为一种理论范式，这一理论范式以英国学者马士（Hosea Ballou Morse）发其端，美国学者费正清（John King Fairbank）继其后，日本学者滨下武志（Takeshi Hamashita）详其要。① 他们一致的观点是中国古代的朝贡体系是一种国际关系。如费正清这样评价朝贡制度："以中国为中心的、等级制的中国外交关系，所包括的其他国家可以分为三大圈：第一是汉字圈，由几个最邻近而文化相同的属国组成，即朝鲜、越南，它们的一部分古时曾受中华帝国的统治；还有琉球群岛，日本在某些短暂时期内也属于此圈。第二是亚洲内陆圈，由亚洲内陆游牧或半游牧民族等属国和从属部落所

---

① 关于朝贡制度的综述，请参见权赫秀《中国古代朝贡关系研究综述》，载《中国边疆史地研究》，2005（3）。

构成，它们不仅在种族和文化上异于中国，而且处于中国文化区以外或边缘，它们有时甚至进逼长城。第三是外圈，一般由关山阻绝、远隔重洋的'外夷'组成，包括最后在贸易时应该进贡的国家和地区，如日本、东南亚和南亚其他国家，以及欧洲。"① 此后，费正清又在其《剑桥中国晚清史》中进一步阐述了关于朝贡体系的"同心圆理论"："与皇帝有人身依附关系的藩封，首先是与皇帝有血缘关系的皇族。然后又扩大到包括中国国内的'内藩'。所有这些藩属都有世袭身份，不过爵位等级可能逐代递降。他们得到封号，封号甚至也给予王子和嫔妃。内藩也有进贡，贡物只是些礼品则（而）已，但也包括像从长江三角洲各省运来的'贡米'（漕贡）那样的地方赋税。这种个人——封建关系的结构再扩大到外藩，他们位于中国本土之外，然而也属于皇帝关心的范围之内。他们也得到封号并且要进贡。属于外藩的有蒙古的亲王，西藏的统治者，亚洲腹地的其他的人物，以及像朝鲜、安南（越南）等毗邻国家的统治者。最后，远方的国家如果也想和中国建立关系，也被列为遥远的朝贡国，他们仍都被认为是'藩'。这就完成了同心圆式的分成等级的世界体制。"②

费正清的上述理论显然是在对中国的"藩部"没有充分了解的情况下所作的理想化的表述，没有实证意义。③ 然其关于朝贡体制的观点在西方学术界有很深的影响，甚至日本的滨下武志也继承和发展了其"同心圆理论"。滨下武志认为，按照来自中央

---

① 陶文钊编选，林海、符致兴等译：《费正清集》，4～5 页，天津，天津人民出版社，1991。

② 费正清编，中国社会科学院历史所编译室译：《剑桥中国晚清史》（上册），32、35 页，北京，中国社会科学出版社，1985。

③ 张永江先生就评析了费正清的"内外藩"理论，指出其"内藩"概念实难成立，其内外藩理论是建立在对宗藩制度的表层次的共生现象的观察上的，如封爵、封号及其世袭、进贡，等等。对其本质性的东西如土地、人民、权利行使及其制约则缺乏认识。参见《清代藩部研究——以政治变迁为中心》，36 页。

影响力的强弱顺序，朝贡国可以分为以下几种类型：

1. 土司、土官（西南诸州）的朝贡。

2. 羁縻关系下的朝贡（女真及其东北部）。

3. 关系最近的朝贡国（朝鲜等）。

4. 两重关系的朝贡国（琉球等）。

5. 位于外缘部位的朝贡国（暹罗等）。

6. 可以看成是朝贡国，实际上却属于互市国之一类（如俄罗斯、欧洲等国）。①

在此后朝贡体系的结构图中，滨下武志把"东三省、北方游牧民"置于"土司土官、藩部、朝贡、互市"圈内，把"蒙古西藏回部"置于"藩部"和"朝贡"圈内。②

这是滨下武志在分析了《万历明会典》与 1818 年的《大清会典》后得出的结论，问题是将明朝和清朝的朝贡体系混合在一起进行分析的做法是不妥的，二者有本质的区别。正如祁美琴教授指出的，这是将"明朝的朝贡关系套用在了清朝的朝贡关系上，忽视了二者的区别"③。她在廓清了滨下武志的朝贡关系图的错误认识后进一步认为，"与明朝相比，清朝在朝贡关系方面的变化主要体现在两个方面：一是将西洋诸国从朝贡范围内逐渐剔除，二是周边民族因内附而退出了朝贡行列。这种变化的原因，一方面在于清政府更加重视朝贡的政治依附关系，将朝贡与通市予以区分，明确藩属关系与通商关系的差异；另一方面，随着全国大一统的实现，历史上长期以来与中原王朝保持藩属关系的民族和地区，不再以朝贡者的藩属身份僻处于一方，而是被正式纳

---

① 滨下武志著，朱荫贵、欧阳菲译：《近代中国的国际契机——朝贡贸易体系与近代亚洲经济圈》，36 页，北京，中国社会科学出版社，1999。

② 同上，第 39 页。

③ 祁美琴：《对清代朝贡体制地位的再认识》，载《中国边疆史地研究》，2006（1），48 页。

入清朝的直接统治，从而最终退出了朝贡、藩属的行列，成为中国本土的一部分"①。李云泉也有类似的观点，他认为，在朝贡制度实施的过程中，历朝历代所面临的内外形势既有相似性，也有相异之处，所以不同朝代实施朝贡制度的目的虽一，并有相同或相似的理论背景，但不同时期，朝贡制度的特征不尽相同，要区别看待。②

但这种把在西方到来之前的中国历史，尤其是明代和清代的历史想当然地看作是恒定的、不变的，并不加区别地用朝贡制度来观察和解释中国内地、藩部以及外国的关系的做法，普遍存在于西方及日本学术界。上世纪末一直到最近几年西方学界的很多学者注意到了这一点，并进行了一系列的反思。如米华健（Millward，James A.）在其著作中就有这样的论述："战后美国学术界的一个共同趋势，即在基于明朝版图及民族边界的'中国'定义和基于清朝版图及民族边界的'中国'定义（最终被中华人民共和国重新建立）之间进行无意识的转换，而认识不到两者的量是非常不同的，也忽略了从一个'中国'到另一个'中国'的过程以及这一变化产生的所有后果。"③而这种明、清之间版图"无意识的转换"，恰恰造成了诸如"中国以长城为界"，"蒙古、新疆、西藏不是中国"等等错误的认识，后来学者虽有反思，但鲜有以另一种模式或理论来解决这个具有危险性的问题。

总之，把中国历朝历代朝贡制度的特征不加区分地糅在一起

---

① 祁美琴：《对清代朝贡体制地位的认识》，载《中国边疆史地研究》，2006（1）。
② 李云泉：《朝贡制度的理论渊源与时代特征》，载《中国边疆史地研究》，2006（3）。
③ 米华健（Millward，James A.），《嘉峪关外：1759—1864 年新疆的商业、民族与清帝国》（Beyond the Pass：Commerce，Ethnicity，and the Qing Empire in Xinjiang，1759—1864. Ph. D. diss.，Stanford University，1993.），贾建飞译，张世明审校，载国家清史编纂委员会编译组编印《清史译文新编·第九辑》，15 页。

分析，动辄把朝贡体系解释为是包括藩部在内的一种"国际关系"①，背离了历史主义的研究轨道，其理论没有实证意义。清代是中国最后一个传统王朝，是各种制度的集大成者，"朝贡"制度也不例外，但正如上述祁美琴教授所分析的，清朝的朝贡对象已只限于属国，不包括蒙古、西藏和回部等藩部地区。笔者认为，清朝中央政府对藩部的治理不同于内地行省，也不同于朝贡制度下的属国，应为自成特征的一个系统，即藩部体系。这一体系中央特设理藩院进行管理，外交权在中央，派驻将军、大臣、都统实行军事管辖，制定单行的法律法规进行治理，从政治、军事、外交、法律等多方面进行管理，与所谓朝贡关系下的"朝贡国"有质的区别。

第二节　清廷把各藩部纳入政治共同体的实践

由于蒙古、西藏、新疆等地各有特点，因此清廷纳入版图的策略也各有不同。

一、蒙古诸部被纳入版图

天聪八年（1634 年），察哈尔部林丹汗死于青海大草滩，其子额哲归附后金，并献上了传说中的元传国玉玺。这一事件标志着后金政权拥有了继承元以来正统地位的合法性，扫除了统一蒙古诸部的障碍。崇德元年（1636 年），漠南蒙古 16 部 49 名领主同满汉臣僚一道大会盛京（今沈阳），共上尊号。以察哈尔林丹汗之子、额驸额尔克孔果尔额哲（是年正月尚清室公主，为固伦额驸）为首，参加者有察哈尔部图巴济农，科尔沁部土谢图济农

---

① 滨下武志在《近代中国的国际契机》中就强调朝贡体系是以中国为中心的国际秩序，其后，在《东亚的复兴：以 500 年、150 年和 50 年为视角》一书的导言中，滨下武志等人又强调："早在欧洲的行政和贸易组织在该地区开始扮演起重要角色之前，东亚地区的边界——包括东北亚、内陆地区和东南亚地区——就已经被当地以中国为中心的国际体系所确定下来。"

巴达哩、卓里克图台吉武克善、秉图贝勒洪果尔、扎萨克图贝勒布达齐、达尔汉巴图鲁满珠什哩、喇嘛什希、穆斋、伊勒都希栋果尔，扎赉特部达尔汉和硕齐蒙衮、昂安伊勒都齐，杜尔伯特部达尔汉台吉塞，郭尔罗斯部哈坦巴图鲁固穆、伊尔登布木巴，敖汉部额驸班弟、索诺木杜稜、奈曼衮楚克巴图鲁，巴林部满珠什哩台吉、阿玉什台吉，土默特部鄂木布楚琥尔、墨勒根台吉索诺木、古英塔布囊赓格尔、塔布囊善巴，扎鲁特部达尔汉巴图鲁色本、内齐、瑚弼尔图、喀巴海伟征、岱青、际尔哈朗、青巴图鲁玛尼，四子部达尔汉卓里克图鄂木布、墨勒根台吉伊尔扎穆，阿噜科尔沁部达赉楚琥尔、穆彰台吉，翁牛特部逊杜稜、额尔德尼栋岱青、班第伟征、达拉海宰桑，喀喇车哩克部噶尔玛台吉、阿喇纳诺木噶，喀喇沁部古噜思希布、塞稜、塞臣、万丹伟征、图里瑚马齐，乌喇特部图们达尔汉鄂木布、伊勒登和硕齐塞稜、额尔赫图巴等人。蒙古表文由科尔沁部巴达哩呈上，称"博格达·彻辰汗"（汉译宽温仁圣皇帝），这表明上述 16 部蒙古封建主已承认皇太极为蒙古大汗正统的继承者，是自己的君主。皇太极接受尊号，建国号"大清"，改元崇德。[①]

相比漠南蒙古的归附，漠北喀尔喀部的归附更为波折一些。

17 世纪初喀尔喀左右两翼基本上分为三大部分。"初，喀尔喀无汗号，自阿巴岱赴唐古特，谒达赖喇嘛，迎经典归为众所服，以汗称。子额列克继之，号墨尔根汗。额列克子三，长衮布，始号土谢图汗，与其族车臣汗硕垒、扎萨克图汗素巴第同时称三汗。"[②]

17 世纪 40 年代以后，喀尔喀三汗与清朝的关系趋于紧张。顺治三年（1646 年）喀尔喀左翼车臣汗硕垒策动腾机思反清；接着左翼车臣汗硕垒、土谢图汗衮布联合抗击前来追击腾机思之清

① 《蒙古民族通史》（第四卷），34 页。
② 《外藩蒙古回部王公表传》，卷四十五。

军。但随着清廷出兵镇压了腾机思，并在喀尔喀腹地击败喀尔喀
联军后，使喀尔喀诸汗认识到自己没有力量与清廷抗衡，便于顺
治四年（1647 年）遣使谢罪。顺治七年（1650 年）十月，土谢
图汗派默尔根岱青，车臣汗派额尔德尼岱青，丹津喇嘛派其子额
尔德尼诺木齐台吉，哲布尊丹巴呼图克图派格楚勒喇嘛，率领由
55 名官员组成的议和代表团，同清廷达成坚盟和好之约。①

顺治七年（1650 年）的议和，恢复了喀尔喀左翼同清朝的友
好关系，喀尔喀诸台吉频繁遣使进贡、贸易。1660 年，扎萨克图
汗和土谢图汗产生矛盾，扎萨克图汗求助于准噶尔，要求噶尔丹
给予支援。康熙二十七年（1688 年），噶尔丹兴兵征伐喀尔喀土
谢图汗和哲布尊丹巴呼图克图。准噶尔的进攻，使"喀尔喀举国
震惊，见一影响，随（遂）以为敌至，无一人敢北向相拒者"。②
土谢图汗大败，向清政府寻求保护，喀尔喀各部纷纷南逃至内蒙
古境内。

康熙二十九年（1690 年），噶尔丹再次征伐喀尔喀。此时清
廷已经过近十年的试探和准备，包括和俄罗斯签订《尼布楚条
约》，以换取俄罗斯的中立态度，趁这一机会，试图彻底解决喀
尔喀的问题。

两军经过乌尔会河之战以及乌兰布通之战后，互有胜负，但
噶尔丹在撤退时，沿途又遭瘟疫，当他退回科布多时，仅剩几千
人。这大大削弱了噶尔丹的势力。趁噶尔丹无力东顾之机，清廷
于康熙三十年（1691 年）年初，在多伦诺尔举行内、外蒙古会
盟。康熙帝认为："喀尔喀向来虽经进贡，但伊汗从未尝输诚来
朝。而喀尔喀诸汗亲率所属数十万众，倾心归附，一切行赏定

---

① 中国第一历史档案馆编：《清初内国史院满文档案译编（下）》，132～133 页，北京，光明日报出版社，1989。

② 温达，等撰，西藏社会科学院西藏学汉文文献编辑室编：《亲征平定朔漠方略》卷四，影印文渊阁四库全书本，台北，商务印书馆，1986。

罚、安插抚绥关系甚大，所以朕躬前往巡狩。"① 决定亲自主持会盟。五月初三，康熙帝驾临多伦诺尔，并宣布喀尔喀各部亦"等如四十九旗，其名号亦皆如四十九旗例，以示朕一视同仁之意"。② 封赏汗及汗以下济农、诺颜等爵位、银两和物品。颁定法律，明确由清朝中央政府对漠北实行直接管辖。多伦诺尔会盟是清廷与外蒙古喀尔喀部的标志性事件，喀尔喀部从此并入清朝，成为清王朝的一部分，清朝最终完成了对整个蒙古高原的统一。蒙古喀尔喀部的归附，使清朝北部边防得到加强。和平统一蒙古喀尔喀部在边疆民族各部中影响很大，乾隆帝在其晚年曾经作过总结，说："五十余年以来，蒙古臣仆亲如家人父子，致数万里之卫藏及外扎萨克，边远喀尔喀部落，悉就约束，遵我轨度。"③

二、清廷对西藏的统治

明朝隆庆六年（1572 年），明廷应蒙古俺达汗之请求，颁给他"金字番经及遣喇嘛番僧传习经咒"④，喇嘛教迅速在草原传播。万历六年（1578 年），俺达汗又去青海迎喇嘛教格鲁派首领索南嘉措，赴青海蒙古各部传教。从此藏传佛教格鲁派在广大蒙古地区处于优势地位，信徒渐多。

后金政权在崛起以及势力增强的过程中，逐渐依赖于蒙古，但是喇嘛教在蒙古社会中得到普遍信仰，并形成一股甚至决定蒙古人心向背的势力，后金的统治者必须要审慎对待。天命六年（1621 年），出身于藏族的囊苏大喇嘛从科尔沁到达后金，受到了努尔哈赤的优待。在其圆寂后，特刻碑文记云："法师斡禄打儿罕囊素，乌斯藏人也。诞生佛境，道演真传。既已融通乎大法，复意普度乎群生。于是，不惮跋涉，东历蒙古诸邦，阐扬圣教，

---

① 《亲征平定朔漠方略》，卷九。
② 《亲征平定朔漠方略》，卷十。
③ 《御园暮春清暇即事》，诗自注，见《清高宗御制诗文十全集》卷五一。
④ 《明穆宗实录》卷六十五，台北，"中央研究院"历史语言研究所校印本，1962。

广敷佛惠，凡蠢动含灵之类，咸沾佛性。及到我国，蒙太祖皇帝敬礼师尊，倍常供给。"①

崇德三年（1638 年），清太宗皇太极派人出使西藏，并致书土伯特汗：

> 宽温仁圣汗致土伯特汗曰：自古历代帝王创业，佛法未尝断绝，朕已遣车臣、顾实、绰尔济启程前往乌思藏。大呼图克图、藏王可不必遣使前来。凡所欲言之事，俱由朕使车臣、顾实、绰尔济面商。特此告知。②

这应该是清朝政府与西藏的初次联系。崇德四年（1639 年），皇太极派人专程去西藏，分别致书于土伯特汗和掌佛法之大喇嘛，主要目的是"延致高僧，宣扬法教"，要求西藏选派高僧到清朝传播佛教。③ 土伯特汗指藏巴汗，掌佛法大喇嘛指五世达赖喇嘛。④ 清朝此举，显然是为了维护它刚刚建立起来的统治，联络蒙藏，壮大力量。几乎在清朝派人去西藏的同时，西藏地方也积极准备与清朝建立联系。五世达赖喇嘛和四世班禅派出以伊拉古克三和戴青绰尔济为首的通使人员，于崇德十年（1642 年）到达盛京。对此，《蒙古源流》有明确记载："是时，生灵归依之圣班禅额尔德尼、能识一切达赖喇嘛二人降旨，封昔日承运之密纳克之固什绰尔济为伊勒固克散·胡土克图之号，遣往东方之天帝——崇德圣聪合罕处，赍送奉运之书奏曰：'窃观三界之中，生生轮回之众生，则得自由人之珍身者，诚属稀如白日之星辰也。

---

① 《大金喇嘛法师宝记》，载张羽新著《清政府与喇嘛教》，后附《清代喇嘛教碑刻录》，205 页，拉萨，西藏人民出版社，1988。
② 《元以来西藏地方与中央政府关系档案史料汇编》（2），214 页。
③ 《清太宗实录》卷四十九，崇德四年十月庚寅条，见《清朝太祖太宗世祖朝实录蒙古史史料抄——乾隆本康熙本比较》。
④ 《清代治藏政策研究》，20 页。

就中得为揽天下之权柄而为合罕者，其难得不啻如获如意琼珍矣。是以值此争斗之秋，而为应运之大力合罕者，以政教抚育天下大众，乃可称为合罕之分也。谨此，奉请扶持佛教，而为我教之施主，故其引文奉达。'"[1] 其实这次出使的目的很明确，就是争取清朝支持喇嘛教。

当西藏地方派出的通使人员到达盛京的同一年，即1642年，蒙古和硕特部顾实汗率军打败了统治西藏的藏巴汗，在西藏建立了蒙藏联合政权。

顺治元年（1644年）正月初十，清廷派伊拉古克三呼图克图赍书前往西藏邀请达赖喇嘛，并以书谕顾实汗知之。给达赖喇嘛的书信内容为：

> 闻尔高僧呼图克图，为嗣承古王创立之政教大统不致中断，扫除叛逆，扶助生灵，并竭诚应邀，不胜喜悦。兹念两利，特遣使偕伊拉古克三呼图克图往迎。[2]

但五世达赖喇嘛接到清朝皇帝的邀请信后，并未立即应允，从1644年清廷正式邀请达赖喇嘛到1652年起程，西藏地方政府每年都要派使者到北京朝贡，[3] 这是在不断和清廷接触、试探之举。

顺治九年（1652年）五世达赖喇嘛在众多蒙藏官员的陪同下，赴北京朝见顺治帝。次年达赖返藏时，清政府册封五世达赖喇嘛为"西天大善自在佛所领天下释教普通瓦赤喇怛喇达赖喇嘛"。在金册册文中曰："朕闻兼善独善，开宗之义不同；世出世间，设教之途亦异。然而明心见性，淑世觉民，其归一也。兹尔

---

① 萨囊彻辰著，道润梯步译校：《蒙古源流》卷八，460~461页，呼和浩特，内蒙古人民出版社，1980。
② 《元以来西藏地方与中央政府关系档案史料汇编》(2)，222页。
③ 《清代治藏政策研究》，27页。

罗布藏札卜素达赖喇嘛，襟怀贞朗，德量渊泓；定慧皆修，色空俱泯，以能宣扬释教，诲导愚蒙，因而化被西方，名驰东土……兹以金册印，封尔为西天大善自在佛所领天下释教普通瓦赤喇怛喇达赖喇嘛。应劫现身，兴隆佛化，随机说法，利济群生，不亦休哉。"① 从此确立了历代达赖喇嘛都必须经过清朝中央政府册封的制度。在册封五世达赖的同时，清政府又册封顾实汗为"遵行文义敏慧顾实汗"。清政府在赐予顾实汗的册文中指出："帝王经纶大业，务安劝庶邦，使德教加于四海。庶邦君长能度势审时，归诚向化，朝廷必加旌异，以示怀柔。尔厄鲁特部落顾实汗，尊德乐善，秉义行仁，慧泽克敷，被于一境，殚乃精诚，倾心恭顺，朕甚嘉焉。兹以金册印封为'遵行文义敏慧顾实汗'。尔尚益矢忠诚，广宣声教，作朕屏辅，辑乃封圻。如此，则带砺山河，永膺嘉祉，钦哉。"② 为了权力制衡，清政府当时在西藏地方实行宗教和政治权力分开的政策，让达赖喇嘛和顾实汗分别掌管西藏宗教和政治大权。

和硕特汗王统治西藏的前四十年，其统治地位比较稳定。但是和硕特部顾实汗于顺治十二年（1655 年）去世，五世达赖喇嘛于康熙二十一年（1682 年）圆寂，此后，顾实汗的子孙和第巴的冲突是西藏社会潜藏的不安定因素。为了加强对西藏地区的统治，稳定西藏社会，康熙四十八年（1709 年）清廷派侍郎赫寿入藏协同拉藏汗处理西藏事务，这是清廷首次派官员入藏管理。当时赫寿入藏的另一个重要任务是绘制西藏地图。康熙五十二年（1713 年），康熙帝派人入藏册封五世班禅罗桑益喜为"班禅额尔德尼"，其诏曰："朕抚临环宇，慈爱众生。凡恪守戒律循规，为人安静、勤奋修道者，将颁赐封号，以示朕嘉奖之至意。尔班禅历辈遵奉法教，为人安静，熟谙经典，勤修贡职，初终不倦，

---

① 《清世祖实录》卷七十四，顺治十年四月丁巳条。
② 《清世祖实录》卷七十四，顺治十年四月丁巳条。

致使佛教得以弘扬，甚属可嘉。尔出于心悦至诚，遣使前来请安进贡。故朕特赐尔敕谕，颁金册、金印，封赐班禅额尔德尼名号。扎什伦布寺所属各寺、庄园为尔静养之地，他人不可借口滋事。尔应勤奋净修佛法，悉心教诲僧侣，修行正果。"① 从此正式确立了"班禅额尔德尼"这个称号以及班禅在西藏的政教地位。

康熙五十六年（1717 年）准噶尔军队入侵西藏，和硕特部拉藏汗战败身亡，在西藏地区造成了严重的混乱局面。为了消除动乱，清政府于康熙五十七年（1718 年）和五十九年（1720 年）两次派大军进藏平乱。清军入藏，意义深远，康熙帝曾总结道："前遣大兵进藏，议政大臣及九卿等俱称藏地遥远，路途险恶，且有瘴气，不能遽至，宜固守边疆。朕以准噶尔人等，见今占取藏地，骚扰土伯特、唐古特人民，再吐鲁番之人，皆近云南、四川一带边境居住，若将吐鲁番侵取，又鼓动土伯特、唐古特人众，侵犯青海，彼时既难于应援，亦且不能取藏。"②

康熙五十九年（1720 年），就在由康熙帝第十四子允禵任统帅出征西藏前，康熙帝下诏封格桑嘉措为第六世达赖喇嘛，满足了蒙藏民众的诉求。此后，达赖喇嘛在清朝大军的护卫下，进入西藏。康熙六十年（1721 年）在驱逐准噶尔侵藏势力后，清政府趁机废除和硕特部在西藏建立的地方政权，改由清政府直接任命的几名噶伦共同负责西藏地方政务，从而进一步加强了清政府对西藏的施政。

但是，几名噶伦联合掌政的制度，容易代表不同的利益集团形成不同的派系，这一制度仅仅实行了六年，雍正五年（1727 年），西藏贵族之间，为争夺权力地位而发生内讧。鉴于此，雍正帝任命内阁学士僧格、副都统马喇为驻藏大臣，前往西藏直接监督西藏地方政府，调解噶伦之间的矛盾，安定西藏政局。但

① 《元以来西藏地方与中央政府关系档案史料汇编》(2)，312 页。
② 《清圣祖实录》卷二八九，康熙五十九年九月乙卯条。

是，在驻藏大臣尚未抵达西藏以前，西藏发生变乱，爆发了一场历时一年的卫藏战争。西藏政局的变动，促使清朝政府重新考虑对藏的施政方针，雍正帝把西藏和准噶尔两个问题联系起来，通盘筹划，决定派兵入藏。

清政府派兵入藏后，处死阿尔布巴、隆布鼐、扎尔鼐等人，任命颇罗鼐总理西藏政务，并根据颇罗鼐的提议，任命色朱特色布腾和策凌旺扎尔为噶伦，两噶伦向总管全藏事务的颇罗鼐负责，这样事权专一，避免结党营私。雍正六年（1728 年），清政府下令将打箭炉、里塘、巴塘等地划归四川，将中甸、阿墩子、维西等地划归云南，又从巴彦（今玉树）等处 79 族中划出 40 族归西宁办事大臣管辖，其余 39 族后来归驻藏大臣管辖，从而明确了西藏地方所管辖区范围，奠定了此后西藏行政区划的基础。

藏王颇罗鼐对清政府忠诚恭敬，治理藏务功绩显著。他死后，其子珠尔默特那木扎勒承袭爵位，与达赖喇嘛发生冲突，并众叛亲离。乾隆十三年（1748 年）珠尔默特那木扎勒被两位驻藏大臣设计杀死，其部属亦杀害了驻藏大臣。清军再一次入藏，逮治了叛乱的首要分子，并对西藏地方行政体制进行了最后一次的重大改革，建立了此后二百年相沿不替的、政教合一的西藏噶厦地方政府。

三、清廷平定准噶尔部

清朝政府对西北的统一行动历时近百年，时间最长，耗资最巨，用兵最多。

卫拉特部是最早与清朝建立关系的西北部族，首倡者为和硕特部顾实汗。崇德二年（1637 年）顾实汗即派遣部属向清朝通贡，与崛起的清朝政权取得了联系。[①] 此后联系不绝。

顺治三年（1646 年），以顾实汗为首的卫拉特各部首领 22 人

---

① 《皇朝藩部要略》卷九《厄鲁特要略一》，国家图书馆藏稿本。

联名致信并派出使节。其中有和硕特部鄂齐尔图台吉、阿巴赖诺颜，准噶尔部的巴图尔珲台吉及其弟墨尔根戴青、楚琥尔乌巴什，土尔扈特部和鄂尔勒克子书库尔戴青、罗卜藏诺颜等。① 尽管准噶尔部在巴图尔珲台吉、僧格时期与清朝保持着友好通贡关系，但是当噶尔丹执政后，友好中断，西北格局发生了重大变化。

噶尔丹是一位具有远大抱负的政治家，他上台后，政治目标是建立统一的蒙古帝国。这一政治目标促使他首先统一卫拉特和新疆南北，进而东侵外蒙古，最后占据内蒙古。但是这一既定方针却妨碍了清朝的利益。在占据外蒙古喀尔喀部后，噶尔丹南下，康熙二十九年（1690 年），准噶尔军与清军发生乌尔会河之战，准噶尔军取得了胜利。此战之后的第 40 天，准、清两军在克什克腾旗乌兰布通地方展开激战。乌兰布通之战是历史上的著名事件，清以来官私史书多有记述，并且都认为此战以噶尔丹的惨败而结束。1986 年，张羽新对上述看法提出质疑，通过对史料的考证和批判，得出新的结论：战争的双方互有胜负，清军的损失甚至比噶尔丹军队还要大些，其指挥失误之处也很多，算不得一个大胜仗。② 外国传教士关于乌兰布通的记载和清朝官私史书的记载完全不同，如当时供职于清廷的法国传教士张诚记云："厄鲁特王对他们的行军情况很熟悉，下了决心，在离北京城大约八十里格的地方（既乌兰布通——笔者注）迎战。这个王所占的地形极为有利，他虽然缺少像帝国军队那种配备优良的大炮，军队的人数也少，但他仍不顾双方力量悬殊，迎接对方的挑战。开始时他的前锋受敌方的炮击损失甚重，这迫使他改变战斗部署。由于他布防在大沼泽后面，皇帝的军队不能包围他。他非常

---

① 《皇朝藩部要略》卷九《厄鲁特要略一》，国家图书馆藏稿本。
② 张羽新：《乌兰布通之战的胜败问题》，载《历史研究》，1986（5）。

勇敢地进行防御，直到夜幕降临，各方才都收兵回营。"① 另一名法国传教士白晋在给法国路易十四国王的报告中也提到了这次战斗，他说："清军和厄鲁特交战时，受到巨大损失。在这次战斗中敌人得以避免彻底失败的原因，据说就是由于厄鲁特蒙古人利用出色的齐射，使清军遭到猛烈的火力袭击，致使清军骑兵在交战前即被击退的缘故。"②

还有一位法国传教士李明记载道："几年前③……势单力薄的鞑靼王竟然胆敢掠夺帝国的几个土邦，皇帝便派遣自己的一个兄弟统率雄师进行征讨。鞑靼军瞄准战机，及时出击，以少胜多地打败了王者之师，官兵全面败北，溃不成军。"

"国丈（应为康熙的舅舅佟国纲——笔者注）原系鞑靼人，深谙领兵作战之术，他的言辞和表率激励了一群勇猛善战的部下，他指挥的炮营圆满地完成了任务，但国丈和部下都战死疆场。人们指控率兵作战的将军首先从前线撤退，进而导致了全军的败局。好大喜功、假充好汉的皇帝关心的不是战争的失利，而是兄弟的丢人现眼。他在宫中召集亲王会议，命令该皇弟（应为康熙帝皇兄和硕裕亲王福全——笔者注）立即进宫听审。"

"这位德行操守都不错的亲王，就像军中一名卑微的下级军官那样，服服帖帖地进了宫。还没等到宣判，他就自请死罪。"

"你咎由自取"皇帝道，"但是为了将功补过，你应该战死沙场，而不是死在北京，死在我们旁边只能使你更加蒙羞受辱。"

"尔后，皇帝又想宽恕他，亲王们却觉得这件事极不光彩，纷纷怂恿皇帝运用大权惩处他。"④

---

① 张诚：《对大鞑靼的历史考察概述》，见杜文凯编《清代西人见闻录》，110 页，北京，中国人民大学出版社，1985。
② 白晋：《康熙皇帝》（中译本），哈尔滨，黑龙江人民出版社，1981。
③ 李明的《中国近事报道（1687—1692）》1696 年在巴黎出版，故这里"几年前"发生的战争系指 1690 年清朝与准噶尔的战争。
④ 《中国近事报道（1687—1692）》，220 页。

总之，乌兰布通之战疑云重重，但最终结果是噶尔丹向科布多撤退，途中遭受瘟疫，队伍大量减员，二万余人仅剩数千。[1]康熙三十五年（1696 年），清、准两军在昭莫多激战，清军歼灭了噶尔丹的主力。第二年，噶尔丹亡。

噶尔丹的失败，使准噶尔政权暂时受挫。策妄阿拉布坦采取了依靠清朝的策略，他代表准噶尔部表示要臣服清朝。准噶尔部在策妄阿拉布坦的治理下又强盛起来。从策妄阿拉布坦到噶尔丹策零时期（1698—1745 年），准噶尔民族自强不息，不断发展，对内发展经济，对外扩展势力。[2]

噶尔丹策零之后，准噶尔部出现内讧。为清朝带来了削平割据、统一中国的千载难逢的良机。力量的天平完全有利于清军，准部已严重削弱，分崩离析，平准大军胜券在握。乾隆二十年至乾隆二十四年（1755—1759 年）清军历时五载，平定准噶尔部和回部，统一天山南北，最后完成了国家的统一。[3]

第三节　清代藩部体系的内涵

清代藩部体系的内涵在于其与朝贡体系和行省体系相比较而言所具有的特性，这种特性就是边疆性，面对各藩部不同的社会传统和自然条件，清廷实行了"修其教不易其俗，齐其政不易其宜"的政策，即在中央由理藩院管理藩部事务，并提到与六部平行的高度，各藩部则以将军、都统、大臣统之，这是行政建制上的特性。在藩部制度上，蒙古实行的是盟旗制度、回部是伯克制度、西藏则是扶持宗教及权力制衡政策。

---

① 《清圣祖实录》卷一八三，康熙三十六年五月癸卯条。
② 《18 世纪的中国与世界》（边疆民族卷），82 页。
③ 《18 世纪的中国与世界》（边疆民族卷），84 页。

一、管理藩部的行政建制

有清一代，清廷管理藩部地区的建制有两大系统，一为理藩院系统，一为将军、都统、大臣系统。

1. 理藩院系统

理藩院的前身是蒙古衙门。为了管理漠南蒙古事务，清廷至迟已于天聪八年（1634 年）设立蒙古衙门，[①] 阿什达尔汉为承政。崇德三年（1638 年）六月改蒙古衙门为理藩院，设承政一员，左右参政各一员，副理事官八员，启心郎一员，专管外藩蒙古事务。顺治十六年（1659 年）闰三月，定理藩院归礼部所属，尚书一员称礼部尚书，左、右侍郎各一员称礼部左、右侍郎。顺治十八年（1661 年），因理藩院专管外藩事务，责任重大，定不必兼礼部衔，仍称理藩院尚书、侍郎，并改铸了印文。同年八月，设立理藩院四司，即录勋司、宾客司、柔远司、理刑司。康熙帝并晓谕吏部："理藩院职司外藩王、贝勒、公主等事，及礼仪刑名各项，责任重大，非明朝可比，凡管制体统应与六部相同，理藩院尚书照六部尚书，入议政之列。该衙门向无郎中，今著照六部，设郎中官。"[②] 经吏部议定，理藩院的组织机构为：尚书一员，左右侍郎各一员（不分满洲、蒙古补授）。满洲、蒙古

① 关于蒙古衙门设立的时间，历来说法不一，赵云田先生总结了四种观点，即一为设置在清太祖时期（王文萱：《清代蒙古政制研究》，《开发西北》第三卷第四期）；二为设置在顺治年间（何健民：《蒙古概观》第六章）；三为设置在崇德三年（1638 年）二月（周昆田：《清代的边疆政策》，台湾《东方杂志》复刊第十三卷第一期。1979 年 7 月 1 日出版）；四为设置在清统治者征服蒙古之初（陶克涛：《内蒙古发展概述》上）。赵云田先生根据《满文老档》的记载，认为蒙古衙门在天聪十年二月已经设立 [见赵云田《清代蒙古政教制度》，47 页，北京，中华书局，1989]。达力扎布先生在前人研究的基础上，基于《清太宗实录》天聪八年五月甲辰条的记载："凡此遣退蒙古及发喀喇沁兵俱不可无蒙古衙门官员，可留该衙门扈什布、温太并其下办事四人，以任其事。"认为蒙古衙门最迟已于天聪八年设立 [见《清代内扎萨克六盟和蒙古衙门设立时间测》，载《黑龙江民族丛刊》，1996（2）]。本文从此说。
② 《清圣祖实录》卷四，顺治十八年八月戊申条。

司务各一员。汉院判、汉知事、汉副使各一员。郎中十一员，员
外郎二十一员，堂主事二员（不分满洲、蒙古补授）。录勋司、
宾客司、柔远司、理刑司主事各一员。满文笔帖式十一员，蒙古
笔帖式四十一员，汉军笔帖式二员。

康熙四十年（1701年），柔远司改为柔远前司和后司。乾隆
二十二年（1757年），改录勋司为典属司，宾客司为王会司，柔
远后司为旗籍司，柔远前司为柔远司。乾隆二十六年（1761年），
乾隆帝谕："理藩院专理蒙古事务，尚可兼办回部。著将理藩院
五司内派出一司，专管回部事务。"① 于是，并旗籍、柔远为一
司，增设徕远专管回部事务。乾隆二十七年（1762年）闰五
月，旗籍、柔远仍分为二司。乾隆二十九年（1764年），改典属
司为旗籍司，其旧旗籍司仍为典属司。

理藩院除设有上述六司外，还有满档房、汉档房、蒙古房、
司务厅、当月处、督催所、银库、饭银处等机构。其官员设置和
主要职掌是：

尚书，满洲1人；左侍郎，满洲1人，右侍郎，满洲1人；
额外侍郎，蒙古1人（以蒙古贝勒、贝子之贤能者任之）。掌外
藩之政令，制其爵禄，定其朝会，正其刑罚。②

旗籍清吏司，设郎中3人，其中满洲1人，蒙古2人；员外
郎4人，其中宗室1人，满洲1人，蒙古2人；主事，满洲1人；
笔帖式15人，其中满洲5人，蒙古10人；经承2人；贴写书吏
2人。掌管内扎萨克24部6盟49旗的疆理、封爵、谱系、会盟、
驿递、军旅等事，以及归化城土默特部和达呼尔三旗任免引见
事。内扎萨克24部为：嫩科尔沁、扎赉特、杜尔伯特、郭尔罗
斯、喀喇沁、土默特、敖汉、奈曼、巴林、扎鲁特、阿噜科尔

---

① 《清高宗实录》卷六四九，乾隆二十六年十一月丙辰条。
② 《（嘉庆）大清会典事例》卷六十三，续修四库全书·第794册，上海，上海古籍
　出版社，2002。

沁、翁牛特、克什克腾、喀尔喀左翼、乌珠穆沁、浩齐特、苏尼特、阿巴噶、阿巴哈纳尔、四子部落、茂明安、乌喇特、喀尔喀右翼、鄂尔多斯部。6 盟为：哲里木盟、卓索图盟、昭乌达盟、锡林郭勒盟、伊克昭盟（今为鄂尔多斯市）、乌兰察布盟。49 旗为：科尔沁右翼中旗、科尔沁右翼前旗、科尔沁右翼后旗、科尔沁左翼中旗、科尔沁左翼前旗、科尔沁左翼后旗、扎赉特旗、杜尔伯特旗、郭尔罗斯前旗、郭尔罗斯后旗、喀喇沁左旗、喀喇沁右旗、喀喇沁中旗、土默特左旗、土默特右旗、扎鲁特左旗、扎鲁特右旗、巴林左旗、巴林右旗、克什克腾旗、敖汉旗、奈曼旗、阿鲁科尔沁旗、翁牛特左旗、翁牛特右旗、喀尔喀左翼旗、乌珠穆沁左旗、乌珠穆沁右旗、浩齐特左旗、浩齐特右旗、苏尼特左旗、苏尼特右旗、阿巴噶左翼旗、阿巴噶右翼旗、阿巴哈纳尔左翼旗、阿巴哈纳尔右翼旗、鄂尔多斯左翼中旗、鄂尔多斯左翼前旗、鄂尔多斯左翼后旗、鄂尔多斯右翼前旗、鄂尔多斯右翼中旗、鄂尔多斯右翼后旗、鄂尔多斯右翼前末旗、四子部落旗、乌喇特前旗、乌喇特中旗、乌喇特后旗、茂明安旗、喀尔喀右翼旗。

王会清吏司，设郎中 3 人，其中满洲 1 人，蒙古 2 人；员外郎 5 人，其中满洲 2 人，蒙古 3 人；主事，蒙古 3 人；笔帖式 11 人，其中满洲 3 人，蒙古 8 人；经承 2 人；贴写书吏 1 人。掌管内扎萨克王公俸禄、朝贡、燕飨、赏予等事务。

典属清吏司，设郎中 2 人，其中满、蒙各 1 人；员外郎 8 人，其中满洲 2 人，蒙古 6 人；主事满、蒙各 1 人；笔帖式 10 人，其中满洲 4 人，蒙古 6 人；经承 1 人；贴写书吏 2 人。掌管外扎萨克喀尔喀 4 部 86 旗、青海蒙古 5 部 29 旗、西套额鲁特（亦曰套西额鲁特）11 部 34 旗以及西藏疆理、会盟、屯戍、封袭、驿递、屯田、喇嘛等事，另外掌管内属之察哈尔、巴尔呼、额鲁特、扎哈沁、明阿特、乌梁海、达木、哈萨克等处游牧部落，以及管理民族地区贸易、与俄罗斯边务、廓尔喀入贡等事。外扎萨克喀尔喀 4 部，即土谢图汗部、车臣汗部、扎萨克图汗部、赛音诺颜部。其中土谢图汗部 20 旗，其旗分为：土谢图汗旗、右翼左旗、中右旗、左翼中旗、中旗、左翼后旗、中右末旗、左翼左中末旗、右翼右旗、左翼前旗、右翼右末旗、中左旗、左翼右末旗、左翼末旗、左翼中左旗、中次旗扎萨克、右翼右末次旗、右翼左后旗、中左翼末旗、右翼左末旗；车臣汗部 23 旗，其旗分为：格根车臣汗旗、左翼中旗、中右旗、右翼中旗、中末旗、中左旗、中后旗、左翼前旗、右翼中右旗、左翼后旗、左翼后末旗、中末右旗、右翼中左旗、右翼前旗、右翼左旗、中末次旗、左翼右旗、中右后旗、左翼左旗、中左前旗、中前旗、右翼中前旗、右翼后旗；扎萨克图汗部 18 旗，附一旗，其旗分为：额尔德尼弼什呼勒扎萨克图汗旗兼管右翼左旗、中左翼左旗、左翼中旗、右翼后旗、左翼右旗、左翼前旗、右翼右末旗、中左翼右旗、右翼右旗、左翼后旗、中右翼末旗、右翼后末旗、中右翼左旗、右翼前旗、左翼左旗、中右翼末次旗、中左翼末旗、左翼后末旗，附辉特旗一旗；赛音诺颜部 22 旗，附 2 旗，其旗分为：赛音诺颜旗、中左末旗、右翼右后旗、中右旗、中前旗、中左旗、中末旗、右翼中左旗、左翼末旗、右翼前旗、中后旗、左翼左旗、左翼中旗、左翼右旗、左翼左末旗、左翼中末旗、右翼左末旗、右末旗、右翼中右旗、右翼后旗、中后末旗、中右末旗，附额鲁特部 2 旗，即额鲁特旗和额鲁特前旗。青海蒙古 5 部，即和硕特部、绰罗斯部、辉特部、土尔扈特部、喀尔喀部。其中，青海和硕特部 21 旗，其旗分为：前头旗、东上旗、西前旗、西后旗、北前旗、北左末旗、北右末旗、前左翼头旗、西左翼后旗、西右翼中旗、西右翼前旗、西右翼后旗、南左翼中旗、南左翼次旗、南左翼后旗、南左翼末旗、南右翼中旗、南右翼后旗、南右翼末旗、北左翼旗、北右翼旗。青海绰罗斯部 2 旗，其旗分为：南右翼头旗、北中旗。青海辉特部一旗，曰南旗。青海土尔扈特部 4 旗，其旗分为：南中旗、南前旗、南后旗、西旗。青海喀尔喀部一旗，曰南右翼旗。西套额鲁特 34 旗，其旗分为：西套额鲁特部 1 旗，额济纳土尔扈特部 1 旗，左翼杜尔伯特部 11 旗：特固斯库鲁克达赖汗旗、中旗、中左旗、中前旗、中后旗、中上旗、中下旗、中前左旗、中前右旗、中后左旗、中后右旗，右翼杜尔伯特部 3 旗：前旗、前右旗、中右旗，辉特部 2 旗：下前旗、下后旗，其中下前旗附于左翼杜尔伯特部，下后旗附于右翼杜尔伯特部。南路珠勒都斯土尔扈特部 4 旗：卓里克图汗旗、中旗、左旗、右旗，北路霍博克萨里土尔扈特部 3 旗：北路旗、左旗、右旗，东路济尔哈朗土尔扈特部 2 旗：左旗、右旗，西路精土尔扈特部 1 旗：西路旗，中路珠勒都斯和硕特部 3 旗：中旗、左旗、右旗，乌隆古土尔扈特部 2 旗：左旗、右旗，哈弼察克和硕特部 1 旗。

柔远清吏司，设郎中宗室 1 人；员外郎 7 人，其中满 2 人，蒙古 5 人；主事蒙古 1 人；笔帖式 11 人，其中满 2 人，蒙古 9 人；经承 1 人。掌管外扎萨克王公及喇嘛的俸禄、朝贡、赏赐等事。

徕远清吏司，设郎中蒙古 1 人；员外郎 5 人，其中满 1 人，蒙古 4 人；主事蒙古 2 人；笔帖式 8 人，其中满 3 人，蒙古 5 人；经承 2 人。掌管回部扎萨克、伯克及西南土司政令、年班、朝贡等事。回部扎萨克即哈密、吐鲁番两旗扎萨克。回城八，即南路回城七：喀什噶尔、叶尔羌、阿克苏、乌什、和阗、库车、喀喇沙尔，北路伊犁屯田回城一：宁远城。这些回城不设扎萨克，而领以伯克。

理刑清吏司，设郎中蒙古 2 人；员外郎 6 人，其中满 2 人，蒙古 4 人；主事蒙古 1 人；笔帖式 7 人，其中满 2 人，蒙古 5 人；经承 1 人。掌管外藩各部的刑罚等事。

满档房，设堂主事，满洲 1 人，蒙古 3 人；笔帖式 14 人，满洲4人，蒙古10人。掌本衙门题缺出差之政令（本院郎中、员外郎、主事应题各缺，满档房开列衔名，由堂拟定正陪引见）。

汉档房，设堂主事，满洲1人，汉军1人；校正汉文官2人（于满洲蒙古内阁侍读学士、侍读翰林院侍读学士、侍讲学士、侍读、侍讲内奏派，二年更代）；笔帖式13人，满洲7人，汉军6人。掌缮题本，译其档案而藏之。

蒙古房，设员外郎、主事各1人（于本院司官内简委）。掌管蒙古文字翻译。

司务厅，设司务，满洲1人，蒙古1人；笔帖式4人，满洲2人，蒙古2人。掌治吏役，收外衙门之文书。

当月处，郎中、员外郎、主事轮值。掌监堂印，抄事于内阁，收在京衙门之文书。

督催所，设满洲、蒙古司员各1人，笔帖式16人。稽查全院文移、注销等事。

银库，自康熙四十六年（1707年）设立。设司官2人（于本院郎中、员外郎、主事内酌委）；司库，满洲1人；笔帖式，满洲2人；库使，满洲2人。掌库藏出纳。

饭银处，设司员满洲、蒙古各1人。掌本院额定出入饭银及其他经费开支。

唐古特学，设司业、助教各1人；笔帖式，蒙古4人。教习唐古特字，翻译藏文章奏文稿。

稽察内馆、外馆，设监督2人，由科道各部司官内奏委。负责内、外馆稽察诸事。

木兰围场，设总管1人，左、右翼长各1人，章京、骁骑校各8人。专门守护木兰围场。

俄罗斯馆，设满、汉助教1人，监督1人。管理俄罗斯来华在京商人、传教士等事宜。

托忒学，由唐古特学司业、助教兼管。负责翻译托忒文字。

蒙古官学，设助教1人，学务司员、教习各2人。教习蒙古文，培养蒙古文翻译。

喇嘛印务处，设掌印大喇嘛1人，看守印务德木齐4人。办理京师地区喇嘛事务。

则例馆，设纂修官4人，校对官8人，翻译官10人，誊写官10人。负责编纂《理藩院则例》。

除这些机构外，理藩院还在藩部地区派驻有大量派出机构及人员，掌管税收、驿站及贸易等事。

光绪三十二年（1906年），清政府改理藩院为理藩部，原有六司及司务厅、当月处、银库、饭银处、喇嘛印务处等机构保存，只是把汉档房、俸档房、督催所等并入满档房，改名领办处。将蒙古学扩充为藩言馆。除原有职掌外，凡移民、开垦、练兵、兴学等有关筹边固圉诸事，皆归其管理。光绪三十三年（1907年），奏定理藩部官制，又新设调查、编纂两局，并附入领办处（后改归宪政筹办处）。

宣统三年（1911年），理藩部尚书改名为大臣，侍郎改名为副大臣。

2. 将军、都统、大臣系统

清朝中央政府为了对藩部地区加强控制，除中央的理藩院系统外，还在各地设立了将军、都统、大臣等地方最高军事长官，以监督、控驭各地藩部部落，加强边防。凡是将军都统设立之所，都有满蒙汉军八旗兵驻防。

（1）绥远城将军

绥远城始建于雍正末年，地在归化城东北五里。乾隆二年

（1737 年），设绥远城驻防将军。[①] 统辖归化城、土默特二旗兵马，关于两旗民政与山西巡抚会商，兼摄乌兰察布、伊克昭二盟军务。[②] 驻有副都统 2 人；满洲协领 8 人，佐领、防御、骁骑校各 19 人；蒙古协领 2 人，佐领、防御、骁骑校各 8 人；汉军协领 2 人，佐领、防御、骁骑校各 8 人。满洲、蒙古、汉军兵丁 3 900 名。二十六年裁归化城都统 1 人，并裁绥远城副都统 1 人。二十八年，复裁归化城都统 1 人，令土默特二旗归绥远城将军兼辖，唯设副都统二人，一驻绥远城，一驻归化城，后只留归化城 1 人。协领、佐领、防御、骁骑校及兵丁间有裁撤。[③]

绥远城将军下设有左、右二司，左司负责吏、刑、兵三部事务，右司负责户、礼、工三部事务。左司掌管理大青山马场，官兵调遣、操练及上报每年所需药铅，点验由盛京等处发来遣犯名数，年终报兵部有无动用火票、勘合，年终报理藩院有无动用蒙古印票（共 10 张），杀虎口驿站事务，造报官兵履历，发放商民前往乌里雅苏台的理藩院印票，查处归化城等处蒙古牧民命盗案件等。右司掌奏销粮饷，征收马场地租、官房铺面租银并于每年年终奏销，发放大小官员俸银及将军养廉银，审核拨付修缮官兵营房、旌表节妇所建牌坊、倒毙驼马所需银两等等。[④]

（2）乌里雅苏台定边左副将军

又称乌里雅苏台将军，清代派驻乌里雅苏台的最高军政长官，统掌唐努乌梁海、科布多地方、喀尔喀四部等军政，并会办

[①] 高赓恩，等：《绥远全志》卷四《中国边疆史志集成·内蒙古史志》，第 32 册，北京，全国图书馆文献缩微复制中心。《光绪会典事例》卷五四五称乾隆三年置建威将军，二十六年始更名为绥远城将军，《清史稿》从之（见《清史稿校注》卷一二二，3 354 页，台北，商务印书馆，1999）。田山茂著，潘世宪译的《清代蒙古社会制度》称绥远城将军设于乾隆四年，101 页，北京，商务印书馆，1984。

[②] 《绥远全志》卷四；《清史稿校注》卷一二二；《清代蒙古社会制度》，101 页。

[③] 《绥远全志》卷四。

[④] 《绥远全志》卷五上。

库伦以西事务。① 始设于雍正十一年（1733 年），初为对准噶尔用兵所设，初期一直由策凌家族人员出任，后逐渐成为军政官署设置。乾隆三十二年（1767 年）始建城池、衙署，设有将军衙门、参赞衙门及内阁、户部、兵部、理藩院等四部院衙署。将军之下设有参赞大臣两员（满洲一员驻城内，蒙古一员驻城外），设内阁侍读 1 员（专管折奏报匣，收发各处文移，南、西、北三路台站事务），户部章京 1 员（专管官兵俸饷，盐菜、口粮、银两、缎布、烟茶、绳屉、口袋、工程等事），兵部章京 1 员（专管绿营官兵台市、商民贸易、词讼、刑名事务），理藩院章京 1 员（专管蒙古事务），此四部院章京三年一换。设绿营守备 1 员、千总 1 员、把总 3 员、外委 1 员、驻防兵丁 2 400 余名，以上官兵均由直隶宣化镇、山西大同镇调派，五年一换。城外设有驻班蒙古副将军 1 员，由喀尔喀四部副将军轮值，喀尔喀扎萨克 4 人，每部各 1 人，协理台吉、梅楞、章京等若干名，向导兵 24 名，巡逻兵 200 名，以上官兵均系按四季更换，统由驻班蒙古副将军管辖差委。此外轮班听值的还有若干扎萨克王公、台吉、管旗章京、副章京以及管理牧场、驼厂的官兵。②

乾隆五十一年（1786 年）后，定边左副将军权限缩小，只统辖扎萨克图汗、赛因诺颜汗二部及唐努乌梁海五总管旗军政事务。③

（3）伊犁将军

乾隆二十四年（1759 年）清朝统一天山南北后，宣布："准噶尔荡平，凡有旧游牧，皆我版图。"④ 乾隆二十七年（1762

---

① 《（嘉庆）大清一统志》，卷五三二。

② 《（嘉庆）大清一统志》，卷五三二。以及佚名《乌里雅苏台志略》，见全国少数民族古籍整理研究室《中国少数民族古籍集成》（汉文版），第 29 册，成都，四川民族出版社，2003。

③ 《清代蒙古社会制度》，101 页。

④ 《平定准噶尔方略》续编，卷四。

年），清朝政府发布上谕："伊犁为新疆都会，现在驻兵屯田，自应设立将军总管事务。昨已简用明瑞往膺其任，著授为总管伊犁等处将军。所有敕印旗牌，该部照例颁给。"[1] 伊犁将军驻惠远城（今霍城县境）。[2] 关于伊犁将军的具体职权，清廷作了明确规定："伊犁为新疆汇总之区，既经设立将军，凡乌鲁木齐、巴里坤所有满洲、索伦、察哈尔绿旗官兵，皆听将军总统调遣。至回部与伊犁相通，自叶尔羌、喀什噶尔，至哈密等处驻扎官兵，亦归将军兼管。其地方事务，有各处驻扎大臣，仍照旧例办理。再叶尔羌、喀什噶尔等回城，皆在边陲，如有应调伊犁官兵之处，亦准各处大臣咨商将军，就近调拨。"[3] 伊犁将军作为新疆地区的最高军政官员，总统新疆南北两路事务。由蒙古察哈尔营、额鲁特营及索伦达呼尔营、锡伯营等环伊犁地区分防驻牧，各设领队大臣统之。[4] 伊犁将军之下设总兵1人，领队大臣5人，总管、副总管、协领、佐领、骁骑校、前锋校若干；管粮同知、抚民同知、理事同知各1人。所辖军队为满营官兵6 000余人；察哈尔、额鲁特、锡伯、索伦达呼尔各营官兵5 400余人；绿营官兵1 000余人。

（4）察哈尔都统

始设于乾隆二十六年（1761年），驻张家口，亦称张家口都统。统辖张家口驻防官兵、游牧察哈尔八旗、察哈尔地区四大牧群兵马，并管理上述地方蒙汉交涉事件，管理张家口附近的民政与直隶总督会商，兼摄锡林郭勒盟军务并管理阿尔泰军台。[5] 另设副都统2员，于左右翼游牧边界驻扎，乾隆三十一年（1766年），裁副都统1员，余1员同驻张家口，协同都统办事。设理

---

① 《清高宗实录》卷六七三，乾隆二十七年十月乙巳条。
② 祁韵士：《西陲要略》卷二，道光十七年刊本。
③ 《平定准噶尔方略》续编，卷十九。
④ 《西陲总统事略》卷一，见《中国边疆丛书》（第一辑）。
⑤ 上述内容由几种文献总结而成，参见《（嘉庆）大清一统志》卷五三四；宋哲元，等《察哈尔省通志》卷二十五《政事编之一》；《清代蒙古社会制度》，101页。

事章京 17 员（9 员由理藩院拣选引见补放，8 员由都统选拟，咨理藩院送各蒙古本旗引见），总管 10 员（八旗各 1 员，驼马场 1 员，牛羊群牧场 1 员），副总管 1 员（牛羊群牧场），参领 8 员（八旗各 1 员），副参领 8 员（八旗各 1 员），佐领 120 员（镶黄旗 19 员，正黄旗 19 员，正白旗 17 员，正红旗 13 员，镶白旗 13 员，镶红旗 13 员，正蓝旗 13 员，镶蓝旗 13 员），骁骑校 120 员（镶红旗 19 员，正黄旗 19 员，正白旗 17 员，正红旗 13 员，镶白旗 13 员，镶红旗 13 员，正蓝旗 13 员，镶蓝旗 13 员），护军校 115 员（镶黄旗 17 员，正黄旗 17 员，正白旗 17 员，正红旗 13 员，镶白旗 13 员，镶红旗 13 员，正蓝旗 12 员，镶蓝旗 13 员），亲军校 4 员（镶黄旗 1 员，正黄旗 2 员，正白旗 1 员），捕盗六品官 4 员（正黄旗 1 员，正红旗 1 员，镶红旗 1 员，镶蓝旗 1 员）。[1]

（5）热河都统

嘉庆十五年（1810 年）设。雍正二年（1724 年），清廷开始派官兵在热河驻防，初设驻防总管 1 员，副总管 2 员，佐领 16 员，骁骑校 16 员，笔帖式 2 员，兵 800 名，分驻热河、喀喇和屯、桦榆沟三地。乾隆三年（1738 年），裁去总管、副总管，改设热河副都统 1 员，增置协领 6 员、防御 20 员、佐领 4 员、骁骑校 4 员，兵 1 200 名。[2] 至此，驻防热河兵额共 2 000 名，其中 1 400 名驻防热河，400 名驻防喀喇和屯，200 名驻防桦榆沟。嘉庆十五年（1810 年），升副都统为都统。

热河都统衙门内设随同办事理藩院司员、刑部司员、理刑笔帖式、印房笔帖式、主事若干员，分别办理有关事务。此外还有理藩院派驻塔子沟、三座塔、乌兰哈达、八沟四处理事司员，初

---

① 《（嘉庆）大清一统志》，卷五三四。
② 和珅，等纂：《钦定热河志》卷八十四，见《中国边疆丛书》（第 29 册）。

为理藩院所属，嘉庆七年（1802 年）后改为热河都统。[①]

统辖昭乌达、卓索图二盟军务，兼理上述地区蒙汉交涉事件，军事上兼摄昭卓两盟军务。

（6）呼伦贝尔副都统

光绪六年（1880 年）设。雍正十年（1732 年），因拨来索伦、额鲁特、新巴尔虎各部落，故先后分设五翼五总管及副总管等官，其中设索伦总管 2 员、副总管 8 员（乾隆七年裁 4 员），额鲁特总管 1 员、副总管 1 员（乾隆八年裁），新巴尔虎副总管 8 员（乾隆八年裁 4 员），雍正十二年（1734 年）设新巴尔虎总管 2 员。各部总管分辖各部，由京简派满洲大臣 1 员为统领，坐镇其地，三年一换。其下设协领、佐领、笔帖式等官若干，间有增裁。乾隆八年（1743 年），改为副都统衔总管，乾隆十六年（1751 年），铸发关防。光绪六年（1880 年），改设呼伦贝尔副都统，受黑龙江将军节制，驻海拉尔。宣统元年（1909 年）裁，改设兵备道，加参领衔。

呼伦贝尔副都统衙署内设三司：堂司，即印务处，掌副都统印信；左司，掌收发官兵俸饷及经理其他方面财政；右司掌验放官兵各缺及征调、审判事务。三司均由上述各旗总管、副总管、佐领、骁骑校等官轮流当差。[②]

呼伦贝尔副都统统辖游牧在该地区的额鲁特、陈巴尔虎、新巴尔虎、索伦等旗五总管 91 佐领兵马。[③]

（7）乌鲁木齐都统

乾隆三十八年（1773 年）由乌鲁木齐参赞大臣改设，驻乌鲁木齐满城（巩宁），归伊犁将军节制，"统辖满汉文武官员，督理

---

① 海忠，等纂：《承德府志》卷三十三。
② 张伯英，等纂：《黑龙江志稿》卷四十三，见《中国边疆史志集成·东北史志》，第五部，第 9 册，北京，全国图书馆文献缩微复制中心。
③ 《黑龙江志稿》卷四十三；《清代蒙古社会制度》，101 页。

八旗、绿营军务，总办地方刑钱事件"①。即统辖东从巴里坤、哈密，西到乌苏，南至吐鲁番地区驻防的满、汉、回、蒙古等八旗绿营军队。下辖主要官员有哈密办事大臣、乌鲁木齐领队大臣、古城领队大臣、巴里坤领队大臣、库尔喀喇乌苏（今乌苏）领队大臣、吐鲁番领队大臣、乌鲁木齐提督和巴里坤总兵等，并兼管镇迪道事务。

（8）库伦办事大臣

全称为驻扎库伦办事大臣，其主要职责是负责对俄罗斯交涉事务，凡行文俄罗斯萨那特衙门，皆用库伦办事大臣印文。而在其东、西两侧，则与黑龙江将军、定边左副将军会同办理。统辖车臣、土谢图汗两部兵马，兼管喀尔喀喇嘛事务及汉民司法案件审理。雍正九年（1731年），于库伦驻扎司员，乾隆二十三年（1758年）设蒙古大臣，乾隆二十六年（1761年），设满洲大臣。② 后成为定制，驻库伦。此二员办事大臣一由在京满洲、蒙古大臣内简放，一由喀尔喀扎萨克内特派，三年一换，其中满洲大臣事权最重。大臣之下，设有库伦理藩院司官1员，笔帖式2员，恰克图理藩院司官1员，以上司员，均由理藩院派往，三年一换，辖卡伦会哨之各扎萨克，以理边务。③ 乾隆五十一年，库伦办事大臣开始分掌喀尔喀车臣部、土谢图汗部二部兵马。④

（9）科布多参赞大臣

设立于乾隆二十六年（1761年），置大臣二人，一为参赞大臣，一为办事大臣，驻科布多，归定边左副将军节制。管理扎哈

① 和瑛：《三州辑略》卷二，《官制门》。
② 黄成堉口述、陈篆笔译：《蒙古逸事》，第四章。载国家图书馆藏《清代边疆史料抄稿本汇编》。田山茂认为满洲大臣设于乾隆二十二年，蒙古大臣设于乾隆二十六、二十七年，见《清代蒙古社会制度》，101页。赵云田据《清高宗实录》卷六五三，认为满洲大臣置于乾隆二十七年，见《清代蒙古政教制度》，121页。嘉庆《大清一统志》亦记载库伦办事大臣是在乾隆二十七年设置，见卷五三二。
③ 《（嘉庆）大清会典事例》卷七四六。另参见《（嘉庆）大清一统志》，卷五三二。
④ 《清代蒙古社会制度》，101页。

沁、厄鲁特、明阿特、阿勒坦乌梁海、阿勒坦淖尔乌梁海地方，统辖杜尔伯特、新土尔扈特、新和硕特三部官兵。① 乾隆三十二年（1767 年）始建城池、衙署。设有参赞衙署，印房、兵部及办理蒙古事务公所，公馆以及监狱等机构。设参赞大臣 1 员，办理兵部事务章京 1 员（兼管户部印房、折奏、军器等事），办理蒙古事务章京 1 员（承办各部落蒙古暨卡伦台站事件），管理粮饷处章京 1 员（承办粮饷、出纳事件），笔帖式 3 员。满营兵 15名，系绥远城派拨。绿营将官 1 员（原系宣化镇拣派满汉参、游前来管理屯务，后奏准在直隶各镇内遴选旗员更换），千总 2 员（原设在城当差 1 员，管理屯务 1 员），把总 6 员（原设在城当差2 员，管理屯务 4 员），经制外委 1 员（原设在城当差），马步兵224 名（原设种地兵 80 名，其余在城当差），兵役 22 名，卡伦侍卫 3 员，卡伦台吉 29 员，管理东台台吉 2 员，听差闲散四等台吉2 员，管理北八台蒙古参领 1 员，管理牧厂协理台吉 1 员、蒙古章京 2 员，管理科城当差蒙古兵丁参领 1 员、佐领 1 员（系由额鲁特、明阿特出派，一年一换），驻班办事 1 员（公、扎萨克不等）、蒙古章京 1 员（系由赛音诺颜、扎萨克图汗两部落出派，扎萨克图汗部落扎萨克三个月一换，赛音诺颜部落扎萨克六个月一换），驻班帮办协理台吉 1 员（系由土谢图汗部落出派，一年一换）。②

　　（10）塔尔巴哈台参赞大臣

　　清廷于乾隆二十九年（1764 年）在原伊克明安部牧地雅尔设置塔尔巴哈台参赞大臣，后移驻楚呼楚。该参赞大臣受伊犁将军

---

① 《（嘉庆）大清一统志》，卷五三二。
② 富俊辑：《科布多政务总册》，《中国边疆史志集成·内蒙古史志》，第 28 册，全国图书馆文献缩微复制中心。

节制，下设领队大臣、总管、副总管等。[①] "统辖驻防及屯田官兵"[②]，负责巡查东西路卡伦，官兵两千余。还统辖驻扎该地区的额鲁特、察哈尔八旗（营）兵马。

（11）青海办事大臣

雍正初年平定青海和硕特部亲王罗布藏丹津叛乱后，于雍正三年（1725年）设立办理青海蒙古番子事务大臣，简称青海办事大臣，驻西宁，亦称西宁办事大臣。青海办事大臣辖一道、一府、二县，下设理藩院司官一人，军需司官、总兵、副总兵各1人，至乾隆五年（1740年），有驻防兵9 600多名。[③] 其主要职责是统辖蒙古和硕特部21旗、绰罗斯部2旗、土尔扈特部2旗及附牧的喀尔喀1旗、辉特1旗等共29旗兵马，审理狱讼。后来又兼辖循化、贵德二处厅营。[④]

（12）喀什噶尔参赞大臣

乾隆二十四年（1759年），清廷设参赞大臣驻喀什噶尔（今喀什），总理回疆事务，故亦称"总理各回城事务参赞大臣"，辖回部喀什噶尔、英吉沙尔、叶尔羌（今莎车）、和阗、乌什、阿克苏、库车、喀喇沙尔（今焉耆）等城办事大臣、领队大臣及军政事务。后归伊犁将军节制。乾隆三十年（1765年）迁乌什，称乌什参赞大臣，喀什噶尔设办事大臣专理本境军政事务。乾隆五十一年（1786年）仍迁回喀什噶尔，又称喀什噶尔参赞大臣。道光十一年（1831年）平定和卓后裔玉素甫之乱后，再迁往叶尔羌（今莎车），称叶尔羌参赞大臣，喀什噶尔置领队大臣统之。所属官员主要有：喀喇沙尔（今焉耆）办事大臣、库车办事大臣、阿克苏办事大臣、乌什办事大臣、叶尔羌办事大臣、和阗办事大臣

---

① 《（光绪）大清会典事例》卷九七七。
② 《皇朝文献通考》卷一九一《兵考一三·西域兵》。
③ 杨应琚：《西宁府新志》卷十八《武备志·兵制》。
④ 《蒙古民族通史》（第四卷），260页。

及英吉沙尔领队大臣。

（13）驻藏大臣

驻藏大臣的设立时间众说纷纭，台湾学者萧金松统计共有 11 种说法之多。[①] 后经过众多学者的努力，现存三种说法，第一种说法为康熙四十八年（1709 年）之说，即康熙帝于这一年派遣侍郎赫寿"前往西藏协同拉藏办理事务"[②]，据此，张其勤在其《西藏宗教源流考》、黄奋生在其《清代设置驻藏大臣考》以及意大利著名藏学家伯戴克在其《十八世纪前期的中原和西藏》等著作中都持驻藏大臣始设于 1709 年说。第二种说法为雍正五年（1727 年）之说，即雍正皇帝于此年派内阁学士僧格、副都统马喇前往达赖喇嘛处。[③] 现今大部分学者都持此一观点。[④] 第三种说法是雍正六年（1728 年），持此一说法的主要是苏发祥在其《清代治藏政策研究》中的观点。他综合分析了上述两种说法，认为 1709 年赫寿等人赴藏只能算是临时奉旨赴藏办事的钦差大臣，1727 年僧格、马喇等人赴藏也是临时性的，与赫寿等人进藏的性质一样，不能算是长期驻藏的驻藏大臣。而 1728 年，清朝大军平息了阿尔布巴等人的内乱之后，采取的主要措施就是在拉萨通司岗设立驻藏大臣衙门，令僧格主持日常事务；令川、陕兵两千名驻藏，由副都统迈禄、銮仪使周瑛总统管理，据此苏发祥认为驻藏大臣设置时间应为 1728 年，首任驻藏大臣为僧格、副都统迈禄及銮仪使周瑛。[⑤]

关于驻藏大臣的权限，苏发祥总结为四个阶段，即第一阶段

---

① 萧金松：《清代驻藏大臣之研究》，7～12、60 页，中央民族大学图书馆藏铅印本。
② 《清圣祖实录》卷二二七，康熙四十八年条。
③ 《清世祖实录》卷五十二，顺治八年正月条。
④ 这些学者和著作主要有：丁实存《驻藏大臣考》10 页；萧金松《清代驻藏大臣之研究》17 页；牙含章《达赖喇嘛传》46 页；王森《西藏佛教发展史略》199 页；吴丰培等《清代驻藏大臣制度的建立与沿革》15 页，等等。
⑤ 《清代治藏政策研究》，186～189 页。

为监督藏政时期（1728—1750 年），此期间西藏政务由颇罗鼐父子处理，驻藏大臣对西藏政务起一个监督作用；第二阶段为参与管理藏政时期（1751—1757 年），乾隆十五年（1750 年），西藏发生了珠尔默特那木扎勒事件，郡王珠尔默特那木扎勒被杀，于是废除了郡王制，由达赖喇嘛掌管西藏政教大权，成立噶厦政府。随后颁行《酌定西藏善后章程》十三条，加强了驻藏大臣的权力。第三阶段为总揽西藏地方所有大权时期（1757—1845 年），乾隆二十二年（1757 年），第七世达赖喇嘛格桑嘉措圆寂，乾隆帝虽令第穆呼图克图摄政，实际上很多事情由驻藏大臣裁定和上报。乾隆五十八年（1793 年），驱逐廓尔喀后，颁行了《藏内善后章程》二十九条，明确规定驻藏大臣与达赖喇嘛、班禅额尔德尼地位平等，共同协商处理西藏政务。通过此章程，驻藏大臣总揽了西藏地方之人事、财政、军队、司法、外交及宗教监督等所有大权。第四阶段为权力衰退时期（1845—1912 年），鸦片战争后，随着清政府的统治在全国逐步崩溃，驻藏大臣的权力也在不断削弱。①

据张永江的研究，理藩院系统和将军、都统、大臣系统是相互补充的，理藩院兼辖的部落恰好是各将军、都统、大臣直辖的部落，这是清廷有意设计的。这其中，只有驻藏大臣所辖的西藏是个例外，因为西藏事实上是由理藩院和驻藏大臣双重管辖的。两大系统的组织构造和运行方式有明显的区别，理藩院依靠两个子系统即通讯和法规系统来运作，但是其施政有被动性，与其相比，将军、都统、大臣系统则无须中间环节就可直接管理藩部地

---

① 《清代治藏政策研究》，189~193 页。曾国庆按驻藏大臣职权的消长情况认为可分为四期：一为职权雏形时期，1727~1751 年；二为职权扩大时期，1751~1789 年；三为职权完善时期，1789~1845 年；四为职权削弱时期，1845~1911 年。见曾国庆著《清代藏史研究》，79 页，西藏人民出版社、齐鲁书社，1999。

区，这决定了被纳入这一系统的藩部的完全可控制性。[①]

二、各藩部具体的地方制度

除了中央在藩部地区的行政建制，遵循各藩部地区的社会传统，依照因地制宜的原则，清廷也在藩部社会施行了不同的行政管理体制。

1. 蒙古地区

清代在蒙古地区主要实行的是盟旗制度。盟旗制度是在满洲八旗制度的基础上，结合蒙古社会原有的鄂托克、爱马克的社会组织而形成的新的行政制度。

清朝在入关前就开始在归附的漠南蒙古中编佐设旗，至康熙初已增到 49 旗。外蒙古喀尔喀设旗至乾隆朝已设 86 旗。雍、乾时期，青海蒙古和漠西卫拉特也逐次被征服，青海设 28 旗，漠西设 34 旗。再加上西套卫拉特 2 旗，至乾隆中，扎萨克旗数达 199 个。此外，还有一部分总管旗和喇嘛旗。[②]

内蒙古共设六盟。"科尔沁、扎赖特、杜尔伯特、郭尔罗斯四部落十旗为一会，盟于哲里穆；敖汉、奈曼、翁牛特、巴林、扎鲁特、喀尔喀左翼、阿禄科尔沁、克西克腾八部落十一旗为一会，盟于召乌达；喀喇沁、土默特二部落五旗为一会，盟于卓索图；乌朱穆秦、阿霸垓、蒿齐忒、苏尼特、阿霸哈纳尔五部落十旗为一会，盟于锡林郭勒。四子部落、喀尔喀右翼、吴喇忒、毛明安四部落六旗为一会，盟于乌兰察布；鄂尔多斯七旗为一会，盟于伊克召。每会设盟长、副盟长各一人。"[③]

外蒙古在康熙三十年（1691 年）多伦诺尔会盟前后形成了盟旗制度。初分三处会盟，雍正六年（1728 年）定为四处会盟。其

---

①　《清代藩部研究——以政治变迁为中心》，168～173 页。
②　《蒙古民族通史》（第四卷），245 页。
③　《（乾隆）大清会典》卷七十九。

中"土谢图汗部二十旗为一会，盟于汗阿林；车臣汗部二十三旗为一会，盟于克鲁伦巴尔河屯；扎萨克图汗部十有七旗为一会，盟于扎克毕赖塞钦毕都里也诺尔；赛音诺颜部二十二旗为一会，盟于齐齐尔里克。"① 此后各旗数目又有变化。

盟旗制度下的旗，是蒙古地区的基本军事、行政单位。按照体制的不同，清代蒙古可分为扎萨克旗、内属总管旗、喇嘛旗等。

（1）扎萨克旗

扎萨克旗是由掌印扎萨克世袭统领的旗，具有军政合一的性质，是清廷在蒙古藩部地区按照"因其教不易其俗，齐其政不易其宜"的统治策略而设置的一级地方行政建置。扎萨克旗的特点是各旗扎萨克及领主领有本旗的土地及土地上的所有资源，并且不承担国家赋税，不由朝廷委派各级职官，具有一定的自治性，但要受理藩院的直接管理。清朝将扎萨克旗分为内扎萨克和外扎萨克。漠南蒙古49旗称内扎萨克，旗扎萨克拥有统率兵丁之权。喀尔喀86旗、漠西卫拉特34旗、青海28旗与阿拉善、额济纳旗为外扎萨克旗，无兵权，受当地将军、大臣及参赞大臣的节制。内外扎萨克旗统称外藩蒙古。②

掌印扎萨克下面设一些官职，辅佐扎萨克处理旗务，如协理旗务台吉、管旗章京、副章京、参领等。协理旗务台吉的职责是协助掌印扎萨克处理旗务，扎萨克缺员或有其他事故时，代行其职务。管旗章京，协同协理旗务台吉掌管旗务，但无权代理扎萨克。副章京管理一般地方旗民事务。参领，由扎萨克直接任命，分管本旗的军务。

旗由若干个佐（苏木）构成，佐是旗以下的行政、军事单

① 《（乾隆）大清会典》，卷八十。
② 《蒙古民族通史》（第四卷），247页。

位。每佐由 150 丁组成，统称箭丁。每佐设佐领（苏木章京）一员，管理苏木的一切事务，诸如征收赋税、审编丁册、处理纠纷事宜、传递信件等等。佐领下面设有骁骑校，蒙语称昆都，辅佐苏木章京负责召集兵丁、整修军械等事务。

（2）总管旗

总管旗为清廷的直辖领地，不设扎萨克，不实行会盟，由清廷委派总管进行管理。这些旗包括：察哈尔八旗、伊犁察哈尔八旗、扎哈沁二旗、热河额鲁特一旗、伊犁额鲁特下五旗、伊犁额鲁特上三旗、塔尔巴哈台额鲁特一旗、科布多额鲁特一旗、明阿特一旗、归化城土默特二旗（由都统管辖）、达木蒙古八旗（佐领旗）等。总管旗也称内属蒙古。

总管旗除设总管、副总管外，还设参领、副参领、佐领、骁骑校、护军校、亲军校、捕盗等官。总管旗的土地除指定的游牧外，还用于驻军、屯田、开设牧厂。

①察哈尔八旗

蒙古察哈尔部，是蒙古末代大汗林丹汗的领地。天聪八年（1634 年），林丹汗兵败病死于大草滩（今甘肃天祝藏族自治县境内）。天聪九年（1635 年）林丹汗之子额哲归附后金。清廷将察哈尔部众编为察哈尔八旗，由八旗蒙古都统统辖。

康熙十四年（1675 年），林丹汗之孙、额哲之侄布尔尼发动叛乱。清廷平定后，将察哈尔八旗迁到宣府、大同边外，每旗设总管、副总管各一人，照京师八旗之例，随人数设佐领、骁骑校等官，由在京蒙古都统兼辖，隶于理藩院。

乾隆二十六年（1761 年），清廷设察哈尔都统一人，驻张家口，统辖察哈尔八旗。察哈尔八旗为内属蒙古，官不得世袭，事不得自专，又被称作"察哈尔游牧八旗"。

察哈尔八旗编定后，清廷又陆续把归附的喀尔喀、额鲁特等部零散部众安插进察哈尔部，编成数佐，分隶左、右两翼。至乾隆二十五年（1760 年），编成察哈尔 64 佐，苏尼特 1 佐，乌喇特 3 佐，伊苏特 1 佐、茂明安 4 佐，土尔扈特 1 佐，察哈尔、茂明安、科尔沁、巴尔虎合编 1 佐，察哈尔、茂明安合编 1 佐，巴尔虎 14 佐，喀尔喀 2 佐半，科尔沁 5 佐半，额鲁特 15 佐、6 个半分佐。每佐和半分佐各设佐领一人，共设佐领 120 人。①

察哈尔八旗驻地皆由清廷确定，其镶黄、正黄、正红、镶红四旗驻张家口外，正白镶白正蓝三旗驻独石口外，镶蓝一旗驻杀虎口外。

镶黄旗察哈尔 驻苏门峰，在张家口北 340 里。东西距 160 里，南北距 190 里，东至正白旗察哈尔界 90 里，西至正黄旗察哈尔界 70 里，南至镶黄旗牧厂界 70 里，北至苏尼特右翼界 120 里，东南至正白旗察哈尔界 160 里，西南至正黄旗牧厂界 50 里，东北至苏尼特左翼界 120 里，西北至苏尼特右翼界 130 里。由张家口至京师 750 里。

正黄旗察哈尔 驻木孙忒克山，在张家口西北 320 里。东西距 110 里，南北距 280 里。东至镶黄旗察哈尔界 50 里，西至正红旗察哈尔界 60 里，南至太仆寺右翼牧厂界 100 里，北至喀喇乌纳根山 180 里，东南至正黄旗牧厂界 90 里，西南至正红旗察哈尔界 100 里，东北至蛇井 250 里，西北至伊克扎喇和邵山 190 里。由张家口至京师 730 里。

正红旗察哈尔 驻古尔板拖罗海山，在张家口外西北 370 里。东西距 55 里，南北距 280 里。东至正黄旗察哈尔界 35 里，西至镶红旗察哈尔界 20 里，南至太仆寺右翼牧厂界 100 里，北至四子部落界 180 里，东南至正黄旗察哈尔界 110 里，西南至镶红旗察哈尔界 100 里，东北至四子部落界 170 里，西北至镶红旗察哈尔界 160 里。由张家口至京师 800 里。

---

① 《（光绪）大清会典事例》卷九七七《理藩院·设官》。

镶红旗察哈尔　驻布尔泉，在张家口西北 420 里。东西距 50 里，南北距 290 里。东至正红旗察哈尔界 20 里，西至镶蓝旗察哈尔界 30 里，南至大同府边外 120 里，北至四子部落界 170 里。东南至边界 100 里，西南至镶蓝旗察哈尔界 110 里，东北至四子部落界 170 里，西北至镶蓝旗察哈尔界 180 里。由张家口至京师 830 里。

正白旗察哈尔　驻布尔噶台，在独石口西北 290 里。东西距 78 里，南北距 295 里。东至镶白旗察哈尔界 58 里，西至镶黄旗察哈尔界 20 里，南至镶黄旗察哈尔界 140 里，北至镶白旗察哈尔界 150 里，东南至镶白旗察哈尔界 190 里，西南至镶黄旗察哈尔界 60 里，东北至镶白旗察哈尔界 75 里，西北至镶黄旗察哈尔界 150 里。由独石口至京师 820 里。

镶白旗察哈尔　驻布雅阿海苏默，在独石口北 245 里。东西距 56 里，南北距 197 里。东至太仆寺牧厂界 8 里，西至正白旗察哈尔界 48 里，南至太仆寺牧厂界 66 里，北至正蓝旗察哈尔界 131 里，东南至太仆寺牧厂界 82 里，西南至正白旗察哈尔界 90 里，东北至正蓝旗察哈尔界 40 里，西北至正蓝旗察哈尔界 40 里。由独石口至京师 770 里。

正蓝旗察哈尔　驻扎哈苏台泊，在独石口东北 360 里。东西距 265 里，南北距 95 里。东至克什克腾界 190 里，西至镶白旗察哈尔界 75 里，南至御马厂官羊群界 35 里，北至阿巴噶左翼界 60 里，东南至御马厂界 40 里，西南至镶白旗察哈尔界 50 里，东北至阿巴噶左翼界 102 里，西北至阿巴噶右翼界 55 里。由独石口至京师 890 里。

镶蓝旗察哈尔　驻阿巴漠喀喇山，在杀虎口东北 90 里。东西距 115 里，南北距 160 里。东至镶红旗察哈尔界 60 里，西至归化城土默特界 55 里，南至山西大同府边界 90 里，北至四子部落界 70 里，东南至边界 70 里，西南至归化城土默特界 40 里，东北至镶红旗察哈尔界120里，西北至归化城土默特界50里。由杀虎口至京师1 000里。

②归化城土默特二旗

在《土默特旗志》卷二《源流》中有记载，崇德元年（1636年），清廷编归化城土默特所属壮丁3 300余人为左、右两翼，左翼25佐领，右翼22佐领，设都统二人，古禄格为左翼都统，杭高为右翼都统，被称为归化城土默特左右二都统旗。

乾隆二年（1737年），设绥远城将军，下设副都统二人，均以京员补放。乾隆二十八年（1763年），所有土默特蒙古事务，均由绥远城将军管辖，下设副都统二人，分驻归化城和绥远城。乾隆三十一年（1766年），裁绥远城副都统，所属事务由归化城副都统兼辖，并直隶于绥远城将军。

归化城土默特二都统旗在杀虎口北200里，东西距403里，南北距370里。东至四子部落界138里，西至鄂尔多斯左翼前旗界265里，南至山西边城界210里，北至喀尔喀右翼界160里，东南至镶蓝旗察哈尔界110里，西南至鄂尔多斯左翼前旗界180里，东北至四子部落界110里，西北至茂明安界170里。至京师1 160里。

③伊犁察哈尔八旗与额鲁特八旗

伊犁察哈尔八旗

在《伊江汇览》中有记载，乾隆二十七年（1762年）至乾隆二十九年（1764年），清廷分两批往新疆伊犁迁移携眷察哈尔兵丁，其中，移驻伊犁的察哈尔官兵有1 836户，5 548人，若加上留在乌鲁木齐和移驻库尔喀喇乌苏的察哈尔，以及后来西迁的378名察哈尔妇女，则总共西迁的察哈尔人有6 468人。①

---

① 本数字根据吴元丰、胡兆斌、阿拉腾奥其尔、刘怀龙主编《清代西迁新疆察哈尔蒙古满文档案全译》里的档案总结而成。

伊犁将军明瑞将留驻伊犁的额鲁特兵丁1 000名，加上先后两次移来的1 800名察哈尔兵丁，分为3个昂吉，每昂吉设总管、副总管各1名，第一、第二昂吉由察哈尔兵丁组成，每昂吉下设6个佐领，每佐领统辖150名披甲，共设12个佐领。额鲁特为第三营，分设6个佐领。

乾隆三十二年（1767年），清廷定察哈尔兵丁永久驻防博尔塔拉，将左右两翼察哈尔分为八旗16个佐领，设领队大臣1员，总管2员，副总管2员，佐领16员，骁骑校16员，空蓝翎6员，委官16员，委笔帖式4员，领催64员，委领催16员，披甲1 720名和附住额鲁特200名。

察哈尔八旗从此在新疆屯垦戍边，直到清朝覆亡。

伊犁额鲁特八旗

伊犁额鲁特营分为额鲁特左翼和右翼。左翼主要来源于乾隆二十九年（1764年）自热河携眷移驻伊犁的额鲁特达什瓦部。乾隆三十二年（1767年），伊犁将军明瑞将左翼编为六个佐领，分为镶黄、正黄、正白三个旗，称上三旗。右翼主要来源于清廷出兵伊犁时逃亡哈萨克等地后陆续返回的额鲁特人。乾隆三十二年（1767年）将右翼编为八个佐领，分为镶白、正红、正蓝、镶红、镶蓝五个旗，称下五旗。乾隆三十五年（1770年），又增加了两个佐领。乾隆三十六年（1771年），清廷将随土儿扈特东归的大喇嘛罗布藏丹增属下以及部分额鲁特人，编为四个佐领，纳入额鲁特右翼管辖。

额鲁特营设领队大臣一员，左右翼各设总管、副总管一员。下设佐领、骁骑校、世袭云骑尉、空蓝翎、委笔帖式、领催等官员，共有食一两披甲500名，食五钱披甲1 077名。[①]

④扎哈沁二旗

[①]　《新疆识略》卷五《官职兵额》。

乾隆二十六年（1761 年），编扎哈沁部二千余口为一旗，下设九佐领，授扎木禅总管印。乾隆四十年（1775 年）清廷另设一旗，归科布多参赞大臣管辖。自此，扎哈沁二旗旗境东至外喀尔喀扎萨克图汗部，西至阿尔泰乌梁海，南至新疆镇西，北至科布多屯田官厂。归科布多参赞大臣管辖。嘉庆时，设扎兰章京一员，佐领四员。①

⑤明阿特部

明阿特部于康熙五十年（1711 年）归附清朝。乾隆三十年（1765 年），该部移牧科布多，清廷编所部为一旗，归科布多大臣管辖。嘉庆时，该旗设扎兰章京一员，佐领二员。②

（3）喇嘛旗

清代的蒙古民众普遍信仰藏传佛教格鲁派，因此建立了很多较大的寺庙，喇嘛旗就是建立在大寺庙领地上的特殊旗。清代蒙古地区的喇嘛旗共有 7 个：内蒙古锡勒图库伦扎萨克喇嘛旗、喀尔喀的哲布尊丹巴呼图克图旗、额尔德尼班第达呼图克图旗、札雅班第达呼图克图旗、青苏珠克图诺们罕旗、那鲁班禅呼图克图旗及青海的察罕诺们罕旗。

喇嘛旗的职官主要有掌印扎萨克大喇嘛、扎萨克喇嘛、德木齐、格斯贵、笔帖式、拨什库等。

2. 新疆地区

清廷依据新疆天山南北的历史传统和社会风俗，建立了三种不同的新疆地方社会制度，管理地方行政。

（1）伯克制度

清朝在统一新疆以前，新疆地区就实行了伯克制度，仅伯克名称就有三十多种。"伯克"一词主要指特权阶层或贵族，有时

---

① 富俊：《科布多政务总册》，外藩。
② 富俊：《科布多政务总册》，外藩。

行政长官也用此号。明末，在新疆及中亚定居民族，如维吾尔族、乌孜别克族中，"伯克"一词已成为对官吏的泛称。清朝统一新疆以后，对南疆地区继续实行伯克制度，但同时进行了改革。改革的主要内容是：废除伯克世袭制度；伯克的任免、资格、任期由参赞大臣和驻扎大臣提名呈报；制定伯克回避制度；实行政教分离政策；明确规定伯克的品级与养廉；确定伯克入觐制度。[①]

（2）州县制度

州县制度主要施行于北疆及南疆东部部分地区。

（3）盟旗—扎萨克制度

18 世纪中叶，清朝统一天山北路的诸部后，以盟旗制度管理卫拉特蒙古各部。至嘉庆时，实施于卫拉特蒙古的盟旗制度更加完善。其中杜尔伯特部（15 旗）分左右两翼会盟，一盟曰赛因济雅哈图左翼（11 旗），一盟曰赛因济雅哈图右翼（4 旗）；土尔扈特部（12 旗）分五处会盟，旧土尔扈特为四盟，分别是南乌讷恩素珠克图（4 旗）、北乌讷恩素珠克图（3 旗）、东乌讷恩素珠克图（2 旗）、西乌讷恩素珠克图（1 旗），新土尔扈特为一盟，曰青塞特奇勒图（2 旗）；和硕特部（3 旗）为一盟，曰巴图塞特奇勒图。[②]

清朝也将扎萨克制度运用于新疆地区的游牧哈萨克部落和以农业经济为主的哈密、吐鲁番等地。

3. 西藏地区

清廷在西藏施政的过程上文已有所探讨，此不赘述。清廷在实践中，逐步地摸索治藏方略，以扶持黄教和权力制衡为基本方针，最终把权力揽到自己手中，派遣驻藏大臣与达赖喇嘛制衡，

---

① 苗普生：《伯克制度》，1~45 页，乌鲁木齐，新疆人民出版社，1995。

② 《（嘉庆）大清会典》卷五十二。

使得清廷在西藏的控制力大大加强。

第四节　清廷维系藩部体系的重要手段——票照制度

清代在主权统治下，全国主要分为两大体系，一为本部（行省），一为藩部。① 清廷为了让这两大独立系统单独运行，制定了种种封禁政策，其中最重要的一个手段，就是以票照制度限制两大体系的往来。

票照②制度是传统王朝为保护自身的政治、经济、军事等利益，对所过关口之人要求办理通行证的一种制度。

票照制度古已有之，唐将过关的通行证称为"过所"③，宋朝则称为"引"④，至明代，"敕书"⑤ 则成为蒙古、女真等贵族入关的凭证。清代是中国最后一个传统王朝，也是历朝历代各种制度的集大成者，票照制度也不例外。到了清代，票照制度已十分完备，并辅以很多严厉的法律法规。通过对清代藩部地区票照制度的研究，可以使我们很全面地了解清廷对藩部的统治策略。

以前专门写票照制度的文章不多，主要有张杰的《柳条边、印票与清朝东北封禁新论》⑥ 一文，但对于票照制度的研究不够

① 梁启超：《中国地理大势论》，载《中国学术经典·梁启超卷》，698 页，石家庄，河北教育出版社，1996。也可参见萧一山：《清代通史》卷中，154 页。

② 在清人著述或奏折里，票照被赋予了很多功能：交纳租税、领取物资、查验户口、出入关口，等等；对票照的叫法也很混乱，有叫票照的，有叫照票的，还有诸如：印票、部票、路引、路照、票据、口票、龙票、乌拉票、勘合，等等。本文所论票照，主要是指上至蒙古王公喇嘛，下至平民商贾出入蒙地所持的凭据，即通行证。因叫法混乱，姑且笼而统之称为"票照"，以方便研究。后面所引档案或清人著述有上述各种叫法的，都是本文所述"票照"之意。

③ 《唐六典》卷六，《尚书刑部·司门司郎中·员外郎》。

④ 李焘撰：《续资治通鉴长编》卷四五八，元祐六年五月庚午条，北京，中华书局，2004。

⑤ 丛佩远：《明代女真的敕书之争》，载《文史》，第 26 辑。

⑥ 张杰：《柳条边、印票与清朝东北封禁新论》，载《中国边疆史地研究》，1999（1）。

深入；其他关于票照制度的研究散见于一些专著，如马汝珩、成
崇德等主编的《清代边疆开发》，成崇德主编的《清代西部开发》
以及义都贺西格主编，乌云毕力格、张永江、成崇德等著的《蒙
古民族通史》（第四卷）。在这些论著里，都有关于票照的论述，
但还都没有全面地、深入地进行研究。

　　清代自顺治、康熙朝对沿长城边口颁行限制流民出边的禁令
后，有关封禁令已逐渐成为清朝前期治边政策的一项重要内容。
至乾隆朝，对藩部地区的统治机构日臻完备，有关禁令逐渐演化
为法律条文，而在这些禁令中，大部分都是围绕票照制度来规
定的。

　　在蒙古地区，乾隆六年（1741年）九月，理藩院提出纂修蒙
古律书，同年十二月，《蒙古律例》告竣。乾隆二十四年（1759
年）纂修《大清会典事例》。乾隆二十一年（1756年），理藩院
奉旨编修《理藩院则例》，嘉庆十六年（1811年）重修，二十年
（1815年）告成。光绪三十二年（1906年）官制改革，理藩院改
为理藩部，《理藩院则例》也相应改为《理藩部则例》。《蒙古律
例》《大清会典事例》《理藩院则例》等纂修告成后，颁发蒙古
各部执行。

　　在青海地区，雍正二年（1724年），清朝颁布了《青海善后
事宜十三条》及《禁约青海十二事》，次年在西宁设置西宁办事
大臣，统掌青海的蒙藏事务。雍正十一年（1733年），清廷又对
《青海善后事宜十三条》及《禁约青海十二事》进行了较大的修
改，制定了《西宁青海番夷成例》（或称《西宁番子治罪条
例》），以加强对青海地区的管辖。《西宁青海番夷成例》是以雍
正五年的《大清律》为立法原则，具体条文则根据青海地区蒙藏
民族的风俗习惯和习惯法，参考蒙古例，从蒙古例中摘选关系番
民易犯条款68条修订的。《西宁青海番夷成例》又称《番律》
《番例》。

新疆地区的情形是，18世纪中叶清朝统一新疆后，以《理藩院则例》和《蒙古律例》治理北疆，在南疆颁行《回疆则例》。《回疆则例》简称《回例》，可以说是清朝政府治理南疆的单行法规。《回疆则例》颁行较晚，乾隆二十六年（1761年），理藩院设徕远司管理"回疆"事务后，逐渐摸索、制定了一些治理南疆民族事务的办法。嘉庆十六年（1811年），制定出《回疆则例》。道光六年（1826年）和十三年（1833年）清朝两次修订了《回疆则例》。

在西藏地区，清朝的立法主要有：乾隆十六年（1751年）的《酌定西藏善后章程》13条、乾隆五十四年（1789年）的《设站定界事宜十九条》、乾隆五十五年（1790年）的《酌议藏中各事宜十条》、乾隆五十七年（1792年）的《藏内善后章程》29条（又称《钦定西藏章程》）和《裁禁商上积弊章程》等。《钦定西藏章程》几经修订为《西藏通制》26条，编入《理藩院则例》。

以上的法律法规都有关于票照制度的详细规定，但较繁杂，故本节拟只从蒙古地区来考察票照律条及其执行情况，管中窥豹，从而了解整个藩部地区的情况。

一、有关票照的法律法规

在《蒙古律例》《理藩院则例》《大清会典事例》等法律条文中几乎都有对票照制度的规定，其关于票照制度的中心思想是：几乎任何身份的人出入蒙地都需要办理票照。概括起来，主要有以下两个层次：其一为蒙古地区与中原之间的往来要办理票照；其二，蒙古地区各旗、各部落之间的往来也要办理票照。下面据上述法律法规，对票照的有关规定作一个概括。

1. 蒙地与中原之间的往来要办理票照

（1）农民出入关口要领取票照

有清一代，封禁的主要对象就是农民。熟读经史的清朝统治者们都很清楚历朝历代起义的主力军都是农民。特别是明末农民大起义给清朝统治者留下了深刻的印象;而对于蒙古骑兵的强悍,清朝统治者也心知肚明,"塞外蒙古多与中国抗衡",因此,统治者们对蒙古地区的统治政策是以追求当地的社会安定为目的的。如果任由内地农民进入蒙地,就有汉人"俱为蒙古"并和蒙古人结合起来的忧虑,二者结合将会对满洲贵族的统治构成严峻的威胁。所以,清朝统治者不会让内地农民大批地进入蒙古地区,只能采取票照制度让内地农民有限制地进入。而且,这种有限制地进入还是以清廷的有效控制为前提的。但是,由于客观条件的影响,在执行的过程中经常会出现一些新的情况,清朝统治者也要根据自己的利益不断地调整政策,以适应出现的新情况。所以,这一制度在有的时期执行得非常严格,有的时期却很松散,尤其是对出入关口人数占大多数的农民有很大的灵活性。所以,在实行票照制度的二百多年间,清政府对农民实施的这一政策有张有弛。一般来讲,遇有大灾之年,对农民出入关口限制得都不很严,如乾隆五十七年(1792年),直隶、河南大旱,出关流民日多,大部分没有票照,后经山海关副都统德福奏请,准许"询其籍贯,注记册档放行"[①],但这不过是清朝统治者一时的权宜之计,是根据自己的利益适当调整的。

总的来看,在实行票照制度的大部分时间里,清朝统治者对农民出入关口的限制是非常严格的,并且在执行过程中对官吏的要求也非常严厉,这在相关的法律法规里也有详细的规定,概括如下:

①民人出入关口要严格盘查,如民人出入并没有印票,或者虽有印票但人数多于印票上的人数,则有一二名民人偷渡的,该

---

① 中国第一历史档案馆:《山海关副都统来仪为遵旨查明出关民人给票验放等事奏折》,嘉庆八年四月初一日,载《历史档案》,2001(2)。

管官按失察罪，降一级留任；若偷渡三四名的，降一级调用；偷渡五名以上，降二级调用；十名以上，降三级调用。①

②出关民人持有印票的，并且人数与票载相符，若该管官弁不即验票放行，稽迟勒索的，降二级调用；若有吏役勒索的，将该管官等分别以失察故纵罪，照衙役犯赃例议处。②

③没领票照的"奸民"，如果已经被驱逐回籍，又私自回到蒙古部落的，将该"奸民"在该处商市枷号两个月，满日后鞭一百，解回原籍，永不准出口。③

④内地民人有出入樵采、采苁、耕种、佣工的，呈明原籍州县或关口附近州县，每年给予印票一次，并将年貌、姓名造册，移交所出口官弁，如年貌、姓名相符，方准出入。该州县将给过的印票数，守口官弁将放过民人的人数，于年底汇造清册呈报兵部查核。④

⑤民人无票，但守口官员受贿放出的，守口官革职治罪。⑤

（2）商人应领部票

商人也是清政府限制的主要对象。在蒙古地区经商的内地商人，蒙古人称其为"买卖人"，内地则称之为"旅蒙商"。旅蒙商出现于17世纪末18世纪初，并在18世纪中叶后得到较快发展。康熙中叶，清政府用兵卫拉特蒙古时，一些小商贩随军贸易以供军需，在随军过程中，商人们还与沿途所遇蒙古人等进行交易。由于有厚利可图，旅蒙贸易由此便发展起来，清代蒙古地区规模最大的旅蒙商——大盛魁就是这样发展起来的。随着山西、河北

---

① 《钦定六部处分则例》卷三十九《兵部·边防》。
② 《钦定六部处分则例》卷三十九《兵部·边防》。
③ 《钦定理藩部则例》卷三十四，边禁，惩处逃回奸民条。
④ 《大学士保宁等为稽查出关民人申明例禁并酌议章程事奏折》，嘉庆八年五月初二日，载《历史档案》，2001（2）。
⑤ 《大学士保宁等为稽查出关民人申明例禁并酌议章程事奏折》，嘉庆八年五月初二日，载《历史档案》，2001（2）。

等地的商人来到草原与蒙古人做生意，贸易的范围、地域也日渐广阔，逐渐在各个藩部地区都有内地商人的踪影。清政府为了防止"盗匪"流入蒙古等藩部地区，并且为了防范商人携带违禁物品，对商人也实行了票照制度。有清一代，对商人实行的票照制度是自始至终的，没有像对农民那样出现反复。有关规定如下：

①商人若出口贸易，按就近原则，须由察哈尔都统、绥远城将军、多伦诺尔同知衙门、西宁办事大臣等处领取部票。这些衙门在发部票时，要将商人姓名及货物数目、所往地方、启程日期，另缮清单粘贴票尾，钤印发给。一面知照所往地方大臣官员衙门，不准听商人指称未及领取部票，由别衙门领用路引为凭。违者，查出照无部票例治罪。商人所领部票，该贸易地方大臣官员要仔细查验存案，务必于一年内勒限催回，免其在外逗留生事。①

②商人已到所往贸易地方，欲将货物转往其他地方贸易的，即呈报该处衙门给予印票，也要知照所去贸易地方大臣官员衙门。如果并无部票私行贸易的，枷号两个月，期满笞四十，逐回原省，将货物一半入官。② 这一规定在执行时是很严格的。兹取一案例说明。嘉庆二十四年（1819 年）禄成等奏：据四子部落郡王达尔汉贝勒二旗、察罕和硕、乌兰诺尔等处坐卡蒙古官兵，盘获贸易民人郝尚谦、李春明等两起无票私入蒙古界内事件。经审讯，郝尚谦系山西榆次县人，在归化城开设乾元店生意。驼载布匹烟茶等物，欲往西苏尼特旗下贸易，没有领取印票，行至察罕和硕地方，被蒙古官兵拿获；李春明系山西祁县人，一直在乌里雅素台种菜为生。本年五月带领他的表侄王永禄等驼载米麦，欲往乌里雅素台贸易、佣工，也没有请领印票。行至蜈蚣坝口，被

---

① 《钦定理藩部则例》卷三十四，边禁，商人应领部票条。
② 《钦定理藩部则例》卷三十四，边禁，商人应领部票条。

土默特坐卡官兵拦阻，因无印票，不肯放行，每驼给钱十五文始行放过。该民人等偷越哈拉托罗盖等三处卡伦，行至乌兰诺尔地方，被达尔汉贝勒旗下官兵拿获。后禄成详查旧卷，发现近些年来被抢案内没有票照私行贸易者居多，而钦差尚书松筠曾经奏定缉捕章程，即嗣后如有走外路零星买卖者，俱令赴归绥道衙门请领印票。每遇卡伦验票放行，无票者截回交该道厅讯明责惩。但还有奸民李春明等胆敢于屡经晓谕之后，故违禁例，不行请领印票，私自出境，实属藐法。除将民人李春明等饬交归绥道照例重加责惩外，其私带牲畜货物照依理藩院奏准所发商民印票章程，一并入官，以儆奸商而杜偷越。如蒙俞允其入官货物，当存公以备奖赏拿贼出力官兵之需。至各卡官兵职司缉捕，自应实力巡查以尽厥职。土默特坐卡佐领诺依噜布适于民人经过，既已查无印票，没有及时送究法办，且胆敢需索钱文，私行放走，虽钱文为数无几，究属藐法营私。至色尔登等三处坐卡，土默特佐领巴图孟克等虽讯无贿纵情弊，但于无票民人等偷越界卡漫无觉察，实属疏懈，咎实难辞，相应请旨交部议处，以昭儆戒所有。朱批"该部议奏"。①从这个奏折里我们可以看出，票照制度在执行时有一定难度，并且在民人过卡时还有被官兵勒索的情况。但总的来看，大体上还是按法律法规办事的。

③道光三年（1823年），那彦成奏定立西宁、甘州、凉州、肃州等地"羊客"②与蒙古贸易章程③，这一章程很重要，它详细规定了贸易"羊客"所领票照的形式和内容。概括起来有：

A. 无论哪个州县羊客在河北、蒙古买羊易货，只准在西宁

---

① 中国第一历史档案馆档案，宫中档朱批奏折，民族事务类，嘉庆二十四年六月初一日，禄成、博乡阿折。

② 据那彦成奏折："商民携带资财货物前往蒙古游牧地方易买羊只货物，名为'羊客'"。

③ 中国第一历史档案馆档案，宫中档朱批奏折，民族事务类，道光三年二月十七日，那彦成折。

县属日月山下卡以内，东科尔寺、丹噶尔及大通县属之乌什沟、察汉俄博等处互相交易。

B. 羊客要将带卖绸缎布匹、不干例禁各物并沿途自食粮茶若干，同行几个人及其姓名，前往什么地方买羊易货，由什么地方行走，买羊后由哪个关口进入内地，要先行呈报西宁府转详西宁办事大臣衙门逐一开载。

C. 买羊一千只以上者，给大票一张；一千只以下者，给小票一张。仍发给西宁府，由西宁府交与羊客执持前往票载地方贸易，大票限四个月，小票限两个月。

D. 回西宁、甘州、凉州、肃州均要在票内注明，由西宁府知会各提镇饬知守卡弁兵查验羊只、货物及人数与票载相符，即将印票在卡收回并截角，随时呈送。该管提镇按月呈报西宁办事大臣衙门汇发西宁府查销，如所销之票短少，即查明是哪个羊客未缴，按票追究。

E. 羊客到卡时，守卡弁兵查明羊只、货物及人数或有增多，或有所经关卡与票内不符的，即行禀究；若没有印票，即照无票出口例办理；若有夹带火药铅丸等一切违禁器物的，要从严究办。

道光帝批曰："将此谕令知之。"① 这样一来，内地商人到西宁等地贸易请领票照，严厉到了无以复加的程度，连沿途自己吃的粮茶也要在票照上开载。那彦成也说："如此立定章程，则蒙古既可按时前来指定处所卖羊易货，不致有防生计；而内地商民毋许前赴蒙古游牧交易，不能夹带闲人流为汉奸。"② 这也正是订立贸易章程的目的，指定贸易场所及对票照的详细规定，就阻碍了内地商民随便进入上述地区贸易，并杜绝了夹带禁物的可能，

① 《清宣宗实录》卷五十，道光三年三月庚午条。
② 中国第一历史档案馆档案，宫中档朱批奏折，民族事务类，道光三年二月十七日，那彦成折。

有效防止了羊客流为"汉奸"。

④商人用车辆装运货物出口回空时，也要每车给予印票，该管官查验人数相符时，方准其进口；若不行稽查以致有私逃兵役混于其中入口的，将该管官罚俸一年；若查验并没有私逃兵役但却借故勒索的，该管官革职，兼辖官降二级调用；该管官借机留难的，降二级调用，兼辖官降一级调用。①

（3）蒙古喇嘛等出境请领票据

各旗蒙古及喇嘛出境，或载货贸易，或拜佛熬茶，都要于各该管官名下就近给发票据，填写箱包车马数目，并移咨交界各旗，按月派员实力巡查，如果有私自出境的，除勒令回归本处外，仍治以违例之罪。② 另外，热河普宁寺等寺庙喇嘛，每月俱由内仓关领口粮，春夏两季，雨水较多，道路难行，因此要存储于京城，等到冬季运回，由理藩院将车辆米石数目开写详明，咨行陆军部办给口票，方准出口。③

（4）蒙古王公去五台山、库伦、西藏要领路引

内扎萨克王、贝勒、贝子、公、扎萨克台吉、塔布囊等若要赴五台山进香④，或去库伦与哲布尊丹巴呼图克图磕头，或去西藏礼佛熬茶，或去西宁棍布木召于佛磕头⑤，则须将所带跟役数目，由哪些地方行走，经过哪些地方等情况一一呈报给该盟长，报理藩院核办，咨行兵部（陆军部）给付路引，并于年终汇奏。事毕回旗之际，仍要把原领的路引送理藩院，咨行兵部查销。而

---

① 《钦定六部处分则例》卷三十九《兵部·边防》。
② 《钦定理藩部则例》卷三十四，边禁，蒙古喇嘛等出境请领票据条。
③ 《钦定理藩部则例》，卷五十九，喇嘛事例五，米石出口条。
④ 《钦定理藩部则例》，卷三十四，边禁，五台山进香给予路引条。
⑤ 去库伦与哲布尊丹巴呼图克图磕头，去西藏礼佛熬茶，去西宁棍布木召于佛磕头等，在笔者接触到的清代律书中未见所载，但在档案中却大量出现。（见中国第一历史档案馆档案，宫中档朱批奏折，民族事务类——科布多参赞大臣宝昌等奏报有关杜尔伯特、土尔扈特等处扎萨克、台吉、喀屯等赴五台山、西宁、西藏等处磕头、熬茶请发照票事的文件）

且有人数限制，规定亲王、郡王所带跟役不得超过 80 名，贝勒、贝子、公等不得超过 60 名。[①] 一般来讲，蒙古王公等去五台山或库伦或西藏，该管官大臣都要上奏，并有一定的格式。如"奴才广凤、奎昌跪奏为奏闻事，适据杜尔伯特郡王曼达喇呈报，郡王曼达喇带领伊福晋等男妇七十三人前往库伦与哲布尊丹巴胡图克图磕头，恳请发给照票等因前来。奴才等查例载凡蒙古等遇有详情前往库伦磕头者，一面具奏一面发给照票，令其前往等语；今杜尔伯特盟长郡王曼达喇等一起详情前往库伦与哲布尊丹巴胡图克图磕头，与例相符，奴才等照例发给印票，令其前往；俟该郡王曼达喇等行至库伦磕头事竣，即催令旋回之处，咨行库伦办事大臣查照外，理合遵例，具奏为此，谨具奏闻"[②]。从这个奏折我们可以看出，地方官员发给蒙古王公的照票可以"一面具奏一面发给照票"，有一定的灵活性，并且，磕完头后，即"催令旋回"，并咨行库伦办事大臣查照，可见其严。路引的原件笔者没有查到，但单士魁《清代历史档案名称简释（续三）》里"路引"条中有一例："陆军部为给发路引事，职方司案呈，据分省补用知府寿廷呈称，于本年七月初七日，经四川总督赵□奏闻四川差委。现定于八月初六日，由京起程，由该佐领吉升出具图结，请引前来。据此，应给予路引一张，到日送部查销。为此引仰沿途官弁遵奉施行。须至引者。右引仰沿途守口官弁。准此。光绪三十三年（1907 年）七月二十日。"此为印板文书，其中留有空白，临时填写事由，并在年月处钤盖印信。[③] 票照的大概格式就是这样的。

---

① 《钦定理藩部则例》卷三十四，边禁，五台山进香给予路引条。
② 中国第一历史档案馆档案，宫中档朱批奏折，民族事务类，同治二年六月十二日，广凤、奎昌折。
③ 单士魁：《清代历史档案名称简释（续三）》，见中国第一历史档案馆编《清代档案史料丛编》（第 11 辑），293 页，北京，中华书局，1979。

（5）太监出入关口给予印票

凡在口外居住的王、公、格格等，若要派遣太监入口请安，须禀明该扎萨克，给予印票，方准入口；在京居住的王、公、格格等，若派太监前往热河请安，须先报理藩院后转行兵部（陆军部），给予印票，方准出口；如公主、福晋等派遣太监前往热河请安者，也要呈报该旗转行兵部（陆军部）给予印票。①

（6）置备军器要领取票照

若内外各扎萨克等在边内置备军器，先须在佐领处计算所需数目，后报扎萨克，由扎萨克具文呈请于理藩院，领取兵部（陆军部）的信票，始可购置；② 理藩院据扎萨克的呈请，计查各佐领处的需数，甲胄、弓矢、撒袋及枪等二十副以上，小统十杆以上，硝石、硫磺三十斤以上，以及箭千枝以上时，要先上奏，后照会兵部（陆军部），给予票照，守关官员验票相符后方能出关。③ 若蒙古等来京，并不具文报部私买军器带回者，王公等罚俸一年，台吉、管旗章京、副章京、参领、佐领、护卫官员皆罚一九牲畜，平人鞭八十。④ 并规定铁器不准出口，主要是怕改造军装器械，若是种地农具及平常日用器皿，则给特票验放，守口官弁不许刁难。⑤

（7）内外驰驿者要领乌拉票和勘合、火牌

勘合和火牌是驰驿文书，凭此沿途供应人夫车马。据《清会典》："凡差给驿者，皆验以邮符，曰勘合，曰火牌。"又注："官驰驿者给以勘合。""兵驰驿者给以火牌。"这两种都是印板文书，

① 《钦定理藩部则例》卷三十四，边禁，太监出入关口给予印票条。
② 《钦定理藩部则例》，卷二十九，军政，买卖军器等物给票条。
③ 《钦定理藩部则例》，卷二十九，军政，各扎萨克置买军器分别给票条。
④ 《钦定理藩部则例》，卷二十九，军政，私买军器条。
⑤ 据山海关副都统来仪为稽查山海关出关商民车辆情形事奏折载："适于本月十三日据查关佐领珠尔嵩阿禀称，有载铁锅车九辆，并带特票。"嘉庆八年十二月十七日。《历史档案》2001（2），72页。由此可知铁制品过关要领有特票。

由兵部豫发空白于各省将军、督、抚、提、镇、学政、盐政,临时填用。当年所用,次年分别存用,造册奏销。① 下列几种身份的人要领乌拉票、勘合、火牌,并有详细的规定。

①凡大臣官员等,奉差驰驿出口有应用乌拉票的,该大臣官员等要报理藩院,移咨兵部(陆军部)办给勘合外,由理藩院办给乌拉票,其所需马匹照兵部勘合内数目填写发给。② 凡由京派往蒙古游牧地方出差、巡查、致祭等事的大臣、官员、领催,库伦呈进野猪等来京官兵,及派出解送犯人来京之蒙古官兵,均应领乌拉票据。请领时,先由理藩院分别题咨行文兵部,给予勘合、兵牌、火票。理藩院按照兵部(陆军部)所给牌票填写马匹数目,分别给予乌拉票、兵牌,驰驿前往,差竣缴销。其差竣回京者,由本员缴销;驻扎差所及由京差竣回程者,由各该管大臣备文缴销。③ 内外差遣人员,必须照勘合、火牌填注的道路行走,如果有枉道骚扰驿站者,若是职官,则降二级调用;若是无职人等则鞭二百;首先滥应驿站官员,降一级调用。④

②凡驻扎口外将军、大臣等,差员赍递奏章,不得擅行越站行走,但紧要事件除外;若是寻常事件,按该处题定到京限期日行站数,各于火牌内填注明白,所经过地方查明应付。如果有越站跑伤马匹者,系职官降一级调用,无职人鞭六十;因而跑死驿马者,系职官降二级调用,无职人鞭七十,仍追赏马匹还官。若有索诈财物者,交刑部治罪。⑤

③关于重包的规定。凡蒙古王公、喇嘛等奉差内地驰驿,不得擅用重包,违者,照兵部(陆军部)例查议。而驻防将军、都

---

① 单士魁:《清代历史档案名称简释(续二)》,见中国第一历史档案馆编《清代档案史料丛编》(第7辑),293页,北京,中华书局,1979。
② 《钦定理藩部则例》卷三十三,邮政下,给发乌拉票条。
③ 《钦定理藩部则例》卷三十三,邮政下,填写乌拉票条。
④ 《钦定理藩部则例》卷三十三,邮政下,枉道扰驿条。
⑤ 《钦定理藩部则例》卷三十三,邮政下,驰驿越站条及后附载陆军部条。

统等赍奏本章，要用小匣装盛，如果送册籍，则用马驮载。装填大包永行禁止。至于勘合、火牌内填注应用的背包，均不得超过六十斤。令头站驿员称准斤数，开明印单。每夜住宿之驿站，驻站驿员要详明查估。如果系照例装载，则于印单内填写某驿验明，并无重包字样，日间即可验单应付。若有背包过六十斤者，许驿员将重包斤数详揭。将擅带重包至七十斤者，杖六十，系职官，降一级调用；再有多带者，每十斤加一等；加重包至一百斤以上，杖一百，系职官，革职。倘前站徇隐，被后站查出，将该驿员降二级调用。①

为什么重包规定这么严厉呢？这也应该与清政府的封禁政策有关，这些规定也是建立在对往来驰驿人员背包斤数最大量的估计基础之上的。因为背包里无非是一些文书、银钱及衣服之类的东西，若这些东西，最重也应该不过六十斤。若超过六十斤，那么就有可能夹带了商品甚至是违禁物品，所以，必须要严厉处罚。

（8）马匹也要领取票照

"咸丰十年谕，内外扎萨克各旗各群进口前赴喇嘛庙烧香，所带马匹，并护送各庙及蒙古牧丁送京马匹甚多，向无税银，又无稽核，难保不夹带私贩等情，著理藩院议定章程。"② 理藩院议定章程后，大体有如下几条：

①内外扎萨克汗、王、贝勒、贝子、公、台吉、塔布囊等处牧群，赴雍和宫、栴檀寺各庙护送马匹，即令各旗呈报本盟长，由盟长造册呈报所辖将军、都统、大臣，给发路票，写明马匹数目，饬令沿途地方官员，据实查验，并无弊窦，始准放行。

②赴五台山烧香所带香资、马匹，即于报理藩院请领路引文

① 《钦定理藩部则例》卷三十三，邮政下，驰驿越站条及后附载陆军部条。
② 《（光绪）大清会典事例》卷九八一《理藩院·兵制》。

内，声明香资、马匹若干，以便转咨兵部，填写路引，预备沿途地方官查验。

③每逢牧丁送京马匹时，该扎萨克旗先行呈报本盟长，由盟长呈报所辖将军、都统、大臣，给发路票，写明马匹数目，饬知沿途地方官员查验。

④内外扎萨克六盟四部落汗、王、贝勒、贝子、公、台吉、塔布囊等以四项牲畜为生计，唯马匹一项，如有赶赴哪里售卖，或作哪项使用之处，均应声明呈报各该盟长，由盟长报知将军、都统、大臣发给路票，填明马匹数目、口齿毛色，饬知沿途地方官员，一体认真稽核查验。

⑤凡内外扎萨克六盟四部落等处蒙古游牧，如果有赶赴京城的马匹，无论何项马匹，均应声明马匹数目，由将军、都统、大臣先期咨行直隶总督、顺天府、步军统领衙门，转饬地方官一体认真查验。

⑥如果有不肖民人，私行贩运蒙古处所骗马，如被地方官员拿获，解送将军、都统、大臣查验，讯究严办，并将所贩马匹入官。

2. 蒙古各部、各旗之间的往来要办理票照

蒙古各部、各旗之间的往来要办理票照是清朝统治者对蒙古地区实行票照制度的第二个层次，即不但要限制蒙古和中原的联系，也要限制蒙古各部、各旗之间的联系。关于这一层次的规定，概括起来有：

（1）凡蒙古人探望亲戚或有其他事出旗，必须向管旗王、贝勒、贝子、公、台吉或管旗章京、副章京禀明，由该管人注明事由，发给票照，限期往返。①

---

① 《钦定理藩部则例》卷三十四，边禁，苏克都尔属下人丁出境条及贸易报明该旗条。

（2）如果持假照出旗，为首者鞭一百，罚三九牲畜；为从者，鞭九十，罚二九牲畜；持假照而又行窃为匪，除鞭罚本罪外，再量所犯事由，处以不同刑罚，从犯减一等，所有该管王公等照疏于约束失察本例上加一等治罪。①

（3）各旗要按月派员，实力巡查各旗接壤交界之处，如有无照私行者，勒令回归本旗，并治以违例之罪；如有别旗无业蒙古隐迹其间，亦立即逐回，照例治罪，将容留之蒙古量予责惩。②

（4）扎萨克领取乌拉票的规定。扎萨克因公遣人出差，领有乌拉票的，所过旗分查验票据，要供应驼马廪羊，如果没有乌拉票据，擅行乘骑驼马支食廪羊者，准申详报理藩院办理。③

（5）喀尔喀四部落乌拉票的规定。凡四部落已未管旗汗、王、贝勒、贝子、公以及台吉、官员、兵丁因公行走，除骑用本身乌拉外，准其于本旗支用乌拉、廪给。如本旗本身乌拉不敷，准其于经过各旗酌量支用。如果是私事行走，止准于本旗属下人等量力所能，核计敷用攒凑支用。其属下人等，如曾给有达尔汗白纸票者，亦准其于本部落旗下支用；哲布尊丹巴呼图克图的徒众若给有达尔汗票的，只准于库伦界内支用。如果有违例私用、多用、滥用，并逾所属界址旗分部落的，管旗之汗、王、贝勒、贝子、公、扎萨克台吉等，各罚扎萨克俸三年；不管旗者各罚六九牲畜；兵丁属下人等鞭责、革退。仍交四部落盟长不时查察，于每年年终将各汗、王、扎萨克等，有无违例私用、多用、滥用，并逾所属界址旗分，及因公所用乌拉、廪给数目，确查报给理藩院，由理藩院复核汇奏。若该盟长等袒护并隐匿不据实呈报，若经发觉，则该盟长与违例人一律治罪。并由定边左副将军、科布多参赞大臣、驻扎库伦办事大臣，每年一体查明，报理

---

① 《钦定理藩部则例》卷三十四，边禁，贸易报明该旗条。
② 《钦定理藩部则例》卷三十四，边禁，蒙古喇嘛等出境请领票据条。
③ 《钦定理藩部则例》卷三十三，邮政下，扎萨克因公差人准其供应条。

藩院入奏。①

（6）库伦街市商民，有愿意前往各扎萨克旗下贸易的，不准用三个月小票，要到库伦管理商民事务章京处请领印票。该章京估量其往贸易地方道路远近，酌定限期，将所到哪个旗贸易、所带的都是什么货物，这个商人的年貌，一一在票内注明，并且，要行知所往贸易地方的扎萨克稽查，务必于限期内催令旋回；贸易处所只准支搭帐房，不准苫盖房间，如逾限不回的，该扎萨克要立即拿送库伦管理商民事务章京处，照例治罪。另外，各游牧处所，该扎萨克、协理台吉要不时留心稽查，如果有无票私行潜往游牧处所的民人，立即严拿，呈送库伦大臣处，照例治罪。每年该盟长会同库伦管理商民事务章京要巡查一次。如果有无票民人栖止，就将该扎萨克等严参治罪。②

综上，关于蒙古地区票照的法律法规翔实而全面。这些法律法规在实施起来是很严格的。上文所举民人郝尚谦、李春明无票私入蒙古地界一案，就充分地说明了这种严厉性。但上有政策，下有对策，虽然清政府制定了这么严厉的法律法规，但内地民人还是希望通过各种途径过关，兹再举一例，以说明这个问题。伊犁将军松筠于嘉庆十年（1805 年）奏霍硕特协理台吉巴特玛携带民人假充梅楞一折："本年十月十四日，接准陕甘总督倭什布奏盘获内地民人假充梅楞、冒戴翎顶、骚扰驿站、申明定拟一折，马佐发以内地民人，胆敢恳求口外蒙古作为通事，欲图冒混出关，且私戴翎顶，骚扰驿站，实属目无法纪，著依拟发边远充军，不准留养。巴特玛身为台吉，辄将马佐发携带出关，又复捏称梅楞，冒请勘合，殊属不安本分，著交伊犁将军松筠讯明治以应得之罪。奴才当查该台吉业已旋回喀喇沙尔游牧，若调赴伊犁

---

① 《钦定理藩部则例》卷三十三，邮政下，喀尔喀四部落骑用乌拉支食廪给条。
② 《钦定理藩部则例》卷三十四，边禁，库伦等处分别逐留种地贸易商民条。

讯办，未免往返需时，随移咨喀喇沙尔办事大臣来龄就近询供，去后兹准覆称讯据台吉巴特玛供：'我系霍硕特部落协理台吉，因年班进京，行至甘肃兰州府安定县地方，遇见会说蒙古话的民人马佐发，又名多尔济，他说将来要出口，央求带他行走，我的梅楞鄂鲁唐玛图向我说路上没有通事，不如带他同走，大家有益，我一时糊涂，应允带赴京城，自京起身又在部中填写梅楞二员出来，他就混戴翎顶，被肃州盘获拿去的是实。我巴特玛不知规矩，实属糊涂，只求治罪'等供。讯之梅楞鄂鲁唐玛图供亦相同，录供移送前来，奴才核与马佐发甘省原供，尚属相符，查部颁蒙古律载台吉等进贡，倘将册档无名混行瞻徇，给付印文遣来者，协理台吉罚五九牲畜等语。今喀喇沙尔霍硕特协理台吉巴特玛身为台吉，辄听梅楞鄂鲁唐玛图之言，将民人马佐发携带行走，捏称梅楞，冒请勘合，实属不安本分，但律内并无专条，应请比照前律，将台吉巴特玛酌罚五九牲畜，梅楞鄂鲁唐玛图应即革去梅楞，酌加枷号三个月，满日鞭责示惩……并行文晓谕南北两路土尔扈特王公、台吉及回子王公等咸知儆戒。"① 从这个奏折中可以看出，内地民人通过各种途径企图蒙混过关，进入蒙地；而蒙古的守口官兵则严格执行票照制度，并依法办事。正是在这种斗争的过程中，票照制度逐渐地发展和完善起来。

　　总之，清朝统治者为了限制内地民人进入蒙地，对票照制度制定了详细甚至琐碎的法律条文。规定了农民、商人、蒙古王公、喇嘛、太监、驰驿官员等各种身份的人都要请领票照；而置买军器，护送马匹也要请领票照。几乎无人不领票照，无事不领票照，构成了一个立体的票照防护网。可见，清朝统治者对限制蒙汉之间，蒙古各部、各旗之间的联系，可谓处心积虑。

---

①　中国第一历史档案馆档案，宫中档朱批奏折，民族事务类，嘉庆十年十二月初三日伊犁将军松筠奏。

二、票照制度的作用

有清一代 268 年，票照制度几乎和清朝相始终。这一制度对蒙古等藩部地区的影响是巨大的。应该说，清政府实施这一制度，大体上实现了统治者的愿望，既保持了蒙古地区的社会稳定，又使蒙古社会得到最大的发展。但是，随着大量内地民人以合法或违法的形式涌入蒙地，各种矛盾也日益凸显起来，如农民和牧民的矛盾，蒙古人日常消费品的增加和无力偿还债务的矛盾，以及商业城镇的发展和普通牧民贫困化的矛盾。在清政府的有效社会控制之下，票照制度在有些时期施行得不是很严格。但随着各种矛盾的突出，特别是内地民人继续大量地涌入蒙地，清政府的态度愈加谨慎小心，趋于保守，严格地执行票照制度。虽然内地民人不以统治者的主观意志为转移，仍然进入蒙地，开垦土地，但总的来说，有清一代，特别是实行票照制度期间，内地移入蒙古地区的人口数量是有限的，并没有形成影响蒙民生计的人口压力。[①]

清朝统治者实行票照制度，对维护蒙地的稳定，促进蒙地的多种经营，保护蒙古地区的生态环境都有积极的意义：

1. 限制内地人口的大量涌入，促进了蒙古地区的稳定

清朝统治者实行票照制度的出发点就是要限制内地民人进入蒙地，限制蒙古各部、各旗之间的联系，防止蒙汉结合和蒙古各部的联合，威胁大清统治。如果从这个角度考虑，票照制度无疑是成功的，因为有清一代几乎没有蒙汉联合起来反对清朝的统治的，也没有整个蒙古地区各个盟旗都联合起来反对清朝统治的。即便是清末蒙古人的"独贵龙"运动，在运动的早期，它的目标

---

① 马汝珩、成崇德主编：《清代边疆开发》（上），360 页，太原，山西人民出版社，1998。

也只是针对汉商和汉族移民以及剥削牧民的各旗王公的。

票照制度实施的二百多年来，客观上促进了蒙古社会的大体稳定。虽然蒙古地区的稳定是各种原因促成的，但票照制度无疑是一个不可忽视的因素。因为在蒙古地区实行的票照制度，限制了很多内地民人的进入，并把蒙古民人限制在各部、各旗的小圈子里，使他们无法进行大规模的联合。虽然也有很多民人以"走西口""闯关东"等各种形式辗转来到蒙古地区，但人口毕竟要比完全放开蒙地少得多。清朝统治者在蒙古地区实行票照制度，给内地民人这样一种心理暗示，即进入蒙地有两种途径，就是合法的进入和违法的进入。合法的进入就是要办理票照，虽然以这种合法的形式进入蒙地的民人为数不少，但对于文化素质低且已饱受统治阶级勒索的中国农民来说，很多人还是选择绕开关口甚至以"闯关"的形式非法进入蒙地。但这也是无奈之举，因为受儒家文化影响的中国人乡土观念特别浓厚，即便是有很少生产资料的农民也是如此，不到万不得已，是不会离开自己的故乡的；即使背井离乡，如果有其他的去处，深受各种法律震慑的农民也不愿冒着犯法的危险去"闯关"；即使到了蒙古地区，手头有点积蓄的农民还是愿意回到家乡。据嘉庆八年（1803 年）山海关副都统来仪奏："秋冬以来，每日进关携眷户民，查有三五户至七八户不等，伊等均系由盛京等处回归内地原籍，例所不禁。"① 若以每日平均五户，每户平均五口计算的话，秋冬六个月，仅山海关一个关口就返回民人 4 500 口，这也是一个不小的数字。因此，清政府实行的票照制度是取得了一定的效果的。下面以面积为

---

① 中国第一历史档案馆：《山海关副都统来仪为报山海关并无聚集民人并详查放票情形事奏折》，载《历史档案》，2001（2）。

21 540平方公里的归绥六厅①为例,取乾隆四十一年（1776年）、嘉庆二十五年（1820年）、光绪二年（1876年）及"放垦蒙地"之后的宣统二年（1910年）等几个年份的人口和人口密度样本,探讨一下实施票照制度时和全面放开蒙地后人口的变化。详见表一。

表一②

	人口（万人）	人口密度（人/平方公里）
乾隆四十一年（1776年）	11.1	5.2
嘉庆二十五年（1820年）	12.1	5.6
光绪二年（1876年）	13.5	5.4③
宣统二年（1910年）	99.2	46.1

从表一中可以看出,在乾隆四十一年（1776年）至光绪二年（1876年）,也就是在实行票照制度期间,归绥六厅人口增长缓慢,人口密度小。从乾隆四十一年（1776年）至嘉庆二十五（1820年）年,四十四年间归绥六厅人口才增长一万人;从嘉庆二十五年（1820年）至光绪二年（1876年）,五十六年中归绥六厅也不过增长一万四千人。而从乾隆四十一年（1776年）至光绪二年（1876年）,归绥六厅的人口密度始终在每平方公里5.5人徘徊。再看宣统二年（1910年）归绥六厅的人口数据:人口由光绪二年（1876年）的13.5万人猛增到99.2万人,增加了85.7万人;而人口密度也从每平方公里5.4人激增到了每平方公里46.1人。为什么在短短的三十四年间,归绥六厅的人口发生这么

① 是指雍正元年（1723年）设置的归化厅,雍正十二年（1734年）设置的萨拉齐、和林格尔、托克托三厅,乾隆元年（1736年）设置的清水河厅以及乾隆十五年（1750年）设置的丰镇厅。
② 引自葛剑雄主编、曹树基著的《中国人口史》第五卷（清时期）,393页、677页、700页及第17页;表中数据是曹树基据《大同府志》等地方志中的人口数据,并结合归绥六厅邻近府县的人口平均增长率推测出来的,应该说数据比较可信。
③ 此为1880年数据。

大的变化呢？这主要是因为清朝统治者废除了票照制度，对蒙地实行"移民实边""放垦蒙地"的政策所致，大批的内地民人涌入归绥六厅，人口迅猛增长。而乾隆四十一年（1776 年）至光绪二年（1876 年）归绥六厅人口增长缓慢的主要原因，是这一百年间，在清朝统治者对这一地区有效控制的前提下，实行了较严格的票照制度。票照制度的特点之一是不但要凭票出关，还要在一定的期限之内凭票进关，"原票令该民人自持，以凭进关时查照"①，因此，只要办理了票照的民人，从法律上说，几乎就不可能在蒙地定居。并且，出口的民人大部分是"丁男"，康熙帝在《山田·辛未》一诗中说："赢此边外垦，稍救乏黎业。丁男相踵至，燕云逮晋齐。"②"丁男相踵至"，说的就是这一情况，清朝统治者严令内地民人不准在蒙古地区娶妻，也不准携眷民人出口，所以，很多民人在进入蒙地几年后，又返回原籍。

另外，农耕民族和游牧民族具有不同的价值观念和道德规范，其社会传统和风俗也有极大的差异。牧民风尚淳朴，头脑中私有观念淡漠，经过清初的治理，"终年无杀伤人命之事"③，并鲜有盗窃事发生。而汉族地区则不同，私有观念充斥着整个社会，商品意识较为发达，并且北移汉人良莠不齐，难免制造事端；另外，若废除票照制度，全面开发蒙地的话，农耕民族要在草原定居下来，就需要赖以生存的土地，而这样的土地只能从牧民手中得到，农田增加一分，牧地就要减少一分，这实际上是关系到两个民族生存的大问题。随着移民的增多，隐患也就越大。因此，限制了内地民人进入蒙地，也就在很大程度上限制了因人多而造成的蒙汉矛盾和人地矛盾。蒙古地区在清朝统治的二百多

① 中国第一历史档案馆档案，宫中档朱批奏折，民族事务类，《大学士保宁等为稽查出关民人申明例禁并酌议章程事折》，嘉庆八年五月初二日。
② 《钦定热河志》卷九十二《物产》，见《中国边疆丛书》（第 29 册）。
③ 《承德府志》卷一《诏谕》。

年中保持了稳定，票照制度功不可没。

2. 满足了蒙古人民的生活需求，促进了蒙汉的经济交流

票照制度其实不是完全的封禁政策，它要求商民凭票进出，实际上只起到限制的作用，蒙地和中原还是有交流的，尤其是商人的进入、贸易的往来不单增加了政府的税收，而且也满足了蒙古人民的生活需求。嘉庆八年（1803 年），山海关副都统来仪上奏，从十月初一日到十一月初九日，在这四十日之内，共"放出只身佣工贸易民人及商旅载货民人票照七千一百一十九张，共计人数八千二百一十八名"。① 从这条史料我们知道，7 119张票照，放出8 218人，并不一定要一票一人，一票数人也可以。嘉庆八年（1803 年）正是实行票照制度的严厉期，但即便是在这一时期，每天仅山海关一个关口凭票照也要平均放出二百多人，由此可以想见如果加上其他关口，那每天出入关口的人数将是一个很庞大的数字。并且，因为接近年关，出关的大部分是"贸易民人及商旅载货民人"，这也说明，山海关每天的货物吞吐量也是巨大的。据来仪的另一奏折云，仅嘉庆八年（1803 年）十二月十三日一天，就有"铁锅车九辆"到关，并且，近日"各省载货车辆日间云集"②，虽然山海关接近东三省，但货物也可进入蒙地，从地图上我们也可以看到，从山海关去吉林、黑龙江两省要比去蒙古东部地区远。并且，从张家口等处关口凭票出关的商民也很多，如察哈尔都统观明奏："查得张家口系通乌里雅苏台、库伦、科布多之军站及各扎萨克大路……再，尚有前往恰克图一带地方贸易之商民，均有由理藩院领来照票，按照货单人数查对相符放行。

---

① 中国第一历史档案馆：《山海关副都统来仪为报山海关并无聚集民人并详查放票情形事奏折》，载《历史档案》，2001（2）。

② 中国第一历史档案馆：《山海关副都统来仪为稽查山海关出关商民车辆情形事奏折》，载《历史档案》，2001（2）。

逐日所有出入之商民人等，均系关外居住之铺户商民……"① 由此我们可以知道，当时蒙汉的经济交流是非常繁荣的，在关外都有固定居住的"铺户商民"。这有力地满足了蒙古人民的生活需求。若完全封禁蒙地，不实行票照制度，是绝看不到这种"载货车辆日间云集"的繁荣景象的。

票照制度的根本宗旨是控制进入蒙地的人口，实行有限地进入政策，不但让清廷便于掌握大体进入蒙地的人口数，而且更重要的是满足了蒙古人民的生活需求，也促进了蒙汉的经济交流。

3. 客观上保护了蒙古地区的生态环境

从贺兰山、乌拉山、大青山到大兴安岭西南几千里地段都是地球上的覆沙带，地表上的腐殖土只有 30cm ~ 50cm，下面就是沙粒层，从而构成了潜在荒漠化的沙源。因此，上述地质特点决定了蒙古草原并非宜农区，而应为载畜量有限的牧业区。清朝统治者从政治、经济、军事等利益考虑，实行了票照制度，限制了过多内地人口的进入。这在客观上也保护了蒙古地区的生态环境，这一制度也确实为蒙古牧民创造了一个良好的生态环境。18世纪到19世纪中叶，蒙古地区畜牧经济的兴旺发达就是这一制度发挥作用的表现。官牧厂的牲畜数量状况，能够反映这一时期的畜牧业情况。太仆寺左右翼牧厂马群数量就很可观，详见表二。

表二②

时间		马群群数
清	公元	共计
康熙二十三年	1684	72
康熙三十三年	1694	88

---

① 中国第一历史档案馆：《察哈尔都统观明等为报张家口等处验票放行并无携眷出口之人等事奏折》，载《历史档案》，2001（2）。
② 陈安丽：《清代太仆寺左右翼牧厂初探》，载《内蒙古大学学报》，1988（2）。

续表

时间		马群群数
康熙三十六年	1697	100
康熙三十九年	1700	103
康熙四十五年	1706	109
康熙四十八年	1709	136
康熙四十九年	1710	144
雍正元年	1723	168
雍正三年	1725	168
乾隆五年	1740	192

由上表可以看出，17世纪末18世纪初，太仆寺左右翼牧厂孳生马数呈上升趋势。

18世纪中叶之后，尤其是平定准噶尔战争结束后，清廷大规模的军马征调逐渐减少，针对这种情况，清廷调整了官牧厂的牲畜比例，减少马群，提倡发展牛、马、驼等牲畜。太仆寺左右翼牧厂的马群数量也有了变化。详见表三。

表三①

时间		马群群数
清	公元	共计
乾隆二十六年	1761	192
乾隆二十九年	1764	110
乾隆三十一年	1766	110
乾隆三十五年	1770	116
乾隆三十八年	1773	134
乾隆四十一年	1776	138
乾隆四十四年	1779	146
乾隆五十年	1785	140
乾隆五十九年	1794	146
嘉庆十八年	1813	150
嘉庆十九年	1814	118

---

① 陈安丽：《清代太仆寺左右翼牧厂初探》，载《内蒙古大学学报》，1988（2）。

表二表明太仆寺左右翼官牧厂马群的数量迅猛增长,表三虽然马群的数量有所减少,但这是清廷人为调整牲畜结构的结果,恰恰表明此时的畜牧业已稳步发展,清廷可以根据不同的情况,调整畜牧业结构。

漠北蒙古的畜牧业也发展较快,据《乌里雅苏台志略》记述:"(蒙古人)不谙播种,不食五谷,毡房为家,游牧为业。……牲畜遍满山谷,富者驼马以千计,牛羊以万计,即赤贫之家亦有羊数十只,以为糊口之资。"① 这段史料说明此时的漠北蒙古还没有受到汉人的影响。同时说明在18世纪到19世纪中叶这150年间,漠北蒙古水草丰美,变牧为农的草场占很小的一部分。这是因为在票照制度的限制下,进入漠南蒙古的内地民人就很少,开垦漠南蒙古地区的草原就已能维持生计了,在人地关系还很协调的条件下,是很少有人冲破层层关卡,跋山涉水进入漠北蒙古地区的。

因此,票照制度多一天延缓内地民人的脚步,就多一天保护了蒙古地区的生态环境。正如世界著名思想家利欧佩奇在《世界的未来》一书中所说:"经济和生态是一个不可分割的总体。在生态遭到破坏的世界里,是不可能有福利和财富的。"② 所以,清朝统治者对蒙古地区实行的票照制度,我们今天若从保护生态环境的层面上考虑,具有更重大的意义。

综上所述,笔者对清代的票照制度作了一个全面的考察。票照制度是清朝统治者对蒙古等藩部地区实行封禁政策的手段,是统治者手中的工具,统治者根据自己的利益,不断地调整政策。有清一代,封禁政策无非是人口的封禁、地域的封禁和资源的封

---

① 《乌里雅苏台志略·风俗》。
② 任继周、葛文华、张自和:《草地生态环境的改善就是长远的经济效益》,见《中国草地生态研究》,49页,呼和浩特,内蒙古大学出版社,1989。

禁。^① 但归根结底是人口的封禁,封禁了人口,也就封禁了地域和资源。而人口的封禁主要就是通过票照制度来实现的。

票照制度到清代后期逐渐松弛,在当时的体制下,因为受灾或被剥削和掠夺而造成的大量流民,纷纷流往未被开发的地区,而统治者对这一现象束手无策。至清末,随着近代民族国家思想的传入及凸显,清廷不得不对蒙地全面开放,以求更加有效地统治,这是适应了历史潮流的。

总的来看,任何一个经济区域长期封闭都是不可能的,不同社会经济水平和不同生活方式的各民族间经济、文化交流,不仅是各民族互相学习、共同发展的必要前提,同时也是历史进步的必然趋势。但是,我们在开发的同时,一定要以保护当地的生态为前提,否则,大自然终究会惩罚人类的。

---

① 《清代边疆开发》(上),286 页。

第六章 《皇朝藩部要略》的评价

□ 本章从史料学与文献学、历史观、编纂技术以及史料价值等角度对《皇朝藩部要略》作出评价,认为《皇朝藩部要略》具有重要的史料价值,且其「藩部」的历史书写对后世影响深远。

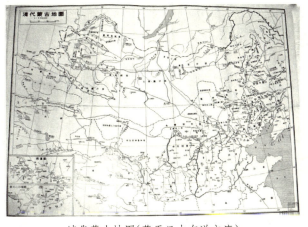

清代蒙古地图(藏于日本东洋文库)

第六章 《皇朝藩部要略》的评价

第一节 史料学与文献学的评价

今人对《皇朝藩部要略》的评价褒贬不一，产生这样的情况，除了每人的认识水平之外，还有一个视角的问题，大体而言，褒的人是从"文献学"的角度来评价，而贬的人则是从"史料学"的角度来评价，因此，有必要梳理一下什么是"文献学"，什么是"史料学"。

乌云毕力格根据史料的不同性质，认为史料可分为两种：一种为"遗留性史料"，一种为"记述性史料"。"遗留性史料"是指"原属过去历史事物的一部分而遗留至今的、从其最初形成就不以讲授历史为目的，而是因其他目的或原因形成的、无意中给人们提供可靠历史信息和知识的史料"。"记述性史料"是指"专门以给世人讲授历史为目的，由一个或若干个有明确目的的作者（编者）创作的文献。它们在对历史的记述中，贯穿着作者的目的、立场、观点、感情，受着作者编纂水平等诸多的主观和客观因素的影响".① 其实，这种观点历史上很早就有学者表达过，即关于对"文献"的讨论以及"第一手资料、第二手资料"的讨论。"文献"一词最早出现在《论语》一书中，书中云："夏礼吾能言之，杞不足徵也；殷礼吾能言之，宋不足征也。文献不足故也。足，则吾能征之矣。"② 宋代朱熹在为《论语》所作的注解中云："文，典籍也；献，贤也。"③ 后元人马端临在《文献通考·自序》中，基本上沿袭了朱熹的解释，他云："凡叙事，则本之经史，而参之以历代会要，以及百家传记之书，信而有征者从之，乖异传疑者不录，所谓'文'也；凡论事，则先取当时臣僚之奏疏，次及近代诸儒之评论，以至名流之燕谈，稗官之记录，凡一话一言，可以订典故之得失，证史传之是非者，则采而录之，所谓'献'也。"④ 那么，马端临把前人的著述称为"文"，把臣僚奏疏及诸儒评论称为"献"。这一对"文献"的解释也被后人所沿袭，直到清代，杨宾在其著述《柳边纪略》中也写道："中原土地之入郡县者，其山川、方域、建置、物产、风俗、灾祥之类，皆有文以书之，书而不能尽，与所不及书者，则征之逸民遗老，所谓'献'者是也。"⑤ 综合古人对"文献"的理解，笔者发现，古人大体认为"文"为"记述性"的著述，而"献"为"遗留性"的评论或奏疏。

历史的车轮转到近现代后，受西方的影响，中国的学科体系逐渐细化，历史学下面分出了历史文献学等二级学科，早在20世纪20年代，以傅斯年为代表的很多学者提出了"史料学"的

---

① 乌云毕力格：《喀喇沁万户研究》，2～3页，呼和浩特，内蒙古人民出版社，2005。
② 《论语·八佾》，十三经注疏本，北京，中华书局影印本，1980。
③ 朱熹：《论语集注》，影印文渊阁四库全书·第197册，22页。
④ 马端临：《文献通考·自序》，影印文渊阁四库全书·第610册。
⑤ 杨宾：《柳边纪略·自序》，续修四库全书·第731册。

概念，并一直沿用至今。傅斯年因在 1920—1926 年留学英、德两国，深受"兰克学派"的影响，兰克学派正是重视史料、强调史学的科学性的所谓"历史主义"学派。正如余英时指出，以傅斯年为代表的"史料学派"明显受兰克学派的影响，但把此"历史主义"极端化了，极端化最重要的表现就是其著名的"史学便是史料学"观点的表达。①

"历史文献学"和"史料学"这两个概念长期以来被混用，甚至在以"历史文献学"和"史料学"命名的专著里，这两个概念也是不加区分的。② 直到 20 世纪末 21 世纪初，才有人对这两个概念加以辨别，安作璋主编的《中国古代史史料学》谈到"历史文献学"和"史料学"时云："'历史文献'的概念，有时人们也用以统指历史上曾出现过的所有文献，这就包含了各部门的文献；不过史学工作者经常限定以史部书为主的文献称历史文献，而不作广义的理解。这样，历史文献学就既是综合文献学的一个分支学科，又是历史科学的一个辅助学科；史料学和历史文献学的关系，也就成为历史科学内部两个辅助学科间的关系。历史文献学研究的内容，传统上包括目录、版本、校勘、考证、辨伪、辑佚、注释等方面的知识……史料学和历史文献学的研究领域，在大量的层面上是相互重合的；毋宁说，历史文献学的研究内容，几乎都可概括在史料学的研究范围之内。事实上，现时人们对史料概念的理解，其涵盖面也较文献的概念更广、更宽。特别在专业历史工作者看来，我国汗牛充栋的古代历史文献，其实

① 余英时：《史学、史家与时代》，见《文史传统与文化重建》，113～120 页，北京，生活·读书·新知，三联书店，2004。
② 参见谢国桢：《史料学概论》；杨燕起、高国抗主编：《中国历史文献学》，北京，北京图书馆出版社，1989；王子今：《20 世纪中国历史文献研究》，北京，清华大学出版社，2002，等等；这些著作里"历史文献学"和"史料学"的概念都没有加以区分。

都不过是经过编纂的史料，它们既是史料的三大部类之一——文字史料的主体，也是全部史料的主体。"① 在曾贻芬、崔文印的《中国历史文献学》一书中，也谈到了历史文献学和史料学的区别，并表达了"历史文献学绝不是史料学"的观点。② 但书中并没有详细论述二者的区别，只是在最后总结道："历史文献学是史料学的基础，前者强调对历史文献的具体考辨和整理，后者则强调历史文献在具体研究工作中的史料和实用价值。"③

综上所述，可以得出这样的结论，在历史研究中，史料学和历史文献学都是史学的辅助学科，然则史料学所研究的范围更广一些，包括实物史料、文字史料以及口传史料，其目的是搜集、考证史料以为史学研究服务；而历史文献学则只关注历史文献本身，只是关注史料学中的"文字史料"部分，其目的是就文献研究文献，并不对文献加以疏通。从这个意义上讲，乌云毕力格所云"《藩部要略》是在祁韵士纂修《王公表传》时积累的资料长编的基础上整理而成的，就史料价值来说，并没有超过前人的内容。将张穆改定本与祁韵士原稿比较，将《藩部要略》与《清实录》以及与满蒙原始档案相比较，对清代史学史的研究具有重要意义。《藩部要略》有很高的史料学价值，却没有什么史料价值可言"④ 一段话中，说《皇朝藩部要略》有很高的"史料学价值"，当是从历史文献学的角度来考量的，换句话说，把文中的"史料学"改成"历史文献学"可能更确切。而从史料学的角度来看，《皇朝藩部要略》也不是毫无价值可言，⑤ 这就涉及对诸

---

① 安作璋主编：《中国古代史史料学》，62 页，福州，福建人民出版社，1998。
② 曾贻芬、崔文印：《中国历史文献学》，15 页，北京，学苑出版社，2001。
③ 曾贻芬、崔文印：《中国历史文献学》，16 页。
④ 《喀喇沁万户研究》，11 页。
⑤ 齐木德道尔吉先生也不约而同地指出了《皇朝藩部要略》和《皇清开国方略》"从史料角度看"，这两部史书中的记载已"毫无价值"。见《外喀尔喀车臣汗硕垒的两封信及其流传》，载《内蒙古大学学报》（哲学社会科学版），1994（4）。

如此类官书如何评价的问题，甚至涉及了史料与史学、史学与史家、史家与时代之关系等若干历史哲学问题。

从历史文献学的角度来看，《皇朝藩部要略》具有很高的价值当无疑义，不论是从此书"要略"的编纂方法，还是"大一统"的主题思想，以及"藩部"的内容，都是值得我们认真研究的。前文从内藤湖南、白寿彝等人对《皇朝藩部要略》的肯定，一直到乌云毕力格所云《皇朝藩部要略》有很高的"史料学"价值，都是从历史文献学的角度，从整体上来评价此书的。而乌云毕力格和齐木德道尔吉都认为此书从"史料"上看，是没有价值的，这是从具体的史实出发来评价的。余英时在论述兰克学派时曾经说过，兰克学派过分强调历史的客观性，但是，史家的教育背景、价值观念，无形中都影响到对于史料的选择，以及对于问题的提出，甚至问题的提法。在史学研究上，对于个别材料、个别问题的处理上，西方历史主义在史学界的贡献，中国的乾嘉学派在史学界的贡献，都是不可磨灭的，都将永远成为史学上不可少的知识基础。可是，他们的毛病，是建筑在一个错误的假定上，这个假定，就是他们忽略了历史学上的主观因素问题。但我们不能以后笑前，应该肯定他们的成绩。[1] 余英时的这个论断是我们可资借鉴的。其实史书与史料的区别问题，唐代刘知幾曾有过论述："夫为史之道，其流有二。何者？书事记言，出自当时之简；勒成删定，归于后来之笔。然则当时草创者，资乎博闻实录，若董狐、南史是也。后来经始者，贵乎隽识通才，若班固、陈寿是也。必论其事业，前后不同。然相须而成，其归一揆。"[2]从刘知幾的论述可以看出，"书事记言，出自当时之简"者即为

---

① 《史学、史家与时代》，见《文史传统与文化重建》，121～122 页。
② 刘知几：《史通》卷十一《史官建置》，影印文渊阁四库全书·685 册，86 页。

史料，"勒成删定，归于后来之笔"者即为撰著。后来宋代学者郑樵、清代学者章学诚都发挥了此论。章学诚比祁韵士大 13 岁，两人可以说是同时代的人，从章学诚的观点或可看出当时史家的思想，章学诚曾云："然古人一事必具数家之学，著述与比类两家，其大要也。班氏撰《汉书》，为一家著述矣，刘歆、贾护之《汉记》，其比类也；司马撰《通鉴》，为一家著述矣，二刘、范氏之《长编》，其比类也。"① 后他又把书籍分为记注与撰述两类。② 那么，此处所说的著述、撰述即指史学著作；而比类、记注则指资料汇编。这两者的关系是"两家本自相因而不相妨害……盖著述譬之韩信用兵，而比类譬之萧何转饷，二者固缺一而不可"③。换句话说，经过材料的积累所撰写的史书，才是史学。

史料只有经过史家之手才能称之为史学，否则，史料就是一堆堆不为人所知的档案、文献、文物以及口述历史。即便是从史料学上看，我们对诸如《皇朝藩部要略》等文献，也要报以审慎的态度，对诸多史料进行校勘、排比、辨伪，以尽可能地勾画出真实的历史。从这个意义上说，《皇朝藩部要略》在史料上也不是一点价值没有。即以乌云毕力格所著之《喀喇沁万户研究》而言，书中也是多处引用《皇朝藩部要略》《蒙古回部王公表传》以及张穆的《蒙古游牧记》等书的史料来叙述，盖这些书中所记或因有很多史实是来自于档案，而现在档案还未发现，或因档案有之而未有总结之语，或因诸多史料互异而排比考证，等等。由此可见，乌云毕力格虽说《皇朝藩部要略》"没有什么史料价值

---

① 章学诚著，刘公纯标点：《文史通义·报黄大俞先生》，279 页，北京，北京古籍出版社，1956。刘歆、贾护之书，皆班固《汉书》之原本；二刘、范氏指刘恕、刘攽以及范祖禹，此三人为司马光撰《通鉴》之同修官，分别负责把有关史料加以排比、编次，撰成长编，最后由司马光总撰为《资治通鉴》。此条注释参见曹喜琛主编《档案文献编纂学》，注 3，27 页，北京，中国人民大学出版社，1990。
② 《文史通义·书教上》，7 页。
③ 《文史通义·报黄大俞先生》，279 页。

可言"，但其心里实则否定了自己的说法。

历史存在于叙述之中，叙述表现历史。[①] 如果否认"记述性史料"的价值，就是否认历史学的主观性，也否认了历史只有被叙述后始能获得意义的基本常识和论断。这是因为，"遗留性史料"若没有史家的介入，则永远遗留在历史现场，无法为人所知，从这个意义上说，史家若否认"记述性史料"的价值，就是在否认作为史家自己的史学研究，这是不可取的。

第二节　从历史观的层面对此书的评价

一、"皇朝"史观在《皇朝藩部要略》中的体现

"皇朝藩部要略"这六个字是经过李兆洛、毛岳生、宋景昌等人酝酿，祁寯藻以及张穆深思熟虑后所定的名字，可谓是全面概括了此书所要表达的内容和思想，具体说来，"皇朝"是史观，"藩部"是内容，"要略"是方法，即以"要略"的方法、"皇朝"的史观来写作"藩部"的内容。那么"皇朝"史观是这部史书政治层面的大方向。

"皇朝"，顾名思义，就是指本朝，是本朝的尊称。"皇朝史观"，就是维护本朝正统与统治合法性的史学编纂观念。中国的官方史学，无一例外都是以皇朝史观为圭臬的。从五德终始说到以大一统为标准的正统观念，都是"皇朝史观"的表现。皇朝史观在《皇朝藩部要略》中的具体表现，是"大一统"观。

---

① 孙江：《阅读沉默：后现代主义、新史学与中国语境》，见《事件·记忆·叙述》，2页，杭州，浙江人民出版社，2004。

二、"大一统"观

"大一统"是在中国古代占据主导地位的思想，历朝历代以实现大一统为其治国的终极目的。《诗经》云："溥天之下，莫非王土；率土之滨，莫非王臣。"① 反映的就是一种对天下一统的诉求。那么何谓"大一统"？《公羊传》在开宗明义中首创"大一统"的话语书写，隐公："元年春正月，元年者何？君之始年也。……王者孰谓？谓文王也。曷为先言王而后言正月？王正月也。何言乎王正月？大一统也！"②成崇德先生指出：

> "大一统"也是清朝统治者所孜孜追求的目标。清军入关，"既得中原，势当混一"已表明他们锐意进取，一统全国的决心。建立清朝中央政府，表明清为"正统"。"正统"可说是一种精神纽带，"正统"即是"大一统"的担当者。入关之初，英王阿济格曾提出，放弃中原，退回山海关。按照阿济格的思路，退回辽东也就等于放弃中原，如果不是以中原为基点对全国进行统治，就不能称为"正统"，就不可能号令中华，统一边疆。满洲贵族统治者以"夷狄"入主中原，统一中华，必须得到"诸夷"的支持，失去边疆各民族的拥护和支持，清朝对中原的统治就不能稳定，同样将失去"正统"。对于满洲贵族统治者来说，底定中原和征服边疆是实现"大一统"目标的两个重要方面，缺一不可。③

此论甚是，随着清朝"大一统"目标的实现，清朝的对外宣

---

① 《诗经·小雅·北山》，十三经注疏本，北京，中华书局影印本，1980。
② 《公羊传·隐公元年》，十三经注疏本，北京，中华书局影印本，1980。
③ 《18世纪的中国与世界》（边疆民族卷），21~22页。

传都以"大一统"为其统治合法性的标准。

雍正七年（1729 年），雍正帝针对陆生楠非议时政，讲道："孔子曰：'天下有道，则礼乐征伐，自天子出。'孟子曰：'天下恶乎定，定于一。'孔子、孟子深见春秋战国诸侯战争之流弊，其言已启一统之先几矣。至秦始皇统合六国，制天下以郡县，自汉以来，遂为定制……中国之郡县，亦犹各蒙古之有部落耳，历代以来，各蒙古自为雄长，亦互相战争，至元太祖之世，始成一统。历前明二百余年，我太祖高皇帝开基东土，遐迩率服，而各蒙古又复望风归顺，咸禀正朔，以迄于今。是中国之一统，始于秦，塞外之一统，始于元，而极盛于我朝，自古中外一家，幅员极广，未有如我朝者也。"① 雍正帝的这番话具有重大意义，他认为，中原之一统，始于秦，塞外之一统，始于元，而清则把二者合二为一，为历代之最。这是清朝皇帝以"大一统"的标准来说明其统治的合法性，从而淡化汉人对其"夷狄"身份的排斥感。这种"大一统"观念也被清朝统治者推广到史书编纂当中，清朝的官方史书都是以"大一统"观念为编纂准则的。

李兆洛在《皇朝藩部要略》的序言中云："皇天眷佑有清，懋笃世德，全付以覆焘之下所有疆土，尢内外，甶成大一统之规，亦惟列圣追配皇煌帝谛之盛业，长驾远驭，用宏兹贲，承平晏安三百年于今，翼子贻孙，君臣同庆，以享天之福，逮三代以下之极轨。"这个评价虽然有夸大之嫌，然则清代成一统之规，"逮三代以下之极轨"的评价还是中肯的。戴逸先生曾对清代这样评价："清代最突出的成就，就是奠定了中国这么一个版图辽阔的多民族统一国家的基础，辽阔的程度不小于汉、唐，而统一

---

① 《清世宗实录》卷八十三，雍正七年七月丙午条。

的巩固程度更大大超过汉、唐。"①

在《皇朝藩部要略》中，也处处都有"大一统"观念的言说，如：

> 康熙十二年，吐鲁番使乌鲁和卓等至，贡西马四，蒙古马十五，璞玉千斤，表称祃木特赛伊特汗署一千八十三年，奏臣国向以方物入贡，闻天朝统一寰区，私冀恩宠过故明，贡物〔视〕（增旧）〔旧增〕，蒙谕贡期马额，臣国乱不获如期，嗣仍前例，或别定额惟命。谕吐鲁番道远贡艰，嗣令〔自〕璞、马外，余物免进。②

这是以吐鲁番使臣之口，来称颂清朝的"统一寰区"。
乾隆十九年（1754 年）谕曰：

> 准噶尔本元之臣仆，审处西北，恃其荒远凭陵番部，我皇祖圣祖仁皇帝三次亲征，肃清沙漠。皇考世宗宪皇帝时，策妄阿喇布坦父子济恶，仍肆跳梁，是以命将出师，声罪征讨。朕嗣统，当皇考降旨撤兵之后，而噶尔丹策凌遵守定界，遣使请安，求通贸易，朕特加恩俯允，以示怀柔。迨噶尔丹策凌物故，其子策妄多尔济纳木扎勒为孽兄喇嘛达尔扎所杀，而喇嘛达尔扎复为达瓦齐所弑，在喇嘛达尔扎虽承绪不正，尚属噶尔丹策凌之子，至达瓦齐则篡窃乱臣耳。乃今年夏间，遣使来京，仍请赴藏熬茶，俨然以噶尔丹策凌自处，试思堂堂大清，中外一统，而夷部乱臣，妄思视同与

---

① 戴逸：《谈清代前期的历史地位》，见中国人民大学清史研究所编《清史研究集》（第一辑），北京，中国人民大学出版社，1980。
② 《皇朝藩部要略》卷十五《回部要略一》，国家图书馆藏稿本。

国，此其逆天悖理为何如耶！上年杜尔伯特台吉车凌等率众来降，今秋辉特台吉阿睦尔撒纳等又举部内附，斯均穷蹙来归之人，朕为天下共主，兼覆并载，既无拒而不纳之理，而喀尔喀内地，俾此辈数万众，仰食聚处，将来滋生蕃庶，亦岂久安善策。朕于达瓦齐初无兴师问罪之意，而事会所至，揆之理势，实有不得不从长经理者，特将此番用兵始末，宣示中外知之。①

乾隆帝的这番话很有代表性，很明显是以"大一统"的观念来说明出兵征达瓦齐的合理性，清朝为一统之国，乾隆为"天下共主"，谁妄思与清朝平起平坐，就是"逆天悖理"，清朝就有理由出兵征讨之。

同样，乾隆二十年（1755 年）乾隆帝谕曰："准噶尔互相残杀，群遭涂炭，不获安生，朕统一寰区，不忍坐视，特发两路大兵进讨。"②

乾隆二十一年（1756 年），"会阿逆党扰伊犁，诏遣和硕特辅国公纳噶察赍敕往谕曰：'准噶尔内乱频仍，各部人众咸失生业。朕为统一天下之君，怀保群生，无分中外，特发大军往定伊犁，方欲施恩立制，永安反侧，乃逆贼潜怀叛志，妄思并吞诸部，肆其荼虐，罪状已著，畏诛潜遁，朕已命将穷追，务期弋获，逆贼一日不获，诸部一日不安，尔台吉输诚归命，果能仰体朕旨，去逆效顺，或以兵协剿阿逆，或俟至尔牧擒献之，朕必大沛殊恩，尔其奋勉自效。'"③

以上所引《皇朝藩部要略》诸条，都是以"大一统"观念来

---

① 《皇朝藩部要略》卷十二《厄鲁特要略四》，国家图书馆藏稿本。
② 《皇朝藩部要略》卷十二《厄鲁特要略四》，国家图书馆藏稿本。
③ 《皇朝藩部要略》卷十三《厄鲁特要略五》，国家图书馆藏稿本。

衡量其行为合理及合法性的，可以说，"大一统"史观就是指导《皇朝藩部要略》编纂的皇朝史观。

第三节 从编纂技术的角度对此书的评价

一、"要略"的编纂方法

如前文所述，《皇朝藩部要略》是《蒙古回部王公表传》的底册，是其各部落总传的稿本，那么《皇朝藩部要略》更具有文本的原始性，虽以"要略"名之，但并不是《蒙古回部王公表传》的摘要本，前文已有所论述。《皇朝藩部要略》直到张穆审订时才定为此名，之前有《外藩蒙古回部王公传》《外藩传》《外藩蒙古要略》《各藩提要》《蒙古事略》等等各种名字，后祁寯藻在《皇朝藩部要略》的"后跋"中云："题曰：《藩部要略》，从《西陲要略》例也。"① 问题是《西陲要略》是祁韵士在编纂《伊犁总统事略》后摘其要者编辑的，是《伊犁总统事略》的摘要本，而《皇朝藩部要略》却不是《蒙古回部王公表传》的摘要本，从这个角度上来说，两部《要略》的性质是不一样的。经过很多学者深思熟虑后所改的"要略"之名也不是毫无意义，"皇朝藩部要略"之"要"为"简要、提要"之意，"略"为"简述、省略"之意，即对史事进行"去粗取精"的筛选，从而达到言简意赅的目的。《蒙古回部王公表传》作为一部有表有传的史书，不可能像很多《方略》那样一事一书，面对众多的人物和事件，只能先做一个资料长编，而这个长编与后来的《蒙古回部王公表传》相比，显然内容要少得多，尤其是把蒙古、新疆、西藏各藩部从与清有关系始一直到乾隆年间的史实叙述得言简意

---

① 《清朝藩部要略稿本》，313 页。

赈、一目了然，从这个角度上讲，说其是各藩部史实的要略，也非常恰当。

如前文所述，在对外藩喀尔喀部车臣汗硕垒的两封信进行处理时，《皇朝藩部要略》只是对其内容概述一下，但张穆在审订时却又补上了内容，有画蛇添足之嫌。同样，在随后对车臣汗的另一封信进行处理时，完全删除了内容，对主要信息也没有概述。《皇朝藩部要略》原文是这样的："十二月，喀尔喀部玛哈撒嘛谛车臣汗硕垒左翼部长谟啰贝玛之子，及乌珠穆沁部车臣济农多尔济，苏尼特部素塞巴图鲁济农，浩齐特部策凌伊尔登土谢图，阿巴噶部都思噶尔扎萨克图济农等大小贝子，遣伟徵喇嘛、弼撒齐达尔汉武巴什、达尔汉、塔布囊托博兑冰图四头目，率一百三十二人赍书来朝，贡驼马貂皮等物，太宗以其初通朝贡，厚赉之。"[1] 这段话也基本来自于《皇清开国方略》。《皇清开国方略》云："十二月，喀尔喀部玛哈撒嘛谛车臣汗硕垒左翼部长摩啰贝勒之子，及乌珠穆沁部车臣济农多尔济，元太祖裔翁衮都喇尔贝勒之子，苏尼特部素塞巴图鲁济农，元太祖裔绰尔衮诺颜之子，浩齐特部策凌伊尔登土谢图，元太祖裔德格类额尔德尼之子，阿巴噶部都思噶尔扎萨克图济农，元太祖弟布格博勒格图裔布达仔哩之子等大小贝子，遣伟徵喇嘛、弼撒齐达尔汉武巴什、达尔汉、塔布囊托博兑冰图四头目，率一百三十二人赍书来朝，贡驼马貂皮等物，书曰：'成吉思汗后裔玛哈撒嘛谛车臣汗等，书奏天聪皇帝，恭惟皇帝，躬膺原祉，起居康泰。向者察哈尔胡图克图汗居必不可败之势，自取灭亡。窃思欲图太平之道，皇帝自有睿裁，但抚有大宝，必声名洋溢，为天下法，使政令昭焕，如日方升，庶几当时利赖，万世扬休。倘蒙睿鉴，以此言为然，

---

[1] 《皇朝藩部要略》卷一《内蒙古要略一》，国家图书馆藏稿本。

愿往来通问不绝，共守盟约，以享太平。'太宗以其初通朝贡，厚赉之。"我们通过对比上面两段话发现，在抄写与传播中，文字发生了变化。祁韵士的《皇朝藩部要略》在抄写《皇清开国方略》这段话时，是很随意的，在介绍车臣汗硕垒时，抄上了"左翼部长摩啰贝勒之子"这样的一个注，但却抄成了"左翼部长谟啰贝玛之子"，使得意思完全不明，笔者认为，张穆所利用的《皇朝藩部要略》稿本也是经过了好几个抄手誊抄的，《皇朝藩部要略》抄自《皇清开国方略》的这段话是第一次誊抄，之后《皇朝藩部要略》作为《蒙古回部王公表传》的底册，不可能一蹴而就，而是经过了酝酿与修改才成为了《蒙古回部王公表传》各部落总传的稿本，这中间不知经过多少次誊抄，然后毛岳生编次、宋景昌校写时至少又有一次誊抄，即要把各部落的总传总汇成一部私人著作，我们现在看到的张穆所利用的稿本，就是这次誊抄后的文本，当中经过这么多次传抄，抄写的失误是不可避免的。但我们可以注意到，如果说"左翼部长谟啰贝玛之子"这句话中"贝玛"系"贝勒"之误系誊抄失误所致，那么"谟啰"系"摩啰"之误则纯是有意为之了，盖以"谟"代替"摩"是为了不让人看出这是抄袭之作吧？并且，此段落中只是关于个人身世的重要信息，只是抄了车臣汗硕垒的注释，对于以后其他几人的注《皇朝藩部要略》一概删去。

祁韵士原意也是想把这一段中车臣汗硕垒的书信内容删去，以保持其简洁、要略的理念，因此一字也未提此信。但是张穆在校改时，又画蛇添足了一次，把此信内容加上，修改后的《皇朝藩部要略》此信内容是："书曰：'成吉思汗后裔玛哈撒嘛谛车臣汗等，书奏天聪皇帝，伏惟皇帝，躬膺厚祉，起居康泰。向者察哈尔明图克图汗居必不可败之势，自取灭亡，窃思欲图太平之道，皇帝自有睿裁，但抚有大宝，必声名洋溢，为天下法，俾政令照焕，如日方升，庶几利赖，万世扬休。倘蒙睿监，以此言为然，愿往来通问不绝，共守盟约，以享太平。'"① 我们看到此信依然来自于《皇清开国方略》，但在抄写的过程中，有很多谬误，最主要的错误就是把"察哈尔胡图克图汗"抄成了"察哈尔明图克图汗"，一字之误，谬以千里。

通过以上的例子，祁韵士的"提要"或"要略"理念可见一斑，张穆后来大概是为了使此书更加丰富，加了一些内容。而在《蒙古回部王公表传》中，我们看到，在很多史实的叙述中，比《皇朝藩部要略》还要简略，这是在《皇朝藩部要略》的基础上又删定的。

二、历史编纂学的评价

《皇朝藩部要略》，从体例上说，属于纪事本末体史书。纪事本末体史书，具体来讲，是指以事件叙述为主，而不以人物和时间为主的史书体裁。虽然祁寯藻在《蒙古游牧记序》中云："石州因言自来郡国之志与编年纪事之体相为表里。昔司马子长作纪传，而班孟坚创修地理志，补龙门之阙而相得益彰。今《要略》编年书也，穆请为地志，以错综而发明之。"②然则《皇朝藩部要略》是分为内蒙古、外蒙古喀尔喀、厄鲁特、回部以及西藏等五个部分分别论述的，具体到每个部分又分别按时间顺序，即从清朝与各个藩部初始交往的时间开始来叙述，因此，《皇朝藩部要略》应是一部纪事本末体史书，而不是祁寯藻所说的编年体史书。

传统的纪事本末体史书有一些特点以及不足。

---

① 《皇朝藩部要略》，国家图书馆藏稿本。另参见《清朝藩部要略稿本》，20 页，但与原文有出入。
② 《蒙古游牧记·序》，中国公共图书馆古籍文献珍本汇刊·史部，《清代蒙古史料合辑（二）》。

章学诚曾评论纪事本末体史书云："按本末之为体，因事命篇，不为常格，非深知古今大体，天下经纶，不能网罗隐括，无遗无滥。文省于纪传，事豁于编年，决断去取，体圆而神，斯真《尚书》之遗也。"①

"文省于纪传，事豁于编年"即是说，纪事本末体史书兼具纪传体和编年体史书之长，比纪传体文简而比编年体事繁。

梁启超更云：纪传本末体史书"于史界别辟一蹊径焉。盖纪传体以人为主，编年体以年为主，而纪事本末体以事为主。夫欲求史迹之原因结果以为鉴往知来之用，非以事为主不可"。后他又进一步强调说："故纪事本末体，于吾侪之理想的新史最为相近，拟亦旧史界之进化之极轨也。"② 梁启超给予纪事本末体以极高的评价，说它是"旧史界之进化之极轨"。但纪事本末体史书也不是只有优点，它以纪事为主，然则本来相互联系的此事和彼事之间分别地孤立叙述，造成了时间和空间上的割裂，使人不能窥见社会全貌，也就不可能对整个社会有"同情之了解"。

《皇朝藩部要略》是按部落来分别叙事的，它以内蒙古、外蒙古喀尔喀、厄鲁特、回部以及西藏五个专题来叙述清代"藩部"的全貌。由前文的考证可知，在张穆的藏书中，是有"内蒙古、回部、厄鲁特、西藏、外蒙古、喀尔喀要略"等书的，他注明系"《藩部要略》底本"，那么很可能祁韵士在汇辑《蒙古回部王公表传》的资料长编的时候，就是按这几个专题来汇编的，在撰写各部总传的时候，也是根据这几个专题写的，后来毛岳生等人编次的时候也按这几个专题来编辑。专题形式的纪事本末体史书，应该说，还是有别于历史上的纪事本末体史书，尤其是清

---

① 《文史通义·书教下》，14 页。
② 梁启超：《过去之中国史学界》，见《中国历史研究法》，24 页，北京，东方出版社，1996。

代方略类史书，清代总共修了 25 部方略，但基本上是一事一书，这与《皇朝藩部要略》以五个专题为一书是有区别的。

《皇朝藩部要略》不但全书分为五个专题来进行叙述，而且为了叙述的方便和有条理，各个专题之内又分别进行划分，《内蒙古要略》分为两卷，《外蒙古喀尔喀部要略》分为六卷，《厄鲁特要略》分为六卷，《回部要略》分为两卷，《西藏要略》分为两卷。但是这个划分方法不尽合理，原本各卷间是一个整体，这样硬生生砍开也使得前后找不到头绪，如《内蒙古要略一》和《内蒙古要略二》之间，如果只看《内蒙古要略二》就不知道是哪年，《内蒙古要略二》的开头云："二年正月癸亥，克（其）〔朝鲜〕江华岛，获李倧妃及子二人。庚午，李倧诣军前降。"①在一卷的开头没有交代是哪个年号，这是编辑者的失误，读者为了找到这个年号，还要翻到《内蒙古要略一》中找到此年是"崇德元年"。笔者认为，以崇德二年（1637 年）为分水岭，划分为两卷，是不妥的，而应从崇德元年划分，这样更有连续性。但我们纵观全文，这样的例子还有很多，如《外蒙古喀尔喀部要略四》，第一句话是："七年，御题诗扇赐策凌。"② 我们必须翻到上一卷里，才能找到此处"七年"指的是"乾隆七年"。类似的例子还有卷七③、卷八④、卷十⑤、卷十一⑥、卷十三⑦、卷十

---

① 《清朝藩部要略稿本》，23 页。另参见《皇朝藩部要略》，国家图书馆藏稿本。
② 《清朝藩部要略稿本》，85 页。
③ 《清朝藩部要略稿本》，99 页。此处的开头是："（乾隆）二十一年春"，但乾隆两字被删掉了。
④ 《清朝藩部要略稿本》，112 页。此处的开头是："二十四年正月"，查上卷知，是乾隆二十四年。
⑤ 《清朝藩部要略稿本》，145 页。此处的开头是："三十四年二月"，查上卷知，乃为康熙三十四年。
⑥ 《清朝藩部要略稿本》，170 页。此处的开头为："六十一年"，此乃指康熙六十一年。
⑦ 《清朝藩部要略稿本》，209 页。开头为："二十一年正月"，查上卷此处乃指乾隆二十一年。

四①、卷十六②的开头部分，而更为严重的是，卷七、卷八、卷十、卷十三、卷十四、卷十六等卷整卷没有交代年号，这就意味着，读者为了确知一个年号，要翻看前面好几卷才能够找到答案。一般来讲，内蒙古、外蒙古喀尔喀、厄鲁特、回部以及西藏这五个专题的开卷部分都会交代年号，但这些专题之间再分卷，往往到了改换年号的时候，才交代一下，发生在同一个皇帝时期的事件，即便是分卷，也不交代年号，这是由于编辑者的疏忽造成的。并且，各卷的划分也不尽合理，通过对全文文字的大体估算，似乎各卷的划分是根据字数的大体均衡为标准的。

还有一点需要指出的是，在分卷问题上，毛岳生和张穆的意见并不一致。在《厄鲁特要略》中，卷九《厄鲁特要略一》和卷十《厄鲁特要略二》是从康熙三十四年分开的，但这两部分在稿本中是以两册的形式装订的，上一册的结尾是"和啰弟博第率属百余降，乞仍与兄同牧，许之。命和啰理辑所属溃散者。未几，齐奇克复叛遁，和啰"等字，语义不完整，而下一册的开头是"理遣所部莽奈霍什哈等，以兵追诸耨尔格山，谕之降，不从，击斩之。杜尔伯特台吉巴拜来归，巴拜者，陀音子也，附牧噶尔丹，戚属多为所取，畏不敢争，嗣从噶尔丹侵喀尔喀，至乌兰布通，欲弃之降，为伊拉古克三呼图克图所阴阻，至是偕从子齐克宗至，上以其习边外，不便驻内地，诏隶喀喇沁牧"。③由上一册的结尾和下一册的开头可知，在此稿本抄写前并没有把《厄鲁特要略》这个专题分卷，后张穆在下一册的最前页上以粘单的形式注明："《藩部要略》卷之十，《厄鲁特要略（卷之）二》。"笔者

---

① 《清朝藩部要略稿本》，224 页。开头为："三十六年"，查上卷，系指乾隆三十六年。
② 《清朝藩部要略稿本》，261 页，开头为："二十四年春"，查上卷，系指乾隆二十四年春。
③ 上一册的结尾和下一册的开头见《皇朝藩部要略》卷九和卷十，国家图书馆藏稿本。

认为，毛岳生在"编次"时不但对这五个专题进行了编辑，也对各个专题间的卷数进行了划分，但最后张穆的意见和他不一致，又对各卷进行了重新划分。支持笔者这个观点的有力证据还有一处，就是在《皇朝藩部要略》卷八《外蒙古喀尔喀部要略六》中，在乾隆四十一年事的上面，有"外蒙古哈尔哈部"字样，这可能是原来毛岳生要在此处别分为一卷，但张穆在此条上面所记四十年事的末尾处，注明："连下'四十一年'写"，并把"外蒙古哈尔哈部"几字删去。①

总之，《皇朝藩部要略》以纪事为主，选择纪事本末体正是充分地利用了此体裁的优点，使读者对各部落的世系、沿革有较为直观的了解，但有一利必有一弊，按五个专题以纵向时间来叙述，在横向空间上几个部落有联系的事件就无法清晰表达，在这种情况下，就只好用"详见《西藏要略》"②等字样来敷衍了。另外在编纂细节上还有很多问题，这都是我们读者要加以鉴别的。

第四节　《皇朝藩部要略》的史料价值

《皇朝藩部要略》的史料价值，主要体现在其"补他书之缺"方面，《皇朝藩部要略》中有很多总论性的概述，是其他史书所不载的。如前文所述，此书开头关于蒙古有一段总论性的文字：

> 蒙古，元裔也。元之亡，其子孙之在漠南北者百余部，率更迭为盛衰。内蒙古，皆漠南诸部之近我者，科尔沁部六

---

① 《皇朝藩部要略》卷八，国家图书馆藏稿本。另参见《清朝藩部要略稿本》，120页。
② 《皇朝藩部要略》卷九。另参见《清朝藩部要略稿本》，127页。

扎萨克及扎赉特、杜尔伯特、郭尔罗斯、阿噜科尔沁、四子部落、茂明安、乌喇特，八部十六旗，与阿拉善、青海、两厄鲁特（同祖），其始祖为元太祖弟哈布图哈萨尔。阿巴嘎、阿巴哈纳尔二部四旗，其始祖为元太祖弟布格博勒格图。翁牛特（二部）〔部二〕旗，其始祖为元太祖弟谔楚因。其土默特右翼一旗，及归化城之闲散辅国公，皆元太祖十六世孙阿尔坦裔。其浩齐特、苏尼特、乌珠穆沁、敖汉、奈曼、鄂尔多斯、札噜特、巴林、克什克腾、喀尔喀十部二十二旗，与外喀尔喀同祖，皆元太祖十五世孙达延车臣汗裔也，皆姓博尔济吉特。惟喀喇沁及土默特左翼二部四旗，为元太祖臣济拉玛之裔，则姓乌梁罕，是为内扎萨克四十九旗。其察哈尔八旗及归化城土默特二旗，其初虽亦元裔掌之，今皆治以京员，与在京之八旗蒙古相等，不设扎萨克。初，蒙古有强部三，曰察哈尔，曰喀尔喀，曰卫拉特，后声转为厄鲁特。明洪熙间，科尔沁为厄鲁特所破，避居嫩江，以同族先有阿噜科尔沁，乃号嫩科尔沁以自别，与扎赉特、杜尔伯特、郭尔罗斯皆服属于察哈尔，其始得接于我也。①

这段文字由蒙古而内蒙古，由内蒙古而概述四十九旗，由四十九旗而科尔沁，由远及近，层层推进。这篇总论性的文字为《皇朝藩部要略》所独有，查《清实录》及《皇清开国方略》都无载。而《蒙古回部王公表传》也把这段文字进行了删改，只留下一段话，即："初，蒙古强部有三：曰察哈尔，曰喀尔喀，曰卫拉特，即厄鲁特。明洪熙间，科尔沁为卫拉特所破，避居嫩江，以同族有阿噜科尔沁，号嫩科尔沁以自别。"②

---

① 《皇朝藩部要略》卷一，国家图书馆藏稿本；另参见《清朝藩部要略稿本》，1 页。
② 《蒙古回部王公表传》（第一辑），140 页。

因此，上述《皇朝藩部要略》的这段文字是馆臣根据档案、文献等材料经过综合、归纳整理出来的，是关于蒙古尤其是内蒙古的一个总论。总论性的文字在《皇朝藩部要略》中还有很多，再如：

> 乌珠穆沁者，元太祖十五世孙达延车臣汗子图噜博罗特，由杭爱山徙牧瀚海南，子博第阿喇克继之，有子三，分牧而处。长库登汗，号其部曰浩齐特，次库克齐图墨尔根台吉，号其部曰苏尼特，次翁衮都喇尔，即乌珠穆沁部汗多尔济父也。喀尔喀者，达延车臣汗，有子五，图鲁博罗特、巴尔苏博罗特、阿尔楚博罗特、鄂齐尔博罗特，四子皆南徙，为敖汉、奈曼、巴林、扎鲁特、克什克腾、乌珠穆沁、浩齐特、苏尼特、鄂尔多斯九部祖，季子格呼森札札赉尔珲台吉，独留杭爱山，号其部曰喀尔喀，分为左右翼，而令七子分掌之。扎萨克图汗素巴第则其右翼长子阿什海达尔汉珲台吉曾孙，土谢图汗衮布，则其左翼第三子诺诺和曾孙，车臣汗硕垒，则其左翼第五子阿敏都喇勒孙，而诺诺和第四子图蒙肯，护持黄教，唐古特达赖喇嘛贤之，授赛因诺颜号，其曾孙额驸策凌有功，雍正三年命率其近族亲王贝勒等十九扎萨克别为一部，以其曾祖赛因诺颜号冠之，为喀尔喀部中路，不复隶土谢图汗，喀尔喀有四部自此始。图蒙肯亦于崇德三年通使贡。扎萨克图汗部、车臣汗部、土谢图汗部则先于康熙三十一年定为喀尔喀部西路、东路、北路。九白之贡则定于崇德三年。九白者，白驼一，白马八也。[1]

---

① 《清朝藩部要略稿本》，20～21 页。

这是一段关于乌珠穆沁、浩齐特等部以及喀尔喀四部由来的叙述，是在叙述外蒙古喀尔喀部车臣汗硕垒率领乌珠穆沁部车臣济农多尔济、苏尼特部素塞巴图鲁济农、浩齐特部策凌伊尔登土谢图、阿巴噶部都思噶尔扎萨克济农等大小贝子"来朝"时所进行的追溯性总论，这个总论也不见于其他史书记载，而《蒙古回部王公表传》则在几个部落总传里分别采用，有《乌珠穆沁部总传》："乌珠穆沁部……元太祖十六世孙图噜博罗特，由杭爱山徙牧瀚海南，子博第阿喇克继之，有子三，分牧而处。长库登汗，详《浩齐特部总传》，次库克齐图墨尔根台吉，详《苏尼特部总传》，次翁衮都喇尔，号其部曰乌珠穆沁。"①

《喀尔喀土谢图汗部总传》有："土谢图汗部……元太祖十五世孙达延车臣汗，游牧瀚海北杭爱山界，子十一：格呼森札札赉尔珲台吉，其季也。兄图噜博罗特、巴尔苏博罗特、阿尔楚博罗特、鄂齐尔博罗特等，由瀚海南徙近边，为内扎萨克敖汉、奈曼、巴林、扎鲁特、克什克腾、乌珠穆沁、浩齐特、苏尼特、鄂尔多斯九部祖，详各传，独所部号喀尔喀，留故土，析众万余为七旗，授子七人领之。分左右翼，其掌左翼者，为第三子诺诺和及第五子阿敏都喇勒。"

"（崇德）二年……命喀尔喀三汗，岁献白驼一，白马八，谓之九白之贡，以为常。"

"（康熙）三十一年，改喀尔喀左右翼为三路，土谢图汗称北路。"②

《喀尔喀赛音诺颜部总传》有："赛音诺颜部……元太祖十七世孙卫征诺颜诺诺和有子五：长阿巴岱、次阿巴和，为土谢图汗部祖，次塔尔呢，无嗣，次图蒙肯，次巴赉。……初，喀尔喀有

① 《蒙古回部王公表传》（第一辑），140 页。
② 《蒙古回部王公表传》（第一辑），334 页。

所谓红教者，与黄教争，图蒙肯尊黄教，为之护持，唐古特达赖喇嘛贤之，授赛因诺颜号，令所部奉之，视三汗。雍正三年，上以所部系出赛音诺颜，较三汗裔繁衍，而额驸策凌自简任将军，劳绩懋著，命……凡十九扎萨克，别为一部，以其祖赛因诺颜号冠之，称喀尔喀中路，不复隶土谢图汗，喀尔喀有四部自此始。"①

这就是《皇朝藩部要略》中的一段总论在《蒙古回部王公表传》中的表达。我们可以发现，《皇朝藩部要略》的总论被《蒙古回部王公表传》碎片化吸收，其中有很多修改，且有很多内容在各部落总传中还要重复说明，因此，在史料利用上，明显没有《皇朝藩部要略》的原文有价值。

《皇朝藩部要略》对《清史稿》影响很大，《清史稿》的"藩部表"就是来源于《皇朝藩部要略》等书，《清史稿》的总纂吴士鉴在《陈纂修体例》时说："藩部表，前史所无，谨拟增。自开国以来，内外蒙古以及青海回部锡爵分封，世守藩属，宜特撰'藩部表'，大致以某盟为总纲，以某部落、某翼、某旗为纬，以世次为经，取材于《皇朝藩部要略》《蒙古游牧记》。"②

综上所述，《皇朝藩部要略》对后世影响甚为深远，尤其是其"藩部"系指蒙古、新疆、西藏等地，至清末已深入人心，在梁启超、萧一山、陈芳芝③等人的著作中，都认为"藩部"系指蒙古、新疆、西藏地区，而其中的前后相继的思想脉络亦凸显出来。清末清廷上下纷议在边疆地区建立行省，盖试图在藩部的基础上，谋求边疆与内地一体化，使得清廷在边疆地区的统治加强。无论如何，在历史编纂上，《皇朝藩部要略》与《蒙古回部

① 《蒙古回部王公表传》（第一辑），474 页。
② 朱师辙：《清史述闻》，142 页，上海书店出版社，2009。
③ 陈芳芝：《清代边制述略》，载《燕京学报》，1948（34）。

王公表传》把蒙古、新疆、西藏等边疆地区作为"国史"书写，具有划时代的意义，这奠定了中国多民族国家的基础，并在主权上进一步明确了这些地区的归属。

　　总之，《皇朝藩部要略》是一部经过众多学者之手的、有思想的、有史料价值的边疆史地学著作。应该说，《皇朝藩部要略》之前的各种有关边疆史地的官私史书，或一事一书，或道听途说，鲜有把各个"藩部"综合起来书写者，而统治者虽然在各种场合宣称蒙古、新疆、西藏尽隶版图，但是还没有任何一种书写能够满足统治者的要求，《皇朝藩部要略》恰恰是把这种书写实践化了，满足了统治者和学者的期待，有填补空白之功。而后，《皇朝藩部要略》又直接诱发了张穆撰写《蒙古游牧记》，并给《清史稿》的纂修以借鉴。《皇朝藩部要略》对今天的学术研究也有重要的价值，将会在清史、边疆史以及民族史研究的文献之园中发挥更大的作用。

附录：

清朝藩部大事编年

说明：

1. 清朝藩部大事编年的内容和立场以《皇朝藩部要略》记载为准；

2. 大事编年以时间为经，以部落为纬，全面总结了各藩部与清朝发生关系的历史，时间截止到乾隆五十三年。

一、漠南蒙古诸部归附后金、清朝的大事编年

（一）各部归附之大事编年

1. 科尔沁部

清太祖癸巳年（明万历二十一年，1593 年），努尔哈赤击败叶赫、哈达、乌拉、辉发、锡伯、卦尔察、珠舍哩、讷殷、科尔沁等九部联军，第二年春，科尔沁遣使通好。

天命二年（明万历四十五年，1617 年）二月，科尔沁贝勒明安来朝。先是，壬子年（明万历四十年，1612 年），明安以女归努尔哈赤为妃。

天命九年（明天启四年，1624 年）二月，努尔哈赤遣希福与科尔沁部长会盟，其部长奥巴以书请曰："嫩江水滨科尔沁台吉等，闻谕皆钦服，何以修好，共定大业，惟帝命，无敢败约，但

察哈尔及喀尔喀知我归附，必见掠，乞赐援。"允之。奥巴，翁果岱子也。

天命十年（明天启五年，1625 年）十一月，发兵援科尔沁。时察哈尔林丹汗纠喀尔喀掠其地，奥巴遣使来告急，努尔哈赤亲往援，围遂解。

天命十一年（明天启六年，1626 年）四月，科尔沁贝勒奥巴来朝，努尔哈赤命诸贝勒出迎，奥巴与诸贝勒迭为宴，努尔哈赤出城十里许，行抱见礼，同入城，数赐宴优礼之。奥巴请婚，努尔哈赤以贝勒舒尔哈齐第三子台吉图伦女妻之，授和硕额驸，越十余日，辞归，至浑河岸，誓曰："世不敢忘德，若渝盟永罹灾害。"努尔哈赤嘉其诚，赐号土谢图汗。又赐其兄图美号岱达尔汗，弟布达齐号扎萨克图杜棱，和尔和岱号青卓哩克图，赏赉有差。

天聪三年（明崇祯二年，1629 年）春正月，科尔沁土谢图汗奥巴来朝。初伐察哈尔时，奥巴弗至会地，偕弟布达齐私以兵掠察哈尔边，又私与明市。诏遣侍臣索尼以书诘责之。奥巴捧书震恐，力疾驰入请罪，议罚驼马各二十，寻宥之，赐赉如前。

天聪六年（明崇祯五年，1632 年）九月，奥巴卒，皇太极为素服垂涕，寻授其子巴达礼为济农，袭土谢图号。

天聪八年六月（明崇祯七年，1634 年），师次喀喇鄂博。先是，命大臣阿什达尔汉、伊拜，往科尔沁部征兵，伊拜还言："其部噶勒珠塞特尔与海赖、布颜贷、伯谷垒、塞布垒等，誓言往取北方索伦部财赋，各率部众叛去。巴达礼与从祖洪果尔，从父布达齐、从兄乌克善率兵追之。"皇太极恐噶勒珠塞特尔等袭索伦，诏盛京留守贝勒，亟令索伦部来朝头目巴尔达齐者，还备寇。索伦部，辽裔也。遣巴克什希福往科尔沁部，谕巴达礼曰："法律所载叛者必诛，尔等若擒获诸亡者，欲诛则诛之，不诛，而欲以为奴者，听。"未几，巴达礼等追杀噶勒珠塞特尔，尽收其部下户口。

2. 内喀尔喀部

天命四年（明万历四十七年，1619 年）七月，金兵克明铁岭城，其夜喀尔喀贝勒斋赛、札鲁特贝勒巴克、台吉色本等，共引兵万余，伏秋田以伺，金兵出城击败之，擒斋赛及其二子色特希勒、克什克图与札噜特部巴克、色本兄弟、科尔沁台吉桑噶尔。

其冬，喀尔喀众贝勒遣使来告，合谋并力于明，因遣使与其部长会盟。

天命六年（明天启元年，1621 年）三月，克明沈阳。越六日，喀尔喀部卓哩克图等二千余骑，乘金兵取辽阳，来掠沈阳财粟，金驻守兵击溃之。

八月，释斋赛还其国，其部人以牲畜一万来赎，又以二子一女为质。以质女为大贝勒代善妃。

十一月，喀尔喀部台吉古尔布什、莽古勒，率众六百户并驱畜产来归。

天命七年（明天启二年，1622 年）二月，喀尔喀贝勒锡尔啅纳克及台吉等，率所属三千余户，并驱畜产来归。

天命八年（明天启三年，1623 年）正月，喀尔喀台吉拉布什希布等，率所属及别屯蒙古凡五百户来归。

3. 札噜特部

天命四年（明万历四十七年，1619 年）七月，金兵克明铁岭城，札噜特贝勒巴克、台吉色本与喀尔喀贝勒斋赛等伺机袭之，然为金兵所败，擒巴克、色本兄弟等。

天命五年（明泰昌元年，1620 年）三月，释札噜特部色本还其国。色本誓曰："若不感恩图报，殃及臣身。"

天命八年（明天启三年，1623 年），初，札噜特部贝勒巴克被擒，其子鄂齐尔桑来质，释之归，及是来朝，努尔哈赤嘉其诚，并释其子与偕还。而其部长昂安、忠嫩等，先后以兵劫金使臣所赉及使其部贝勒色本者，因命台吉阿巴泰等往征。四月，过罗地，渡辽河，前锋达音布率精锐五百人，先至额尔格勒地，知为昂安所属，略地而前，攻昂安所居，昂安携妻及二十余人将遁，雅希禅、博尔进击之，尽获其妻孥畜产，又执贝勒忠嫩子桑图妻子而还。桑图以书谢，遂来朝，命归其妻子。

天命十一年（明天启六年，1626 年）冬十月，大贝勒征札噜特部，获其贝勒巴克及其二子，并拉什希布等十四人，斩其贝勒鄂尔齐图，尽俘所属人户。

天聪二年（明崇祯元年，1628 年）十二月丁亥朔，札噜特右翼贝勒色本来归，色本因察哈尔侵掠，奔依科尔沁，科尔沁不能给，至是与其弟玛尼偕来。

天聪四年（明崇祯三年，1630 年）三月，后金并蒙古兵克遵化，围燕京，破良乡、香河，焚通州，克永平、滦州，攻城转战，蒙古部多有功。攻燕京时，札噜特贝勒色本与其弟玛尼奋击败之。始攻遵化城，札噜特部阿海先登，无继陈[1]亡。

4. 察哈尔部

天命五年（明泰昌元年，1620 年）正月，察哈尔林丹汗修书努尔哈赤，词意骄悖，努尔哈赤回书切责之。

天聪元年（明天启七年，1627 年）冬十一月，察哈尔部贝勒昂坤杜棱携妻子率众来归。

天聪二年（明崇祯元年，1628 年）九月，皇太极亲征察哈尔，先期传檄诸部，会绰洛郭勒，敖汉、奈曼、喀尔喀、札噜特、喀喇沁诸贝勒台吉皆先后率兵来会，大破降之。而科尔沁土谢图汗奥巴言，自于其部往攻之，已而遽归。唯台吉满珠习礼及贝勒洪果尔之子巴敦力战，亲以所俘获来告，赐满珠习礼号达尔汉巴图鲁，巴敦号达尔汉卓哩克图。

天聪五年（明崇祯四年，1631 年）夏四月，罢征察哈尔兵。

---

① 此字原文为"陈"，古同"阵"。

先是，调诸蒙古会师至三洼地，科尔沁部土谢图汗奥巴奏言，蒙古马不堪用，所发兵又少，宜候马壮大举，遂止。

天聪六年（明崇祯五年，1632 年）夏四月，皇太极亲统师征察哈尔。先是，五年十一月，闻察哈尔林丹汗侵掠阿噜科尔沁部，乃遣贝勒萨哈璘、豪格率兵往援，继之，林丹汗遁，遂班师。至是大军复发。辛未，驻跸都尔弼地，喀喇沁、土默特部长各率兵来会。丙子，次锡喇穆伦河岸，喀喇沁、伊苏特、札噜特、敖汉、奈曼诸部，越二日，翁牛特、巴林、科尔沁三部皆率兵从。

五月，驻军归化城，察哈尔林丹汗闻兵至，大惧，奔库赫得尔苏地，越二日，知林丹汗在喀喇莽鼐之左界，定议进征，既而穷追不见贼，时已近明境，遂征明，乃分兵攻明边。巴林、札噜特、喀喇沁、土默特、翁牛特、科尔沁诸部，从贝勒阿济格左翼兵，掠明大同、宣府边外。初大军驻归化城，诸将往掠黄河左右。寻奏察哈尔蒙古前已渡河遁，不料我军即至，复渡河而归，俘获以千计。又科尔沁部奏，近明界察哈尔部人尽逃入沙河堡。

六月，命大臣杨善率兵六千，偕所获察哈尔通事一人，往索之。又与各官书，责其胥以逃人归我，沙河堡各官得书，知兵至，大惊，凡逃入堡中蒙古男女三百二十余人，及牲畜一千四百余，绸缎布帛六千四百余，悉以归。辛未，诸将领各籍所俘获献，皆分给之。其从察哈尔、克什克腾部来归，及喀喇沁与新附呼尔哈等所俘获者，听其自取。克什克腾，元太祖十八世孙沙喇勒达部名也。寻许明和。是月，移师驻宣府边外，我军大市于张家口。科尔沁部三人潜入明边取牛骡，以违令，执为首者斩明边上，从者各鞭一百，贯耳。

秋七月班师，以六月所得沙河堡、张家口财帛五之一，赐科尔沁土谢图额驸奥巴，余量给从行诸将。

天聪八年（明崇祯七年，1634 年）十二月，宴察哈尔新附诸臣。先是，六年四月，皇太极亲征察哈尔，过兴安岭至达勒鄂谟，林丹汗惊窜，渡黄河将奔唐古特部，其臣民素苦其暴虐，多不从，从者亦中路逃亡。七年八月，有鸟曰鸡鸠，群集辽东，辽东素无此鸟，乃西北蒙古所产，其色淡黄，形如鸽，爪如人足而有毛。国人皆曰："蒙古之鸟来，必蒙古有归附者。"是年正月，皇太极闻察哈尔部众流散于锡尔哈锡伯图地，命大臣巴思翰、巴海等率两翼蒙古兵，征巴林、喀喇沁、翁牛特、阿巴噶诸部兵，会于都尔弼地，合征之。五月庚寅，林丹汗之叔茂奇塔前奔科尔沁者来朝，时林丹汗已病死于大草滩，其部头目宰桑台吉等，先后率五千余户来归。壬辰，命大臣额尔德尼囊苏、哈尔松阿同八旗前锋将各率兵百，往侦林丹汗子额尔克孔果尔额哲踪迹。丁酉，察哈尔阿苏特部男子十二人，妇人三，来归。己亥，以察哈尔来归各官，分隶八旗赡给之。辛亥，察哈尔四大宰桑德森济旺、噶尔玛巴图鲁济农、多尔济达尔汉诺颜、多尼库鲁克率众六千，奉汗妃携家口来归。自七年九月至是月，近明界宰桑等先后复携五千户至。

天聪九年（明崇祯八年，1635 年）五月，林丹汗子额尔克孔果尔额哲降。初，贝勒多尔济、岳托、萨哈璘、豪格统兵至黄河西额哲所驻托里图地，其母苏泰福晋为叶赫贝勒锦台什女孙，因遣其弟南楚偕同族，往告以大兵俱至，招之降，时天雾昏黑，额哲不虞军至，无备，苏泰与额哲乃惶遽率众宰桑出迎，于是全部平。我军未至时，鄂尔多斯部济农额璘臣私要额哲盟，分取其众以行，我军追及之，索所获，额璘臣惧，献察哈尔户千余，其部亦自是内附。

5. 乌噜特部

天命七年（明天启二年，1622 年）二月，宴劳乌噜特部贝勒等。

6. 巴林部

天命十一年（明天启六年，1626年）四月，努尔哈赤率大贝勒征巴林部，其贝勒囊弩克弃寨走，四贝勒射之毙，取其环屯七寨。癸卯，巴林贝勒古尔布什所属塔布囊拉班，及其弟牙得勒格尔率百人来降。

天命十一年（明天启六年，1626年）冬十月，努尔哈赤遣楞额哩等，以兵六百征巴林部，驱哨焚原，以张声势，使与札噜特不得相顾，遂入巴林，获人口二百七十，驼三十，马牛千余，羊二千余。丙寅，凯旋。

天聪二年（明崇祯元年，1628年）夏四月，宴喀尔喀巴林部长来归者。

7. 奈曼、敖汉部

天聪元年（明天启七年，1627年）四月，奈曼部长衮楚克同敖汉部长索诺木杜棱及弟寨臣卓哩克图，及察哈尔部济农台吉遣使通款。奈曼者，元太祖尝灭奈曼部，其十九世孙额森伟徵诺颜因以为所部号。

六月，敖汉、奈曼使人至，言其贝勒率众来降。

七月，奈曼部长衮楚克同敖汉部长索诺木杜棱及弟寨臣卓哩克图等至，皇太极出营迎之。诏索诺木杜棱居开原，塞臣卓哩克图还旧牧。嗣以索诺木杜棱私猎哈达叶赫山罪，仍夺开原地。

8. 喀喇沁部

天聪二年（明崇祯元年，1628年）秋七月，喀喇沁部塔布囊苏布地，遣喇嘛偕五百三十人来朝。先是二月，苏布地偕弟万丹伟徵等乞内附，表奏察哈尔汗不道，喀喇沁被虐困，因与土默特、鄂尔多斯、阿巴噶、喀尔喀诸部兵，于土默特部之赵城地，击破察哈尔兵四万，师还，值其赴明张家口请赏兵三千人，复毙之，察哈尔根本动摇，其机可乘，如皇帝剿之，喀喇沁当先诸部至。皇太极命其先遣使臣来议，及是果至，遂刑白马乌牛与盟誓。喀喇沁者，元太祖大臣札尔楚泰子济拉玛之裔，始附于明，为朵颜三卫都督都指挥。

天聪三年（明崇祯二年，1629 年）冬十月，会师至喀喇沁境，定议征明。九月甲辰，召外藩蒙古部长各率兵来会。巴林部马多瘠，谕责之曰："朕谕尔等善养马匹，勿轻骑用，以备征讨，尔等违令嗜猎，致马羸兵乏，从行何益？"命却所贡，诸扎萨克议罪，应罚驼马甲胄，诏免。

十月，皇太极亲统师启行，以来朝喀喇沁台吉布尔哈图尝受赏于明，识径路为向导，奈曼、札噜特、巴林部皆从。壬戌，驻跸辽河。命总兵官、副将追察哈尔部人逃奔明者，俘百人，获驼马牛羊等。丙寅，科尔沁土谢图汗奥巴率其族图美、洪果尔、乌克善等二十三台吉等以兵来会。

9. 土默特部

天聪三年（明崇祯二年，1629 年）六月丁卯，土默特部入贡驼马等，且请率众来附。

10. 阿噜科尔沁、四子部落

天聪三年（明崇祯二年，1629 年）十月，阿噜科尔沁、四子部落内附。初，哈布图哈萨尔十三世孙曰图美尼雅哈齐，有三子，长奎蒙克塔雅哈喇，即嫩科尔沁，次巴衮诺颜，次布尔海。巴衮诺颜三子，长昆都伦岱青，号所部曰阿噜科尔沁，季诺延泰，四子，号四子部落。而布尔海裔则号为乌喇特。其初与茂明安、翁牛特、阿巴噶、阿巴哈纳尔及喀尔喀内外扎萨克统号阿噜蒙古。

11. 翁牛特部

天聪六年（明崇祯五年，1632 年），翁牛特部来归。初，元太祖弟谔楚因裔曰蒙克察罕诺颜，有二子，长巴延岱洪果尔，号所部曰翁牛特，次巴泰车臣诺颜，别号喀喇齐哩克，皆曰阿噜蒙古。自归附后，止称翁牛特，以喀喇齐哩克附之，不复冠阿噜旧名。

12. 茂明安部

天聪七年（明崇祯六年，1633 年）二月，茂明安部长车根偕其从父固穆巴图鲁，台吉达尔玛、岱衮、乌巴什等举部来归。车根，元太祖弟哈布图哈萨尔十七世孙也。

天聪八年（明崇祯七年，1634 年），茂明安部台吉扬固海、杜棱、乌巴海达尔汉巴图鲁、瑚棱、都喇勒、巴特玛、额尔忻岱青、阿布泰，咸率属来归。

13. 浩济特部

天聪八年（明崇祯七年，1634 年）二月，浩济特部台吉额琳臣、塔布囊巴特玛携壮丁二百三十九人，妇女幼丁六百九十七口、驼二百、马四百自喀尔喀部内附，遣使迎宴，赐甲胄雕鞍蟒服银币，其属有先来归者五十三户，仍隶之。时有哈尔呼所属之黑龙江滨头目羌图礼、玛尔罕率六姓六十七人亦来朝。浩齐特部，元太祖十八世孙库登汗裔也。库登汗昆弟三人，曰库克齐墨尔根台吉，即苏尼特部祖，曰翁衮都喇尔台吉，即乌珠穆沁部祖，与察哈尔同族，为所属，以林丹汗不道，徙牧瀚海北，依喀尔喀，故台吉等自其部来。

14. 阿巴噶、阿巴哈纳尔部

天聪六年（明崇祯五年，1632 年），阿巴噶部台吉奇塔特楚琥尔携众五百内附。是年部长额尔德尼固图扪附车臣汗硕垒表贡方物。阿巴哈纳尔部至崇德七年，其部人和硕泰、托克托伊达等始来归。康熙五年，部长色棱墨尔根始内附。阿巴噶者，元太祖弟布格博勒格图十八传至塔尔尼库同，号所部曰阿巴噶，其弟曰诺密特默克图，号所部曰阿巴哈纳尔。

15. 鄂尔多斯部

天聪九年（明崇祯八年，1635 年），鄂尔多斯部济农额璘臣率所部内附。额磷臣居河套，元太祖二十世孙，其先属察哈尔，林丹汗恶之，夺济农号，来归后赐复之。

16. 归化城土默特部

归化城土默特部与土默特部右翼为同族，元太祖十六世孙阿尔坦，号格根汗，明嘉靖间，据丰州滩筑城架屋以居，谓之拜牲，即明时讹为板升者，后通好于明，受顺义王印，因名所居曰归化城。有子九，长僧格，子噶尔图，以避察哈尔侵，自归化城徙居土默特，即右翼汗鄂木布楚琥尔父，而归化城土默特自阿尔坦四传为博硕克图汗，察哈尔林丹汗强役属之，不从，尝偕喀喇沁诸部破其军，又奸其赴明请赏兵，后卒，林丹汗袭有之。天聪六年（明崇祯五年，1632 年），大兵平察哈尔，移驻归化城，博硕克图汗子俄木布，与其部头目托博克、古禄格、杭高等集众降，诏居守之。托博克亦元裔，世居归化城。古禄格姓纳喇，其先本姓土默特，因灭扈伦国之纳喇，遂以为姓，世隶叶赫部，叶赫亡，乃依归化城土默特，侦林丹汗西奔唐古特部，惧掠，匿山寨乃免，至是内附。

17. 乌珠穆沁、苏尼特部

崇德元年（明崇祯九年，1636 年）十二月，乌珠穆沁部车臣济农多尔济、苏尼特部素塞巴图鲁济农随喀尔喀部玛哈撒嘛谛车臣汗硕垒等贡驼马貂皮等物并书曰："成吉思汗后裔玛哈撒嘛谛车臣汗等，书奏天聪皇帝，伏惟皇帝，躬膺厚祉，起居康泰。向者察哈尔明图克图汗居必不可败之势，自取灭亡。窃思欲图太平之道，皇帝自有睿裁，但抚有大宝，必声名洋溢，为天下法，俾政令照焕，如日方升，庶几利赖，万世扬休。倘蒙睿监，以此言为然，愿往来通问不绝，共守盟约，以享太平。"太宗以其初通朝贡，厚赉之。

崇德二年（明崇祯十年，1637 年）十一月，多尔济闻太宗惠养国人，恩章周至，率台吉奇塔特、塔布囊伟徵、索诺木、博伦、达拉海、纳穆珲津等三十人，举部来附。

乌珠穆沁者，元太祖十五世孙达延车臣汗子图噜博罗特，由杭爱山徙牧瀚海南，子博第阿喇克继之，有子三，分牧而处。长库登汗，号其部曰浩齐特，次库克齐图墨尔根台吉，号其部曰苏尼特，次翁衮都喇尔，即乌珠穆沁部汗多尔济父也。

崇德四年（明崇祯十二年，1639 年）十二月，苏尼特部长腾机思率族属一百十四人，右翼部长素赛率族属六十七人，偕阿巴噶部长多尔济，由喀尔喀来归。先是，正月甲戌，其部台吉超察海率十户。丁亥，右翼台吉噶布楚、瑭古特、卓特巴、什达喇等率百二十户。夏四月，台吉莽古思率四十户，及同部之巴图赖、额思赫尔、僧格等，先后内附。至是腾机思等入朝，俱赐赍有差。

崇德五年（明崇祯十三年，1640 年）正月，以腾机思部下阿布图，自初朝贡至今，往来勤慎可嘉，赐名达尔汗与世袭。

18. 克什克腾部

天聪八年（明崇祯七年，1634 年），克什克腾部长索诺木，茂明安部台吉扬固海、杜棱、乌巴海达尔汉巴图鲁、瑚棱、都喇勒、巴特玛、额尔忻岱青、阿布泰，咸率属来归。索诺木，沙喇勒达孙也，索诺木弟曰巴本、曰图垒，向皆服属于察哈尔，至是内附。乌巴海达尔汉巴图鲁、都喇勒旋叛逃喀尔喀，遣兵由鄂诺河往剿，至阿古库克特勒斩叛属千余，追至喀木尼哈尽俘以还。

（二）甲戌至丙申年（1634—1656 年）漠南蒙古事略

天聪八年（明崇祯七年，1634 年）春正月，敖汉、奈曼、喀喇沁、札噜特、巴林、乌喇特、阿噜科尔沁、翁牛特、四子部落、科尔沁诸部，并以朝正至，既赐赍之。且定外藩禁令：凡夺人妇配他人者，罚驼马五十，其纳妇者，罚七九之数与原夫；凡奸诱人妇逃者，男妇俱论死，其家产尽给原夫。如部长不察治，亦罚驼五、马五十。至盔甲无号带，马匹无印牌，及盔缨、纛缨、纛幅不如制者，俱论罪。

六月，札噜特、乌喇特、翁牛特、阿噜科尔沁部长皆以兵会。甲戌，命贝勒德格类，大臣觉罗色勒，宗室芬古率两翼旗兵，武讷格率左翼蒙古兵，偕巴林、札噜特、土默特诸部长规取独石口、居庸关。乙亥，次博硕堆。希福还奏，科尔沁土谢图济农巴达礼等，已追杀噶勒珠塞特尔、海赖、布延岱、伯谷垒、塞布垒，尽收其部下户口。谕曰："朕视诸台吉犹臂指然。今噶尔珠塞特尔等，为其族兄擒诛，犹伤吾指也，朕甚悯之。"以其部班第、塞本、额古三人向怀二心，今与噶喇珠塞尔等同叛，复尽收所属人口。札赉特部长蒙衮、土默特人明安达哩、科尔沁部长巴达礼、贝勒乌克善及栋果尔杜棱等，各授一分。又分十户并海赖家属牲牧与噶尔图、赖古，止留五户与三人。班第令隶洪果尔，塞本隶乌克善，额古隶栋果尔。栋果尔，洪果尔从子，父明安，即初与叶赫诸部来侵者，栋果尔后从承政尼堪由朝鲜征瓦尔喀有功，又从征明，败总督洪承畴于松山。寻令噶尔图、赖古与洪果尔合为一旗。甲戌，次喀喇鄂博，命大贝勒代善，贝勒萨哈璘、硕托，大臣叶克舒、叶臣率两红旗兵，阿岱率右翼蒙古兵，偕敖汉、奈曼、乌喇特、喀喇沁、翁牛特诸部长，规取得胜堡，进征大同，有敌兵三百自城潜出，四子部落长鄂木布追击之，俘其附明蒙古务巴什、索诺木、朗素等。

秋七月，驻军宣府城东南。科尔沁部长巴达礼及洪果尔、布达齐、乌克善、满珠习礼、栋果尔等，率兵五千来会。己丑，分军四路入明边，期会于朔州。命贝勒阿济格、多尔衮、多铎，大臣阿山、伊尔登率两旗兵，偕翁牛特部，新附察哈尔部图巴济农及诸宰桑，自巴颜珠尔格地入龙门。先是月壬午，师次乌尔图布拉克，遇图巴济农率众来归，即以从征。

八月，驻军大同城南。甲子，以炮攻应州东南石家堡。巴林部满珠习礼与海桑、萧格、噶达辉、绰诺先登，敌以大刀拒击，绰诺力战败敌，遂破其堡。壬申，科尔沁部长巴达礼与洪果尔、布达齐、乌克善，敖汉部索诺木杜棱，奈曼部衮楚克，喀喇沁部古噜思奇布，察哈尔部图巴济农等，及杜尔伯特、札赉特、乌喇特、郭尔罗斯、四子部落诸部，各籍所俘获以闻。

闰八月，班师。以奈曼、翁牛特部违令罪，各罚驼马。

冬十月，遣大臣赴硕翁科尔，定蒙古牧地疆界。巴林部与镶黄旗蒙古，以克哩叶哈达、瑚济尔阿达克为界。翁牛特部与巴林，以瑚喇琥、护呼布里都为界。奈曼部与两红旗蒙古，以巴噶阿尔和硕、巴噶什噜苏特为界。敖汉部与正黄旗蒙古，以札噶苏台、囊家台为界。四子部落与镶黄旗蒙古，以杜穆达都腾克里克、沃都尔台为界。阿噜科尔沁部与两白旗蒙古，以塔喇布拉克、逊岛为界。札噜特与正蓝旗，以诺绰噶尔、多布图鄂鲁穆为界。既定界，越者坐侵犯罪，往来驻牧，务会齐移动，毋少参差。其分定地方户口，敖汉部一千八百，奈曼部一千四百，巴林部长色特尔八百，台吉满珠习礼八百，札噜特部长内齐二千，巴图鲁图巴二千四百五十，阿噜科尔沁部长达赉、车根、塞棱各二千，翁牛特部长逊杜棱济农、达尔汉栋岱青各二千，四子部落达尔汉图们二千。

天聪九年（明崇祯八年，1635年）二月，编内外喀喇沁蒙古壮丁，共一万六千九百五十三名，为十一旗。喀喇沁部长苏布地子古噜思奇布，领五千二百十六人为一旗。土默特右翼部长鄂木布楚琥尔，领一千八百二十六人为一旗，左翼善巴与其族唐格尔，领二千一十名为一旗，其余在内旧喀喇沁合旧蒙古为八旗，以大臣额驸领之。凡编丁自年六十以下，十八以上，有隐匿者，事发治罪，其十家之长罚马二，其疲癃残疾者勿与，著为令。

九月，多尔衮亦略明边，自平鲁卫入朔州，直抵长城。又经宁武关、代州、忻州、崞县、黑峰口、应州，复还平鲁卫，击斩明兵六千余，俘获人口、牲畜七万六千三百有奇，乃出边会于归化城，自沙河堡旋师。先是，多尔衮等平察哈尔部，获历代传国玺，玺藏于元朝大内，至顺帝北奔，携入沙漠，后崩于应昌府，玺遂遗失。越二百余年，有牧羊者于山冈见一函，羊三日不啮草，但以蹄跑地，牧者发之，得玺，归于元后裔归化城土默特部博硕克图汗，其部后为察哈尔林丹汗所破，玺为所得。林丹汗亦元裔也。贝勒多尔衮等闻玺在苏泰福晋所，索取之，璠玙为质，交龙为纽，光气烂然，其文乃汉篆"制诰之宝"四字。巴林部宰桑布兑山津，以大军收察哈尔来朝，预宴，因奉觞称庆。皇太极曰："承天眷佑，吉庆肇臻，宜益图治道，倘政有缺失，尔当直言极谏，何相侑以酒乎？"布兑山津惭而退。

天聪十年（明崇祯九年，1636年）四月，诸满蒙大臣贝勒恭请皇太极称尊号，皇太极曰："勉从众议，朕思既受尊号，当益加乾惕，忧国勤民，有所不逮，惟天佑助之。"择吉于四月十一日壬午，皇太极斋戒三日。乙酉黎明，亲率诸贝勒大臣祭告天地，乃受宽温仁圣皇帝尊号，建国号曰大清，改元为崇德元年。

是月，叙外藩蒙古诸贝勒功，封巴达礼为和硕土谢图亲王，乌克善为和硕卓哩克图亲王，固伦额附额尔克孔果尔额哲为和硕亲王，布达齐为多罗扎萨克图郡王，满珠习礼为多罗巴图鲁郡王，衮楚克巴图鲁为多罗达尔汉郡王，逊杜棱为多罗杜棱郡王，固伦额驸班第为多罗郡王，洪果尔为冰图郡王，栋果尔为多罗达尔汉岱青，鄂木布为多罗达尔汉卓哩克图，古噜思奇布为多罗杜棱，善巴为达尔汉，赓格尔为多罗贝勒，各赐雕鞍甲胄金银器皿及文绮有差。

十一月，综核察哈尔、喀尔喀、科尔沁诸部户口。

十二月，外藩蒙古诸王贝勒各率兵来会。己亥，皇太极命大臣谭泰、阿岱、拜音图、武赖、都赖、恩格图、叶臣、固穆、宗室芬古、巴特玛等，率骑兵入朝鲜王京城搜剿，并留外藩蒙古与俱，亲统大军由城外径渡汉江，直抵南汉城西驻营。时朝鲜王李倧遁守南汉山城。

崇德元年（明崇祯九年，1636年）二月，自南汉山城班师。

辛卯，车驾还盛京。命睿亲王多尔衮、安平贝勒杜度，率满洲、蒙古、汉军官兵，以所俘获在后行。

六月，叙锡特库等追剿喀木尼堪部逃人叶雷功。擢武巴海、锡特库、噶尔纠世职，加赐衣服马匹奴仆庄田。赐鄂尔多木号卓哩克图库鲁克达尔汉，子孙世袭。其随征士卒，并赏银两衣服有差。

九月，禁止蒙古部人讦告强夺。

冬十月，青海厄鲁特部顾实汗图鲁拜虎遣其头目库鲁克来贡马匹白狐皮獭喜兽绒毯等物。图鲁拜虎，元太祖弟哈布图哈萨尔十九世孙也。兄曰拜巴噶斯，其子鄂齐尔图，与图鲁拜虎长子巴延阿布该阿玉什子和罗哩十二人居西套，为西套厄鲁特。康熙十三年，准噶尔部噶尔丹攻破其部，和啰哩等来归，赐牧阿拉善，故后称阿拉善厄鲁特。而图鲁拜虎分青海部众为二翼，令子十人巴延阿布该阿玉什等领之，为青海厄鲁特。

十二月，征瓦尔喀，诸将奏捷。

崇德三年（明崇祯十一年，1638 年）二月，皇太极亲征喀尔喀扎萨克图汗部。蒙古诸部各率所部兵来会。

六月，更定蒙古衙门为理藩院，专治蒙古诸部事。是日，授土默特部章京古禄格等二十二人世职，各视其品级分别授之。寻铸给理藩院印信。丁卯，遣还喀尔喀部扎萨克图汗使臣达尔汉囊苏喇嘛等。

八月，命睿亲王多尔衮，贝勒岳托，统左右翼军分道征明。

科尔沁部土谢图亲王巴达礼、卓哩克图亲王乌克善、扎萨克图郡王布达齐、巴图鲁郡王满珠习礼、喀喇沁部长古噜思奇布等率兵来会。

十二月，赐朝贡诸外藩宴。时厄鲁特部尹札胡图克图下额尔格布什格隆、宰桑等十七人，土默特部武巴什、巴彦蒙库等四十七人，苏尼特部腾机思下巴克察尔塔布囊等十五人，鄂尔多斯部济农下武巴什等十二人，乌珠穆沁部多尔济济农下奇塔特塔布囊等三人，均贡驼马朝见。次日，黑龙江萨哈连额驸巴尔达齐之弟、瑚尔布尔屯费扬古，沃呿屯武第堪，乌鲁苏屯莽古珠等五十有一人，索伦部博木博果尔、透特等九人，呼什哈礼氏纳木达哩等十人，巴雅喇氏满第特喀下二人，布克图礼等五人，赖达库等四人，均以贡貂朝见，太宗御崇政殿赐宴。

崇德四年（明崇祯十二年，1639 年）五月，叙张家口开市功。太宗于三年六月内，遣达雅齐塔布囊、伟宰桑、侍卫诺木图伟徵率喀喇沁部弼喇什、拉什希布等，往明宣府北张家口，与镇守官议岁币，一如与喀喇沁贝勒之数，并开关互市。至是叙其功，授达雅齐等世职，加袭二次。

崇德六年（明崇祯十四年，1641 年）正月，锡特库等，自索伦部擒博木博果尔还。五年三月，博木博果尔既败亡，是年七月丙午，命锡特库、济什哈等，率护军与敖汉、奈曼、乌拉特、阿噜科尔沁、四子部落诸部兵往征，令诸部兵先集札噜特部较射，简壮勇二百四十人隶之行，凯旋，赐阿噜科尔沁部台吉阿玉什、札噜特部台吉桑古尔、乌喇特部台吉布达齐、四子部落将领博内、敖汉部将领色穆、奈曼部将领札丹等，蟒缎朝衣，貂与猞猁狲狐豹裘，冠带甲胄，囊鞬弓矢，银两缎布等物有差。

三月，蒙古博尔衮岱等来降。初，蒙古博尔衮岱、哈喇尔岱、巴彦岱等逃入明国，既而率男子四百二十一人、妇女幼稚共五百口，携马骡二百一十有一，毁大同、阳和边墙来降。乙巳，分编锦州蒙古贝勒诺木齐等归降部众。郑亲王济尔哈朗，武英郡王阿济格等，奉命往代睿亲王多尔衮等围锦州，每面分立营、绕营，俱浚深壕，壕边修筑垛口，两旗中间复浚长壕，近城设逻卒哨探。时明援兵前队已至松山、杏山，锦州城中蒙古，见我军严整，呼告逻卒等曰："城中积粟可支二三年，纵围困岂可得耶！"逻卒应之曰："无论二三年，纵有四年之粮，至五年后复可所食。"蒙古等闻之，知我军围城志在必得，皆惊恐，于是城中蒙古贝勒诺木齐、武巴什、珲津、清善、山津、古英塔木囊、楚肯、博博克泰、昂阿岱、苏巴达尔汉、满济、额森、托济、布达习等，遂谋来降。有一人闻之，欲奔告祖大寿，武巴什等幽杀之。遣二人持降书缒城下，潜入我营，其书曰："我等知王贝勒等至，早有归顺之心。今贝勒诺木齐、台吉武巴什等，约誓已定，倡率众蒙古请降。至二十七日黎明时，可遣兵四面来攻。诺木齐守东门，武巴什守南门，若不信我等，有上天在，有如天之圣主在，我等愿为编氓，纳职贡。若蒙鉴纳，幸赐回书，可举信炮三声为验。"济尔哈朗览书，又细讯之，与诸王贝勒大臣等定议约于二十七日，兵必前进，遂举信炮为验，并遣启心郎额尔克图，持其降书驰奏。是日，祖大寿探知其事，遂整兵以待。会日暮，至外城门，遣副将、游击各一人率兵欲以计擒之，为武巴什等所觉，即持兵器以迎，外城蒙古等亦争执兵器。既接战，声闻关外，济尔哈朗、阿济格、多铎等，相继至城下策应。关内蒙古缒绳城下，我军陆续援绳而上，于城上吹角夹攻明兵，明兵败入城内。我军遂乘胜入关，城中蒙古男妇及诸器物尽送义州。乙巳，以诺木齐、武巴什携来蒙古人一千五百七十有三名，汉人一百三十有九名，妇女幼稚二千六百五十五口，编为九牛录，每三丁一人披甲。诺木齐部下蒙古二百有四人，分隶正黄旗。武巴什部下蒙古七百有二人，分隶镶蓝旗。阿邦、伊木图、文都尔瑚、满韬部下蒙古五百五十三人，分补各旗之缺者，令诺木齐、武巴什秩视梅勒章京。阿桑喜、满韬、额布根、海塞、巴布岱、额布格尔德、珲津秩视甲喇章京。巴布岱之弟鄂尔洪、安达哈、山津多而津、伊木图、文都尔瑚、阿邦等，秩视牛录章京，并达尔玛古什以下，各赐顶带、朝衣、鞍马、弓矢、甲胄、彩缎、布匹、银两、庄田、牲畜等物有差。后赐诺木齐、武巴什部下拨什库钟化、额森、博波克托、席柱等庄田奴仆，朝衣、冠带、鞍马、甲胄、弓矢、彩缎、布匹、银两等物有差。

五月，郑亲王济尔哈朗等败明总督洪承畴兵于松山。又蒙古人名古什者，初与诺木齐、武巴什等同谋归附，未偕出，及是明兵败，越城来降，坠伤肱，济尔哈朗携之归。丁亥，索伦部蒙古塞尔瓦岱之子巴尔达齐，率其部下二百四人来降。乙丑，索伦部人一千四百七十一人归附，俱迎宴之。辛亥，睿郡王多尔衮、郑亲王济尔哈朗等，合军败明援兵于松山。

八月，皇太极亲统大军征明锦州。乙丑，大破明兵十三万于松山。

九月，分兵围锦州、松山城，科尔沁部卓哩克图亲王乌克善，巴图鲁郡王满珠习礼围守高桥，车驾自松山还。松山之捷，科尔沁部土谢图亲王巴达礼，察哈尔部宰桑索诺木伟徵与巴特玛，四子部落都尔拜，翁牛特部兵皆从。

崇德七年（明崇祯十五年，1642年）二月，克明塔山。札赉特部蒙衮长子色棱先登，毁其城。进攻松山，擒总督洪承畴。命议科尔沁土谢图亲王从征退缩罪。先是，皇太极诏巴达礼，随睿亲王等由塔山协击洪承畴军，期暮至，巴达礼旦乃诣营，至是议削爵夺官属，诏免，罚马百匹。

冬十月，征明。甲戌，至黄崖口，将入长城。时辅国公芬古、管旗大臣谭泰、叶克舒等，定议两路夹攻边口，遂遣满洲、蒙古每旗护军二十名，每牛录骑兵二名，科尔沁、敖汉、奈曼、乌喇特、阿噜科尔沁、巴林、喀喇沁等部兵三百五十名，令蒙古管旗大臣玛喇希署梅勒章京事，卦喇率领从右山路而登，夺其边口，追击山城，敌兵至山下，进克其城。左翼令梅勒章京和托率护军四十名先往登城，署章京阿尔海弃梯不用，率本旗数人，于护军未至前，先至城下，次第毕登。两翼军既克长城，斩守备一员，城内兵俱溃走。

十一月，喀尔喀部硕雷下巴特玛，率男妇幼稚携马五十匹来降。

崇德八年（明崇祯十六年，1643 年）二月，增设礼部蒙古理事官、副理事官各一员。是日，喀尔喀部达喇吴巴三察下托克推达噜噶，率男子九人及其妇女幼稚三十四口，携驼马九十余来归。

六月，征明大军还。

八月，赐来朝外藩大宴。丁亥，世祖章皇帝即皇帝位，以明年为顺治元年，颁诏大赦。

顺治元年（明崇祯十七年，1644 年）春正月，世祖御殿受朝贺，见喀尔喀部使臣跪拜参差，问侍臣曰："此何国人，乃行礼若是？"奏曰："此北方投诚喀尔喀使臣也，岁贡驼马，未尝有缺，因尚未入版图，是以不娴礼节。"众于是咸服。

四月，赐摄政睿亲王大将军敕印，统军征明。己卯，大军入山海关。敖汉部长班第，巴林部长色布腾，阿噜科尔沁部长穆彰，土默特部左翼善巴，奈曼部善丹，札噜特部哲肯赫，四子部落多尔拜，及札赉特、杜尔伯特、郭尔罗斯、科尔沁诸部，皆从吴三桂迎降。李自成败走。

顺治十年（南明永历七年，定武八年，1653 年），喀尔喀土谢图台吉本塔尔，以与其汗有隙，偕弟本巴什希、札木素、额琳沁、衮布率户千余来归。赐牧塔噜浑河，封和硕达尔汉亲王，统其众，与内扎萨克诸部并列，是为喀尔喀右翼。其称左翼者，为贝勒衮布伊勒登，亦自喀尔喀来归，受封在本塔尔后。本塔尔者，喀尔喀左翼诺诺和次子阿布和孙也。衮布伊勒登则其部右翼阿什海达尔汉珲台吉次子图扪达喇岱青孙。扎萨图汗台吉皆达延车臣汗五世孙，去元太祖二十世也。

顺治十三年（南明永历十年，1656 年），福临以科尔沁及札赉特、杜尔伯特、郭尔罗斯、喀喇沁、土默特、敖汉、奈曼、巴林、札噜特、阿噜科尔沁、翁牛特、乌珠穆沁、浩齐特、苏尼特、阿巴噶、四子部落、乌喇特、喀尔喀右翼、鄂尔多斯诸扎萨克，归诚久，赐敕曰："尔等秉资忠直，当太祖、太宗开创之初，诚心归附，职效屏藩，太祖太宗嘉尔勋劳，崇封爵号，赏赉有加，朝勤贡献，时令陛见，饮食教诲，为数甚多，凡有怀欲吐，俱得陈奏，心意和谐，如同父子。朕荷祖宗鸿庥，统一寰宇，恐于懿行有违，成宪未洽，恒用忧惕，亲政以来，六年于兹，未得与尔等一见；虽因万几少暇，而怀尔之忱，时切朕念。每思尔等效力有年，功绩卓著，虽在癏瘵，未之有敉，诚以尔等相见既疏，恐有壅蔽，不能上通，故特遣官赍敕赐币，以谕朕意。嗣后有所欲请，随时奏闻，朕无不体恤而行。朕方思致天下于太平，尔等心怀忠荩，毋忘两朝恩宠，朕世世为天子，尔等亦世世为王，享富贵于无穷，垂芳名于不朽，不亦休乎！"先是科尔沁内附，莽古斯以女归皇太极，是为孝端文皇后；孙乌克善等复以女弟来归，是为孝庄文皇后；曾孙卓尔济复以女归世祖章皇帝，是为孝惠章皇后。科尔沁以列朝外戚，荷国厚恩，列内扎萨克二十四部首，有大征伐，必以兵从，如亲征噶尔丹及剿策妄阿喇布坦、罗卜藏丹津、噶尔丹策凌、达瓦齐诸役，扎萨克等效力戎行，莫不懋著勤劳。土谢图亲王、达尔汉亲王、卓哩克图亲王、扎萨克图郡王，四爵俸币，视他部独增，非惟礼崇姻戚，抑以其功冠焉。

二、外喀尔喀四大部归附清朝大事编年

1. 车臣汗部

天聪九年（明崇祯八年，1635 年），大军平察哈尔，车臣汗硕垒偕乌珠穆沁、苏尼特诸部长上书通好，贡驼马。

崇德元年（明崇祯九年，1636 年）春，以车臣汗部私与明市，谕责之曰："明，朕仇也。前者察哈尔林丹汗，贪明岁币，沮朕伐明，且欲助之，朕故移师往征，天以察哈尔为非，故以其

国予朕。今尔与明市马，是助明也，尔当以察哈尔为戒。"冬，硕垒遣伟征喇嘛等来朝，请与明绝市，顺治帝嘉之，命察罕喇嘛往赉貂服、朝珠、弓刀、金币，此喀尔喀部通好之始。自是土谢图汗衮布，扎萨克图汗素巴第，赛因诺颜部长图蒙肯相继至。初，喀尔喀无汗称，衮布祖阿巴岱，赴唐古特谒达赖喇嘛，迎经典归，众服之，称汗。至衮布始号土谢图，与硕垒、素巴第同时为三汗。喀尔喀有所谓红教者，与黄教争，图蒙肯尊黄教，为之护持，达赖喇嘛贤之，授赛因诺颜号，令所部奉之视三汗。图蒙肯寻卒，次子丹津喇嘛复受诺扪汗号于达赖喇嘛，居翁吉河霍岳尔克，为喀尔喀八扎萨克之一。

崇德二年（明崇祯十年，1637年），车臣汗硕垒献所产兽曰獭喜。

顺治三年（南明隆武二年，定武元年，1646年），车臣汗硕垒诱苏尼特部长腾机思叛。多铎率师追剿，硕垒遣子本巴等，土谢图汗衮布遣其属喇瑚里等合丹津喇嘛兵五万余援腾机思，大军败之，弃驼马而窜。

顺治五年（南明永历二年，定武三年，1648年），腾机思乞降。车臣汗硕垒遣使献驼百马千，入谢。土谢图汗衮布等并上表引罪，诏各遣子弟来朝，不从。

顺治九年（南明永历六年，定武七年，1652年），以车臣汗部妄争岁贡赏，谕责勿贡。

康熙三十年（1691年）五月，多伦会盟，康熙帝大阅蒙古。

康熙三十三年（1694年），车臣汗部贝勒车布登子旺札勒袭扎萨克多罗贝勒。

康熙三十五年（1696年）四月，康熙帝亲征噶尔丹。车臣汗部汗乌默客，多罗郡王朋素克等从征。

康熙五十五年（1716年），诏车臣汗部选驼六千，以兵五千领之，由郭多里巴勒噶逊运军粮赴推河。

雍正六年（1728 年），车布登班珠尔袭车臣汗，赐之印。

乾隆九年（1744 年），车臣汗部多罗郡王贡格三丕勒卒。贡格三丕勒，车臣汗垂札布弟。雍正末，垂札布由扎萨克郡王代车布登班珠尔为车臣汗，贡格三丕勒袭所遗扎萨克郡王爵，及垂札布子德木楚克袭扎萨克郡王，诏贡格三丕勒仍为郡王，不兼扎萨克，至是理落院议停袭。

乾隆三十年（1765 年），车臣汗嘛呢巴达喇来朝，命御前行走。

乾隆三十三年（1768 年），授车臣汗车布登扎布盟长。

2. 扎萨克图汗部

崇德三年（明崇祯十一年，1638 年），扎萨克图汗素巴第谋掠归化城，皇太极亲征之，所部遁，遣使谢罪，并贡马及独峰驼无尾羊。谕曰："朕以兵讨有罪，以德抚无罪，惟行正义，故上天垂佑，蒙古察哈尔诸部皆以畀朕，尔等皆其所属，当即相率归诚，否则亦惟谨守尔界，乃反兴兵构怨谋肆侵掠，岂以远处西北即为征讨不及之区耶？今与尔约，嗣后慎弗复入归化城界，重贻罪戾。"是年，土谢图汗衮布遣使贡驼貂皮雕翎及俄罗斯鸟枪。车臣汗贡马及甲胄貂皮雕翎俄罗斯鸟枪，回部弓箙鞍辔，阿尔玛斯斧白鼠裘，唐古特元狐皮。诏岁贡白驼一、白马八，谓之九白之贡，以为常，他物毋入献。赛因诺颜亦遣使通贡。

顺治七年（南明永历四年，定武五年，1650 年），扎萨克图汗部人俄木布额尔德尼等，诡称行猎，私入归化城界掠牧产，遣官饬归所掠。会其汗素巴第卒，子诺尔布嗣，称毕锡呼勒图汗，遣使入贡。谕曰："朕本欲许尔等和好，故命察归所掠，以赎前罪。今反以朕留尔逃人为辞，是何心耶？朕统一四海，尔等弹丸小国，勿恃荒远，勿听奸辞，致陨尔绪。"寻赛因诺颜部长丹津喇嘛，遣子额尔德尼诺木齐上书乞好。诏偕土谢图汗衮布约誓定议。

顺治十一年（南明永历八年，1654 年），扎萨克图汗部人额尔德尼诺木齐复表至。谕曰："尔奏言喀尔喀左翼四旗，皆尔统摄，凡有敕谕罔弗遵行，今即如所请，可速饬尔部长遣子来朝，有不遵者，即行奏闻。"

康熙元年（1662 年），先是扎萨克图汗诺尔布卒，子旺舒克袭，称汗。同族扎萨克俄木布额尔德尼卒，子额琳沁袭，号罗卜藏台吉。至是额琳沁以私憾袭杀旺舒克，土谢图汗察珲多尔济，赛因诺颜部长丹津喇嘛兵击之，奔就厄鲁特，其叔父衮布伊勒登避难来归，封扎萨克贝勒，驻牧喜峰口外察罕和朔图。

康熙九年（1670 年），命旺舒克弟成衮袭扎萨克图汗号。先是，旺舒克被戕，兄绰墨尔根因自立为汗，以未请于朝，众弗附，多归土谢图汗察珲多尔济。至是诏废绰墨尔根，以成衮袭扎萨克图汗，辑其众。

康熙十九年（1680 年），扎萨克图汗成衮遣使贡。

康熙二十五年（1686 年），诏理藩院尚书阿喇尼赍敕与达赖喇嘛使噶尔旦西勒图会，未至，成衮卒，诏其子沙喇袭扎萨克图汗，随阿喇尼赴库抡伯勒齐尔与察珲多尔济盟，察珲多尔济不亲至，使弟哲卜尊丹巴呼图克图往受盟，令尽遣所收逃众。

康熙三十年（1691 年）五月，多伦会盟，康熙帝大阅蒙古。

康熙三十五年（1696 年）四月，康熙帝亲征噶尔丹。扎萨克图汗部则多罗贝勒根敦，辅国公索诺木伊斯札布，辅国公衮占，扎萨克乌尔占，扎萨克哈玛尔岱青，扎萨克罗卜藏台吉额琳沁等从征。

康熙三十六年（1697 年）春二月，出师讨噶尔丹，乌尔占请从军，许之。

雍正八年（1730 年），诏扎萨克图汗郡王格埒克延丕勒偕同部辅国公通谟克，以兵千，赴塔尔弼、阿噜诺助前锋统领定寿，防御准噶尔。

乾隆五年（1740年），谕扎萨克图汗部辅国公敏珠尔，由多伦诺尔送哲卜尊丹巴呼图克图归居库抡。

乾隆七年（1742年），扎萨克图汗格埒克延丕勒卒，子巴勒达尔新袭郡王爵，来朝。

乾隆二十八年（1763年），扎萨克图汗子齐旺巴勒斋署盟长。

乾隆三十年（1765年），命扎萨克图汗将军郡王巴勒达尔御前行走，赐同部郡王车都布黄马褂。

乾隆三十一年（1766年），扎萨克图汗部公品级喇布坦以老罢，子镇国公朗衮扎布卒，孙索诺木多尔济袭公品级扎萨克一等台吉，寻袭镇国公。同部镇国公旺舒克以病罢，子拉旺多尔济降袭辅国公。扎萨克图汗部扎萨克诺尔布送马四千赴乌噜（鲁）木齐。

3. 土谢图汗部

顺治八年（南明永历五年，定武六年，1651年），土谢图汗衮布不归巴林人畜，仅献驼十马百入谢，严谕诘责。

顺治十年（南明永历七年，定武八年，1653年），命侍郎毕哩克图往土谢图汗部察巴林被掠人畜，衮布等匿不尽给，会其属喇瑚里子台吉本塔尔携众来归，封扎萨克亲王，驻牧张家口外塔噜浑河，因诡言巴林人畜本塔尔携往，应就彼取，并乞遣本塔尔等还。谕曰："不遣子弟来朝，不进九白常贡，不尽偿巴林人畜，冒此三罪，反请遣还来归之人，是何理也？今即遵旨释此三罪，朕亦弗使本塔尔等还，尔等其自择之。"秋，衮布遣使补贡九白，至张家口，诏弗纳。

顺治十二年（南明永历九年，1655年）夏，土谢图汗衮布子察珲多尔济，车臣汗硕垒子巴布，并继其父称汗，偕扎萨克图汗诺尔布、赛因诺颜部长丹津喇嘛，各赍表遣子弟来朝。谕曰："尔等遵旨服罪，朕不咎既往，其应归巴林人畜缺数，悉从宽免，嗣后逃人来此，当即遣还。"

冬，土谢图汗等复遣使乞盟。许之，赐盟于宗人府。是年，设喀尔喀八扎萨克，仍分左右翼。命察珲多尔济、巴布、丹津喇嘛及察珲多尔济同族墨尔根诺颜，各领左翼扎萨克之一，诺尔布及同族俄木布额尔德尼、车臣济农、昆都伦陀音，各领右翼扎萨克之一。命丹津喇嘛岁贡九白，如三汗例。

顺治十五年（南明永历十二年，1658 年），遣大臣赉服物赍诸扎萨克。敕曰："朕观尔等审知天命，诚心誓好，凡一诏下，靡不敬从。自兹以往，其益励忠贞，仰膺宠眷，以慰朕怀柔至意。果克恪慎罔懈，以获天眷，以承国恩，奕世永享太平之福矣。"

康熙十六年（1677 年），厄鲁特部鄂齐尔图汗为同部台吉噶尔丹所袭，土谢图汗察珲多尔济救之。会鄂齐尔图汗被戕，因与噶尔丹构难，遣台吉色棱达什引兵三百，劫其贡使，事闻，谕罢兵誓好。

康熙十八年（1679 年），噶尔丹自称博硕克图汗，虐附近诸部。土谢图部扎萨克毕玛里吉哩谛侦其谋侵喀尔喀，遣使告，康熙帝嘉赉之。毕玛里吉哩谛，赛因诺颜图蒙肯弟九子也，号巴图尔额尔德尼诺颜。

康熙二十六年（1687 年），土谢图汗察珲多尔济偕车臣汗诺尔布疏请给印，且上尊号，谕却之曰："尔等恪恭敬顺，具见悃忱，但宜仰体朕一视同仁，无分中外至意，自今以后，亲睦雍和，毋相侵扰，永享安乐，庶慰朕怀，胜于受尊号也，亦不允给印。"秋，土谢图汗与噶尔丹构兵。

康熙二十七年（1688 年）秋，噶尔丹自克噜伦还掠图拉，察珲多尔济悉众由尼列图至鄂罗会诺尔鏖战三日，众溃，遂自察衮库勒逾瀚海，会哲卜尊丹巴呼图克图，吁请内附。噶尔丹上书，诉其弃好兴兵，妄杀无辜，请勿纳，康熙帝弗许，命入居苏尼特界内鄂琳图。于是察珲多尔济悉族来归。寻命与噶尔丹会盟议和。噶尔丹既迁沙喇妻、子，沙喇弟策旺扎布，随母扎尔穆转徙年余，遂相失，至是策旺扎布偕同族色棱阿海等相继至。诏附牧乌喇特诸部。当是时车臣汗部、赛因诺部并避噶尔丹难，率属来归。

康熙二十八年（1689年），土谢图汗察珲多尔济疏乞免与噶尔丹会盟。

康熙二十九年（1690年）春，诏察土谢图汗所属贫户，遣就食张家口。

康熙三十年（1691年）五月，多伦会盟，康熙帝大阅蒙古。康熙帝以察珲多尔济来归后，喀尔喀全部内附，封爵官制宜更定，且降众数十万错处，应示法制俾遵守，将幸多伦诺尔，行会阅礼，诏三汗及赛因诺颜诸部长，随四十九旗扎萨克，先集以俟。尚书马齐奉命往议礼，定赏格九等，坐次七行，以察珲多尔济为之首。喀尔喀汗、济农、诺颜、台吉等三十五人，以次朝见。命改诸部济农、诺颜旧号，封王公、贝勒、台吉等爵，各授扎萨克，编佐领。

康熙三十一年（1692年），土谢图汗部郡王西第什哩、扎萨克图汗部亲王策旺扎布来朝，宴之，优赍遣归。

康熙三十五年（1696年）四月，康熙帝亲征噶尔丹。土谢图汗部则多罗郡王车木楚克纳木札勒，辅国公锡布推哈坦巴图鲁，多罗贝勒西第什哩等从征。

康熙五十年（1711年），土谢图汗部台吉车棱巴勒车臣汗部贝子布达札布，扎萨克图汗部辅国公衮占来朝。

康熙五十八年（1719年），命土谢图汗部扎萨克辅国公车棱巴勒随右卫将军费扬古，筹筑札克拜达哩克城。

雍正五年（1727年），以库抡、恰克图为土谢图汗部与俄罗斯互市地。诏非市期，毋许俄罗斯逾楚库河界。

乾隆十年（1745年），土谢图汗部扎萨克和硕亲王额璘沁多尔济，督理俄罗斯边境事。

乾隆十二年（1747年），授土谢图汗部扎萨克和硕亲王额璘沁多尔济所部副将军，赴塔密尔驻防。

乾隆十三年（1748年），授土谢图汗延丕勒多尔济为盟长及所部副将军，偕哲卜尊丹巴呼图克图，督理俄罗斯边境事。

乾隆十七年（1752年）三月，土谢图汗部扎萨克琳丕勒多尔济，率兵驻防塔密尔。

乾隆十九年（1754年）二月，土谢图汗部被灾乏食。诏遣都统多尔济赍银万两赈之。

乾隆二十四年（1759年）正月，命土谢图汗郡王副将军桑斋多尔济督解驼马，送乌里雅苏台军营。

乾隆二十八年（1763年），土谢图汗部公车登三丕勒赴哈克图驻防。

乾隆三十年（1765年），授土谢图汗车登多尔济所部副将军，授同部郡王齐巴克雅喇木丕勒盟长，兼所部副将军。土谢图汗郡王桑斋多尔济议私与俄罗斯互市罪，诏削爵。寻命复封多罗郡王。土谢图汗部公车布登多尔济辖乌里雅苏台军营学舍。

乾隆三十一年（1766年），命土谢图汗车登多尔济乾清门行走，赐三眼孔雀翎及黄马褂。土谢图汗部扎萨克一等台吉车布登以私易所解达哩刚爱马，为同亲王桑斋多尔济所劾，诏削职，其子不得袭，以弟车登袭。

乾隆四十二年（1777年），授土谢图汗车登多尔济盟长。

乾隆四十三年（1778年），授土谢图汗部亲王齐巴克多尔济所部副将军，赐三眼孔雀翎、黄马褂。

乾隆四十四年（1779年），授土谢图汗部郡王齐巴克扎布副盟长，兼署所部副将军。

乾隆四十六年（1781年），诏喀尔喀世爵视内扎萨克四十九旗例，理藩院遵旨议，首以土谢图汗请。

乾隆四十八年（1783 年），以土谢图汗车登多尔济车臣汗车布登札布私用乌拉票罪，诏黜御前行走，寻议削爵，乾隆帝弗忍，谕减等再议。因议留汗爵，永停给俸，削盟长，夺三眼翎及黄马褂。诏削盟长，罚俸五年，勿夺翎褂。寻因未来谢恩，谕并夺之。授土谢图汗部贝子逊笃布盟长，以同部亲王齐巴克多尔济庸懦无能，命解副将军任。授同部额附永丹多尔济所部副将军，辅国公车布登多尔济所部副将军参赞。

乾隆四十九年（1784 年）五月，土谢图汗车登多尔济、车臣汗车布登多尔济迎觐避暑山庄，复并赐孔雀翎。寻命乾清门行走，赐黄马褂。

4. 赛因诺颜部

顺治十八年（南明永历十五年，1661 年），赐赛因诺颜部长丹津喇嘛遵文顺义号，给之印。

康熙三年（1664 年），诏赛因诺颜所部毋越界游牧。寻丹津喇嘛卒，子塔斯希布袭。顷之，塔斯希布卒，子善巴袭，赐信顺额尔克岱青号。

康熙二十二年（1683 年），诏车臣部、赛因诺颜部毋越噶尔拜瀚海旧界游牧。先是都统毕哩克图奉命勘喀尔喀与内扎萨克游牧，以噶尔拜渤海为界，久之，多越界互窃，议置哨；至是善巴以蒙古旧俗逐水草居，疏乞免，诏识旧界毋越。

康熙三十年（1691 年）五月，多伦会盟，康熙帝大阅蒙古。

康熙三十五年（1696 年）四月，康熙帝亲征噶尔丹。赛因诺颜部多罗郡王善巴、袭布，辅国公旺舒克，辅国公阿玉什，扎萨克阿哩雅，台吉纳木扎勒，镇国公乌巴达等从征。

康熙三十六年（1697 年）春二月，出师讨噶尔丹，善巴请从军，许之。

康熙四十五年（1706 年），赛音诺颜部扎萨克，诏三等轻车都尉策凌，尚和硕纯悫公主，授和硕额驸，寻赐贝子品级，诏携属归牧塔密尔，其弟恭格喇布坦亦尚郡主，授固山额驸。

乾隆十七年（1752年）三月，赛因诺颜亲王成衮札布，率兵三千环屯塔密尔军营。

乾隆二十四年（1759年）八月，诏赛音诺颜亲王成衮札布安置新抚乌梁海众。

乾隆二十六年（1761年）三月，赛因诺颜亲王奏，喀尔喀汛旧设阿尔台，今准夷回部底定，向时戍区，俱成内地，请展扎哈沁、乌梁海、喀尔喀等汛，资耕牧业。诏会勘。寻奏奈曼明安至庚济、察罕布尔噶苏所设汛，宜展至乌噜（鲁）木齐。乌梁海内大臣察达克等，勘巴颜珠尔克至乌拉克沁伯勒齐尔及乌噜（鲁）木齐可设汛十五，俱相隔百里为率。军机大臣遵旨议，奈曼明安旧汛，应远徙，但千里长途，喀尔喀难遥制，应将附近乌噜（鲁）木齐之乌尔图布拉克、赛塔喇、纳里特、济木萨四汛，令索伦、绿旗兵驻防，其苏伯昂阿至乌拉克沁伯勒齐尔十一汛，令成衮札布督理，从之。

乾隆二十九年（1764年）四月，赛因诺颜亲王成衮札布奏乌里雅苏台旧城圮，应增修，上报可。

乾隆三十一年（1766年），赛因诺颜部亲王成衮札布长子贝子品级额尔克沙喇卒，成衮札布以额尔克沙喇子阿穆尔拜、车布木达什幼，其弟伊什扎木楚谙旗务，奏请袭爵，并遣入觐，许之，诏停袭贝子品级，以伊什扎木楚袭辅国公，阿穆尔拜、车布木达什各授一等台吉。

乾隆三十三年（1768年），赛因诺颜部亲王车布登札布入觐，赐第京师。

乾隆三十六年（1771年），授赛因诺颜车布登札布定边左副将军，寻授盟长。同部郡王车木楚克扎布所部副将军。赛因诺颜部亲王成衮札布卒，赐银千两治丧。子七，长额尔克沙喇，封贝子品级辅国公；次伊什扎木楚，袭辅国公；次敏珠尔多尔济，封公品级；次占楚布多尔济，封世子；次纳玛恺多尔济，授一等台吉；次德埒克多尔济，封辅国公；次拉旺多尔济，尚固伦和静公主，授固伦额驸，赐双眼孔雀翎，寻封世子，命御前行走。至是袭扎萨克和硕亲王。仍命辅国公伊什扎木楚克代掌扎萨克。同部辅国公佛保卒，子三丕勒敦多克袭。

乾隆三十八年（1773 年），赛因诺颜副将军车布登扎布以牟利为同部贝子品级齐旺多尔济所讦，诏罢左副将军职。先是齐旺多尔济凌其兄亲王诺尔布扎布，为车布登扎布所斥，故深憾之。

乾隆四十七年（1782 年），谕赛因诺颜部公品级三等台吉桑济曰："前议于桑济出缺后，请旨停袭，朕因其照例办理，业已允行。但念桑济之父噶瓦，于青衮咱卜作乱时，不肯随众株守，能自备马，接递驿务，且于经过官员，供给牲畜，伊不过一协理台吉，诚心奋勉若此，故特赐公品级。噶瓦卒后，朕追念前功，仍爵其子，若终归削除，朕心殊为不忍，著恩与世袭罔替。"

三、卫拉特蒙古各部编年

1. 和硕特部

崇德二年（明崇祯十年，1637 年），顾实汗遣使通贡，阅岁乃至，是为厄鲁特通贡后金之始。

崇德七年（明崇祯十五年，1642 年），顾实汗偕达赖喇嘛、班禅喇嘛及唐古特汗藏巴等奉表贡，和硕特昆都伦乌巴什亦遣使从达赖喇嘛贡驼马，顾实汗寻击杀藏巴汗而据其地，使其子驻之。

崇德八年（明崇祯十六年，1643 年），遣使存问达赖喇嘛。敕顾实汗曰："有败道违法而行者，闻尔已惩治之。自古帝王致治，法教未尝断绝。今遣使敦礼高贤，尔其知之并赐尔甲胄。"使未至，顾实汗表请发币使延达赖喇嘛，允之。顾实汗弟色棱哈坦巴图尔来朝贡驼马雕翎元狐等物并蒙奖赉。

顺治二年（南明弘光元年，隆武元年，1645 年），顾实汗及达赖巴图尔贡马至，奏闻，天使召圣僧，臣等自当遵奉。达赖巴图尔者，顾实汗第六子也，名多尔济，时佐理藏事。

顺治三年（南明隆武二年，定武元年，1646 年），以厄鲁特台吉等入甘肃境要粮赏，诏所司议剿抚。会顾实汗奉表贡，赐甲胄弓矢，俾辖诸厄鲁特。嗣是间岁辄遣使至。和硕特族，曰都尔格齐诺颜，曰色棱哈坦巴图尔，曰鄂齐尔汗，曰鄂齐尔图汗，曰阿巴赖诺颜，曰达赖乌巴什诺颜，曰伊拉古克三班第达呼图克图，曰额尔德尼珲台吉，曰阿哩禄克三陀音，曰噶尔第巴台吉，曰玛赖台吉，曰诺木齐台吉，曰绰克图台吉。都尔格齐诺颜者，顾实汗兄昆都伦乌巴什号也。鄂齐尔汗者，名达延，顾实汗长子，时理西藏务。鄂齐尔图者，号车臣汗，与阿巴赖诺颜并拜巴噶斯子。达赖乌巴什者，名巴延阿布该阿玉什，顾实汗第四子也。拜巴噶斯初育以为子，后虽自生子二，而达赖乌巴什仍与鄂齐尔图兄弟同居西套。伊拉古克三班第达呼图克图者，鄂齐尔图第三子也，以其为僧，故贵之。凡呼图克图，皆僧号也。额尔德尼珲台吉者，名特尔衮，与阿里禄克三陀音、玛赖台吉并色棱哈坦巴图尔子。噶尔第巴者，鄂齐尔图次子也。其和硕特之诺木齐绰克图，未详所出。

顺治四年（南明永历元年，定武二年，1647 年），鄂齐尔图遣使贡驼马，越一年阿巴噶继至。

顺治七年（南明永历四年，定武五年，1650 年），鄂齐尔图汗使至，以喀尔喀煽苏尼特部长腾机思叛，奏称力能锄逆，当相机为之，否亦必修贡如初，不敢稍萌异志。谕绝喀尔喀，勿私通好。自是，厄尔德尼噶尔第巴、伊拉古克三班第达呼图克图及所部台吉宰桑等朝贡至者相接。

顺治九年（南明永历六年，定武七年，1652 年），顾实汗导达赖喇嘛入觐，先奉表闻，并贡驼马方物。昆都伦乌巴什亦贡驼马，嗣数遣使至。

顺治十年（南明永历七年，定武八年，1653 年），诏封图鲁拜琥“遵文行义敏慧顾实汗”，赐金册印。

顺治十三年（南明永历十年，1656 年），色棱哈坦巴图尔子玛赖遣使入贡，伊勒登诺颜遣使锡喇尼和硕齐继至。青海和硕特衮布游牧嘉峪关外，邻哈密及准噶尔，诸回使往来必经之。是年，叶尔羌回长遣使克拜挈众三百人贡抵肃州，衮布以叶尔羌尝夺其属，将袭之，甘肃巡抚周文煜徙贡使至甘州，衮布挈千余骑分道入，闻官军严备，遁归，卒不敢为边患。衮布，察罕丹津从叔父，其父达兰泰，顾实汗第三子也。是年，顾实汗卒。顺治帝念其忠勤修贡，遣官致祭，会青海属复为边患。谕顾实汗子车臣岱青及达赖巴图尔等曰：“分疆别界向有定例，迩来尔等率番众掠内地，抗官兵，守臣奏报，二十余次，屡谕不悛。今特遣官赴甘肃、西宁等处勘状，或尔等亲至，或遣宰桑来质，诬妄之罪，各有攸归。番众等旧纳贡蒙古者，听尔辖，倘系前明所属，应仍归中国，至汉人、蒙古定界与市易隘口，务宜详加察核，分定耕牧，毋得越境妄行。”车臣岱青者，名鄂木布，顾实汗次子也。

顺治十四年（南明永历十一年，1657 年），青海多尔济表谢，赐其父顾实汗赙祭恩，并奏称西宁东向不设驿，贡使往来道艰，乞设驿西宁东，不许。

顺治十五年（南明永历十二年，1658 年），复谕车臣岱青曰：“前因尔等频犯内地，遣官往勘，据奏尔等入边向属番取贡，辄肆攘夺，咎自难解，朕悉有尔前愆，但中外本无异视，疆围自有大防，尔等向属番取贡，酌定人数，路由正口，遣头目禀告守臣，方准入边，至市易定所，应从西宁镇海堡、川北、洪水等口出入，毋得任意取道，如或不悛，国宪具在，朕不尔贷也。”

康熙四年（1665 年），甘肃提督张勇奏，蒙古番众游牧庄浪诸境，情形叵测，请增甘肃、西宁驻防兵。先是，青海蒙古恋西喇塔拉水草肥饶，乞驻牧，张勇以其地为甘肃要隘，不容逼处，往责之，谢罪去，因设永固营，联筑八塞。至是蒙古等复相继徙近边，康熙帝以其渐不可启，诏如勇请。

康熙五年（1666年），张勇复奏青海难通西藏，不过荒徼绝塞，朝廷曲示招徕，准开市易，自应钤束部落，各安边境。乃迩来蜂屯祁连山，纵牧内地大草滩，曾遣谕徙，复抗据定羌庙，官军败之，犹不悛，声言纠众分入河州、临洮、巩昌、西宁、凉州诸地，请设兵备道。诏严防御，仍善抚以柔其心。

康熙六年（1667年），川陕总督卢崇峻奏，青海诸头目侦于八月将入寇，因赴庄浪所备之，遣总兵孙思克屯南山隘，相形势固守。达赖喇嘛寻檄厄鲁特诸台吉，毋扰内地，驻牧黄城儿大草滩蒙古悉徙去，并献驼马牛羊谢罪，遂撤驻防兵。青海色棱哈坦巴图尔少子伊思丹津为诸昆弟所迫，孑身来归，诏封多罗贝勒，尚县主，授多罗额驸。赐田产仆属，隶内蒙古正白旗，后以罪削爵，降三等公。

康熙十三年（1674年），以吴三桂叛，遣使往谕达赖喇嘛，道西宁，墨尔根台吉将尼之，为我使所叱，惧谢罪。嗣闻三桂扇王辅臣叛，梗秦蜀，以所部兵屯大草滩外，令军书得达内地。有准噶尔台吉罕都及拜达者，既降寻叛，携贼千余，掠番民，由大草滩毁边垣遁，墨尔根台吉闻之，挈其众，以大草滩饶水草，来徙牧，为守汛者所御，复乞屯牧黄草滩，康熙帝不允。遣尚书科尔廓代往定界，寻引去。王辅臣之叛，青海蒙古乘隙犯河西，永固营副将陈达御之，阵殁。孙思克屯凉州，宣示朝廷恩威，各引罪出塞。会达赖喇嘛使至，命传谕达赖巴图尔等戢部众，勿为边患。

康熙十七年（1678年），西套诸台吉侦噶尔丹将侵青海，遣使告和硕特台吉达赖巴图尔等为防御计。康熙帝闻之，谕靖逆将军张勇曰："噶尔丹侵青海，如远从达布素图瀚海往，则听之；

若欲经大草滩，则令坚立信约，勿扰内地。"寻噶尔丹以从者异志，且距青海远，行十一日撤兵归，遗书张勇，诡称其祖多克辛诺颜偕顾实汗取青海，和硕特族独拒据之，欲往索，以将军所辖地，故不果。既而惧和硕特诸台吉袭己，密遣使议婚，以女布木妻博硕克图济农子根特尔。张勇谍得状，奏噶尔丹仇青海蒙古，假议婚名，恐复往侵，甘肃当往来冲，请增兵防，报可。博硕克图济农者，顾实汗第五子伊勒都齐子也。

康熙十八年（1679 年），遣使赴和啰理所，诘责掠乌喇特诸部罪。使至，称和啰理、茂济喇克皆无掠乌喇特事。额尔德尼和硕齐为准噶尔属，已徙牧去，察归所掠之未售者，十八人，和啰理复献马百余，为弟请罪。谕曰："和啰理既未行劫，可弗罪。"诏檄噶尔丹收捕额尔德尼和硕齐治罪，并收和啰理归牧，或非所属当以告。

康熙二十年（1681 年），和啰理遣使入贡，诏纳之。

康熙二十一年（1682 年），和啰理以前年缺贡补解马至，其母格楚尔哈屯，弟土谢图罗卜藏、博第等，各遣使至，奏荷崅礞，居边境，属众妄行盗窃，深知悔罪，又游牧迩宁夏，乞赴市。理藩院仍追议前罪。

康熙二十二年（1683 年），噶尔丹奏，和啰理等往归达赖喇嘛，已遣使召之，请限以丑年四月为限，是年盖岁癸亥也。和啰理徙牧河岸，逼鄂尔多斯，贝勒松喇布以闻，谕退归。

康熙二十四年（1685 年），和啰理请赐敕印，以钤部众，廷臣以游牧未定，议不允。

冬，和啰理率属七百余来朝，诏以二百人入关，余留归化城，给羊及宣府贮米赡之。是年，定四卫拉特贡使例，噶尔丹使入关额二百人，余屯张家口及归化城。其绰啰斯自贡之。噶尔玛岱青和硕齐、杜尔伯特台吉阿勒达尔泰什及和硕特、土尔扈特长如之。噶尔玛岱青和硕齐者，墨尔根岱青子也，名丹津，于噶尔丹为从兄弟。

康熙二十五年（1686年）春正月，和啰理至京，赏宴视大台吉例，以御服貂裘赐之。寻遣归，赐牧阿拉善地。自是和啰理属始定牧阿拉善。

康熙二十七年（1688年），噶尔丹侵喀尔喀，和啰理欲往援察珲多尔济，乞师于清朝。时谕噶尔丹罢兵使已就道，诏不允和啰理请，而罗卜藏衮布阿喇布坦自率兵援喀尔喀，遇清朝使臣于道，宣谕之，亦撤归布隆吉尔。

康熙二十八年（1689年），罗卜藏衮布阿喇布坦卒，赐赙祭。初鄂齐尔图子三，长额尔德尼，子噶尔亶多尔济，次噶尔第巴，子即罗卜藏衮布阿喇布坦，次伊拉古克三班第达呼图克图，罗卜藏衮布阿喇布坦无嗣，其妻及宰桑等请召噶尔亶多尔济辖部众，允之。

康熙三十年（1691年）四月，康熙帝亲巡边外蒙古，编立喀尔喀七旗与四十九旗等。先是，噶尔丹侵喀尔喀，逼阿拉善境，谕和啰理内徙，会其部众掠喀尔喀丹津额尔德尼牧畜，有拒者辄格杀之，事闻。康熙帝以和啰理仍留阿拉善牧将不靖，诏徙归化城，将置诸察哈尔。复谕宁夏兵防护之。将军尼雅汉等闻，命旬余始赴。和啰理以驻牧阿拉善久，不愿内徙，闻大军将至，惧讨，率众窜，诡称驻西喇布里图待命。尼雅汉遣谕曰："大兵来，非讨汝，以徙汝归化城，虞中道为喀尔喀扰故耳，汝若此，岂不悖哉！"和啰理不从，与噶尔亶多尔济、罗卜藏额琳沁、罕都等分道窜，尼雅汉追至库克不里图，不及，以所部牧畜归，招降噶尔亶多尔济属纳木喀班尔等五十余户，和啰理女弟之夫克奇及从者二十一人，以闻；诏安置归化城，以所得牧畜给丹津额尔德尼。和啰理寻悔罪，挈属二千余栖牧额济内河之明安雅玛图。

康熙三十一年（1692年），将军玛拉遣侍卫阿南达往招和啰理，和啰理乞降，且请遣子来朝。谕其入觐。和啰理偕次子玉楚木驰至，泣服罪，仍赐牧阿拉善。

康熙三十二年（1693 年），昭武将军郎坦奏，青海诸台吉私与噶尔丹通问，请屯兵哈密，绝往来踪。康熙帝以自乌兰布通之捷，边警稍熄，且青海诸台吉素恭顺，诏寝议。

康熙三十三年（1694 年），和啰理上书自理，称前鄂齐尔图汗岁奉职贡，噶尔丹兵起，臣不获已，挈众内徙，自赐牧阿拉善后所部富安。臣前入觐，蒙恩以鄂齐尔图汗进贡往来诸密旨，遣官传谕，至今铭心不忘。后使臣徙内地，臣畏大兵威，且属众已溃，故未即至。然臣虽奔遁，不敢负圣恩；留处边外，望纶音如重生。臣以族属困馁，不获内徙，请赐牧旧地，蒙恩允许。又察令臣戚属完聚，愿集游牧之众，捐躯效力。向以无知失信，每念及辄懊欲死，乞赐鉴恤。上慰谕之。和啰理弟博第率属百余降，乞仍与兄同牧，许之。命和啰理辑所属溃散者。未几，齐奇克复叛遁，和啰理遣所部莽奈霍什哈等，以兵追诸耨尔格山，谕之降，不从，击斩之。杜尔伯特台吉巴拜来归，巴拜者，陀音子也。附牧噶尔丹，戚属多为所取，畏不敢争，嗣从噶尔丹侵喀尔喀，至乌兰布通，欲弃之降，为伊拉古克三呼图克图所阴阻。至是偕从子齐克宗至，康熙帝以其习边外，不便驻内地，诏隶喀喇沁牧。

康熙三十六年（1697 年），青海衮布遣宰桑袝木特至。先是，遣使谕策妄阿喇布坦绝噶尔丹，道经嘉峪关外，衮布助粮糇驼马，且为导，令得达。至是，奏游牧边外久，不敢萌异志，数年来青海诸台吉私盟皆未敢与，请赐内附。时额驸阿喇布坦、都统都思噶尔、巴林台吉德木楚克、西宁喇嘛商南多尔济等，遵旨招降青海。复以哈密达尔仅伯克额贝都拉内附，诏敕青海厄鲁特勿扰哈境；行有期，诏携衮布使往，复赐谕奖之。衮布者，顾实汗第三子达兰泰子也。

是年，和啰理以所部数叛，请视四十九旗例，编佐领，廷臣议徙乌喇特界。谕曰："若将和啰理移牧近地，则沿边别部蒙古甚多，岂可尽徙？且治蒙古贵得其道，不系地之远近。著停徙，仍游牧阿拉善地。"诏封和啰理为多罗贝勒，给扎萨克印，辖其众。时噶尔亶多尔济阳附策妄阿喇布坦，阴贰之，策妄阿喇布坦将侵哈萨克，噶尔亶多尔济诡以兵从，中道遁库车，为回众所杀，母珠木苏携属九百余奔青海部，青海诸台吉以献。诏安置什巴尔台，隶察哈尔。鄂齐尔图裔自此绝。

康熙三十七年（1698年）正月，诏封达什巴图尔为和硕亲王。二月，康熙帝幸五台山，诏达什巴图尔等从，将旋跸，召觐行幄，温谕遣归，给驼马。

康熙四十二年（1703年）十二月，康熙帝幸西安。青海亲王达什巴图尔等来朝，诏封和硕特台吉策旺喇布坦为多罗郡王。策旺喇布坦者，达赖巴图子，萨楚墨尔根台吉弟也。时为右翼长。

康熙四十四年（1705年），先是，青海内附，瑚噜木什前卒，子哈坦巴图尔以疾，不获从诸台吉入觐，至是卒。以遗疏授亲王达什巴图尔，称子达什敦多布幼，乞赐恤。盖和硕特八台吉以内附功，授王贝勒贝子公等爵有差，惟瑚噜木什及桑噶尔扎裔未赐爵，达什巴图尔以闻，且献哈坦巴图尔疏，诏封达什敦多布及桑噶尔扎孙敦多布达什为辅国公。是年，贝勒衮布卒，子额尔德尼额尔克托克托鼐袭郡王。策旺喇布坦卒，子额尔克巴尔珠尔袭。

康熙四十八年（1709年），阿拉善扎萨克多罗贝勒和啰理卒，子阿宝袭，遣归游牧。

康熙五十年（1711年），诏封青海台吉噶尔丹达什、索诺木达什、车棱为辅国公。索诺木达什者，达赖汗弟。车棱者，索诺木达什弟墨尔根诺颜子。噶尔丹达什者，索诺木达什兄多尔济孙也，皆鄂齐尔汗裔，鄂齐尔汗为顾实汗长嗣，世领青海左翼及唐古特众，故其子姓并赐爵。

康熙五十五年（1716年）三月，诏青海贝勒朋素克旺扎勒、台吉达颜，各选兵百屯噶斯路，以防准噶尔。

闰三月，以议迁达赖喇嘛瑚毕勒罕事定，诏青海贝勒额尔德尼额尔克托克托鼐等分领青海左翼，台吉达颜等分领青海右翼。先是，亲王达什巴图尔为和硕特长，以私憾诬讦达颜罪，诏禁京师，以其叔父策旺喇布坦代辖所属。寻策旺喇布坦来朝，乞宥达颜罪，携归青海，允之。

康熙五十六年（1717年）正月，达颜奏请增设噶斯兵防准噶尔。

康熙五十七年（1718年），贝勒达颜卒，康熙帝悼唁之，子旺舒克喇布坦袭。

雍正元年（1723年），青海王以下台吉以上，叙功，郡王察罕丹津晋封和硕亲王，贝勒额尔德尼额尔克托克托鼐晋封多罗郡王，贝子额琳沁达什、拉察布晋多罗贝勒、辅国公敦多布达什、噶尔丹达什皆晋镇国公，诸台吉进爵有差。

八月，总理王大臣等遵旨议讨罗卜藏丹津。初，罗卜藏丹津袭其父达什巴图尔亲王爵，从大军入藏，归，觊为唐古特长，阴约策妄阿喇布坦援己，复诱青海台吉等盟察罕托罗海，令如所部故号，不得复称王贝勒贝子公等爵，而自号达赖珲台吉以统之。贝勒朋素克旺扎勒、辅国公济克济扎布惧不敌，为所胁，令掠邻牧及内地边。贝勒罗卜藏察罕、车凌敦多布、拉察布、土尔扈特台吉诺颜格隆、诺尔布等，并附逆，察罕丹津不之附，将构难；会罗卜藏丹津强授准噶尔部贝勒色布腾扎勒兵，令掠西宁，色布腾扎勒不从，亦遣使告；诏西宁、松潘兵驰往援。有拉察布者，察罕丹津兄墨尔根诺颜子也，附罗卜藏丹津，以兵掠察罕丹津牧，察罕丹津携孥及属百余，奔至河州老鸦关外。

雍正二年（1724年）春正月，诏土默特右翼都统根敦率满洲兵二千赴巴里坤，防御青海叛贼罗卜藏丹津。寻分兵千，驻吐鲁番境。诏以岳钟琪为奋威将军参赞军务。大军至，平定诸叛部，罗卜藏丹津逃往准噶尔部。

雍正三年（1725年）九月，王大臣议青海之准噶尔、辉特、土尔扈特，请勿令隶和硕特旗，诏允之。又诏以青海和硕特哈尔噶斯为扎萨克一等台吉。盖和硕特族之游牧青海者，自顾实汗裔十九扎萨克外，别设扎萨克二，一为顾实汗兄哈纳克土谢图裔，以车凌纳木札尔领之，一为顾实汗弟色棱哈坦巴图尔裔，以哈尔噶斯领之。

乾隆二十年（1755年），征达瓦齐，大军抵伊犁，罗卜藏丹津就擒。罗卜藏丹津俘至，告祭太庙社稷，行献俘礼，乾隆帝御午门楼受之。以世宗宪皇帝有罗卜藏丹津至仍宥罪之旨，诏免死。

2. 土尔扈特部

顺治三年（南明隆武二年，定武元年，1646年），以厄鲁特台吉等入甘肃境要粮赏，诏所司议剿抚。会顾实汗奉表贡，赐甲胄弓矢，俾辖诸厄鲁特。嗣是间岁辄遣使至。土尔扈特族，曰罗卜藏诺颜，曰楚琥尔岱青，曰博第苏克。罗卜藏诺颜者，和鄂尔勒克子。博第苏克者，莽海孙也。土尔扈特之楚琥尔岱青，则未详所出。

顺治十二年（南明永历九年，1655年），土尔扈特部长书库尔岱青遣使锡喇布鄂木布奉表贡。书库尔岱青者，和鄂尔勒克子也。和鄂尔勒克有子六，长书库尔岱青，次伊勒登诺颜，次罗卜藏诺颜，余并无嗣，不著。

顺治十四年（南明永历十一年，1657年），土尔扈特罗卜藏诺颜及子多尔济，遣使沙克锡布特、达尔汉乌巴什、阿巴赖等，贡驼马二百余，复携马千，乞市归化城，许之。

康熙十六年（1677年），准噶尔台吉噶尔丹以兵袭西套，戕鄂齐尔图，破其部。鄂齐尔图妻曰多尔济喇布坦，与喀尔喀墨尔根汗额列克妻，皆土尔扈特汗阿玉奇女兄也。额列克孙察珲多尔济，号土谢图汗，侦噶尔丹侵鄂齐尔图，兵援之，不及，多尔济喇布坦奔土尔扈特。阿玉奇者，书库尔岱青孙也。先是，书库尔岱青，以巴图尔珲台吉女为子朋楚克妇，生阿玉奇，育巴图尔珲台吉所，和鄂尔勒克徙牧，不复携。时土尔扈特与准噶尔隙，然未绝，后书库尔岱青赴唐古特还，假道准噶尔，索阿玉奇以归。书库尔岱青卒，朋楚克嗣；朋楚克卒，阿玉奇嗣，世为土尔扈特长，阿玉奇始自称汗。噶尔丹为阿玉奇舅氏，始娶鄂齐尔图孙女阿努为妻，既而恶鄂齐尔图，遂袭杀之，遣使献俘。

康熙三十六年（1697年），土谢图汗察珲多尔济来朝，以土尔扈特台吉恭格、鄂钦车布登、三都布等为祖母弟阿玉奇汗族属，代请入贡，报可。寻赐牧图拉河东喀里雅尔山界，其地居额尔德尼昭东北。

康熙三十八年（1699年），阿玉奇复遣使额里格克逊等奉表贡，归经准噶尔为所戕。初，策妄阿喇布坦徙博啰塔拉，乞婚阿玉奇，阿玉奇以女妻之，其第三子散扎布率属户万五千余从往。自噶尔丹既灭，策妄阿喇布坦谋并诸卫拉特族，留散扎布不遣，阿玉奇索其子，乃逐散扎布归额济勒，仍留从户不之给，分隶准噶尔鄂拓克；阿玉奇固索不获，因构难。

康熙四十三年（1704年），诏封土尔扈特降人阿喇布珠尔为固山贝子，赐牧色尔腾。初，阿喇布珠尔父纳扎尔玛穆特从其汗阿玉奇游牧额济勒河，地逼俄罗斯及准噶尔，阿喇布珠尔尝假道准噶尔赴唐古特谒达赖喇嘛，已而阿玉奇与策妄阿喇布坦修怨，阿喇布珠尔自唐古特还，以准噶尔道梗，留嘉峪关外，遣使至京师请内属。康熙帝悯其穷无所归，故有是命，使辖其众。

康熙五十一年（1712年），土尔扈特汗阿玉奇使萨木坦等假道俄罗斯，达京师，表贡方物，康熙帝嘉其诚，且欲悉所部疆域，遣侍读图丽琛等赍敕往。是年夏启行，秋达俄罗斯境，俄罗斯故导我使纡道行。

康熙五十二年（1713 年），遣使赍敕往谕阿玉奇，令迎阿喇布珠尔归。使至，阿玉奇及纳扎尔玛穆特以阿喇布珠尔幸为天朝臣仆，且俄罗斯假道不易，请勿遣归。

康熙五十四年（1715 年）春，图丽琛等复命，退而著《异域录》，述其道里山川民风物产，以及应对礼仪。所历俄罗斯境曰楚库柏兴，曰乌的柏兴，曰柏海尔湖，曰尼尔库城，曰昂噶拉河，曰伊聂谢柏兴，曰麻科斯科，曰揭的河，曰那里本柏兴，曰苏尔呼忒柏兴，曰萨玛尔斯科，曰狄木演斯科，曰托波尔，曰鸦班沁，曰费耶尔和土尔斯科城，曰费耶尔和土尔斯科佛落克岭，曰索里喀穆斯科，曰改果多罗，曰墨林诺付，曰喀山，曰西穆必尔斯科，曰萨拉托付，曰塔喇斯科，曰托穆斯科，曰伊里木城，皆其聚落也。其地为自古舆记所不载，亦自古使节所未经，如《史记》述匈奴北海，颇作疑词，故儒者类言无北海，今据图丽琛所记，知伊聂谢柏兴距北海大洋一月程。又《唐书》称薛延陀夜不甚暗，犹可博弈，仅得之于传闻。图丽琛以五月至其地，知夏至前后确有是事。

乾隆五年（1740 年），土尔扈特部多罗贝勒丹忠卒，子罗卜藏达尔扎袭，以幼，遣理藩院官代理牧务。

乾隆十八年（1753 年），诏授土尔扈特罗卜藏达尔扎扎萨克，领其众。未几，以罗卜藏达尔扎不更事，仍遣官代理。

乾隆二十一年（1756 年），初，土尔扈特族巴图尔乌巴什为噶尔丹策凌婿，初附牧伊犁境，大军至，乃乞降。会阿睦尔撒纳事起，诡言以兵赴博罗塔拉，助大军剿逆，不果往。至是侦阿逆为大军所迫，观据伊犁，辖四卫拉特，闻我师有备，窜察罕乌苏、博啰布尔噶苏、阿勒坦特卜什、勒卜什、沙尔海诸境，谍追兵至辄逸，仍乘间游骑，掠巴尔达穆特、塔本集赛诸鄂拓克。

乾隆二十三年（1758 年），初，土尔扈特族皆游牧额济勒河，与准噶尔绝，其族舍棱者，卫衮察布察齐六世孙也，与巴图尔乌巴什为从父兄弟，独率其戚属附牧伊犁境，为准噶尔属。台吉达瓦齐就擒，舍棱不即降，阿睦尔撒纳叛。我师分道驰剿，舍棱复乘间窜，阿睦尔撒纳走死，其从逆之绰和尔、乌喇特、昂吉岱等附巴图尔乌什，窜伏沙拉伯勒，敦多克、布库察罕等复附舍棱，匿库乌苏喀喇塔拉境。后舍棱杀副都统唐喀禄，舍棱驰逾喀喇玛岭，遣使俄罗斯，为所禁，间道赴土尔扈特，俄罗斯羁诸森博罗特图喇，诏遣兵击之，末至。俄罗斯徙入其境，巴图尔乌巴什子沙喇扣肯亦从往焉。初，清朝使臣与俄罗斯定议，不纳遁逃人，至是谕理藩院檄俄罗斯，以舍棱献，舍棱惧，由俄罗斯归土尔扈特牧。

乾隆三十六年（1771年），土尔扈特汗渥巴锡挈全部归顺，舍棱从之，抵伊犁。渥巴锡者，敦啰布喇什子也。先是，有辉特者最微，初隶杜尔伯特，后土尔扈特徙俄罗斯境，与准噶尔绝，准噶尔别以辉特为四卫拉特之一。大军定准噶尔，四卫拉特自杜尔伯特外，悉以叛就灭，土尔扈特道远，虽修贡未内属，乾隆帝不欲勤远略，索舍棱不获，仍听之。至是汗渥巴锡及其台吉策伯克多尔济并舍棱等，率其部众三万余户来归；先期遣使至伊犁，具书通款，自言为阿玉奇汗正系，向居俄罗斯地，久愿为大皇帝臣仆，而无机可乘，乃于去冬谋弃旧游牧，挈属内附。因自彼逸出，行程万千有余里，阅半年余始抵卡伦，乞准令入觐，以伸积诚。寻渥巴锡等先后至伊犁，将军伊勒图等察其词意恳切，邮函以闻。乾隆帝即命参赞大臣舒赫德驰往莅其事，因代伊勒图为将军驻伊犁，安辑新附之众，给以饩赡，授之牧地，其汗及台吉宰桑至者，将锡宴赉封爵秩，其部众则量地分编以居。诏分新旧二部各设扎萨克，曰乌讷恩苏珠克图，旧土尔扈特部，以渥巴锡领之，称汗如故，诸台吉授亲王、郡王、贝勒、贝子、公、一等台吉有差。曰青色特启勒图，新土尔扈特，以舍棱领之，封郡王，别授贝子一。

乾隆三十七年（1772 年），赐诸扎萨克牧地，汗渥巴锡、贝子恭坦、辅国公拜济瑚、台吉伯尔哈什哈，赐牧齐尔，亲王策伯克多尔济、台吉奇哩布、阿克萨尔哈勒，赐牧和博尔萨哩，以塔尔巴哈台大臣辖之。郡王巴木巴尔、贝子奇布腾赐牧济尔哈朗，以库尔喀喇乌苏大臣辖之，皆为旧土尔扈特。郡王舍棱、贝子沙喇扣肯，赐牧布勒罕河，以喀喇沙尔大臣辖之，为新土尔扈特。旧土尔扈特皆和鄂尔勒克裔，新土尔扈特皆卫衮察布察齐裔也，统听伊犁将军节制。

乾隆三十九年（1774 年），渥巴锡卒。著令其长子策琳纳木扎勒承袭。

乾隆四十年（1775 年），土尔扈特亲王策伯克多尔济以年班入觐。

乾隆四十四年（1779 年），旧土尔扈特东路盟长车凌德勒克闻班样额尔德尼将以祝禧入觐，奏请诣京师瞻礼，允之。

3. 杜尔伯特部

顺治十四年（南明永历十一年，1657 年），杜尔伯特台吉陀音，遣使霍什哈等，自鄂齐尔图所，以贡马至。陀音者，孛罕十二世孙也，其父曰达赖泰什，有子七，次子垂因。及垂音子阿勒达尔泰什，世为杜尔伯特部长，陀音其第三子也，第四子曰鄂木布岱青和硕齐。

顺治十五年（南明永历十二年，1658 年），杜尔伯特鄂木布岱青和硕齐子伊斯扎布复遣使额尔克贡马。

康熙十三年（1674 年），杜尔伯特台吉额勒敦噶木布从鄂齐尔图使入贡，自称阿勒达尔泰什族。

康熙十四年（1675 年），杜尔伯特台吉额勒敦噶木布从鄂齐尔图使入贡，自称为阿勒达尔泰什族。

康熙三十三年（1694 年），杜尔伯特台吉巴拜来归，巴拜者，陀音子也，附牧噶尔丹，戚属多为所取，畏不敢争，嗣从噶尔丹侵喀尔喀，至乌兰布通，欲弃之降，为伊拉古克三呼图克图所阴阻，至是偕从子齐克宗至，康熙帝以其习边外，不便驻内地，诏隶喀喇沁牧。

康熙三十六年（1697 年）闰三月，杜尔伯特部台吉车凌来归。车凌者，阿勒达尔泰什孙也。

乾隆十八年（1753 年）冬，杜尔伯特部台吉三车凌来归。三车凌者，曰车凌，曰车凌乌巴什，皆鄂木布岱青和硕齐裔，曰车凌蒙克，为达赖泰什弟保伊勒登裔，统称杜尔伯特台吉，巴约特其属部也。杜尔伯特以车凌为长，车凌乌巴什次之，巴约特以车凌蒙克为长，聚牧额尔齐斯。

乾隆十九年（1754 年）正月，三车凌使至，诏与朝正诸番臣宴。

五月，乾隆帝驾幸热河，驻跸避暑山庄。三车凌率诸台吉至，赐宴万树园，命观火戏。时所部设扎萨克十有三，自三车凌外，曰色布腾，曰蒙克特穆尔，曰根敦，曰班珠尔，曰刚，曰巴图蒙克，曰玛什巴图，曰达什敦多克，曰恭锡喇，曰巴尔。封亲王、郡王、贝勒、贝子、公、一等台吉有差。诸扎萨克既归牧。

秋七月，将军策楞请徙三车凌牧于归化城青山东。

冬十月，驾由盛京旋驻跸避暑山庄，诏色布腾偕新降台吉讷默库、阿睦尔撒纳等入觐，赐宴，锡之爵。杜尔伯特部曰纳默库封郡王；曰刚多尔济，曰巴图博罗特封贝勒；曰布图克森，曰额尔德尼，曰罗垒永端封贝子；曰布颜特古斯，曰蒙克博多特封辅国公；曰乌巴什、曰伯勒克封一等台吉。凡设扎萨克十，编旗分佐领，如三车凌例，分左右翼，设正副盟长各一。辉特部曰阿睦尔撒纳封亲王，和硕特部曰班珠尔封郡王，曰纳噶察封辅国公。班珠尔即阿睦尔撒纳同母兄；纳噶察者，噶尔丹丹忠弟索尔扎之子也。

乾隆二十一年（1756 年）七月，车凌、车凌乌巴什、刚多尔济等以徙牧额尔齐斯，请定入觐年班，乾隆帝嘉其诚悃，诏自来年始定三班。

乾隆二十三年（1758年），杜尔伯特扎萨克特古斯库鲁克达赖汗车凌卒，乾隆帝以车凌识时慕义，率属归诚，始终效力，钤牧静谧，轸悼，赐赙祭，子索罗木衮布袭，授盟长。诏勤习牧务。

乾隆四十一年（1776年），朝正，杜尔伯特王车凌乌巴什先因避痘，归诚二十余载，不敢至内地，至是已出痘，入觐京师。

4. 准噶尔部

顺治三年（南明隆武二年，定武元年，1646年），以厄鲁特台吉等入甘肃境要粮赏，诏所司议剿抚。会顾实汗奉表贡，赐甲胄弓矢，俾辖诸厄鲁特。嗣是间岁辄遣使至。准噶尔族，曰巴图尔珲台吉，曰墨尔根岱青，曰杜喇勒和硕齐，曰楚琥尔乌巴什，曰罗卜藏呼图克图，并附名以达。巴图尔珲台吉者，名和多和沁，孛罕十四世孙，恃强侮诸卫拉特，即与土尔扈特长和鄂尔勒克交恶者。墨尔根岱青、楚琥尔乌巴什皆其弟，罗卜藏呼图克图则楚琥尔乌巴什子也。准噶尔之杜喇勒和硕齐，未详所出。

康熙十三年（1674年），初，准噶尔巴图尔珲台吉卒，子僧格嗣，其异母兄车臣及卓特巴巴图尔与争属产，遂杀僧格。有噶尔丹者，僧格同母弟也，居唐古特，习沙门法，达赖喇嘛遣归辖厄鲁特众，因执车臣戕之。卓特巴巴图尔与弟卓哩克图和硕齐奔青海，噶尔丹遂为所部长。

康熙十六年（1677年），准噶尔台吉噶尔丹以兵袭西套，戕鄂齐尔图，破其部。

康熙十七年（1678年），噶尔丹弟温春台吉附噶尔丹表入贡。

康熙十九年（1680年），遣官至松潘，侦厄鲁特边情。噶尔丹寻与喀尔喀构兵，遣使乞援，青海多尔济遵达赖喇嘛谕不之许。

康熙二十一年（1682年），温春台吉遣使至，寻卒，子丹济拉依噶尔丹。

康熙二十七年（1688年），噶尔丹侵喀尔喀。

康熙二十九年（1690年），噶尔丹复由乌达罕岭侵喀尔喀。

六月，我尚书阿喇尼等，与噶尔丹战于乌尔会，失利。

七月，噶尔丹深入乌珠穆沁地，康熙帝命裕亲王福全抚远大将军，出古北口；恭亲王常宁为安北大将军，出喜峰口。寻停止恭亲王兵，命帅师往会裕亲王军。又命康亲王杰书率兵驻归化城。康熙帝亲巡兵至博洛河屯回銮。

十月，噶尔丹遁出汛界，具疏谢罪，诏撤回裕亲王兵及防守遵化州绿营兵。

十一月，达赖喇嘛率唐古特、青海台吉及噶尔丹请上尊号，诏不允。初，僧格之死，有子三，长曰策妄阿喇布坦，次曰索诺木阿喇布坦，次曰丹津鄂木布，及噶尔丹为厄鲁特长，不善抚之，反虐杀索诺木阿喇布坦，且夺策妄阿喇布坦议聘之妻阿海。阿海者，阿努女弟也。策妄阿喇布坦由是怨噶尔丹，与僧格旧臣七人率部众远徙额琳哈毕尔噶，又徙博罗塔拉。至是侦噶尔丹侵喀尔喀，潜兵至科布多，掠噶尔丹妻阿努及牲畜去。

康熙三十年（1691年）正月，康熙帝以噶尔丹虽认罪立誓、上书请降，而人极狡诈，宜发兵预备。授都统瓦岱定北将军往张家口，都统郎谈安北将军，往大同。闻噶尔丹劫略墨尔根济农，巴图尔额尔克济农向青海而去，命陕西西安将军总督等率兵于宁夏备之。

二月，策妄阿喇布坦遣使奏与噶尔丹交恶始末，厚赐遣之。

康熙三十四年（1695年）二月，噶尔丹遣使入贡，疏言使臣马迪被害，不获详知，难于复奏。所云约地会盟之事，候后奏闻。请将喀尔喀七旗发回故土，哲卜尊丹巴及土谢图汗二人，亦仍照前奏，康熙帝切责之。

七月，噶尔丹复遣使上疏，奏如前，敕责之。

康熙三十五年（1696年）三月，康熙帝亲征噶尔丹，六军启行。

五月，康熙帝驻跸拖陵布喇克。壬戌，率兵前行，诸军以次进发，抵克鲁伦河，噶尔丹尽弃庐帐器械审。丁卯，命领侍卫内大臣马思哈为平北大将军，率师追剿。康熙帝班师驻跸克勒和硕。噶尔丹审至特勒尔济口，费扬古自西路迎击，及之于昭莫多，噶尔丹率贼万计逆战，自未至酉，大败之，杀噶尔丹妻阿努及贼渠甚众。噶尔丹引数骑逃去。

六月，康熙帝还宫。明日，行庆贺礼。丹济拉、阿喇布坦、丹津鄂木布等与噶尔丹相失，阿喇布坦集残众赴博啰河，侦噶尔丹匿塔密尔之台库勒，间道往会。寻丹津鄂木布等，与噶尔丹争牧有隙，弃之。丹济拉独从噶尔丹至库抡伯勒济尔，复以兵千五百掠游牧渤海之喀尔喀。后率众审就噶尔丹。

康熙三十六年（1697年）闰三月十三日，噶尔丹至阿察阿穆塔台，饮药自尽。丹济拉以噶尔丹骸及女钟济海至巴雅恩都尔，遣齐奇尔宰桑诣大将军伯费扬古告降。

康熙四十一年（1702年），阿喇布坦来归。诏封多罗郡王，赐貂裘鞍马银币，其从者诺颜格隆藏布、洪科尔额尔奇木皆赐达尔汉号。

康熙四十二年（1703年），诏授厄鲁特多罗郡王阿喇布坦扎萨克职。寻卒，子二，长车棱旺布，次色布腾旺布。车棱旺布尚郡主，授多罗额驸，至是袭郡王爵。

十二月，诏封准噶尔台吉色布腾扎勒为多罗贝勒。色布腾扎勒者，卓巴巴图尔子也。

康熙五十四年（1715年），准噶尔策妄阿喇布坦自噶尔丹灭后，极恭顺，至是渐骄横。四月，以兵二千掠哈密。后准噶尔败遁。

康熙五十五年（1716年）十二月，青海准噶尔台吉阿喇布坦来朝，诏授公品级一等台吉。阿喇布坦，卓哩克图和硕齐孙也。初，和硕特与准噶尔族世婚，察罕丹津弟根特尔既以噶尔丹女布木为妻，阿喇布坦为噶尔丹从子，察罕丹津复以女妻之。噶尔丹既平，准噶尔族不附逆者，诏仍游牧青海，听和硕特族与姻好如故，然皆未编设旗队。至是赐阿喇布坦扎萨克职，辖其属，给银币，如公例。

康熙五十六年（1717年）三月，命富宁安为靖逆将军，由巴尔库尔即巴里坤一路，公傅尔丹为振武将军，祁里德协理将军，由阿尔台一路袭击准噶尔。未几，靖逆将军富宁安谍策妄阿喇布坦遣兵赴唐古特，驰疏闻。

康熙五十七年（1718年），拉藏汗乞援疏至。先是，准噶尔策凌敦多卜率众由特几斯逾净科尔庭山，拉藏汗不之备，准噶尔至达木始觉，偕子索尔扎拒，不敌，奔守布达拉，遣使赍疏乞援。贼诱开布达拉门，入戕拉藏汗，拘色布腾及宰桑等，索尔扎率兵三十余溃走为所擒，其妻间道来奔，皆五十六年事。至是疏始至。诏色楞等会青海王察罕丹津议进兵，察罕丹津奏大兵将赴藏，准噶尔必不敢潜至青海，请仍撤松潘等处兵入口，牧马休卒。寻知拉藏汗被准噶尔戕，复遣侍卫扎卜密谕察罕丹津，谍诱准噶尔兵至青海击之，准噶尔惧不至。时准噶尔贼五百谋侵察木多，察罕丹津诡遣宰桑迎赴里塘，都统法喇疑与贼应，劾其罪。诏传谕察罕丹津所遣宰桑，俟准噶尔贼至，偕驻防里塘兵御之。

九月，命皇十四子固山贝子允禵为抚远大将军。

十二月，抚远大将军率大兵进剿策妄阿喇布坦起程。

康熙五十九年（1720年）二月，授护军统领噶尔弼为定西将军，率兵进藏。

八月，噶尔弼自拉里前进，分兵三队进取西藏，传集大小第巴头目，并各喇嘛庙宣示拯救至意。随将达赖喇嘛仓库封锁，其堪布等将各庙准噶尔喇嘛百余人擒献，斩为首喇嘛五人，余监禁。平逆将军延信击败策凌敦多卜之众于扎卜克河，夺其马匹器械。又败其二千余人于齐诺郭勒。又败其于绰玛喇。

九月，自达木起程，送新封达赖喇嘛进藏，青海王公台吉皆从。

康熙六十年（1721年）九月，策妄阿喇布坦遣人犯吐鲁番城，阿喇衲使侍卫克什图等败之，擒杀百余人，追捕数十里，获军械马匹甚多。

雍正三年（1725年）九月，靖边将军富宁安奏，策妄阿喇布坦遣使入朝，甚属恭顺。

雍正四年（1726年）冬，准噶尔大台吉策妄阿喇布坦死，子噶丹策零立。

雍正六年（1728年），敕准噶尔台吉噶尔丹策凌将罗卜藏丹津送至。

雍正七年（1729年），雍正帝以准噶尔匿青海叛贼罗卜藏丹津，将不靖，必扰青海及唐古特，因决策遣讨。三月，命领侍卫内大臣三等公傅尔丹为靖边大将军，北路出师，三等公岳钟琪为宁远大将军，西路出师。

雍正八年（1730年），靖边大将军傅尔丹屯科布多，将击准噶尔。北路副将军查纳弼驰赴西军。又调满洲、蒙古兵万有一千赴瀚海，以卫内蒙古游牧。准噶尔贼败遁。

雍正九年（1731年），四月，傅尔丹进科布多。

六月，噶尔丹策凌遣大小策凌敦多卜，以兵三万犯北路。副将军巴赛、查纳弼战死。

九月，准噶尔大策凌敦多卜谋略喀尔喀，闻顺承郡王驻察罕庾尔，科布多复有振武将军傅尔丹军，不敢进，遣将取道阿尔台以东，以贼众六千分掠克噜伦，及鄂尔海、喀喇乌苏，留余众于苏克阿勒达呼为之援，副将军喀尔喀亲王丹津多尔济、郡王额附策凌等大破其众，斩其骁将喀喇巴图尔。

雍正十年（1732年），六月，准噶尔小策凌敦多卜复纠众三万，由奇兰至额尔德尼毕喇色钦，将军塔尔岱及喀尔喀亲王额附策凌，御之于木博图山，未至。

雍正十三年（1735年）三月，噶尔丹策凌遣使乞和，表称阿尔台旧系厄鲁特牧，杭爱旧系喀尔喀牧，请由哲尔格西喇呼鲁苏至巴里坤划界分守。

乾隆二年（1737年）四月，噶尔丹策凌贻超勇亲王策凌书。欲仍游牧阿尔台，称策凌为车臣汗，策凌献其书。

乾隆三年（1738年）二月，以准噶尔未遵旨指明地界，饬使还。

十二月，噶尔丹策凌遣使哈柳奉表至，请循布延图河，南以博尔济、昂吉勒图、乌克克岭、噶克察等处，北以逊多尔库奎、多尔多辉库奎，至哈尔奇喇博木、喀喇巴尔楚克等处为界。厄鲁特边人仍在阿鲁台山后游牧，并乞令托尔和、布延图哨兵向内移，诏弗允。

乾隆四年（1739年）二月，哈柳还。十月，复至，请如原议，毋逾阿尔台。盖自与准噶尔议界，至是议始定。

乾隆十年（1745年），噶尔丹策凌死，次子策妄多尔济纳木扎勒嗣。

乾隆二十年（1755年）二月，征达瓦齐，命班第为定北将军出北路，阿睦尔撒纳副之。科尔沁亲王色布腾巴尔珠尔、郡王成衮扎布、内大臣祃木特参赞军务。永常为定西将军，出西路，萨拉尔副之。郡王班珠尔、贝勒扎拉丰阿、内大臣鄂容安参赞军务。两副将军各领前锋三千先进，将军参赞继之。北路出乌里雅苏台，西路出巴里坤，各携两月粮，期会于博罗塔拉河。达瓦齐被擒，械赴京师，准噶尔平。

5. 辉特部阿睦尔撒纳

阿睦尔撒纳本和硕特拉藏汗长子、噶尔丹丹忠之次子，噶尔丹丹忠之死，阿睦尔撒纳方孕未产，其母博托洛克改适辉特台吉伟徵和硕齐而后生，故冒称辉特族。初与达瓦齐窜哈萨克，未经潜归旧牧，袭杀其异母兄辉特台吉沙克都尔而据其众。寻杀喇嘛达尔扎而立达瓦齐，颇为达瓦齐所信任。

乾隆十九年（1754 年）冬十月，乾隆帝驾由盛京旋驻跸避暑山庄，诏色布腾偕新降台吉讷默库、阿睦尔撒纳等入觐，赐宴，锡之爵。辉特部曰阿睦尔撒纳封亲王，和硕特部曰班珠尔封郡王，曰纳噶察封辅国公。班珠尔即阿睦尔撒纳同母兄，纳噶察者，噶尔丹丹忠弟索尔扎之子也。

乾隆二十年（1755 年）二月，征达瓦齐，命班第为定北将军出北路，阿睦尔撒纳副之。祃木特密奏曰：“阿睦尔撒纳豺狼也，虽降不可命往，往必为殃。”乾隆帝以不逆诈谕之。阿睦尔撒纳亦告参赞大臣固伦额驸色布腾巴尔珠尔曰：“祃木特非倾心降者，不可信。”

未几，准噶尔平。阿睦尔撒纳之乞进兵也，本欲假手大兵灭准噶尔，以己为珲台吉，总辖四卫拉特。乾隆帝以内附卫拉特诸台吉错处内牧，非得地众建之不可，俟准噶尔定，将复设四卫拉特，以车凌为杜尔伯特汗，班珠尔为和硕特汗，阿睦尔撒纳为辉特汗，其绰罗啰斯汗则俟噶尔丹策凌子姓来降者授之。阿睦尔撒纳赴军时，与诸台吉备闻命，而志未餍，及平达瓦齐乃自昵于额驸科尔沁亲王色布腾巴尔珠尔，使与将军班第为难，而以己情托其归奏。时班第、鄂容安留伊犁筹善后，阿睦尔撒纳辄隐以总汗自处，擅调兵，擅诛杀，不服赐服，不用副将军印，自用珲台吉菊形篆印。其移檄哈萨克也，言自统蒙古、汉兵屯伊犁，讳言奉天子命。又使其党赂伊犁喇嘛等曰：“若阿睦尔撒纳统准噶尔，必善育尔等。”又与和硕特辅国公纳噶察及新降诸宰桑阿巴噶斯、纳苏图乌克等密语竟夜。将军参赞先后密以闻。先是，乾隆帝令阿睦尔撒纳九月至热河，行饮至礼，同四部台吉受封，而阿睦尔撒纳前与额驸约期七月下旬俟命。额驸归不敢奏，而入觐期迫，班第促之行，以喀尔喀亲王额璘沁多尔济监之，就道，诡遣纳噶察归告班第曰："阿巴噶斯偕伊犁喇嘛等言，若不令阿睦尔撒纳统准噶尔众，宁剖腹死。"班第斥之。阿睦尔撒纳知计不得遂，八月十九日行至乌隆古河，距其牧扎布堪河近，乃诡言暂归治装，以副将军印交额璘沁多尔济使先行，有降夷首其谋，额璘沁多尔济不之信，竟纵之去。遂由额尔齐斯河间道北逸，遣使迎其孥于扎布堪河。时乾隆帝已密谕乌里雅苏台军营擒其孥，并其同母兄班珠尔收之。越半日而贼使至，得不遣，贼四出煽乱，伊犁诸喇嘛、宰桑劫掠军台，蜂起应之。时大兵已撤，伊犁仅驻兵五百，班第、鄂容安被围，殉节焉。

十月，俘达瓦齐至，告祭太庙社稷，行献俘礼，乾隆帝御午门楼受之。诏宥罪，赐冠服白金。时阿睦尔撒纳已叛，绰啰斯降，台吉噶尔藏多尔济封绰啰斯汗，遵旨赴定西将军策楞营。

乾隆二十一年（1756 年）正月，大兵长驱至特克勒河，探知阿睦尔撒纳仅距一日程，将急追之。忽有报台吉诺尔布已擒阿睦尔撒纳来献者，玉保遂驻军待之。先以红旗报捷于策楞，策楞亦即转递至京，而贼已遁入哈萨克。

乾隆二十二年（1757 年）三月，命定边左副将军成衮扎布为定边将军，偕参赞大臣舒赫德由珠勒都斯进，右副将军兆惠为伊犁将军，偕参赞大臣富德由额琳哈毕尔噶进。

六月，富德等穷追阿睦尔撒纳至左哈萨克。

是冬，报阿睦尔撒纳患痘死，移尸近边，命喀尔喀亲王侍郎三泰等驰验以闻。于是成衮扎布仍以定边左副将军归镇乌里雅苏台，兆惠、富德留伊犁度冬。

四、回部大事编年

顺治三年（南明隆武二年，定武元年，1646 年），吐鲁番苏勒檀阿布勒阿哈默特阿济汗遣都督玛萨朗、琥伯峰等奉表贡，诏京师会同馆及兰州予市，以官役监，勿市熟铁与军器，违者罪。

顺治四年（南明永历元年，定武二年，1647年），甘肃巡抚张尚奏哈密卫辉和尔都督及齐勒蒙古卫都督永柱等，明末入贡，值寇掠敕印，羁肃州，今赴臣所乞粮，愿效忠天朝，诏纳之。

顺治六年（南明永历三年，定武四年，1649年），河西回人丁国栋等，煽哈密及吐鲁番部掠内地民，伪立哈密巴拜汗子土伦泰为王，据肃州叛，集缠头回、红帽回、辉和尔、哈拉回、汉回等数千，分置都督。大军讨之，抵肃州击斩哈密头目塔什兰，吐鲁番头目哈什克伽，及缠头汉回四百余级。以云梯夜薄城，夺门入，斩土伦泰及缠头汉回二千余。贼垒垣拒，堕之，擒丁国栋，斩哈密伪都督和卓哈资、缠头回伪都督琥伯峰、哈拉回伪都督茂什尔玛密、晖和尔伪都督璘瑚哩、伪左都督帖密卜喇、红帽回伪右都督恩克默特等。遂闭嘉峪关，绝使贡。

顺治八年（南明永历五年，定武六年，1651年），回目克拜至嘉峪关，称哈密使请通贡，甘肃提督张勇责尽归内地，乃可。

顺治十年（南明永历七年，定武八年，1653年），吐鲁番使穆苏喇玛察帕克等叩关请贡，表署苏勒檀赛伊特汗，张勇弗许，责之，如哈密。

顺治十二年（南明永历九年，1655年），克拜赍叶尔羌表献内地民十五人，以拜城、萨嘛罕诸地使从，表署阿布都喇汗，张勇斥不尽归内地民，且诘表署异前故。克拜告曰："哈密、吐鲁番、叶尔羌长皆昆弟，其父曰阿都喇汗，居叶尔羌，卒已久；有子九，长即阿布都喇汗，居叶尔羌；次即阿布勒阿哈默特汗，居吐鲁番，先二年卒；次苏勒檀赛伊特汗嗣之；次巴拜汗，居哈密，以得罪天朝故，为叶尔羌长所禁，阿布勒阿哈默特汗子代之；次玛哈默特苏勒檀，居帕力；次沙汗，居库车；次早死；次伊思玛业勒，居阿克苏；次伊卜喇伊木，居和阗。前叶尔羌汗遣其弟自吐鲁番请贡，故表称吐鲁番汗名，今以叶尔羌汗为昆弟长，故表称叶尔羌汗名。察归内地民百五十，为准噶尔巴图尔珲台吉所掠，存者仅十五人，谨以献。小国不谙大体，归易表，逾期乃获至，请即纳贡。"顺治帝嘉其诚，诏纳之。时青海台吉衮布憾叶尔羌，尝夺其属，将以兵袭贡使，侦甘肃巡抚周文煜徙贡使入甘州，且严备，乃遁。

顺治十三年（南明永历十年，1656 年），贡使至京，初议遣十人入觐，请益，乃定额三十人，从者三百留肃州，请给粮赏。

康熙十二年（1673 年），吐鲁番使乌鲁和卓等至，贡西马四，蒙古马十五，璞玉千斤，表称祃木特赛伊特汗署一千八十三年，奏臣国向以方物入贡，闻天朝统一寰区，私冀恩宠过故明，贡物视旧增，蒙谕贡期马额，臣国乱不获如期，嗣仍前例，或别定额惟命。谕吐鲁番道远贡艰，嗣令自璞、马外，余物免进。

康熙十八年（1679 年），张勇谍噶尔丹袭哈密以闻，诏设备边汛，噶尔丹惧不至。

康熙二十年（1681 年），吐鲁番使伊思喇木和卓等贡璞、马如前额，表署阿布勒穆咱帕尔苏勒檀玛哈玛特额敏巴图尔哈什汗，奏天朝居极东，吐鲁番居极西，道远请赐恤，诏免贡马。

康熙二十五年（1686 年），复遣使乌鲁和卓至，表称臣成吉思汗裔，承苏赉满汗业，谨守疆界，向风殊切，今特遣献方物，向入贡头目所携仆从多留驻甘肃，后渐析寓西宁，请遣归，便臣使往来。诏察吐鲁番属无居西宁者，遣使归，谕所部知之。

康熙三十二年（1693 年），遣理藩院员外郎马迪至博罗塔拉，颁赉策妄布坦，道哈密，有厄鲁特叛贼罕都、罗卜藏额琳沁者，自准噶尔来降，寻叛窜，偕噶尔丹属人以兵五百戕马迪，掠驼马遁。哈密达尔汉伯克额贝都拉闻之，给迪从者粮骑，护归嘉峪关。康熙帝以罪在噶尔丹，诏弗问哈密。

康熙三十四年（1695 年），大军议征噶尔丹。先是，噶尔丹强，胁吐鲁番为己属，策妄阿喇布坦与构怨，携父僧格旧臣七人走吐鲁番，寻徙和博克萨哩。吐鲁番为策妄阿喇布坦属。至是刑部尚书图纳请檄吐鲁番，令知罪只及噶尔丹，勿惊惧，诏允之。

康熙三十五年（1696 年），噶尔丹为大军败遁，集所属，私议取粮哈密，副都统阿南达设哨布隆吉尔、巴里坤、塔勒纳沁、都尔博勒津诸路。值哈密达尔汉伯克额贝都拉使奉降表至嘉峪关，遣告所部曰："噶尔丹若窜尔境，其擒献，否则以告，倘私给噶尔丹粮骑，或助之他适，尔降表不足信矣。"噶尔丹以虐哈密故，惧袭己，且闻大军严备，不果赴。叶尔羌汗阿卜都赛伊特自军所降，告叶尔羌有兵二万，吐鲁番有兵五千，请携孥赴吐鲁番，宣布圣德，偕策妄阿喇布坦擒献噶尔丹。康熙帝悯其情，遣归。额贝都拉遣纳林伯克贡驼马，表曰："臣白帽族，奉贡日久，天使至臣所，噶尔丹以兵戕害，臣不能护脱，恐不睦臣者谓臣与逆谋，上即天也，违天者必受殃。厄鲁特数徙牧，或肆掠已，即窜，臣城郭居，焉敢为逆？"大军既败噶尔丹，谕哈密勿薮逆。额贝都拉遣使纳林伯克奏，侦噶尔丹至，当擒献。康熙帝嘉其恭顺，赐章服貂冠金带。

康熙三十六年（1697 年），额贝都拉遣次子白奇伯克械献噶尔丹属。

康熙三十七年（1698 年），遣官赴哈密编旗队，设管旗章京、参领、佐领、骁骑校各员，肃州别设佐领一。复以哈密市甘肃便，诏勿禁。

康熙三十九年（1700 年），哈密侦哈萨克，布鲁特仇策妄阿喇布坦，将兴兵争喀什噶尔，以告，诏不时侦奏。

康熙五十四年（1715 年），策妄阿拉布坦遣兵二千袭哈密城，掠城北寨五，清朝驻防兵二百率回卒奋击，斩九十级，擒三人，策妄阿拉布坦退，屯城南，闻肃州援兵至乃遁。颁赐银万五千，及粟米牛羊赡其众。诏运粮贮哈密，以肃州佐领为导，额敏复垦塔勒纳沁田，岁输青稞助军。额敏，郭帕伯克长子，袭扎萨克一等达尔汗。

康熙五十五年（1716 年），议暂停进兵。富宁安奏哈密属之布鲁尔、图古哩克接壤地，并巴里坤、都尔博勒津、哈拉乌苏，及西吉木、达里图、布隆吉尔附近之上浦、下浦等处，皆可耕地，请募兵兴屯，康熙帝可其奏。

康熙五十六年（1717 年），靖逆将军富宁安请遣巴里坤兵分击乌鲁木齐及吐鲁番。

康熙五十八年（1719 年），富宁安奏，巴里坤至哈密站，旧各置马，准噶尔使及降人至，并乘巴里坤站马至哈密，又自哈密扎萨克所拨马送布隆吉尔，今归附者众，马不能给，请于巴里坤站增马五十，哈密站增马八十。从之。

康熙五十九年（1720 年），散秩大臣阿喇纳以兵赴辟展、鲁克沁、吐鲁番诸城檄谕曰：“大兵征准噶尔，非仇尔也，若不速决计，将破尔城，悔无及矣。”回众乃乞降，纳畜械各五百余。抚其众，以总管沙克扎拍尔、头目阿克苏勒坦等归，别有吐鲁番头目曰阿济斯和卓者，不即降，走准噶尔。

康熙六十年（1721 年），议政大臣等请令富宁安统大军屯乌兰乌苏，别选兵取吐鲁番，得地即以兵守。会吐鲁番回人阿喇布坦等抵富宁安军，诉回众不堪准噶尔虐，约内附，且献所获准噶尔甲，请大军赴援。

康熙六十一年（1722 年），廷臣议遣巴里坤兵五千，赴吐鲁番筑城垦地，挽粮守汛，防御准噶尔。

雍正二年（1724 年），吐鲁番纳屯粮五千余石，嗣岁报获数以赢计。

雍正三年（1725 年）诏撤大兵还。大军之屯吐鲁番也，罗卜诺尔头目固尔班等至，请以喀喇和卓、喀喇库勒邑千余众内附，罗卜诺尔，邻吐鲁番为巨泽，叶尔羌、喀什噶尔诸境水六十余汇之，回众习水居，称不便徙内地，诏听之。辟展、鲁克沁、吐鲁番诸城回众愿徙者六百五十余户，头目托克托玛木特率至，诏给驼马庐幕，其留处鲁克沁者尚万数，以额敏和卓辖之。

雍正四年（1726 年），安置回众肃州、金塔寺、威鲁堡诸地，以托克托玛木特为总管。王大臣等议驻防哈密兵止五百，准噶尔贼或乘间盗驼马，请拨安西镇标兵五百往，仍留嘉峪关至哈密军站备不虞，诏如议。

雍正五年（1727 年），谕哈密扎萨克额敏曰："额敏自军兴以来，输忱效力，率所部人等屯耕助，甚属可嘉，著晋封镇国公。"

雍正七年（1729 年），额敏来朝，晋封固山贝子，优赉遣归。

雍正八年（1730 年），岳钟琪私遣使赴吐鲁番载军粮，被遣入觐。

雍正九年（1731 年），岳钟琪谍哈密属漏师准噶尔，且导掠巴里坤驼马，以告。

雍正十年（1732 年），噶尔丹策凌遣将色布腾、车凌纳木扎勒等，由乌克克岭西喇呼鲁苏分兵袭哈密及塔勒纳沁，扎萨克额敏简健卒设伏城外御之，驰岳钟琪军乞援，钟琪檄总兵曹勷趣晖鲁图、达巴都罕二堡；复虑贼由库垓图、图尔库勒山，檄副将军石云倬设伏巴罕恩度尔，署镇海将军卓鼐设伏察罕春集，副将军常赍赴乌克克岭截贼窜路。曹勷军抵二堡，遇贼五千余，奋击之。贼由乌克克岭越塔呼纳呼遁，噶尔丹策凌遣宰桑额尔克得松犯喀喇和卓，参将刘炎等麾击之，贼败走。

雍正十二年（1734 年），哈密部献可耕地之错军营屯田者，雍正帝以哈密皆国土，且为缠头回族世耕地，不忍别置民人，而其地错官田，不便听民兵互耕。诏别给地亩、银两及牛具谷种偿之。

雍正十三年（1735 年），撤大军还，王大臣等议设驻防哈密及巴里坤兵各二千，查郎阿奏哈密、巴里坤路隔南山大坂，两地各留兵二千，声息难骤通，请简兵三千，屯哈密西三堡，沙枣泉、东北塔勒纳沁，并有城堡各屯兵千。又哈密地热不便牧马，请令每年耕种后酌遣哈密兵千，沙枣泉、塔勒纳沁兵各五百，放牧昭莫多、呼济尔古、沙山子、鹿心山等处，设汛乌尔图哈达、伊克恩都尔、鄂什希地放牧厂，候秋撤还。又哈密南山大坂为北路屏藩，应分兵二百屯盘道，设汛鹿心山、松树塘、乌兰特尔木斯、毕柳大坂等处。乌克克岭为三堡、沙枣泉要隘，应分兵二百屯乌克克岭上堡，设汛索大堡、白杨沟、羊堡、锡喇诺尔等处；塔勒纳沁河源为塔勒纳沁小口，应分兵二百屯河源小堡，设汛莫艾舒、鲁逊大坂等处，别简兵五千屯齐勤、靖逆、柳沟、布隆吉尔、桥湾五处；设汛马莲井子东，星星峡西，互为守望。从之。

乾隆元年（1736年），额敏奏兴师来哈密岁纳屯粮，计二万七千五百石，已支用万八千余石。今巴里坤军撤，请屯耕如故。诏赐币，来年免纳粮，给种地回民银万两。

乾隆二年（1737年），定吐鲁番来朝廪给，限四旬，扎萨克视额尔喀辅国公，正千户视佐领，副千户而下视骁骑校。

乾隆七年（1742年），署川陕总督马兰泰奏塔勒纳沁非冲地，三堡为哈密要隘，通准噶尔，居五堡中，请撤塔勒纳沁兵三百归三堡。从之。

乾隆十一年（1746年），安西提督李绳武奏，哈密三堡西南锡喇诺尔通鲁克沁及辟展路，旧设汛以乏水草，议撤，准噶尔或潜越其地，请仍设汛兵守望。

乾隆十九年（1754年），遣官赴瓜州编旗队，置管旗章京、副管旗章京、参领、佐领、骁骑校各员，如哈密例。

乾隆二十年（1755年），大军征准噶尔，瓜州回兵三百并哈密所部兵从抵伊犁。达瓦齐由格登窜逾库鲁克岭，定北将军班第遣使分道索，檄乌什回人霍集斯设哨诸岭隘，霍集斯侦达瓦齐将赴喀什噶尔，伏兵乌什城外，待遣弟携酒及马给迎，属人萨里衷甲从，视达瓦齐至，趋控马，达瓦齐将引弓射，萨里以刀断其弦，达瓦齐子罗卜扎自后驰至，刀击萨里膊者三，萨里伤，固控之，伏发，达瓦齐及子并从者七十余悉就擒。驰遣使告，以兵二百监之。行遇大军往取于穆素尔岭，以献霍集斯，将自伊犁入觐。其兄阿卜都伯克告叶尔羌、喀什噶尔将偕包沁希卜察克众，袭库车、阿克苏、赛里木、多伦诸回城，请遣旧和卓子归。旧和卓子曰阿哈玛特，为派罕帕尔裔，世居叶尔羌，喀什噶尔辖回族，准噶尔诱执之，禁诸阿巴噶斯，赍恨死，子二，长布拉泥敦，次霍集占，仍羁阿巴噶斯，大军至乃释之。将军班第遵旨遣霍集斯偕布拉泥敦归抚叶尔羌诸城，而霍集斯私谒副将军阿睦尔撒纳，请候叶尔羌、喀什噶尔就抚，以己为回部长，班第密疏劾之。寻阿睦尔撒纳叛，诏遣额敏和卓赴阿克苏，宣谕协擒。霍集斯父阿济斯和卓为吐鲁番头目，准噶尔胁徙喀喇沙尔，复自喀喇沙尔徙乌什，因名乌什，曰图尔璊，与吐鲁番音近，其属邑多以吐鲁番邑名之。阿济斯和卓死，葬阿克苏，霍集斯嗣，居乌什，号图尔璊阿奇木伯克。兄阿卜都伯克，弟阿卜都里木，居阿克苏。至是霍集斯佐大军平定准噶尔，和什克、鄂对、色提卜阿勒氏、噶岱默特等皆迎降。和什克，和阗人，初为喀什噶尔阿奇木伯克，隶准噶尔，大军既定准噶尔，遣布拉呢敦自伊犁归，和什克偕诸伯克不纳，闻清军至，乃迎入。鄂对世居库车，准噶尔胁徙伊犁，居河北固勒扎。色提卜阿勒氏，乌什人，旧为拜城伯克，准噶尔胁徙伊犁。噶岱默特，乌什人，初为拜城阿奇木伯克，并隶属准噶尔，闻达瓦齐擒，皆来归。有伯克莽噶里克者，遣使纳户籍四百余，颁赐貂冠朝珠。莽噶里克，祖玛尔占楚克，父图默尔库济，世居吐鲁番为总管，莽噶里克嗣，称达尔汉伯克。

乾隆二十一年（1756 年），布拉呢敦弟霍集占自伊犁集兵败阿睦尔撒纳，诏纳噶察勿赴阿克苏。布拉呢敦、霍集占寻据叶尔羌，喀什噶尔叛，自称大小和卓。

乾隆二十二年（1757年）秋，以逆回霍集占、布拉呢敦叛据叶尔羌、喀什噶尔，议遣大兵讨之。

乾隆二十三年（1758年）春，玉素卜请以所部兵从大军效力，诏授领队大臣。

夏四月，授额敏和卓多罗贝勒，仍兼参赞大臣。

五月，大军分道进剿。

秋七月，赛哩木、沙雅尔回人乞降，玉素卜抚其众，携徙军营近地，愿留者以户籍献。

八月，克库车，雅尔哈善令玉素卜驻其地，进兵阿克苏，阿克苏亦降。兆惠檄玉素卜驻阿克苏，遂进乌什，招霍集斯降，复檄玉素卜驻乌什。

冬，大军抵叶尔羌，逆贼抗于喀喇乌苏，额敏和卓等固拒之，所属护卫锡丕呢雅斯等并奋击被伤。

乾隆二十四年（1759年）春，诏漠咱帕尔豫朝正宴，赐观上元灯，赍漠咱帕尔及从至伯克等银币有差，遣归乌什。复以霍集斯妻偕子呼岱巴尔氏，输马四十助援喀喇乌苏军，谕嘉之。

冬十月，巴达克山函献霍集占首。

十二月，复谕曰："现在大功告成，自应令额敏和卓还家，但叶尔羌等城俱属新附，必得熟悉回部老成历练之人驻扎办理，额敏和卓以旧人效力军营，颇著劳绩，深悉机宜，是以暂令留驻。但伊数年来以久离家室，若仍令其只身居外，朕心深为轸念。可传谕量携家口，暂行驻扎，俟诸事就绪，即可复回。"议撤哈密驻防兵二千，以靖逆卫兵二百，瓜州兵三百，移置哈密，黄墩营兵二百，移置塔勒纳沁，隶哈密副将辖；将徙多伦回众于喀喇沙尔。

乾隆二十五年（1760年），先是，军所疏劾霍集斯议乌什赋，请如旧例征十一，别无他贡额，憾阿克苏伯克鄂对议事辄不协，善阿什默特乞司和阗六城伯克务，叶尔羌诸城头目私馈受不辞，知吐鲁番扎萨克额敏和卓封郡王爵，故以伯克称之。

夏四月，吏部侍郎副都统海明遵旨赴叶尔羌办事。

秋，霍集斯偕辅国公和什克虐踔木兰行围，蒙古扎萨克等进宴，诏霍集斯列观，旋踔避暑山庄，命观灯火，御宴万树园。

冬，叶尔羌伯克鄂对、喀什噶尔伯克噶岱默特、和阗伯克阿什默特等，讦额敏和卓从通事等虐回众。

乾隆二十六年（1761 年）春二月，遣萨里等归牧。陕甘总督杨应琚奏，肃州威鲁堡安置吐鲁番回民计二百五十户，垦地万五千三百六十余亩，户口日增，地亩有限，请遣千户珈如拉等归吐鲁番，诏廷议。寻奏肃州回民较初附增额，吐鲁番已成乐土，且多可耕地，应视瓜州回民例，悉遣归，但千户珈如拉祖托克托玛木特与额敏和卓俱避准夷来归，应酌给附辟展吐鲁番可耕地，俟秋收后徙往，并以千户珈如拉、百户伊明和卓为正副伯克，令辟展大臣征赋。从之。

冬，玉素卜赴叶尔羌代额敏和卓还，额敏和卓以巴达克山事留叶尔羌。诏玉素卜哲理阿克苏务，至是事竣，还。

乾隆三十年（1765 年）春，乌什回啊哈木图拉等纠众叛，有额敏者，萨里弟也，居乌什城，贼胁赴霍罕，强应命，宿毕德尔山，伺偕行者寝，走阿克苏告变；阿克苏办事都统卞塔海驰兵剿，萨里助马百，复倡议偕伯克阿卜都噶颇尔等助牛二百运粮济军。诏奖额敏不附逆。

乾隆三十一年（1766 年），玉素卜遵旨自叶尔羌归，奏哈密生齿日繁，请遣户五百屯田伊犁，以次子伊萨克护往。允之。伊萨克自伊犁归，诏授二等台吉。玉素卜寻携长子伊勒巴喇伊木入觐，中道皆疾卒，以伊萨克袭。额敏和卓子伊斯堪达尔赴伊犁协理屯田务。诏授鄂啰卜咱卜一等台吉，任伊犁三品阿奇木伯克。

筑乌什新城，徙驻阿克苏兵，色提卜阿勒氏视役。

乾隆三十二年（1767 年），额敏和卓自喀什噶尔还，入觐，命御前行走。

乾隆三十三年（1768 年），库车阿奇木伯克鄂斯璊来朝，命乾清门行走。乌什新城工竣。乾隆帝嘉色提布阿勒氏勤事，赐双眼孔雀翎。

乾隆三十六年（1771 年），哈密扎萨克多罗贝勒伊萨克吐鲁番扎萨克郡王额敏和卓第六子丕尔敦入觐，诏赐伊萨克三眼孔雀翎、黄马褂，授丕尔敦二等台吉孔雀翎，均命在乾清门行走。

乾隆四十年（1775 年），谕曰："贝勒品级鄂对，公品级噶岱默特均于未得回部以前归诚伊犁，且在军营著有劳绩，自与恩封者不同，均令世袭罔替。"授乌什辅国公色提卜阿勒氏喀什噶尔阿奇木伯克。诏乌什公品级噶岱默特世袭罔替。寻卒，子阿卜都喇璊袭。乌什三等轻车都尉萨里卒，子海色木袭。

乾隆四十一年（1776 年），谕领队大臣伊萨克归哈密。吐鲁番五品秩伊斯堪达尔入觐，命乾清门行走。乌什公品级阿卜都喇璊卒，子迈玛第敏袭。

乾隆四十二年（1777 年），吐鲁番扎萨克多罗郡王额敏和卓卒，有子七，长子素赉璊袭。

乾隆四十三年（1778 年），叶尔羌办事侍郎高朴以叶尔羌阿奇木伯克鄂对卒，请令其子鄂斯璊继，乾隆帝不允。诏以色提布阿勒氏为叶尔羌阿奇木伯克，以鄂斯璊为喀什噶尔阿奇木伯克。色提布阿勒氏抵叶尔羌，察知高朴盗采官玉出售，并听鄂对及伊什干伯克阿布都舒库尔等怂恿附和状，首之，喀什噶尔办事大臣永贵疏闻。诏抵罪。

乾隆四十四年（1779 年），以吐鲁番扎萨克多罗郡王素赉璊虐所部众，且私宫其属，论罪，削郡王爵。诏赴京授一等侍卫。诏伊斯堪达尔袭扎萨克多罗郡王爵。

乾隆四十五年（1780年），素赉瑚卒，诏归葬吐鲁番。哈密郡王品级扎萨克多罗贝勒伊萨克卒，子额尔德锡尔袭。

乾隆四十八年（1783年），诏哈密、吐鲁番、乌什回，并世袭罔替。理藩院议迈玛第敏祖噶默默特，海色木父萨里以军功获世职，请予世袭罔替，诏如议。

乾隆四十九年（1784年），先是，巴达克山献布拉呢敦逆子，有萨木萨克者，幼窜安集延，乾隆帝悯其无子，诏免捕诛。比长，穷不得食，阴遣人至喀什噶尔丐财物，布鲁特散秩大臣阿其睦弟额尔穆等私与通，鄂斯瑚闻之，至是首诸喀什噶尔办事大臣保成。阿其睦惧其弟获重罪，诬阿斯瑚与同谋。诏械额尔穆等至京，讯得实。谕曰："阿奇木伯克鄂斯瑚感激朕恩，于萨木萨克与回众潜通音信之事毫无隐讳，一经得信，即报知保成，随同实心查办，始终奋勉，甚属可嘉，著加恩晋封固山贝子，以示奖励。"

乾隆五十三年（1788年）正月，阿奇木伯克鄂斯瑚卒于京邸。

十二月，调伊斯堪达尔叶尔羌阿奇木伯克，乌什贝子品级辅国公色提布阿勒氏卒。谕曰："色提布阿勒氏实心效力，办理一切，感激朕恩，宣力有年。昨据塔奇奏伊患病，朕即赐药，以冀速痊。兹闻溘逝，深为悯恻。著加恩赏银五百两治丧，所遗贝子品级公爵，即令伊长子迈默特阿卜都拉承袭。"

五、西藏大事编年

崇德二年（明崇祯十年，1637年），喀尔喀三汗奏请发帑使，延达赖喇嘛。

崇德四年（明崇祯十二年，1639年），厄鲁特使继至，因赐书达赖喇嘛。

崇德五年（明崇祯十三年，1640年），遣使往达赖喇嘛所，以喀尔喀有违言，不果。

崇德七年（明崇祯十五年，1642 年），达赖喇嘛、班禅喇嘛偕藏巴及厄鲁特顾实汗图鲁拜琥，遣使贡方物达盛京，表称曼殊室利大皇帝，义取文殊佛号，且切音与满洲近也，今岁献丹书克如之。使至赐宴，命诸王贝勒宴如次，留八阅月。

崇德八年（明崇祯十六年，1643 年），遣使存问达赖喇嘛，称金刚大士，复赐书班禅喇嘛，给银币器物有差。会第巴乞兵厄鲁特，称藏巴虐部众，蔑释教，顾实汗自青海击之，事闻，赐敕顾实汗。复谕藏巴曰："尔称佛法护国，遣使上书，迩闻为厄鲁特所败，特赐函缄，嗣当修好勿绝。"藏巴寻为顾实汗所戕。初藏、卫及青海巴尔喀木皆隶唐古特，顾实汗袭青海据之，令巴尔喀木纳赋，复侵藏、卫，阳崇释教，阴自强，给地达赖喇嘛、班禅喇嘛，遣长子达延辖其众，号鄂齐尔汗，第六子多尔济佐之，号达赖巴图尔台吉。

顺治三年（南明隆武二年，定武元年，1646 年），达赖喇嘛、顾实汗各遣使贡金佛念珠，赍甲胄弓矢皮币。

顺治四年（南明永历元年，定武二年，1647 年），达赖喇嘛、班禅喇嘛表颂功德，献方物。

顺治五年（南明永历二年，定武三年，1648 年），乌斯藏阐化王遣僧索诺穆拉什来贡，赐妙圣慧智灌顶国师号。遣使召达赖喇嘛。

顺治六年（南明永历三年，定武四年，1649 年），达赖喇嘛奏，明年岁在寅，俟辰年入觐。

顺治九年（南明永历六年，定武七年，1652 年），壬辰正月，达赖喇嘛以行期闻，鄂齐尔汗使从，遣官迎，诏定正副贡使赏例。

十二月，达赖喇嘛入觐，献方物，赐宴南苑，诏建黄寺居之。是年，明乌斯藏暨长河西鱼通、宁远、董卜韩胡诸指挥宣慰司，献敕印，请内附。

顺治十年（南明永历七年，定武八年，1653年）正月，赐宴达赖喇嘛于太和殿，赍金币鞍马。

二月，诏和硕亲王硕塞率八旗兵，送达赖喇嘛至岱汗。

四月，遣官赍金册印，封达赖喇嘛为西天大善自在佛领天下释教普通鄂齐赖达喇达赖喇嘛。

顺治十三年（南明永历十年，1656年），阐化王遣僧嘉穆错、诺尔布等贡方物。先是，索诺穆拉什至，诏阐化王纳明所给敕印，比年凡四遣使，至是献旧玉印一及敕书，称阐化王旧为土伯特国主，藏巴袭之，顾实汗戕藏巴，以阐化王归，达赖喇嘛转给第巴，第巴因有阐化王敕印，诡遣边内安岛人称阐化王贡使，诏改授阐化王敕印，复赐书达赖喇嘛，诘第巴罪。

顺治十七年（南明永历十四年，1660年），达赖喇嘛、班禅喇嘛、鄂齐尔汗表贡方物，遣官存问，赍雕鞍玉壶等物。

顺治十八年（南明永历十五年，1661年），达赖喇嘛请市茶北胜州，允之。

康熙十四年（1675年），达赖喇嘛遣使代逆藩吴三桂乞降。

康熙二十二年（1683年），达赖喇嘛示寂，第巴匿不奏，嗣是残喀尔喀及噶尔丹就灭，皆第巴为之。噶尔丹幼，弃家依达赖喇嘛，后归准噶尔，诡言达赖喇嘛授己博硕克图汗号，以所居阿尔台邻喀尔喀牧，谋侵之。未几，喀尔喀右翼扎萨克图汗成衮，与左翼土谢图汗察珲多尔济构衅，达赖喇嘛遣扎尔布奈定盟，察珲多尔济不从，成衮子沙喇诉于朝，敕达赖喇嘛择使善辑喀尔喀。达赖喇嘛奏唐古特以噶尔丹西勒图为尊，遣之往，蒙古谓喇嘛坐床者为西勒图，盖喇嘛大弟子也，而喀尔喀哲卜尊丹巴呼图克图亦奉诏赴盟坛与议。哲卜尊丹巴呼图克图者，土谢图汗弟也，偕噶尔丹西勒图集喀尔喀两翼汗济农诺颜台吉，宣谕定盟。噶尔丹侦哲卜尊丹巴呼图克图与噶尔丹西勒图并坐，诘责之，因构兵，土谢图汗不敌，偕哲卜尊巴呼图克图挈部内附。康熙帝以喀尔喀、厄鲁特奉达赖喇嘛教，申命遣使罢兵，第巴煽噶尔丹侵喀尔喀，索哲卜尊丹巴呼图克图。

康熙二十九年（1690年），噶尔丹诡为达赖喇嘛表，偕唐古特、厄鲁特汗台吉请上尊号。

康熙三十年（1691年），以收抚喀尔喀全部，谕达赖喇嘛知之。

康熙三十二年（1693年），达赖喇嘛使至。达赖喇嘛寻奏年迈，事皆决第巴，请给之爵，诏封第巴为土伯特国王，以达赖喇嘛辞异前奏，遣使往察。

康熙三十四年（1695年），谕召班禅喇嘛来朝，第巴与噶尔丹阴阻之。

康熙三十五年（1696年），班禅喇嘛使至，称避痘，达赖汗奏贻书劝赴召，不之从，会康熙帝亲征噶尔丹，俘降众得第巴奸状，谕达赖喇嘛、班禅喇嘛知之。

康熙三十六年（1697年），第巴疏诡称达赖喇嘛存，令其使尼麻唐呼图克图密奏达赖喇嘛示寂，恐唐古特生变，故隐期。今第六世静体已十五年，乞念唐古特众，勿遽宣。遣理藩院主事保住等赍敕谕曰："朕数年来，久知达赖喇嘛已故，今尔输诚密奏，朕不欲摘发隐私，倾人家国，嗣当益加恭顺，勿违朕旨。"诏保住等往视新达赖喇嘛，严诘第巴罪。

康熙四十六年（1707年），拉藏汗献第巴所立达赖喇嘛罗卜藏琳沁策旺嘉穆错，道死，复立博克达之阿旺伊什嘉穆错为达赖喇嘛。初，唐古特人索诺木达尔扎，其妻曰罗卜藏吹木索。有子二，长罗卜藏噶勒藏嘉穆错，次恭格丹津罗卜藏噶勒藏嘉穆错，幼慧甚，唐古特众及青海诸台吉敬事之。拉藏汗既立博克达之阿旺伊什嘉穆错为达赖喇嘛，闻其名，忌之，将以兵戕，索诺木达尔扎襁负走，乃免。青海诸台吉以不辨真伪争，诏遣官往视，拉藏汗奏以班禅喇嘛言置禅榻，王大臣等议拉藏汗与青海诸台吉隙，请遣官理藏务，诏侍郎赫寿往。

康熙四十九年（1710年），班禅喇嘛、拉藏汗奏，阿旺伊什嘉穆错谄经典，青海诸台吉信之，请给册印，诏封第六世达赖喇嘛，撤赫寿归。青海诸台吉讦拉藏汗辞诬，以里塘之罗卜藏噶勒藏嘉穆错为真达赖喇嘛瑚毕勒罕，诏询班禅喇嘛，如拉藏汗言，青海诸台吉复固争，康熙帝以不辑之将构难，遣官檄集盟坛，示班禅喇嘛印文，谕徙罗卜藏噶勒藏嘉穆错置内地，以索诺木达尔扎护居西宁宗喀巴寺。青海贝勒察罕丹津、台吉罗卜藏丹津等称避痘，不宜远行，初议送红山寺，继请送西宁宗喀巴寺，卒不遣，且以兵胁异己者，诏大军备之，乃惧，送罗卜藏噶勒藏嘉穆错至宗喀巴寺。

康熙五十七年（1718年），拉藏汗疏始至，诏额伦特、色楞往援，失利，从兵或为准噶尔所掠，策凌敦多卜复诱里塘营官喇嘛等赴藏，里塘外曰布巴塘，而察木多、而乍雅、而巴喀木皆距近。

康熙五十八年（1719年），都统法喇奉诏屯打箭炉，奏里塘至唐古特咸敬瑚毕勒罕，请移打箭炉兵屯里塘，相机剿准噶尔，复令索诺木达尔扎谕营官喇嘛等，使知驻兵里塘，乃圣主保护瑚毕勒罕乡众至意，里塘外诸境，可传檄定，诏可，乃进屯里塘。第巴色布腾阿住、达瓦喇木扎木巴等抗不就抚，诛之。传檄巴塘、察木多、乍雅，各籍其土及民数复诏自打箭炉进屯巴塘。策凌敦多卜惧，送所掠兵自巴尔喀木归，言唐古特时有瘴，准噶尔难久处，罗卜藏噶勒藏嘉穆错唐古特众佥称为真达赖喇嘛，若置禅榻善甚。命抚远大将军固山贝子允禵宣谕青海台吉等，从大将军入藏，罗卜藏噶勒藏嘉穆错奏，随地可置禅榻，兴大兵恐扰众，王大臣等以藏地远且险，不决进兵议。

康熙五十九年（1720年），诏封罗卜藏噶勒藏嘉穆错为宏法觉众第六世达赖喇嘛，赐金册印。以护军统领噶尔弼为定西将军，都统延信为平逆将军，率青海及内扎萨克喀尔喀、阿拉善兵护达赖喇嘛行；噶尔弼自拉里进，击准噶尔宰桑春丕勒于章来尔戎，抵墨朱工喀。第巴达克咱、喇嘛钟科尔等迎降。集皮船渡，宣谕大小第巴及各寺喇嘛，封达赖喇嘛仓库，断贼粮道。唐古特人康济鼐集唐古特兵，侦贼走多特，追击之，斩获甚众，诛所置喇嘛总管等。延信自青海进，败准噶尔于卜克河、齐诺郭勒、绰玛喇，贼由克底雅遁，军抵藏，出阿旺伊什嘉穆错于禁所，废之。盖自第五世达赖喇嘛示寂后几四十年，第六世达赖喇嘛始定。先是，准噶尔贼未至藏，遣理藩院主事胜住、喇嘛楚尔沁藏布、喇木占巴等往图地域，至是大兵入，诸番内附。康熙帝以山川名汉异称，命大学士九卿等详考西南徼外舆地。

康熙六十年（1721 年），叙唐古特迎降功，封第巴康济鼐阿尔布隆固山贝子，隆布鼐辅国公，理前藏务，颇罗鼐扎萨克一等台吉，理后藏务，各授噶卜伦。御制平定西藏文碑，建伊克昭。

雍正元年（1723 年），诏给第六世达赖喇嘛册印，文视第五世达赖喇嘛，别赐敕司噶卜伦务。

雍正二年（1724 年），大军讨青海叛贼罗卜藏丹津，诛助逆喇嘛等。

雍正三年（1725 年），撤大军还，以康济鼐总藏务，阿尔布巴副之。

雍正四年（1726 年），鄂齐奏达赖喇嘛幼，康济鼐恃绩蔑视诸噶卜伦，阿尔布巴、隆布鼐等阴险，党扎尔鼐附之，恐构达赖喇嘛与康济鼐不睦，请罢隆布鼐、扎尔鼐，翦阿尔布巴翼。谕达赖喇嘛偕康济鼐、阿尔布巴和衷。

雍正五年（1727 年），玛拉等至藏，阿尔布巴、隆布鼐、扎尔鼐阴以兵戕康济鼐叛，遣贼党侵阿里，喀锡鼐色布登喇什以义不反兵，骤击之，战殁，其长子噶锡巴纳木扎勒色布腾从台吉颇罗鼐集后藏兵拒，贼却走，将往击之，驰奏乞援。

雍正六年（1728 年），颇罗鼐谍大将军将至，集后藏及阿里兵九千，自潘玉口驰赴前藏，闻玛拉等驻拉萨，护达赖喇嘛遣兵助召诸寺喇嘛，擒阿尔布巴、隆布鼐、扎尔鼐等，送玛拉所。查郎阿至，诛阿尔布巴等及其孥，请留兵二千驻藏，徙达赖喇嘛居里塘，允之。以颇罗鼐领后藏务，辖阿里、冈底斯境。谕给银三万赏从兵，颇罗鼐请以车棱旺扎勒协理藏务，诏授扎萨克一等台吉兼噶卜伦。查郎阿将撤大军还，奏旧设噶卜伦理前藏务，今藏地初定，颇罗鼐为众服，请令兼领前藏，从之。

雍正七年（1729 年），达赖喇嘛至里塘，诏建噶达寺居之。

雍正八年（1730 年），僧格偕颇罗鼐以兵千五百屯腾格里诺尔。以颇罗鼐子珠尔默特策布登统阿里诸路兵，防准噶尔贼，保唐古特，诏授扎萨克一等台吉。

雍正十年（1732 年），拉达克汗德忠纳木扎勒奏臣理国事，尊释教，侦准噶尔情，辄以告，乞赐恩纶。

雍正十一年（1733 年），谕曰：“西藏驻扎并兵，本为保护唐古特众，防范准噶尔设。比来贼众败窜，不能复涉藏地，颇罗鼐抒诚效力，唐古特兵皆训练壮勇，目今藏地无事，兵丁多集，米谷钱粮虽给自内地，唐古特不无解送劳，著量留守藏兵五百，余尽撤。前令达赖喇嘛移驻泰宁，因唐古特有阿尔布巴等事，恐准噶尔乘间来犯，其从至弟子，久违乡土，各怀归志，班禅喇嘛现复年迈有疾，著仍迁达赖喇嘛归藏。”

雍正十三年（1735 年），辅国公索诺木达尔扎从达赖喇嘛归藏。

乾隆元年（1736 年），布噜克巴部诺颜琳臣齐垒喇布济等奉表贡。

乾隆三年（1738 年），拉达克汗遣献方物，各赐敕奖。

乾隆四年（1739 年），驻藏副都统杭奕禄奏巴勒布三汗迭构兵，臣遣颇罗鼐谕辑之，咸听命，献所部民数，诏优赉。复以颇罗鼐绩，晋封多罗郡王。

乾隆八年（1743年），准噶尔煎茶使至藏。

乾隆九年（1744年），准噶尔使自藏归。珠尔默特策布登、班第达、齐旺多尔济以协颇罗鼐理准噶尔煎茶务，并赐币奖。珠尔默特策布登会病足，自阿里归藏。

乾隆十年（1745年），诏驻藏大臣三年一代。

乾隆十一年（1746年），谕颇罗鼐曰："尔素效忠诚，勤劳懋著，自朕御极以来，悉心靖共，凡事竭力奋勉，办理妥协，甚属可嘉，著加恩于尔子内封一长子日后承袭王爵，总理藏务；所系甚要，其善择才堪嗣尔，悦服众心，裨益公务者以闻。"颇罗鼐子二，长珠尔默特策布登，次珠尔默特纳木扎勒。珠尔默特策布登病足，以长子让弟，珠尔默特纳木扎勒诡让兄，颇罗鼐爱少子，请以珠尔默特纳木扎勒为长子，允之。乾隆帝闻珠尔默特策布登之让，嘉之。

乾隆十二年（1747年），珠尔默特策布登疾痊，驻藏副都统傅清等请遣屯阿里克汛，允之。颇罗鼐卒。遣官赗祭，以珠尔默特纳木扎勒袭郡王爵，兼理卫藏噶卜伦务。

乾隆十三年（1748年），准噶尔使自藏归，诸噶卜伦并赐币奖，诏授班第达兄噶锡巴纳木扎勒色布腾子巴桑车凌为一等台吉。

乾隆十四年（1749年），驻藏副都统纪山劾珠尔默特纳木扎勒妄戾，请檄珠尔默特策布登至协理藏务，乾隆帝不允。谕纪山善导之，勿露防范迹。

乾隆十五年（1750年），珠尔默特纳木扎勒以兵戕其兄珠尔默特策布登于阿里，诡以兄暴疾闻，请收葬，并育兄子，乾隆帝允之。时珠尔默特策布登子朋素克旺布及珠尔默特旺扎勒皆居后藏，珠尔默特纳木扎勒以兵往戕朋素克旺布，阳称逃亡，珠尔默特旺扎勒奔扎什伦布，依班禅额尔德尼为喇嘛，乃免。驻藏都统傅清，左都御史拉布敦以珠尔默特纳木扎勒携兵离藏告。盖是时珠尔默特纳木扎勒忌其兄珠尔默特策布登袭杀之，私携炮至后藏，诬籍噶卜伦辅国公班第达及第巴布隆赞等，旋达木，距前藏三百余里，拥众二千余不归。奏至，乾隆帝不忍即诛之。而是时贼猖盛梗驿道，军书不达者旬日。傅清偕拉布敦计，不急诛，贼必据唐古特为变；召珠尔默特纳木扎勒至，待诸楼，甫登，起责其罪曰："尔违天子命，且忘尔父，无君无父，罪不可赦。"傅清趋前扼其臂，拉布敦拔佩刀刺之。谕胁从罔治。有罗卜藏扎什者，趋下呼贼千余突至，聚围楼，集藁焚，达赖喇嘛遣番僧往护，不得入，傅清、拉布敦死之。

乾隆十六年（1751年），方乱时，有清特古斯者，屯兵阿里，助珠尔默特纳木扎勒为逆，班第达诛之，遣台吉集都鼐理阿里务，给卓理克图号，事闻。

乾隆十七年（1752年），珠尔默特纳木扎勒既诛，乾隆帝念珠尔默特策布登功，不忍绝其爵，诏珠尔默特旺扎勒袭辅国公。

乾隆二十年（1755年），大军讨准噶尔，擒台吉达瓦齐，谕唐古特部知之。达赖喇嘛献铜佛三，庆捷，诏纳。会阿睦尔撒纳叛扰伊犁，诏唐古特复设汛。

乾隆二十二年（1757年），第七世达赖喇嘛示寂，乾隆帝轸悼之。

乾隆二十三年（1758年），阿睦尔撒纳走死，逆回布拉呢敦、霍集占等复叛，据叶尔羌、喀什噶尔，诏勿撤唐古特汛。

乾隆二十四年（1759年），拉达克汗谍定边将军兆惠取乌什、阿克苏等城，将抵叶尔羌，奏请助剿回逆。是年，大军定叶尔羌、喀什噶尔，霍集占等窜巴达克山，诏拉达汗勿复遣侦，巴达克山寻函献霍集占首。诏撤唐古特汛，西陲盖自此永定。

乾隆二十八年（1763年），授辅国公恭格丹津为噶卜伦。扎萨克一等台吉车棱旺扎勒卒，孙索诺木旺扎勒袭。

乾隆二十九年（1764 年），钦定《西域同文志》。御制乌斯藏即《卫藏说》。

乾隆三十六年（1771 年），诏建布达拉于避暑山庄左，肖卫式。至是布达拉落成，土尔扈特汗渥巴锡、和硕特台吉恭格等挈数万众来归，诏瞻礼之。盖以绥靖荒服，非惟阐扬黄教为也。

乾隆三十八年（1773 年），授扎萨克一等台吉索诺木旺扎勒为噶卜伦。噶木伦辅国公恭格丹津卒，子扎什纳木扎勒袭。索诺木旺扎勒由穆噜乌苏助金次所需物，赐币奖。

乾隆四十二年（1777 年），扎萨克辅国公珠尔默特旺扎勒卒，子诺尔布朋素克袭。

乾隆四十四年（1779 年），班禅喇嘛奏请入觐祝釐，诏建扎什伦布于布达拉左，肖藏式。

乾隆四十五年（1780 年）五月，乾隆帝驾南巡旋，班禅喇嘛使伊什巴尔珠布等迎觐于赵北口，命观龙舟水嬉。

六月，幸承德府，驻跸避暑山庄。班禅喇嘛使穆占巴等赍辎重至，诏居扎什伦布旁舍。时盛暑，仍服毡毳，诏赐纱葛，并给银及药物。

七月，班禅喇嘛至，旧例以达赖喇嘛、班禅喇嘛有高行，谕旨至，始下床，入觐，惟令跽，不拜，至是班禅喇嘛固请拜，乾隆帝嘉其诚敬，听之，赐宴万树园，诏瞻礼布达拉。

八月，行万寿庆典，班禅喇嘛稽首，颂无疆。

九月，班禅喇嘛扈跸旋，赐宴南苑，以香山昭庙藏工，诏庆赞之。班禅喇嘛自崇德时通贡，至是凡三世，初封曰罗卜藏吹吉嘉穆错；次曰罗卜藏伊什，皆敕赐班禅额尔德尼号；次曰罗卜藏巴尔丹伊什，如之。是役也，以不召至，跋涉三万余里，入觐，蒙古内扎萨克四十九旗，及喀尔喀、厄鲁特诸部汗三公台吉闻之，莫不欢忭舞蹈，执役观庆典。

十一月，班禅喇嘛示寂，敕于所居建清净化城。

乾隆四十六年（1781年），送舍利归藏，复遣官赍金册印，封罗卜藏丹巴旺舒克扎木巴勒嘉穆错为达赖喇嘛，时其父第巴阿木布木前卒。

乾隆四十八年（1783年），理藩院议奏索诺木达什以达赖喇嘛故，封辅国公爵，子喇布丹纳木扎勒继袭，嗣若仍予世袭，则与来归有功之蒙古王公等无别，请俟喇布丹纳木扎勒出缺后停袭，嗣有似此者，皆令承袭一次，诏如议。诏扎萨克辅国公诺尔布朋素克、扎萨克一等台吉索诺木旺扎勒、扎萨克一等台吉索诺木喇什咸世袭罔替。理藩院议俟辅国公扎什纳木扎勒出缺后停袭。

乾隆四十九年（1784年），遣官赍玉册印，赐达赖喇嘛，复敕封班禅喇嘛之瑚毕勒罕为班禅额尔德尼，以幼未赐名。

乾隆五十三年（1788年），巴勒布侵西藏界，侍郎巴忠奉命赴藏查办，奏索诺木旺扎勒素向巴勒布商贾勒索状。

参 考 文 献

史　料

一、档案

1. 中国第一历史档案馆藏蒙古堂档.

2. 中国第一历史档案馆藏军机处录副奏折.

3. 李保文编辑、整理、撰写，中国第一历史档案馆刊行. 十七世纪蒙古文文书档案（1600－1650）[G]. 呼和浩特：内蒙古少年儿童出版社，1997。[本文采用了希都日古《清初蒙古文文献与档案研究——以 17 世纪相关史料为主》一文（中国人民大学 2004 年博士后出站报告未刊稿）的翻译，以及参考了达力扎布《明清史论稿》（民族出版社 2003 年版）中的汉文翻译.]

4. 中国第一历史档案馆编. 清初内国史院满文档案译编（上、中、下）[G]. 北京：光明日报出版社，1989.

5. 康熙朝满文硃批奏折全译 [M]. 北京：中国科学出版社，1996.

6. 中国第一历史档案馆编. 康熙朝汉文硃批奏折汇编 [G]. 北京：中国档案出版社，1984.

7. 中国第一历史档案馆编. 雍正朝汉文朱批奏折汇编 [G]. 南京：江苏古籍出版社，1989.

8. 雍正朝满文朱批奏折全译 [G]. 合肥：黄山书社，1998.

9. 宫中档康熙朝奏折 [G]. 台北：故宫博物院影印本.

10. 宫中档雍正朝奏折 [G]. 台北：故宫博物院影印本.

11. 宫中档乾隆朝奏折 [G]. 台北：故宫博物院影印本.

12. 明清档案 [G]. 台北："中央研究院"历史语言研究所现存清代内阁大库原藏.

13. 中国第一历史档案馆编. 清代档案史料丛编 [G]. 北京：中华书局，1981.

14. 中国藏学研究中心，中国第一历史档案馆，中国第二历史档案馆，西藏自治区档案馆，四川省档案馆合编. 元以来西藏地方与中央政府关系档案史料汇编 [G]. 北京：中国藏学出版社，1994.

15. 中国第一历史档案馆，中国藏学研究中心合编. 清初五世达赖喇嘛档案史料选编 [G]. 北京：中国藏学出版社，2000.

16. 中国第一历史档案馆，中国藏学研究中心合编. 六世班禅朝觐档案选编 [G]. 北京：中国藏学出版社，1996.

17. 中国第一历史档案馆，承德市文物局合编. 清宫热河档案（4）[G]. 北京：中国档案出版社，2003.

18. 中国第一历史档案馆编. 嘉庆道光两朝上谕档 [G]. 桂林：广西师范大学出版社，2000.

19. 清国史馆奏稿（全2册）[G]. 北京：全国图书馆文献缩微复制中心，2004.

20. 中国第一历史档案馆、中国社会科学院历史研究所译注. 满文老档 [G]. 北京：中华书局，1990。

21. 故宫博物院. 旧满洲档译注·清太宗朝（一）[G]. 台北：故宫博物院，1977.

二、史书

1. 尚书 [M]. 十三经注疏本. 北京：中华书局影印本, 1980.

2. 礼记 [M]. 十三经注疏本. 北京：中华书局影印本, 1980.

3. 孟子 [M]. 十三经注疏本. 北京：中华书局影印本, 1980.

4. 论语 [M]. 十三经注疏本. 北京：中华书局影印本, 1980.

5. 诗经 [M]. 十三经注疏本. 北京：中华书局影印本, 1980.

6. 公羊传 [M]. 十三经注疏本. 北京：中华书局影印本, 1980.

7. 国语 [M]. 四部丛刊影印本.

8. 杜预集解. 春秋经传集解 [M]. 上海：上海古籍出版社, 1988.

9. 顾颉刚注释. 禹贡 [G] //中国科学院地理研究所编辑. 中国古代地理名著选读（第一辑）. 北京：科学出版社, 1959.

10. 黄怀信、张懋镕、田旭东撰, 李学勤审订. 逸周书汇校集注 [M]. 上海：上海古籍出版社, 1995.

11. 朱熹. 论语集注 [M]. 影印文渊阁四库全书·第 197 册, 台北：商务印书馆, 1986.

12. 马端临. 文献通考 [M]. 影印文渊阁四库全书·第 610 册. 台北：商务印书馆, 1986.

13. 刘知几. 史通 [M]. 影印文渊阁四库全书. 第 685 册. 台北：商务印书馆, 1986.

14. 司马迁. 史记 [M]. 北京：中华书局校点本, 1959.

15. 班固. 汉书 [M]. 北京：中华书局校点本, 1962.

16. 范晔. 后汉书 [M]. 北京：中华书局校点本, 1965.

17. 魏收. 魏书 [M]. 北京：中华书局校点本, 1974.

18. 李延寿. 北史 [M]. 北京：中华书局校点本, 1974.

19. 魏征. 隋书 [M]. 北京：中华书局校点本, 1973.

20. 刘昫. 旧唐书 [M]. 北京：中华书局校点本，1975.

21. 欧阳修，宋祁. 新唐书 [M]. 北京：中华书局校点本，1975.

22. 脱脱. 宋史 [M]. 北京：中华书局校点本，1977.

23. 脱脱. 辽史 [M]. 北京：中华书局校点本，1974.

24. 脱脱. 金史 [M]. 北京：中华书局校点本，1975.

25. 宋廉，王祎. 元史 [M]. 北京：中华书局校点本，1976.

26. 张廷玉. 明史 [M]. 北京：中华书局校点本，1974.

27. 赵尔巽. 清史稿 [M]. 北京：中华书局校点本，1977.

28. 明神宗实录 [M]. 台北："中央研究院"历史语言研究所校印本，1962.

29. 明英宗实录 [M]. 台北："中央研究院"历史语言研究所校印本，1962.

30. 明熹宗实录 [M]. 台北："中央研究院"历史语言研究所校印本，1962.

31. 明宪宗实录 [M]. 台北："中央研究院"历史语言研究所校印本，1962.

32. 汪楫楫. 崇祯长编 [M]. 台北："中央研究院"历史语言研究所校印本，1967.

33. 齐木德道尔吉，巴根那编. 清朝太祖太宗世祖朝实录蒙古史史料抄——乾隆本康熙本比较 [G]. 呼和浩特：内蒙古大学出版社，2001.

34. 清太祖努尔哈赤实录 [M]. 上海：上海书店，1989.

35. 清实录 [M]. 北京：中华书局影印本，1986.

36. 清实录藏族史料 [G]. 拉萨：西藏人民出版社，1982.

37. 潘喆，李鸿彬，孙方明. 清入关前史料选辑 [G]. 北京：中国人民大学出版社，1984.

38. 王钟翰校点. 清史列传 [M]. 北京，中华书局，1987.

39. 吴晗辑. 朝鲜李朝实录中的中国史料 [G]. 北京：中华书局，1980.

40. 田村实造，羽田亨. 明代满蒙史料·蒙古篇 [G]. 京都：京都大学文学部，1959.

41. （康熙）大清会典 [M]. 康熙二十九年刊本.

42. （雍正）大清会典 [M]. 雍正十一年武英殿本.

43. （乾隆）大清会典 [M]. 乾隆二十八年武英殿本.

44. 阿桂，梁国治，和珅，等撰. 皇清开国方略 [G] //方略馆编. 清代方略全书（第1册）. 北京：北京图书馆出版社，2006.

45. 祁韵士撰，张穆改定. 皇朝藩部要略 [M]. 道光二十六年筠渌山房刻本.

46. 祁韵士撰，张穆改定. 皇朝藩部要略 [M]. 光绪十年浙江书局重印本.

47. 祁韵士撰，张穆改定. 皇朝藩部要略 [M]. 国家图书馆藏稿本.

48. 祁韵士撰，张穆改定. 皇朝藩部要略 [M]. 北京大学图书馆藏抄本.

49. 祁韵士撰，张穆改定. 皇朝藩部要略 [M]. 中央民族大学图书馆藏抄本.

50. 包文汉整理. 清朝藩部要略稿本 [M]. 哈尔滨：黑龙江教育出版社，1997.

51. 温达，等撰，西藏社会科学院西藏学汉文文献编辑室编. 亲征平定朔漠方略 [M]. 影印文渊阁四库全书本. 台北：商务印书馆，1986.

52. 蒋良骐著. 东华录 [M]. 北京：中华书局，1980.

53. 傅恒. 钦定皇舆西域图志 [M]. 四库全书本.

54. 松筠. 新疆识略 [M]. 光绪八年铅印本.

55. 松筠. 西藏图考［M］. 拉萨：西藏人民出版社，1982.

56. 松筠. 西陲总统事略［G］，嘉庆十六年程振甲校刊本影印//李毓澍主编. 中国边疆丛书（第一辑）. 台北：文海出版社，1965.

57. 和宁. 回疆通志［M］. 民国十四年铅印本.

58. 何秋涛. 朔方备乘［M］. 光绪七年刊本.

59. 魏源. 圣武记［M］. 北京：中华书局校点本，1984.

60. 祁韵士. 西陲要略［M］. 道光十七年刊本.

61. 祁韵士. 鹤皋年谱［M］.//祁韵士著，李广洁整理. 万里行程记（外五种）. 太原：山西人民出版社，1991.

62. 祁韵士，等. 祁韵士等书信［G］. 国家图书馆藏.

63. 李兆洛. 养一斋文集［M］. 光绪四年重刊本.

64. 李兆洛. 养一斋集［M］. 上海：中华书局，1936.

65. 蒋彤编. 清李申耆先生兆洛年谱［G］//王云五主编. 新编中国名人年谱集成（第50辑）. 台北：商务印书馆，1981。

66. 张继文编. 石州年谱［G］//山西省文献委员会辑. 山右丛书初编. 民国排印本. 太原：山西人民出版社，1986.

67. 张石州所藏书籍总目. 国家图书馆善本阅览室藏稿本.

68. 张穆. 蒙古游牧记［G］//中国公共图书馆古籍文献珍本汇刊·史部.

69. 张穆. 㐆斋文集［G］//山西省文献委员会辑. 山右丛书初编. 民国排印本. 太原：山西人民出版社，1986

70. 张穆. 㐆斋书札诗稿［M］. 国家图书馆藏.

71. 张穆，等. 六家书札［G］. 国家图书馆藏.

72. 张穆. 张㐆斋先生词翰［M］. 国家图书馆藏.

73. 张穆撰，邓瑞点校. 阎若璩年谱［M］. 北京：中华书局，1994.

74. 祁寯藻. 寿阳祁氏遗稿［G］//屈万里，刘兆祐主编.

明清未刊稿汇编初辑. 台北：联经出版事业公司，1976.

75. 钦定科场条例 ［G］//沈云龙主编. 近代中国史料丛刊三编（第48辑）. 台北：文海出版社有限公司，1986.

76. 许瀚著，崔巍整理. 许瀚日记 ［M］. 石家庄：河北教育出版社，2001.

77. 钦定蒙古回部王公表传 ［M］. 文渊阁四库全书本.

78. 包文汉，奇·朝克图整理. 蒙古回部王公表传（第一辑）［M］. 呼和浩特：内蒙古大学出版社，1998.

79. 清史稿校注 ［M］. 台北：商务印书馆，1999.

80. 徐松撰，缪荃孙辑. 星伯先生小集 ［M］. 民国九年烟画东堂小品刻本.

81. 魏源. 海国图志 ［M］. 郑州：中州古籍出版社，1999.

82. 道州何氏东洲草堂书目（不分卷）. 国家图书馆善本阅览室藏稿本.

83. 吴敬梓. 儒林外史 ［M］. 北京：作家出版社，1955.

84. 王筠著，屈万里、郑时辑校. 清诒堂文集 ［M］. 济南：齐鲁书社，1987.

85. 纪昀. 日知录提要 ［G］//四库全书总目. 北京：中华书局，1965.

86. 章太炎. 章氏丛书 ［M］. 台北：世界书局，1958.

87. 李慈铭. 越缦堂读书记 ［M］. 北京：商务印书馆，1959.

88. 御制文二集 ［M］. 文渊阁四库全书本.

89. 清代野史丛书（外十种）［G］. 北京：北京古籍出版社，1999.

90. 道润梯步译著. 蒙古秘史 ［M］. 呼和浩特：内蒙古人民出版社，1991.

91. 萨囊彻辰著，道润梯步译校. 蒙古源流 ［M］. 呼和浩特：内蒙古人民出版社，1981.

92. 朱凤，贾敬颜译. 汉译蒙古黄金史纲 [M]. 呼和浩特：内蒙古人民出版社，1985.

93. 梁启超. 中国近三百年学术史 [M]. 北京：东方出版社，1996.

94. 邓之诚著. 骨董琐记全编·骨董三记 [M]. 北京：生活·读书·新知三联书店，1955.

95. [波斯] 拉施特主编，余大钧，周建奇译. 史集（第1卷）[M]. 第一分册. 北京：商务印书馆，1983.

96. 谷应泰. 明史纪事本末 [M]. 北京：中华书局，1977.

97. 谈迁. 国榷 [M]. 北京：中华书局，1956.

98. 张鼐. 辽夷略 [G] //潘喆，李鸿彬，孙方明编. 清入关前史料选辑（一）. 北京：中国人民大学出版社，1984.

99. 冯瑷. 开原图说 [M]. 玄览堂丛书本.

100. 陈继儒. 建州考 [G] //潘喆，李鸿彬，孙方明编. 清入关前史料选辑（一）. 北京：中国人民大学出版社，1984.

101. 方孔炤. 全边略纪 [G] //潘喆，李鸿彬，孙方明编. 清入关前史料选辑（一）. 北京：中国人民大学出版社，1984.

102. 茌上愚公. 东夷考略 [G] //潘喆，李鸿彬，孙方明编. 清入关前史料选辑（一）. 北京：中国人民大学出版社，1984.

103. 于燕芳. 剿奴议撮 [G] //潘喆，李鸿彬，孙方明编. 清入关前史料选辑（一）. 北京：中国人民大学出版社，1984.

104. 光海君日记 [M] //李朝实录（第33册）. 东京：学习院东洋文化研究所昭和三十七年刊本.

105. 王在晋. 三朝辽事实录 [M]. 续修四库全书·第437册. 上海：上海古籍出版社，2002.

106. 章嘉·若贝多杰著，蒲文成译. 七世达赖喇嘛传 [M]. 北京：中国藏学出版社，2006.

107. 策凌旺扎勒著，李凤珍译. 噶伦传 [G] //中国社科院民族所历史室，西藏历史档案馆编. 藏文史料译文集. 拉萨：西藏自治区历史档案馆，1985.

108. 陈克绳. 西域遗闻 [G] //全国图书馆文献缩微复制中心编. 西藏史志·第二部（第12册）. 北京：全国图书馆献缩微复制中心，2003.

109. 卫藏通志 [G] //全国图书馆文献缩微复制中心编. 西藏史志·第一部（第5册）. 北京：全国图书馆献缩微复制中心，2003.

110. 权衡. 庚申外史 [M]. 续修四库全书·第423册. 上海：上海古籍出版社，2002.

111. 赵翼. 廿二史札记 [M]. 续修四库全书·第453册. 上海：上海古籍出版社，2002.

112. 叶子奇. 草木子 [M]. 影印文渊阁四库全书·第866册. 台北：商务印书馆，1986.

113. [朝鲜] 李民寏. 建州闻见录 [G] //潘喆，李鸿彬，孙方明编. 清入关前史料选辑（三）. 北京：中国人民大学出版社，1991.

114. 昭梿. 啸亭杂录 [M]. 续修四库全书·第1 179册. 上海：上海古籍出版社，2002.

115. 杨宾. 柳边纪略 [M]. 续修四库全书·第731册. 上海：上海古籍出版社，2002.

116. 章学诚著，刘公纯标点. 文史通义 [M]. 北京：北京古籍出版社，1956.

近 人 论 著

一、著作

1. [苏] 符拉基米尔佐夫著，刘荣焌译. 蒙古社会制度史

[M]. 北京：中国社会科学出版社，1980.

2. ［法］伯希和著，耿昇译. 卡尔梅克史评注 [M]. 北京：中华书局，1994.

3. ［日］萩原淳平. 明代蒙古史研究 [G] //东洋史研究丛刊（32）. 京都：同朋舍，昭和五十五年（1980 年）.

4. ［日］和田清. 东亚史研究·蒙古篇 [G] //潘世宪译. 明代蒙古史论集（上、下册）. 北京：商务印书馆，1984.

5. ［日］宫胁淳子. 最后的游牧帝国（日文）[M]. 东京：讲谈社，1995。另，晓克译. 最后的游牧帝国——准噶尔部的兴亡 [M]. 呼和浩特：内蒙古人民出版社，2005.

6. ［日］田山茂著，潘世宪译. 清代蒙古社会制度 [M]. 北京：商务印书馆，1987.

7. ［日］若松宽著，马大正，等编译. 清代蒙古的历史与宗教 [M]. 哈尔滨：黑龙江教育出版社，1994.

8. ［美］艾尔曼著，赵刚译. 经学、政治和宗族——中华帝国晚期常州今文学派研究 [M]. 南京：江苏人民出版社，1998.

9. ［美］黄仁宇. 大历史不会萎缩 [M]. 南宁：广西师范大学出版社，2004.

10. 王彦威，王亮纂辑. 清季外交史料 [G]. 北平：故宫博物院，1934.

11. 札奇斯钦. 蒙古与西藏历史关系之研究 [M]. 台北：正中书局，1978.

12. 钱钟书. 管锥编（第 4 册）[M]. 北京：中华书局，1979.

13. 曹永年. 蒙古民族通史 [M]. 呼和浩特：内蒙古大学出版社，1992.

14. 乌兰.《蒙古源流》研究 [M]. 沈阳：辽宁民族出版社，2000.

15. 乌云毕力格. 喀喇沁万户研究 [M]. 呼和浩特：内蒙古

人民出版社，2005.

16. 达力扎布. 明代漠南蒙古历史研究 ［M］. 呼和浩特：内蒙古文化出版社，1997.

17. 达力扎布. 明清蒙古史论稿 ［M］. 北京：民族出版社，2003.

18. 梁启超著，朱维铮校注. 梁启超论清学史二种 ［M］. 上海：复旦大学出版社，1985.

19. 成崇德. 18 世纪的中国与世界（边疆民族卷）［M］. 沈阳：辽海出版社，1999.

20. 成崇德，张世明. 清代西藏开发研究 ［M］. 北京：北京燕山出版社，1996.

21. 马大正，成崇德主编. 卫拉特蒙古史纲 ［M］. 乌鲁木齐：新疆人民出版社，2006.

22. 马汝珩，马大正. 清代的边疆政策 ［M］. 北京：中国社会科学出版社，1994.

23. 马汝珩，马大正. 厄鲁特蒙古史论集 ［M］. 西宁：青海人民出版社，1984.

24. 张世明. 18 世纪的中国与世界（军事卷）［M］. 沈阳：辽海出版社，1999.

25. 张永江. 清代藩部研究——以政治变迁为中心 ［M］. 哈尔滨：黑龙江教育出版社，2001.

26. 杨庭硕，罗康隆. 西南与中原 ［M］. 昆明：云南教育出版社，1992.

27. 宝音德力根，乌云毕力格，齐木德道尔吉主编. 明清档案与蒙古史研究（第一辑）［M］. 呼和浩特：内蒙古人民出版社，2000.

28. 苏发祥. 清代治藏政策研究 ［M］. 北京：民族出版社，2001.

29. 王景泽. 清朝开国时期八旗研究 [M]. 长春：吉林文史出版社，2002.

30. 杨杭军. 走向近代化——清嘉道咸时期中国社会走向 [M]. 郑州：中州古籍出版社，2001.

31. 郑天挺. 探微集 [M]. 北京：中华书局，1980.

32. 赵云田. 清代治理边疆的枢纽——理藩院 [M]. 乌鲁木齐：新疆人民出版社，1995.

33. 赵云田. 清代蒙古政教制度 [M]. 北京：中华书局，1989.

34. 杨燕起，高国抗主编. 中国历史文献学 [M]. 北京：北京图书馆出版社，1989.

35. 贾建飞. 晚清西北史地学研究 [D]. 北京：中国社会科学院，2002.

36. 朱玉麒. 徐松与《西域水道记》研究 [R]. 北京：北京大学博士后出站报告，2002.

37. 郭丽萍. 嘉道西北史地学人研究 [D]. 北京：北京大学，2003.

38. 郭丽萍. 道光朝京师学人交游与西北史地研究 [R]. 北京：中国人民大学博士后出站报告，2005.

39. 章永俊. 鸦片战争前后中国边疆史地学思潮研究 [D]. 北京：北京师范大学，2003.

40. 侯德仁. 清代西北边疆史地学研究 [D]. 天津：南开大学，2004.

41. 黑龙. 噶尔丹统治时期的准噶尔与清朝关系研究 [D]. 呼和浩特：内蒙古大学，2005.

42. 汪晖. 现代中国思想的兴起 [M]. 北京：生活·读书·新知三联书店，2004.

43. 葛剑雄. 统一与分裂：中国历史的启示 [M]. 北京：生活·读书·新知三联书店，1994.

44. 白寿彝总主编. 中国通史·清时期（上、下）［M］. 上海：上海人民出版社，1996.

45. 瞿林东. 中国史学史纲［M］. 北京：北京出版社，1999.

46. 冯尔康. 清史史料学［M］. 台北：商务印书馆，1993.

47. 谢国桢. 清开国史料考［M］. 台北：文海出版社影印本，1967.

48. 费正清编，中国社会科学院历史所编译室译. 剑桥中国晚清史［M］. 北京：中国社会科学出版社，1993.

49. 戴逸. 简明清史（上、下）［M］. 北京：人民出版社，1980、1984.

50. 戴逸. 乾隆帝及其时代［M］. 北京：中国人民大学出版社，1992.

51. 戴逸，李文海主编. 清通鉴［M］. 太原：山西人民出版社，2000.

52. 王钟翰. 清史杂考［M］. 北京：人民出版社，1957.

53. 王钟翰. 清史续考［M］. 台北：华世出版社，1987.

54. 王钟翰. 清史新考［M］. 沈阳：辽宁大学出版社，1990.

55. 王钟翰主编. 中国民族史［M］. 北京：中国社会科学出版社，1994.

56. 费孝通主编. 中华民族多元一体格局［M］. 北京：中央民族学院出版社，1989.

57. 杨学琛. 清代民族史［M］. 成都：四川民族出版社，1996.

58. 赵志忠. 清王朝与西藏［M］. 北京：华文出版社，2000.

59. 邱树森. 中国回族史［M］. 银川：宁夏人民出版社，1996.

60. 刘志霄. 维吾尔族历史［M］. 北京：民族出版社，1985.

61. 顾颉刚，史念海. 中国疆域沿革史［M］. 北京：商务印书馆，1999.

62. 吕一燃. 中国边疆民族管理机构沿革史［M］. 北京：中

国社会科学出版社，1993.

63. 曾国庆. 清代藏事研究［M］. 济南：齐鲁书社，1991.

64. 王锦贵. 中国历史文献目录学［M］. 北京：北京大学出版社，1994.

65. 余英时. 论戴震与章学诚［M］. 北京：生活·读书·新知三联书店，2000.

66. 吴楚克. 中国边疆政治学［M］. 北京：中央民族大学出版社，2005.

67. 罗志田. 裂变中的传承［M］. 北京：中华书局，2003.

68. 傅增湘. 藏园群书经眼录［M］. 北京：中华书局，1983.

69. 黄枝连. 天朝礼治体系研究（上、中、下）［M］. 北京：中国人民大学出版社，1992、1994、1995.

70. 郭双林. 西潮激荡下的晚清地理学［M］. 北京：北京大学出版社，2000.

71. 邹振环. 晚清西方地理学在中国［M］. 上海：上海古籍出版社，2000.

72. 王国维. 王国维遗书（第四册）［M］. 上海：上海古籍书店，1983.

73. 福柯著，严锋译. 权力的眼睛［M］. 上海：上海人民出版社，1997.

74. 饶宗颐. 中国史学上之正统论［M］. 上海：上海远东出版社，1996.

75. 黄爱平. 18 世纪的中国与世界（思想文化卷）［M］. 沈阳：辽海出版社，1999.

76. 庄吉发. 故宫档案述要［M］. 台北：故宫博物院，1983.

77. 王俭. 张穆传［M］. 太原：山西人民出版社，2005.

78. 杜荣坤，白翠琴. 西蒙古史研究［M］. 乌鲁木齐：新疆人民出版社，1986.

79. 刘正寅，魏良弢. 西域和卓家族研究 [M]. 北京：中国社会科学出版社，1998.

80. 陈庆英，高淑芬主编. 西藏通史 [M]. 郑州：中州古籍出版社，2002.

81. 王子今. 20 世纪中国历史文献研究 [M]. 北京：清华大学出版社，2002.

82. 安作璋主编. 中国古代史史料学 [M]. 福州：福建人民出版社，1998.

83. 曾贻芬，崔文印. 中国历史文献学 [M]. 北京：学苑出版社，2001.

84. 曹喜琛主编. 档案文献编纂学 [M]. 北京：中国人民大学出版社，1990.

二、论文

1. 梁启超. 过去之中国史学界 [M] //中国历史研究法. 北京：东方出版社，1996.

2. 戴逸. 谈清代前期的历史地位 [G] //中国人民大学清史研究所编. 清史研究集（第一辑）. 北京：中国人民大学出版社，1980.

3. 余大钧. 清代学者张穆及其对我国西北史地学的贡献 [J]. 内蒙古大学学报，1984（2）.

4. 赵俪生. 论晚清西北之学的兴起 [G] //赵俪生史学论著自选集. 济南：山东大学出版社，1996.

5. 周丕显. 清代西北舆地学与元史研究 [J]. 甘肃社会科学，1993（1）.

6. 周丕显. 清代西北舆地学 [J]. 社科纵横，1994（2）.

7. 暴鸿昌. 论清代的边疆史地学 [J]. 学习与探索，1994（2）.

8. 戈利曼. 1640 年蒙古卫拉特法典的俄文译文和抄本 [J]. 新疆大学学报, 1983 (2).

9. 亦邻真. 中国北方民族与蒙古民族的起源 [J]. 内蒙古大学学报, 1979 (1).

10. 曹永年. 关于喀喇沁的变迁 [G] //中国蒙古史学会编. 蒙古史研究 (第四辑). 呼和浩特: 内蒙古大学出版社, 1993.

11. 薄音湖. 关于永谢布 [G] //中国蒙古史学会编. 中国蒙古史学会论文选集 (1983). 呼和浩特: 内蒙古人民出版社, 1987.

12. 王雄. 察哈尔西迁的有关问题 [J]. 内蒙古大学学报, 1989 (1).

13. 徐松巍、田志勇. 祁韵士: 19 世纪西北边疆史地学第一人 [J]. 北方工业大学学报, 1998, 10 (4).

14. 牛海桢. 清代的西北边疆史地学 [J]. 史学史研究, 1999 (4).

15. 牛海桢. 清代西北边疆史地学的开创者祁韵士 [J]. 伊犁师范学院学报, 2001 (3).

16. 宝日吉根. 清朝《藩部要略》稿本探究 [J]. 中国边疆史地研究, 1996 (2).

17. 宝日吉根. 《藩部要略》张穆改定稿本李序评析——《藩部要略》研究之二 [J]. 内蒙古大学学报 (社会科学版), 1995 (3).

18. 宝音德力根. 满官嗔 – 土默特部的变迁 [G] //中国蒙古史学会编. 蒙古史研究 (第五辑). 呼和浩特: 内蒙古大学出版社, 1997.

19. 宝音德力根. 应绍卜万户的变迁 [G] //中国人文社会科学博士硕士文库续集·历史学卷 (上). 杭州: 浙江教育出版社, 2005.

20. 宝音德力根. 往流、阿巴噶、阿鲁蒙古——元代东道诸王后裔部众的统称、万户名、王号 [J]. 内蒙古大学学报（人文社会科学版），1998（4）.

21. 郭丽萍. 从"言今"到"证古" [J]. 史学月刊，2005（6）.

22. 郭丽萍. "学精"与"学新"之间：张穆的学术思想 [J]. 福建论坛（人文社会科学版），2002（4）.

23. 高庆丰. 祁韵士的畜牧统计 [J]. 统计研究，2000（12）.

24. 马汝珩、张世明. 嘉道咸时期边疆史地学的繁荣与经世致用思潮的复兴 [J]. 中国边疆史地研究，1992（1）.

25. 张世明. 清代宗藩关系的历史法学多维透视分析 [J]. 清史研究，2004（1）.

26. 张世明、龚胜泉. "边疆"一词在世界主要法系中的镜像：一个语源学角度的考察 [J]. 中国边疆史地研究，2004（2）.

27. 张世明、龚胜泉. 正统的解构与法统的重建：对清代边疆民族问题研究的理性思考 [J]. 中国边疆史地研究，2001（4）.

28. 魏泉. "顾祠修禊"与"道咸以降之学新"——十九世纪宣南士风与经世致用学风的兴起 [J]. 清史研究，2003（1）.

29. 徐松巍. 19 世纪边疆史地研究的时代精神 [J]. 中国边疆史地研究，1998（2）.

30. 杜文忠. 边疆的概念与边疆的法律 [J]. 中国边疆史地研究，2003（4）.

31. 包文汉. 蒙古王公表传纂修考 [J]. 满族研究，1998（2）.

32. 包文汉. 清代"藩部"一词考释 [J]. 清史研究，2000（4）.

33. ［日］宫胁淳子.《钦定外藩蒙古回部王公表传》《皇朝藩部要略》《蒙古游牧记》的来源［G］//第六届中国域外汉籍国际学术会议论文集. 台北：联合报文化基金会国学文献馆，1993.

34. 张永江. 论清代的藩部与行省［J］. 中国边疆史地研究，2001（2）.

35. 袁森坡. 清朝治理蒙藏方略［J］. 中国边疆史地研究，1996（4）.

36. 齐荣晋. 张穆的学术准备及思想走向——兼论清朝西北舆地学［J］. 晋阳学刊，2003（3）.

37. 梁治平. 习惯法、社会和国家［J］. 读书，1996（9）.

38. 李纪祥. 近代观与西学观——魏源研究的多元面向与反思［G］//"西学与清代文化"国际学术研讨会论文集（上册）. 北京：中国人民大学清史所、国家清史编纂委员会出版，2006.

39. 李之勤. "新疆"一名的由来［G］//史念海主编. 中国历史地理论丛（第一辑）. 西安：陕西人民出版社，1981.

40. 余英时. 史学、史家与时代［M］//文史传统与文化重建. 北京：生活·读书·新知三联书店，2004.

41. 周清澍. 张穆、李文田手迹考释［J］. 内蒙古大学学报（人文社会科学版），1997（2）.

42. 刘浦江. "五德终始"说之终结——兼论宋代以降传统政治文化的嬗变［J］. 载中国社会科学，2006（2）.

43. 刘浦江. 正统论下的五代史观［G］//荣新江. 唐研究（第11卷）. 北京：北京大学出版社，2005.

44. 杨念群. 清初帝王的"历史书写"与宫廷政治文化［G］//王朝宫廷比较史国际学术研讨会论文提要集. 承德：中国人民大学清史所、承德市文物局、国家清史编纂委员会出版，2006.

45．林士铉．从《蒙古王公表传》到《清史稿》藩部世表、列传［G］//陈捷先，成崇德，李纪祥主编．清史论集（下）．北京：人民出版社，2006．

46．景永时．试论"四卫拉特"名称的起源［J］．宁夏社会科学，1988（1）．

47．［日］羽田明．16—17世纪的准噶尔史，厄鲁特的起源［J］．蒙古学资料与情报，1985（3）．

48．额尔敦乌兰．卫拉特名称考［J］．新疆大学学报，1988（2）．

49．金峰．论中期四卫拉特联盟［J］．内蒙古社会科学，1989（4）．

50．金峰，额尔德尼，浩·巴岱．近二十年来我们在卫拉特史研究方面提出的一些新看法［J］．卫拉特研究，2003（1）．

51．金峰．四万卫拉特［J］．卫拉特研究，2003（1）．

52．金峰．从《和鄂尔勒克史》看三个不同时期的四卫拉特［J］．卫拉特研究，2003（1）．

53．邢洁晨．大瓦剌汗国考述［J］．卫拉特研究，2003（3）．

54．田中克己．喀尔喀五部的成立［J］．蒙古史研究参考资料（新编第36辑），1984．

55．奥登．喀尔喀五部考述［G］//中国蒙古史学会编．蒙古史研究（第二辑）．呼和浩特：内蒙古人民出版社，1986．

56．董玉瑛．宰赛援铁岭和后金与内喀尔喀部关系［J］．史学集刊，1988（4）．

57．齐木德道尔吉．外喀尔喀车臣汗硕垒的两封信及其流传［J］．内蒙古大学学报（哲学社会科学版），1994（4）．

58．陈安丽．清代太仆寺左右翼牧厂初探［J］．内蒙古大学学报（哲学社会科学版），1988（2）．

59．吴丰培．清代方略考［G］//方略馆编．清代方略全书

（第 1 册）．北京：北京图书馆出版社，2006.

60．陈志刚．清代前期珠尔默特那木扎勒总理藏政研究［J］．求索，2006（6）．

61．邓锐龄．1750 年珠尔默特那木扎勒事件的再思考［J］．中国藏学，2006（2）．

62．杨群、李红坦．探析珠尔默特那木扎勒事件与清治藏政策的转变［J］．青海民族研究，2005（4）．

63．汤池安．论珠尔默特那木扎勒之死［J］．中国藏学，1988（3）．

64．佘万治．珠尔默特那木扎勒事件的真相［J］．西南民族大学学报（人文社科版），1992（6）．

65．刘志扬、李大龙．"藩属"与"宗藩"辨析——中国古代疆域形成理论研究之四［J］．中国边疆史地研究，2006（3）．

66．李大龙．西汉王朝藩属体制的建立和维系［J］．学习与探索，2005（3）．

67．罗志田．夷夏之辨的开放与封闭［J］．中国文化，1996（14）．

68．顾颉刚．周的封建及其属邦［J］．文史杂志，1941，1（6）．

69．陈英．中国古代宗藩之乱研究的视角转换——读林校生著《"八王之乱"丛稿》［J］．漳州师范学院学报（哲学社会科学版），2005（1）．

70．孙江．阅读沉默：后现代主义、新史学与中国语境［M］//事件·记忆·叙述．杭州：浙江人民出版社，2004.

71．吕文利．《皇朝藩部要略》研究综述［J］．卫拉特研究，2005（3）．

72．吕文利．1839 年：张穆学术人生转折若干问题［J］．清史研究，2007（1）．

73. 吕文利. 《蒙古回部王公表传》与《皇朝藩部要略》之关系考述 [J]. 新疆社科论坛，2007（2）.

74. 吕文利. 《皇朝藩部要略》版本的两个问题 [J]. 卫拉特研究，2006（4）。

后　　记

　　当我写完这本人生的第一本书的时候，已近而立之年，来不及回忆过去的酸甜苦辣，便想奔下一个驿站绝尘而去。在这个快餐化的时代，似乎所有的人都被时代裹挟着快节奏地奔走，我们无暇他顾，每天看着时间从头到脚哗哗流走，我们快节奏地养家糊口、生儿育女。但是，我还是想在这本书的结尾歇歇脚，感谢一路帮助过我的人。

　　这本书是在博士论文的基础上修改而成的，首先要感谢我的导师成崇德教授，他为我的博士论文付出了很多心血。在博士论文的写作过程中，他不断地提出各种修改意见，我也一直在修改我的写作计划，直到博士论文基本成形。也感谢师母孟老师一直以来对我的关怀，她不只是我们生活上的良师，更是心灵上的益友。

　　感谢博士论文答辩委员会的马大正、朱诚如、邹爱莲、厉声、华林甫等诸位先生，他们提出的宝贵意见是我修改论文的导航灯，尤其是中国社科院边疆中心的厉声主任，可以说，本书是在他的督促及鼓励下才最终修改完成的。

　　感谢中国社科院边疆中心的李国强、于逢春、李大龙、李方、毕奥南、奥其尔等诸位老师，他们不但在生活上关心我，而且在学术上也提出了很多宝贵的意见，尤其是于逢春和李大龙两位老师，通读了本书全文，提出了很多有益的意见和建议，很多观点已经融于本书中。

感谢中国人民大学清史所的张世明、祁美琴、张永江等教授，他们为本书亦提出了很多建设性的意见，感谢王江、孙喆、黑龙、宝音、刘文鹏、王立新、吴四伍、李典蓉、孟秋丽、王琳等先生和女士的帮助。

感谢我的父母，他们用土里刨食的力量供出了我这个博士生，其间辛苦可想而知，能够成为他们内心支柱的，就是希望我能够有所作为，做一个对社会有用的人。希望这本书没有让他们失望。

感谢我的妻子张蕊博士，没有她背后的默默支持与鼓励，这本书是难以完成的。

需要感谢的人还有很多，谨以此书献给所有帮助和鼓励过我的人们。

有人说，搞科研应该是贵族自我喜好的实践。但在中国当前的国情下，这种"贵族"式的实践似乎还遥遥无期，但聊以自慰的是，我虽然不是贵族，但的确是喜欢这个行当，自己有感而发的文章，竟然还有稿费，于我，已是莫大的意外之喜。我愿一直默默地耕耘下去，哪怕勉强养家糊口。

这本小书，权当是奔赴下一个驿站的开始吧。

作者谨识

图书在版编目（CIP）数据

《皇朝藩部要略》研究 / 吕文利著. -- 2版. -- 哈
尔滨 : 黑龙江教育出版社，2012.12
ISBN 978-7-5316-6812-1

Ⅰ. ①皇… Ⅱ. ①吕… Ⅲ. ①地方史－史料－研究－
西北地区－清代 Ⅳ. ①K294

中国版本图书馆CIP数据核字(2012)第299106号

《皇朝藩部要略》研究
《Huangchao Fanbu Yaolüe》Yanjiu

吕文利　著

选题策划	丁一平　华　汉
特约编审	吕观仁
责任编辑	张玉红
封面设计	sddoffice.com
版式设计	王　绘　周　磊
责任校对	余小华
出版发行	黑龙江教育出版社
	（哈尔滨市南岗区花园街158号）
印　　刷	山东临沂新华印刷物流集团有限公司
开　　本	640毫米×960毫米　1/16
印　　张	25.25
字　　数	320千
版　　次	2013年9月第2版
印　　次	2013年9月第1次印刷

书　　号　ISBN 978 - 7 - 5316 - 6812 - 1　　定　价　52.00元

黑龙江教育出版社网址：www.hljep.com.cn
网络出版支持单位：东北网络台（www.dbw.cn）
如需订购图书，请与我社发行中心联系。联系电话：0451 - 82529593　82534665
如有印装质量问题，影响阅读，请与我厂联系调换。联系电话：0539 - 2925628
如发现盗版图书，请向我社举报。举报电话：0451 - 82533087